SERMÕES

XII

SERMÕES

XII

de acordo com as regras do novo acordo ortográfico
da língua portuguesa

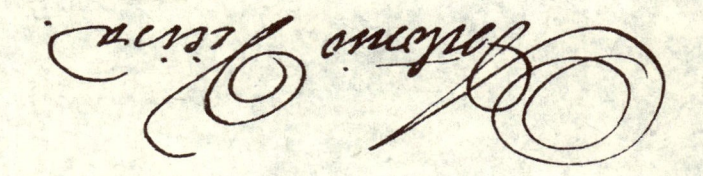

Edições Loyola

Direção: † Pe. Gabriel C. Galache, SJ
Ryad Adib Bonduki
Editor: Joaquim Pereira
Assistente: Eliane da Costa Nunes Brito
Capa e Projeto gráfico: Maurélio Barbosa
Diagramação: Ronaldo Hideo Inoue
Revisão: Iranildo B. Lopes

Edições Loyola Jesuítas
Rua 1822, 341 – Ipiranga
04216-000 São Paulo, SP
T 55 11 3385 8500
F 55 11 2063 4275
editorial@loyola.com.br
vendas@loyola.com.br
www.loyola.com.br

Todos os direitos reservados. Nenhuma parte desta obra pode ser reproduzida ou transmitida por qualquer forma e/ou quaisquer meios (eletrônico ou mecânico, incluindo fotocópia e gravação) ou arquivada em qualquer sistema ou banco de dados sem permissão escrita da Editora.

ISBN 978-85-15-04146-6

© EDIÇÕES LOYOLA, São Paulo, Brasil, 2014

SUMÁRIO

Carta do Padre Reitor do Colégio da Bahia 9
Apresentação 17
Sermão da Conceição da Virgem Senhora Nossa 19
Sermão de São Roque 31
Sermão da Exaltação da Santa Cruz 47
Sermão na Degolação de São João Batista 59
Sermão de Santo Antônio 75
Sermão da Quarta Dominga da Quaresma 89
Sermão da Ressurreição de Cristo 97
Sermão Gratulatório e Panegírico 109
Sermão da Quarta Dominga da Quaresma 127
Sermão das Chagas de São Francisco 141
Sermão de Santo Antônio 153
Sermão do Santíssimo Sacramento 175
Sermão da Primeira Dominga da Quaresma
    ou das Tentações 187
Sermão das Chagas de São Francisco 201
Sermão de São José 213
Sermão de Santo Antônio 223
Notas 239

Censuras 247
Licenças 255
Cronologia de Vieira 257
Índice geral dos doze volumes 263

∾

DEDICADOS À PURÍSSIMA CONCEIÇÃO
DA VIRGEM MARIA, SENHORA NOSSA.

Lisboa

Este é o último volume dos *Sermões* revisto por Vieira,
tendo sido aprovado pelo provincial dos jesuítas,
o Pe. Alexandre de Gusmão, a 20 de junho de 1697.

Vieira faleceu no dia 18 de julho do mesmo ano,
na Bahia, com 89 anos de idade.

CARTA DO

Padre Reitor do Colégio da Bahia

∿

Em que dá conta ao Padre Geral da morte do
Padre Antônio Vieira e refere as principais ações de sua vida.
(traduzida do latim)

Depois de ligados os fascículos das cartas que se devem enviar a Vossa Paternidade, estando a frota prestes a partir, sou obrigado, na ausência do Padre Provincial, a escrever à pressa esta última, que leva a tristíssima notícia da morte do Padre Antônio Vieira, notícia que será recebida por todos os membros da Companhia com um sentimento de pesar não comum, pois, embora já nonagenário, e privado, de alguns meses para cá, da luz dos olhos, e um pouco surdo, parecesse ter preenchido a medida dos seus dias, que lhe fora dada com mão assaz liberal, contudo, os muitos e elevados dotes que Deus nele reunira tornarão por muito tempo sensível a saudade de tão grande homem, e a aumentarão extremamente, todas as vezes que a sua lembrança, que viverá eterna entre nós, despertar em nosso espírito a sua imagem, que assiduamente contemplava, o seu trato agradabilíssimo e os preclaros dotes de sua alma. Aos que, porém, folhearem os seus livros já publicados, e que ansiosamente esperavam pelos prometidos, frustrará toda a esperança, mormente quando se apresentar ao seu espírito, ainda não polida, e nem sequer terminada, a nunca assaz louvada *Clavis Prophetarum*, que ele ultimamente, com a força do engenho ainda vigorosa, empreendera concluir e limar. E sentirão que lhes tenha sido arrebatado pela inesperada morte um novo e singular auxílio para extrair com a maior facilidade as mais valiosas riquezas dos escrínios das Sagradas Letras. Tinha ele já publicado, além de outros opúsculos não menos preciosos, onze tomos de sermões, elaborados com todo esmero e procurados por toda a parte com tal avidez, qual o testificam os pedidos dos povos até estrangeiros e as versões dos mesmos feitas ao correr da pena.

Para se mostrar cumpridor da palavra dada, estava agora para mandar ao prelo o décimo segundo tomo, a que ele chamava, entre todos, o seu querido Benjamim, mas predizia que seria a sua obra póstuma; e, verdadeiramente, só agora sairá à luz, depois de ele sepultado. E, posto que vencida finalmente a inveja, não só ocupasse na opinião geral o primeiro lugar entre todos os oradores, mas também os sobrepujasse com toda a sua fronte cansada, todavia apreciava tanto esta *Chave dos Profetas*, trabalho de cinquenta anos, preparado depois de longa leitura dos Santos Padres e de outros gravíssimos autores, defendido com sólidas razões, e com todo o vigor do engenho disposto com sumo critério, e não menor erudição que clareza de linguagem e propriedade de termos, que de boa vontade lançaria ao fogo todas as outras suas obras, contanto que, juiz como era severíssimo no seu exame, pudesse terminar esta, e levá-la ao cabo paulatinamente, empresa que é muito incerto possam outros realizar, conforme os seus desejos, ainda que seja confiada aos mais peritos, como ele mesmo costumava dizer quando ouvia que mão estranha tinha de tocar nela, embora estes últimos tempos confessasse que seria muito auxiliado se pudesse dirigir de viva voz algum escritor, como de fato dirigia um ajudante dos seus estudos, que ultimamente lhe fora dado, e esperava ser auxiliado com outros manuscritos, se, permitindo o Deus, se recuperassem.

Não poucas coisas podiam consolar-nos nesta dor, se a mesma dor, próxima ao alívio, não recrudescesse com a perda de tanto bem, isto é, a lembrança, assim da sua insigne sabedoria como da sua vida, passada principalmente na missão do Maranhão, e nas longas e frequentes navegações que empreendera pela libertação e salvação dos índios. A pacificação nas adversidades, o desprezo na prosperidade da risonha fortuna e o reconhecido amor que lhe era devido, na celebração das suas exéquias, comprovada com todas as demonstrações exteriores possíveis de honras, pois desde o seu primeiro ingresso na Companhia, na qual mereceu ser admitido fugindo de noite da casa paterna, por singular benefício de Deus, e favor de Sua Mãe Santíssima, sentiu-se logo chamado a maiores causas, e, suplicando ante o seu altar, e desejando ardentemente tornar-se pregoeiro da palavra divina, como que removendo-se-lhe do entendimento um escuro véu, que até aquele dia o molestava, de repente começou a gozar de luz mais clara para compreender tudo com a maior facilidade, e conservar o compreendido no riquíssimo tesouro da memória.

Por isso, contando apenas dezessete anos de idade, foi-lhe confiado por seus superiores a tarefa de escrever em estilo histórico as cartas ânuas da Província, cartas que exigem não só elegância de elocução, mas também madureza de juízo, que nele admiravam. Por esta mesma razão, no ano seguinte entregou felizmente por escrito aos seus discípulos a interpretação das tragédias de Sêneca, naquele tempo em que os seus comentos, que agora saíram à luz, eram procurados não só no Brasil, mas também na Europa.

Empreendeu também expor os livros de Josué, conforme o genuíno sentido das palavras, ilustrando-os com sentimentos morais, e interpretar, antes dos vinte anos, os dulcíssimos cânticos de Salomão, dando-lhes cinco significações. Depois dos vinte anos, tendo sido chamado das humanidades para estudos mais sérios, preparou por si mesmo o curso de Filosofia, e foi dispensado por seus superiores de escrever as lições teológicas, ao verem com quanta doutrina e erudição tinham sido dispostos por ele os tratados, que ainda se conservam na Província, e que o declaram professor de Teologia, a ele que se confessava humilde discípulo dos outros. Tendo sido destinado por seus superiores, quando apenas contava trinta anos, para reger na Bahia esta mesma faculdade, desistiu da empresa, por ter sido obrigado a navegar para Lisboa com o filho do Excelentíssimo Governador de todo o Estado da Bahia, que ia apresentar ao Seríssimo D. João IV, elevado naquele tempo à dignidade real por unânime consentimento de todos, e saudado no Brasil com demonstrações de regozijo e dedicação.

Das viagens que depois empreendeu à França, à Inglaterra, à Holanda e à Itália, por ordem do mesmo Seríssimo Rei, porque era, entre os poucos, considerado para tratar de negócios de suma importância; das bibliotecas que percorreu, as da Companhia como as dos estranhos, que são os tesouros da sabedoria; e das consultas e conselhos dos padres mais graves de toda parte, e de outros professores de letras, os mais peritos em todo gênero de ciências, adquiriu tais riquezas de conhecimento, quais sói adquirir o que viu os costumes e cidades de grandes nações.

As controvérsias que se costumam agitar entre os católicos e os inimigos da verdadeira religião, bem como a legítima arte de defender e de atacar, conheceu-as profundamente e delas se serviu frequentemente com grande fruto, quando foi mister viver no meio deles.

Para adquirir o conhecimento da História Sagrada e profana não pouco o ajudaram as muitas e grandes viagens que fez por mar e por terra e um desejo admirável o inflamou, o de aprender com todo o empenho a Cosmografia e a Cronologia. Não só percorreu várias vezes todo o livro da Sagrada Bíblia, mas quis também docemente ruminá-lo encantado sobretudo dos vaticínios dos profetas; investigava nestes com diligência o verdadeiro sentido das Escrituras segundo a exposição dos Santos Padres, comparando em seguida atentamente uns lugares com outros, e procurando o nexo entre os antigos e os posteriores, para chegar, não só com as asas do seu engenho, mas também com seguro passo, à genuína inteligência dos arcanos querida por Deus, evitando deste modo prudentemente a ruína que não evitaram os que ousaram voar com asas não concedidas ao homem.

Embora ilustre com os raios de tantas ciências, nas principais cidades da Europa, e nas mais florescentes academias, mormente em Roma, cabeça do mundo, e em Lisboa, cidade a mais célebre das situadas à beira-mar, pudesse chamar sobre si a atenção de todos, e, agradável à corte e aos reis, colher os uberantes frutos da sua prudência, e no púlpito ser considerado o príncipe dos oradores sagrados, contudo preferiu voltar aos índios os seus amores, e no Maranhão dedicar-se à missão, naquele tempo assaz difícil, à qual, desde o noviciado, arrebatado do lucro das almas, sempre aspirava. E como ele, não contando ainda dezessete anos, se houvesse obrigado com voto de passar a vida até a morte com os infiéis, para os conduzir ao culto de Cristo, e, depois de instruídos na fé, informá-los nos bons costumes para a salvação, aprendeu por isso, antes de tudo, a língua dos brasis e a dos cafres de Angola, dos quais muitos no Brasil são excessivamente rudes para aprender os diversos mistérios, e por isso mesmo deviam ser instruídos com sumo desvelo. E como para estes sagrados ministérios basta só aquela doutrina que é suficiente para ensinar bem o catecismo, e administrar convenientemente os sacramentos da Igreja, pediu com repetidas súplicas aos seus superiores para renunciar desde então aos altos estudos, antes de começar o curso filosófico, contente com o último grau da Companhia. Como estes, porém, não quisessem anuir ao seu pedido, esperando dele maiores coisas, e até o Provincial, e depois o próprio Geral, sem hesitação alguma o tivessem dispensado do voto que fizera, ele, contudo, não se quis dispensar a si mesmo; antes, terminada a carreira dos estudos, repetindo as antigas preces, e tendo obtido finalmente os seus desejos, navegou para o Maranhão, não obstante a proibição do rei e a resistência do príncipe, levando consigo trinta companheiros, os quais, com o seu exemplo, iam entusiasticamente trabalhar para a glória de Deus na mesma missão.

Vivendo aqui por espaço de nove anos, como se pode ver nos monumentos escritos por ele mesmo, navegando ora para uma parte ora para outra, e para qualquer lugar aonde o chamava a necessidade dos índios, percorreu catorze mil léguas, e muito mais, não contando outras muitas viagens por lugares desertos e florestas inacessíveis, feitas sempre a pé, e as vinte e duas vezes que atravessou o mar Atlântico, terrível por suas frequentes e horríveis tempestades.

Esta missão, dividida em catorze residências, estende-se por seiscentas léguas, e outras tantas na sua excursão andou o Padre Vieira, partindo dos montes Japamba até o Rio Tapajós, e visitando onze vezes durante esse tempo todas as residências.

Para instruir os bárbaros das diversas nações, compôs, com trabalho insano, para seu uso, um catecismo em seis línguas totalmente dessemelhantes, a saber: a comum, que chamam geral, dos índios que habitam perto da praia, a dos nheengaíbas, a dos bocas, a dos jurunas e as dos tapajós, que usam de dois idiomas. Nestas residências ele mesmo edificou novas igrejas, ornou outras já edificadas, e as proveu de sagradas alfaias, não só com decência, mas até, para promover o culto divino, com magnificência e riqueza, por meio das esmolas obtidas do Sereníssimo Rei, e das pensões anuais designadas para manutenção dos missionários, e das prebendas do ofício de pregador régio, que lhe eram dadas como subsídio. Tudo isto, reunido durante nove anos, ultrapassava facilmente a quantia de quinhentos mil cruzados, não contando com o devido sustento, subtraído, por unânime consenso, destes rendimentos, a fim de que por este meio se propagasse melhor a fé cristã entre os bárbaros, atraídos de um modo maravilhoso por tais espetáculos, enquanto os missionários, trajando uma veste vil, e nutrindo-se de um alimento fácil de preparar, feito de mandioca e de peixe, serviam ao bem público, ao esplendor dos templos e à salvação das almas.

O fruto colhido desta árdua missão, se nos referimos aos índios, ou já convertidos ao conhecimento de Cristo, ou já adultos e adiantados na piedade cristã, foi tal, que pôde chamar para esta messe, das principais cidades da Europa, a varões de grandes qualidades, atraídos de longe ao ouvirem que homens — ou sátiros silvestres, antes ferozes, e agora mansos; antes acostumados aos manjares de carne humana, e depois ocupados em receber com toda a reverência o corpo de Cristo; antes entregues a uma vida desonesta e vergonhosa, arrastados do vedado prazer para todas as devassidões, e depois flagelando-se a si mesmos no tempo da quaresma; enfim, de feras tornados verdadeiros cristãos, e que professam a lei de Cristo não só com os lábios, mas também com ótimos costumes. Daqui só o seu consolo, daqui a sua alegria! Mas, se considerarmos o prêmio obtido da parte dos portugueses que ali vivem, foi uma contínua perseguição contra o Padre Vieira, chefe dos missionários, a quem, entre todos, devotavam ódio mortal, por ter combatido acerrimamente pela liberdade dos índios, que eles queriam reduzir à escravidão, usando para isso de todos os seus recursos e de toda sua indústria. E, o que era mais para sentir, por esta causa fremiam contra ele os governadores, os ministros do rei, os cobradores dos dízimos e dos tributos, os soldados e o povo amotinado, e até os mesmos sacerdotes das famílias religiosas, nas prédicas e nas confissões, nas praças e nas casas particulares, como se ele fosse um perturbador da ordem pública, principalmente depois que o Sereníssimo Rei D. João IV, conhecendo no Padre Vieira e nos seus companheiros a fidelidade, o amor e o ardente zelo das missões, confiara à nossa Companhia a administração dos índios, excluídos todos os outros, e impedidos de tirar da arrebatada administração o lucro costumado e desejado para si e para os seus. Tendo, porém, falecido o rei, e ficando o Padre Vieira e os seus companheiros como que privados de todo o apoio humano, eles, depois de terem acometido em vão com inúmeras calúnias ao chefe assim como a seus companheiros, expulsaram-nos finalmente do Maranhão, sob um pretexto mais grave, posto que incrível, dizendo que o Padre Vieira havia de admitir espontaneamente os holandeses, e que com o auxílio dos índios, que por si e pelos seus governava, os havia de conservar no domínio do Maranhão.

E prouvera a Deus que, navegando ele já no alto-mar, tivesse cessado a tempestade que se levantara em terra, e que o mar, que tantas vezes não duvidou agredi-lo com o naufrágio, socorrendo-o a Mãe de Deus quando estava já para ser submerso, tivesse ensinado também a outros a depor as ameaças insanas, e mais tormentosas que as tempestades populares. Mas, crescendo as ondas no porto, teve também em Portugal de suportar mais fortes mares, agitados por contrários ventos, principalmente entre aqueles que julgavam prestar obséquio a Deus, perseguindo justamente, como pensavam, ao Padre Vieira. Porém, nesta procela de acontecimentos, de que é perigoso até o recordar-se, conservou o Padre Vieira tal serenidade, que a teriam por milagre os que a consideravam, se não tivessem conhecido a sua conformidade com a vontade divina, pela frequente meditação e leitura dos sagrados livros e sobretudo pelos muitos revezes, perseguições, angústias, doenças e incômodos que havia sofrido. Existe ainda entre os seus manuscritos um pequeno comentário, distribuído por anos, meses e dias, no qual, para se lembrar frequentes vezes de dar as devidas graças a Deus, estão indicadas as tempestades do mar, as navegações penosíssimas, os assaltos dos piratas, as dores do corpo, as enfermidades mortais, os golpes da adversa fortuna e os perigos de que fora livre por interesses do céu; e tantas privações penosas e graves ali se enumeram, que é para admirar como tivesse podido chegar àquela idade, que hoje poucos alcançam, no meio de tantas angústias de espírito, e de molestíssimas doenças do corpo.

Retirado, pois, com a sua biblioteca, em um recanto pelo espaço de quase dezessete anos, na casa de campo da Bahia, onde se ocupou assiduamente em imprimir os seus livros, folgava de recordar e ruminar com grande prazer o desprezo do mundo, desde que verdadeiramente aprendeu a desprezar a glória imortal, os aplausos dos monarcas, dos embaixadores, dos príncipes purpurados, e a benevolência dos reis que dominavam na corte.

Da meditação da Paixão do Senhor aprendeu a sofrer muitas coisas, não só com igualdade de ânimo, mas também com valor, a vencer os maus no bem, a triunfar dos ingratos com novos benefícios, e a permanecer muitas vezes com Jesus Cristo no horto, bradando como ele bradava a seu Pai. "Não se faça a minha vontade, mas a vossa" — jaculatória que sempre usava na oração. Depositava toda a confiança no patrocínio da Virgem Mãe de Deus, a quem, salvo tantas vezes do naufrágio, julgava com razão ser devedor da própria vida; e por isso esforçava-se por concluir a tarefa do Rosário, que compusera em dois volumes, em honra da mesma grande Mãe de Deus.

Tendo saído, há coisa de um ano, da casa de campo, e vivendo no colégio, tinha-se fixado um tempo certo para as visitas na capela doméstica, a fim de tratar mais livremente com Jesus Cristo oculto na Eucaristia, cujo sacratíssimo corpo, quando não estava de cama, costumava receber reverentemente todos os dias durante alguns meses, para preparar com tempo a viagem para a vida eterna. Muitas vezes, porém, ouvi-lhe dizer com grande conformidade que merecidamente Deus lhe havia tirado há pouco também estes dois consolos, isto é, o de ter sido privado com razão da sua biblioteca, quando de todo lhe foi interditada a leitura, por haver perdido quase a vista, e o de ter sido também privado do seu retiro, porque, sobrevindo as suas antigas doenças um novo, frequente, e, por causa do intolerável ardor, penosíssimo incômodo de urina, não podia demorar-se senão às escondidas e por pouco tempo na capela doméstica, donde estava acostumado a tirar o maior conforto da divina Eucaristia.

Não desistindo, porém, do assíduo trabalho, ou de ditar, ou de pôr em ordem o que outros deviam escrever, começou a passar as noites sem dormir, recuperando durante o dia um pouco de descanso, mas perdendo pouco a pouco a vontade de comer. Desde então, além das frequentes repetições da erisipela, e do agudo prurido dos impigens, atacado de uma febre lenta, embora de alguns dias, deitando-se de novo, recolheu-se de repente ao seu quarto, quando conversava com dois padres na galeria do colégio, com maior veemência das dores produzidas pelo ardor de urina, dores que o acometeram de modo extraordinário. E, diminuindo-se-lhe sensivelmente as forças, deu sinais de um perigo algum tanto graves, que naquela idade não era para desprezar. Os médicos não ousaram sangrá-lo, empregando somente poções refrigerantes, depois das quais pareceu outra vez tomar alento, e ser aliviado como de um novo e instantâneo vigor. Imediatamente foi munido da Sagrada Eucaristia; depois, tendo concebido maior esperança de salvá-lo do que deviam, esforçaram-se por expelir a causa da doença com um simplicíssimo remédio, após o qual sucumbiu no mesmo dia em que o havia tomado, mas de modo que também ele conheceu o seu perigo iminente, e, prestes a partir desta vida, pediu o conforto da Extrema-Unção.

Ao começar o quinto dia depois que caiu de cama, isto é, aos 18 de julho, na primeira hora depois da meia-noite, que anuncia a primeira luz, adormeceu tranquilamente no Senhor, como é de esperar, contando noventa anos de idade, felizmente começada no dia 6 de fevereiro de 1608, e setenta e cinco de Companhia, na qual entrou aos 5 de maio de 1623, e depois da profissão de quatro votos que nela fizera aos 25 de maio de 1644.

Os que choraram a sua morte com abundantes lágrimas, nunca assaz para os méritos de tão grande varão, puderam tirar algum alívio das honras que todos lhe prestaram celebrando as suas exéquias. Os cônegos e os cantores, juntamente com os nossos, acompanharam o seu corpo, transportado da capela doméstica para o templo da Sé Metropolitana, e, depois de cantadas, segundo o rito, *Matinas* e *Laudes*, ofereceram pela sua alma a Missa solene; e, entregue à sepultura, tendo invocado sobre ele o descanso eterno, todos lhe deram tristemente o último adeus.

O Excelentíssimo D. João de Lencastre, governador geral do Brasil, e seu filho, bem como o designado bispo de São Tomé, e o Vigário Geral do Ilustríssimo e Reverendíssimo Arcebispo, juntamente com o Reverendíssimo Padre Provincial da Ordem de São Bento, e o Reitor do nosso colégio, levaram à sepultura no esquife o seu cadáver. Não pôde oferecer a Missa por ele o Ilustríssimo Senhor Arcebispo, embora manifestasse tê-lo desejado sumamente por causa do incômodo de saúde que ainda o impedia de qualquer comunicação. Os principais sacerdotes, e os superiores de todas as ordens religiosas, ou celebraram por ele, ou assistiram às suas exéquias. Nem faltaram os senadores e o supremo Chanceler, juntamente com o Mordomo-mor do rei, e outros varões ilustres, ainda que nem todos fossem chamados pela notícia de sua apressada morte.

Foi pintado em um quadro o seu retrato o melhor que se pôde achar, mas muito inferior àquele que ele mesmo nos deixou de si nos livros que publicara, e que milagrosamente nos reproduz o seu ânimo interior, e que não se pode delinear com nenhumas cores.

Os seus escritos, depois de promulgada a ordem de Vossa Paternidade, conservam-se em duas caixas, fechadas com diversas chaves. O índex desses escritos, que vai junto a esta carta, fará conhecer a Vossa Paternidade o achado tesouro que se deve guardar conforme a vontade de Vossa Paternidade.

Estas coisas que acabo de escrever ao correr da pena, se assim aprouver a Vossa Paternidade, serão descritos em estilo mais elegante, e, observadas as leis da história, em latim pelo padre Leopoldo Fuez, confessor da nossa Sereníssima Rainha, em português pelo padre Luís Severino, íntimo amigo do Padre Vieira durante a sua vida, e em italiano pelo padre Antônio Maria Bonustio, o último ajudante que lhe fora dado para terminar a Chave dos Profetas; e, assim, postas as coisas em sua verdadeira luz, e reunidas de um tesouro mais rico outras que foram omitidas, receberão os feitos do Padre Antônio Vieira, por meio destes, uma vida melhor e mais duradoura, para lembrança sempiterna dos vindouros, e para maior louvor e glória de Deus, que nos conserve por muito tempo são e salvo a Vossa Paternidade.

Bahia, 10 de julho de 1697.

De Vossa Paternidade
indigníssimo servo e filho em Cristo,
João Antônio Andreoni

APRESENTAÇÃO

Este é o último volume dos Sermões revisto por Vieira, tendo sido aprovado pelo provincial dos jesuítas, o Pe. Alexandre de Gusmão, em 20 de junho de 1697.

Os sermões deste volume, denominado pelo mesmo Vieira como o seu *Benjamin*, são um resumo, claramente pensado e afetuoso, de sua vida de jesuíta dedicada ao serviço de Deus e aos ministérios sacerdotais.

Todo o volume é dedicado à Conceição da Virgem Senhora Nossa. Assim, o **primeiro sermão** do volume, datado de 1634, aconteceu na Bahia. Vieira tinha então vinte e seis anos e seria ordenado sacerdote em dezembro desse ano. É o seu primeiro sermão e é uma clara dedicação sua a Nossa Senhora da Conceição. Nesse momento, a lembrança do sermão antes pregado na Bahia, e agora relembrado, traduz um sentimento profundo de Vieira.

Três são os sermões dedicados a Santo Antônio. Todos os sermões a Santo Antônio, e são muitos, pregados no Brasil, em Portugal e na Itália, revelam outra dimensão da personalidade de Vieira: ele é português e ama Portugal, a quem dedicou os trabalhos de sua vida entre muitas adversidades e muitos êxitos. Não é sem sentido que neste volume são três os sermões de Santo Antônio. Devem ser lidos e apreciados nessa perspectiva.

Três são, também, os sermões pregados aos Domingos. Igualmente, o domingo foi para Vieira pregador um dia sempre especial, no qual se revelavam seus dotes oratórios e sua dedicação à missão evangelizadora. Esses sermões, todos quaresmais embora não sequenciais, relembram a famosa Quaresma de 1655, quando em Lisboa prega, todos os domingos, preocupado unicamente com a sua missão no Maranhão e em Portugal.

Dois sermões são dedicados a dois santos evangélicos: São José e São João Batista. Os Evangelhos foram para Vieira não só o texto fundamental de sua pregação, mas o alimento de sua vida espiritual. Esses dois santos marcam traços de sua espiritualidade: José, o santo silencioso e atento aos movimentos do Espírito, e o Batista, o santo corajoso nas denúncias contra os poderosos.

Dois sermões pregam as Chagas de São Francisco. Nessas chagas, Vieira encontra muita consolação para os sofrimentos de tanta gente e dele mesmo. São Francisco é para Vieira, também, modelo completo de vida cristã.

Cinco sermões têm a temática individualizada. O primeiro, na festa da Ressurreição do Senhor. São também muitos os sermões feitos nessa ocasião. Todos eles revelam a fé do Apóstolo e o zelo pelo crescimento religioso dos fiéis católicos. O segundo, na festa da Exaltação da Santa Cruz, pregado no Convento de religiosas, aborda as três cruzes de toda a vida. A cruz da religião parece mais pesada. A cruz do mundo é mais pesada ainda. A cruz de Cristo é tão larga pela causa e tão leve pela companhia. O terceiro é Gratulatório e Panegírico. O ambiente do sermão é o canto de um *Te Deum*. Libertado em junho de 1668, Vieira é transferido para Lisboa e retoma o posto de Confessor do regente, assim como o direito limitado de pregar. Vieira se sente livre, embora sinta os problemas pelos quais passará. O quarto é pregado na Capela Real. São vários, também, os sermões pregados sobre São Roque. O quinto é pregado na Igreja Santa Engrácia em defesa da fé católica deste mistério, argumentando, entre outras razões, com a paciência de Cristo, prova de sua presença.

O conjunto desses sermões é certamente para Vieira uma recordação sentida e afetuosa de toda a sua vida. Partirá em paz.

SERMÃO DA

Conceição da Virgem Senhora Nossa

Pregado pelo autor, antes de ser sacerdote, na Bahia, e na Igreja da mesma invocação, que, por estar na praia, se julga extramuros. Ano de 1634.

"E o rei Davi gerou a Salomão,
daquela que foi de Urias."
(Mt 1,6)

Deus começa pelos fins e acaba pelos princípios. Este sermão começa pela prova do assunto e acaba pela explicação do tema. O divino esposo tem razão em comparar a formosura de sua esposa à formosura da Jerusalém do céu. A formosura de Maria chegou a ponto de ensoberbecer ao mesmo Deus! Duvidar da graça original de Maria é ignorar que é a mais formosa de todas as mulheres. Deus quebrou todas as leis de Adão na conceição de Maria. Em conclusão, nenhuma outra devoção lhe agrada tanto à mesma Senhora. Tudo isso é dito com as Sagradas Escrituras abertas e outros autores.

§ I

Começar pelos fins e acabar pelos princípios são primores da onipotência de Deus e sutilezas de sua divina sabedoria. Edificou o Criador esta grandiosa fábrica do mundo, e diz o texto sagrado que primeiro fez o céu, e depois a terra: "No princípio criou Deus o céu e a terra" (Gn 1,1). — É explicação e admiração juntamente de S. João Crisóstomo, o qual diz assim: "Deus, além do costume humano realizou o seu edifício estendendo primeiro o céu e em seguida a terra; primeiro o teto e depois o fundamento. Quem ouviu tal?"[1]. Quem viu nunca tal arquitetura? Quem viu nunca tal traça — diz Crisóstomo — que, para fazer um edifício, primeiro se arme o teto do que se levantem as paredes, primeiro se fechem as abóbadas do que se abram os alicerces? Pois, isto é o que obrou na criação e fábrica do mundo o supremo Arquiteto dele: "Criou o céu e a terra". Primeiro fez o céu, e depois a terra; primeiro levantou o teto, e depois armou as paredes; primeiro correu essas abóbadas, e depois fundou estes alicerces. — "Mas nesse modo de construir a natureza divina brilha" — conclui o santo: Mas nestes avessos do fraco poder humano consiste o direito, o sublime, o maravilhoso da onipotência divina: em começar por onde os homens acabam, em acabar por onde eles começam.

Toda esta traça tão milagrosa da criação do mundo nenhuma outra coisa foi, senão uma planta ou debuxo da Conceição puríssima de Maria, mundo segundo, que para o segundo Adão, Cristo, singular e milagrosamente foi edificado. Toda a arquitetura andou trocada neste soberano edifício, toda andou às avessas. Nos outros edifícios espirituais, nas outras puras criaturas, por mais santas e santificadas que sejam, a primeira pedra é da natureza, e a segunda da graça. Primeiro se edificam pela parte da terra, e depois pela parte do céu. Primeiro nascem tributárias ao pecado de Adão, e depois renascem justificadas pelos merecimentos de Cristo. Não assim na Conceição de Maria. Começou-se este milagroso edifício pelo muito que tinha do céu, e acabou-se pelo pouco que participava da terra. Primeiro se fecharam as abóbadas do espírito, e depois se lançaram os fundamentos do corpo. Primeiro — ou quase primeiro — a santificou a graça, e depois a produziu a natureza. Que elegante e que expressamente o disse S. João Damasceno![2] "A natureza na concepção da Virgem quis ceder à graça de tal modo que a concepção da Virgem fosse atribuída não às forças da natureza mas à graça de Deus". A natureza, que em todas as outras conceições costuma ser a primeira, cedeu de seu direito nesta obra e concedeu-o à graça. As prevenções da graça puseram a primeira pedra no edifício, e as exceções da natureza a segunda. Primeiro foi em Maria o ser santa que o ser mulher. Começou Deus na Virgem Santíssima por onde acaba nos outros santos, e acabou por onde começa. Lá começa pela natureza e acaba pela graça, cá começou pela graça e acabou pela natureza, manifestando as delicadezas de sua sabedoria nestes trocados de sua onipotência: "Para que a concepção da Virgem fosse atribuída não às forças da natureza mas à graça de Deus".

Ora em dia, e em obra em que o mesmo Deus andou às avessas, também eu não quero pregar às direitas. Havemos de começar hoje pelo fim, e acabar pelo princípio. Havemos de acabar por onde os outros começam, e começar por onde acabam. Os outros sermões começam pela explicação do tema, e acabam pela prova do assunto; este hoje há de começar pela prova do assunto, e acabar pela explicação do tema. Isto posto, não resta mais que pedir a graça à cheia de graça. *Ave Maria.*

§ II

"*E* o rei Davi gerou a Salomão, daquela que foi de Urias."

Pois havemos de pregar hoje às avessas, pois se há de começar este edifício pelo ar, seja pelo ar e graça da mais formosa de todas as mulheres. O Esposo sagrado, nos Cantares, falando da formosura de sua Mãe e Esposa, a Virgem puríssima, diz assim no capítulo sexto: "Sois formosa e suave, amiga minha, tão formosa como a cidade de Jerusalém" (Ct 6,3). — Galante comparação por certo! Já que o Esposo se não fizesse astrólogo, como se fazem comumente todos os amantes, já que não comparasse a formosura que adorava ao sol, à lua, às estrelas, por que a não compara, como pastor, às flores do campo, às rosas, aos cravos, aos jasmins, às açucenas? Comparar a formosura de um rosto a uma cidade: "Formosa como Jerusalém"? — Quem viu nunca tal comparação? Seguem vários pensamentos os expositores, melhor que todos o Legionense[3]: "Era tão grande a formosura daquele rosto, era tão grande a majestade daquela formosura, havia tanto que ver naquele pequeno espaço, havia tanto que admirar naquela breve esfera, que não achou o Esposo coisa alguma tão formosa e grande a que comparar, senão ao empório de muitas grandezas, quais são as cidades reais e metrópoles do mundo".

Entra um peregrino em uma cidade metrópole, qual naquele tempo era Jerusalém, e hoje é Roma: vê torres, vê templos, vê palácios, vê jardins artificiosos, em que vence a arte a natureza, e por mais que veja, sempre lhe fica mais que ver; por mais que admire, sempre lhe fica mais que admirar; não lhe basta um dia nem muitos dias: quando cuida que acabou de notar tudo, ainda lhe fica muito que observar de novo. Tal, diz o Verbo Encarnado, é a formosura de sua Esposa: "Formosa como Jerusalém". — Depois de visto uma vez e outra vez, sempre há que ver nesse rosto; depois de admirada um dia e outro dia, sempre há que admirar nessa formosura. Chamou Santo Agostinho[4] à formosura de Deus: "Formosura antiga, mas sempre nova". — As formosuras mortais, no primeiro dia agradam, no segundo enfastiam: são livros que, uma vez lidos, não têm mais que ler; não assim a formosura divina. Mil e seiscentos anos há que o Batista está vendo o rosto de Deus; mil e seiscentos anos há que está lendo por aquele livro eterno, e sempre acha de novo que ver, sempre acha de novo que contemplar naquele mar de formosura, naquele abismo de perfeições. Tais atributos reconhecia o Esposo na formosura infinita de Maria; por isso a compara a uma cidade real, em que sempre há que ver de novo: "Formosa como Jerusalém".

Com algum escrúpulo levantei a comparação de Jerusalém e a da formosura da Virgem Maria à do rosto de Deus na Jerusalém do céu; mas deste escrúpulo me livrou São Gregório Nazianzeno[5] — por antonomásia, entre todos os doutores da Igreja, o Teólogo — o qual, comentando as mesmas palavras do Esposo: "Formosa como Jerusalém" — as não entende da Jerusalém da terra, senão da do céu: "Formosa como a Jerusalém celeste". — Ao mesmo Nazianzeno seguem e o mesmo sentido aprovam

Teodoreto, Ruperto, Pselo, Beda, Apônio, e é o comum dos doutores. Quer pois dizer este notável elogio da Esposa, segundo o juízo de tão grandes entendimentos, que há tanto que ver na formosura da Virgem, quanto há que ver na formosura da glória. Se na glória não houvera formosura mais que a dos espíritos angélicos, nenhuma dificuldade tinha a exposição, porque o mais gentil-homem, serafim do céu, se preza muito de servir de chapins a esta soberana Rainha. O ponto da dificuldade está em que na Jerusalém celestial mostra-se o rosto de Deus aos bem-aventurados de cara a cara; e, sendo isto de fé: "Mas então face a face" (1Cor 13,12) — como é possível que haja tanta formosura na Virgem como na Jerusalém do céu: "Formosa como a Jerusalém celeste"? — Para a solução não temos menos que o testemunho de vista do insigne Dionísio Areopagita[6], chamado, como o Platão da Igreja, o Divino. Foi este santo tão venturoso, que mereceu ver com seus olhos a Virgem sacratíssima, quando ainda vivia em carne mortal; e o que lhe sucedeu nesta vista escreveu o mesmo santo, falando com Deus por estas admiráveis palavras: "A não ser que a vossa divina doutrina me ensinasse, ó Deus, acreditaria que ela seria o Deus verdadeiro porque não se poderia haver maior glória dos bem-aventurados do que aquela felicidade que eu então felicíssimo saboreei". Quando cheguei a ver o rosto de vossa Mãe Santíssima, ó Deus eterno, se a doutrina de vossa fé me não tivera de sua mão, sem dúvida se prostrara de joelhos e a adorara por Deus. — Representava tão grande majestade aquele rosto imperial, saíam raios tão divinos daquela soberana presença, que me pareceu que já gozava o estado felicíssimo da bem-aventurança e que não tinha mais quilates de glória aquela sobrenatural visão, que faz aos anjos bem-aventurados; "Porque não se poderia haver maior glória dos bem-aventurados do que aquela felicidade que eu então felicíssimo saboreei". — Os bem-aventurados, quando entram a ver Deus, perdem a fé, porque ver e crer não se compadecem. Se entrara S. Dionísio sem fé a ver Maria, parece a adorara com adoração de latria por Deus verdadeiro, ficando idólatra daquela imaginada divindade: "A não ser que a vossa divina doutrina me ensinasse, ó Deus, acreditaria que ela seria o Deus verdadeiro". — Tanta razão como esta teve o Esposo de comparar a formosura da sua esposa à formosura da Jerusalém do céu: "Formosa como a Jerusalém celeste".

§ III

Assaz ponderada ficava a formosura de Maria, se parara aqui o divino Esposo; mas não parou aqui: "Apartai de mim vossos olhos, Senhora, porque fico arrebatado quando os vejo" (Ct 6,4). — Têm tanta reputação comigo estas palavras, que ainda que descesse um serafim do céu a ponderá-las, não lhes há de dar o peso que elas merecem. — "Apartai de mim vossos olhos, Senhora" — diz Cristo a sua Mãe: "Porque fico arrebatado quando os vejo", fico em êxtase. — "Ela quer afastar os olhos" — diz S. Ambrósio[7] — "para que não se eleve de tal modo, considerando aquela formosura e abandone as outras almas". Pede Cristo a sua Santíssima Mãe que ponha tréguas à vista, que aparte dele seus formosos olhos, porque se o não fizer assim, ficará tão absorto, tão enlevado na consideração de sua formosura, que não poderá tratar da salvação das outras almas; e ficará totalmente suspenso o mistério a que veio, da Redenção. Espantoso dizer! Queira Deus que acerte a o ponderar.

E bem, Cristo, Redentor nosso, não goza a visão clara de Deus com o mais perfeito lume de glória que de lei ordinária é possível? Pois, se a vista perfeitíssima daquele abismo de formosura não embargava as atenções a Cristo, e se ocupava com tanto cuidado na salvação do mundo, como diz o mesmo Senhor à Virgem que eclipse um pouco o resplendor de seus olhos, para que não fique suspensa a salvação das almas: "Para que não se eleve de tal modo, considerando aquela formosura e abandone as outras almas"? — Mais ainda. Cristo, enquanto Deus, não se compreende a si mesmo? Não abraça dentro da infinidade da sua vista aquele mar imenso da divindade? Pois, se a visão compreensiva de Deus lhe não suspende o atributo da providência; se, compreendendo-se a si, lhe ficam bastantes advertências para governar o mundo; como agora o mesmo Deus, pedindo a Maria que aparte dele os olhos, dá por razão que, se cuidar em suas graças e perfeições, não lhe ficarão cuidados para tratar de outras almas: "Para que não se eleve de tal modo, considerando aquela formosura e abandone as outras almas"? Aqui não há senão ou dizer uma heresia, ou não responder nada. Mas este mesmo não saber responder, este mesmo encolher os ombros, este mesmo pasmar, é o maior encarecimento que se pode dizer nesta matéria. Que veja Cristo, enquanto homem, a formosura de Deus, e nem por isso perca a atenção de outros cuidados! Que compreenda Cristo, enquanto Deus, toda a essência divina, e nem por isso perca o uso de sua providência; e que, chegando a contemplar a formosura daquela Virgem puríssima, fique tão arrebatado, fi-que tão suspenso, em tal calma de sentidos, em tal êxtase de potências, que para poder advertir a outra coisa, seja necessário divertir-se daqueles olhos: "Afastai os seus olhos de mim, eles me arrebataram".

Já agora me não espanto de uma coisa, que estranhei sempre muito na cortesia de Santa Marta. Estava a Madalena aos pés de Cristo, seu divino Mestre; e Marta, que andava mui solícita no adereço da mesa, chega, e diz: "Senhor, a ti não se te dá que minha irmã me deixasse andar servindo só" (Lc 10,40)? — E bem, Senhor, não tendes cuidado? — Parai aí, divertida Marta: Vós sabeis com quem falais? Esse a quem chamais Senhor não é aquele cuja providência cuidadosa alcança até as avezinhas do ar e aos bichinhos da terra? Pois, como vos atreveis a pôr descuido no mesmo Deus: "Senhor, a ti não se te dá"? — Andou muito delgado neste lugar um doutor grave da nossa Companhia: "Era figura de Maria Mãe de Deus, cujas graças sobre todas as outras criaturas de tal modo cativavam Deus a ponto de, tendo Deus consigo Maria, não pudesse cuidar muito das demais criaturas". Quando Marta fez aquela queixa a Cristo, estava o Senhor falando com Maria Madalena, figura de Maria, Mãe de Deus; e como tinha diante dos olhos este formoso retrato, não é muito que Marta chamasse a Cristo descuidado: "Senhor, a ti não se te dá"? — porque, quando se põe este Senhor a contemplar as perfeições e graças de Maria, tanto o cativam, tanto o enlevam, tanto lhe roubam os pensamentos e embargam os cuidados, que parece lhe não deixam atenção para cuidar de outra coisa: "Senhor, a ti não se te dá"? — E como o Verbo encarnado viera ao mundo com um cuidado de tanta importância como a redenção e remédio dele, por isso pede à Senhora que ponha tréguas à vista, que aparte um pouco os olhos, que lhe descative os pensamentos, que lhe liberte os sentidos e lhe desembargue os cuidados: "Afastai os seus olhos de mim, eles me arrebataram".

Estas últimas palavras: "Eles me arrebataram" — conforme a versão hebreia, ainda tem mais alma. Diz o texto hebreu: "Tirai de mim vossos olhos, Virgem Mãe minha", diz Deus, "porque sua formosura me faz ensoberbecer". — Ensoberbecer? Que quer dizer isto? Na fonte de toda a santidade pode caber soberba? Na pureza da verdade eterna pode ter lugar a vaidade? Claro está que nem vaidade nem soberba pode caber em Deus; mas foi a mais encarecida hipérbole com que se podia subir de ponto a formosura da Virgem Maria. Como se dissera Deus: A glória que recebo da vista de vossos olhos é tanta que, se em mim coubera vanglória, sem dúvida que me ensoberbecera. De Lúcifer diz o profeta Ezequiel que, considerando a formosura de sua natureza, se ensoberbeceu: "O teu coração se elevou na tua formosura" (Ez 28,17) — De Adonias se diz também no livro dos reis que se ensoberbeceu, e se dá por causa sua grande formosura: "Ele era também muito belo" (3Rs 1,6). — Só de Deus não há Escritura alguma que diga — não digo por verdade, que não pode ser, mas nem por figura ou semelhança —, que, contemplando-se a si, que contemplando aquela formosura imensa de seu ser, se ensoberbecesse. Pois, Senhor e Deus meu, se essa formosura eterna, imensa, infinita, incompreensível; se essa formosura, de que são umas participações mui escassas tudo o que é formosura no céu e na terra, tudo o que é formosura nos homens e nos anjos; se não chega essa formosura a vos ensoberbecer por metáforas; se não chegais a dizer dela que vos ensoberbeceu contemplando-a, como dizeis por vossa boca que "a formosura dos olhos de Maria foi poderosa para me ensoberbecer".

Tudo são exagerações, tudo são hipérboles, tudo são encarecimentos da formosura daquela soberana Virgem; mas exagerações as mais levantadas, hipérboles as mais subidas, encarecimentos os mais sobrelevados. A formosura de Eva chegaria a ensoberbecer a Adão; a formosura de Raquel chegaria a ensoberbecer a Jacó; a formosura de Ester chegaria a ensoberbecer a Assuero; mas a formosura de Maria chegou a ensoberbecer, do modo que se pode dizer, ao mesmo Deus. Chegou a confessar o mesmo Deus que "a formosura de seus olhos me ensoberbeceram".

§ IV

Ora, vamos ao ponto. Vejo está dizendo o auditório todo: Este pregador, como novo e como moço, não sabe o que prega: hoje é dia de nossa Senhora da Conceição, havia-nos o pregador de provar como a Virgem puríssima foi concebida sem pecado original; que quanto é retratar-nos as formosuras de Nossa Senhora, a que propósito? O propósito eu o direi agora. Conta Plutarco[8] que em Atenas, impondo-se um grave crime a uma donzela formosíssima chamada Frenes, para se sentenciar a sua causa, apareceu em juízo com o rosto coberto, como era costume aparecerem as acusadas. Começou logo a alegar por sua parte um orador com grande cópia de palavras, com grande número de textos, com grande força de razões. Mas as presunções eram tão forçosas e os indícios tão eficazes, que já nos rostos dos juízes se estava lendo sentença contra Frenes. Levanta-se neste passo Péricles, outro orador famosíssimo, lança mão ao manto da quase convencida donzela, e o mesmo foi aparecer a formosura de seu rosto que trocarem-se subitamente os pareceres de todos. Aclama todo o senado: — Victor, victor, pela parte de Frenes. Em tanta formosura, dizem, não pode haver culpas; em tanta formosura não pode haver culpas.

Eis aqui a traça, Senhores, eis aqui o pensamento que me levou após si neste sermão. A questão mais altercada, ou das mais altercadas que houve na Igreja Católica, é esta em que estamos: Se foi ou não concebida com culpa original a Virgem puríssima Mãe de Deus? Na especulação deste ponto têm suado os mais insignes teólogos de toda a Igreja; na confirmação desta verdade têm corrido felizmente as penas mais engenhosas de todo o mundo. Mas ainda está a questão indecisa, ainda está a verdade em opiniões. Pois, que remédio para sair com vitória? Que remédio para tapar a boca de uma vez a todas as razões contrárias? O remédio é, Virgem puríssima, já que não posso ser digno orador de vossa pureza, fazer-me sumilher [reposteiro da casa real] de cortina de vossa formosura. Apareça esse rosto, mais formoso que a Jerusalém da terra, mais formoso que a Jerusalém do céu; apareçam esses olhos, bastantes a enlevar a Deus, bastantes ao ensoberbecer; e, à vista de tanto extremo de formosura, todos aclamarão a uma voz que sois concebida, Senhora, sem culpa original: que em tanta formosura não pode haver culpa.

Pregando em tal dia como hoje um pregador de contrária opinião, não duvidou dizer pública e declaradamente que a Virgem Maria fora concebida em pecado original. Estava na mesma igreja uma imagem da mesma Senhora de vulto e vestida como então se costumava mais, e em se ouvindo no auditório aquela proposição, que faria? — Escreve o caso Bernardino de Bustes[9]. — Estendeu o braço direito a imagem, pegou no manto e cobriu o rosto. Qual seria o espanto e assombro, e também o aplauso de todos, bem se deixa ver. A mim me está lembrando neste passo o que aconteceu a Sara com el-rei Abimelec. Partiu-se Abraão de sua pátria, e fez concerto com Sara que dali por diante se chamassem irmão e irmã, e não mulher e marido, porque assim levava a vida mais segura. Chegados ao Egito, onde Abimelec reinava, levaram logo o alvitre ao rei os ministros de seus apetites, dizendo que era chegada à corte uma mulher de estranha formosura. Informou-se o rei se era casada e, dizendo-se-lhe que não, mandou que lha levassem a palácio. Que boa ocasião tínhamos aqui para uma pequena de doutrina! Era rei Abimelec, era gentio, era poderoso e não tinha fé, nem tinha um mandamento da lei de Deus que lhe dissesse: "Não desejarás a mulher de teu próximo" (Dt 5,21) — e, contudo foi tão comedido que não tratou de Sara senão depois que soube primeiro que era mulher sem marido. E andou muito acertada Sara em se desterrar para o Egito, e não para outra de muitas terras, onde pode ser que não achasse tanto comedimento nos homens.

Enfim, não chegou Abimelec a afrontar a Sara, porque Deus, que zelava a honra de Abraão mais que ele mesmo, apareceu a Abimelec em sonhos, mui severo, mandando lhe que restituísse logo a mulher a seu marido, sob pena de lhe tirar a vida a ele e lhe abrasar o reino. Executou-o assim o rei no mesmo ponto, e mandando dar a Abraão quatrocentos cruzados, disse assim a Sara:

"Eis que mil moedas de prata dei ao teu irmão, e elas servirão como um véu sobre teus olhos, diante dos que estão contigo" (Gn 20,16). Sara, aquele dinheiro que mandei a vosso irmão, é para comprares um manto ou véu com que cobrir os olhos diante daqueles que vos conhecem. — Cobrir os olhos de Sara, por que razão? Não consta da Escritura que Abimelec não tocou a Sara no fio da roupa: "Abimelec na verdade não a tocara" (Ibid. 4)? Não consta que o rei declarou logo o caso como passara aos da sua corte: "Depois Abimelec chamou todos os seus servos e lhes narrou tudo" (Ibid. 8)? Pois, se Sara estava tão inocente, tão livre de culpa, por que havia de cobrir o rosto? Por que havia de tapar os olhos: "Servirão como um véu sobre teus olhos"? — Apenas há lugar na Escritura que tenha tantas exposições dos doutores; cada um diz o que lhe parece, o mesmo hei de fazer eu.

Diz Abimelec com muita razão a Sara que compre um manto com que cobrir os olhos, porque para uma mulher da autoridade de Sara não são necessárias culpas verdadeiras: bastam culpas imaginadas para não ter olhos com que aparecer diante de gente. Ainda que o rei sabia a inocência de Sara, e a publicara, como o mundo é tão mau, muitos imaginariam o que quisessem; e basta que se imagine uma culpa em uma mulher tão santa para que não tenha rosto com que aparecer, para que tape os olhos: "Como um véu sobre teus olhos". — De Sara pudera a Virgem Maria herdar este pundonor, como neta sua que era; mas em si tinha maiores obrigações que as herdadas. Corre o manto, tapa os olhos quando ouve dizer de si que foi concebida em pecado original, não porque esta culpa fosse verdadeira, não; mas porque para a pureza da Mãe de Deus bastam culpas imaginadas para cobrir o rosto; basta uma suspeita, ainda que falsa, de culpa, para não ter olhos para aparecer: "Como um véu sobre teus olhos".

Assim é, Senhora minha, assim é; mas neste mesmo manto temos o remédio. Se por que vos condenam de culpa original cobris o rosto, descobri-o, e todos vos absolverão dessa culpa. A formosura desse rosto é a executória de vossa pureza. Não sou eu o que vo-lo digo, Senhora; nos Cantares vo-lo disse vosso Filho e Esposo sagrado, quando o consultastes neste caso: "Dize-me, pois tu, onde apascentas os rebanhos, onde repousas ao meio dia" (Ct 1,6). Declarai-me, Esposo querido meu, diz a Senhora, onde repousais descansando às horas do meio-dia. — Ide notando as propriedades do texto, que são admiráveis. O pecado de Adão, que é ou donde nasceu o original, foi cometido ao meio-dia. Assim se colhe do mesmo texto, em que Deus arguiu a Adão, e ele se escondeu logo depois do meio-dia: "Como tivesse ouvido a voz de Deus, que passeava depois do meio-dia, escondeu-se" (Gn 3,8). — E esta é a razão por que disse Rabano[10], e bem, que quis subir o Redentor à cruz no pino do meio-dia: "Hora sexta" — para que o pecado fosse pago na mesma hora em que fora cometido: "Subiu à cruz ao meio-dia naquela hora em que o primeiro homem tocou o lenho da prevaricação, e o segundo homem subiria o lenho da redenção". — Vem, pois, a ser a pergunta da Senhora, que lhe declare o Esposo divino onde descansava por graça no tempo em que Adão pecara, e acrescenta maravilhosamente a nosso intento: "Para que não me tornem acusada de culpa"[11]. Porque enquanto vós, Senhor, não declarardes isto, estarei eu com o rosto coberto, como costumam estar as acusadas de culpa: "Para que não me tornem acusada de culpa".

Ouvi agora o que respondeu o Esposo, que é milagrosa prova do nosso assunto: "Se tu te não conheces, ó formosíssima entre todas as mulheres" (Ct 1,7). — Perguntar isso, Esposa e Mãe minha, perguntar se estava eu em vós por graça no tempo em que pecou Adão é ignorardes vós que sois a mais formosa de todas as mulheres. — Argumenta o Esposo pelas mesmas consequências em que o nosso discurso se funda. Diz que duvidar da graça original da Virgem é ignorar que é a mais formosa de todas as mulheres, porque quem conhecer sua formosura, impossível é que creia que foi concebida em pecado, que em tanta formosura não pode haver culpa. Divinamente o Abade Ruperto[12]: "Ó formosíssima entre as mulheres! É tal e tão grande a tua causa que se a ignoras logo saberás o que procuras". Dessa causa que perguntais, ó formosíssima entre todas as mulheres, dessa questão que moveis, convosco trazeis a resposta, convosco trazeis a solução. Vossa formosura é a prova de vossa imaculada Conceição. Só poderá duvidar dela quem ignora as excelências de vossa formosura: "Se tu te não conheces, ó formosíssima entre todas as mulheres" (Ct 1,7).

§ V

Entra agora o nosso tema, e, segundo o que prometi, é bom sinal: acaba-se o sermão. "E Davi gerou a Salomão, daquela que foi de Urias" (Mt 1,6). Davi gerou a Salomão da mulher que foi de Urias. — Altercam muito os doutores por que se põe esta mulher no catálogo da geração da Senhora. E tem muito lugar a dúvida no dia de sua puríssima conceição. Se se passa em silêncio Sara, Rebeca, Raquel e outras mulheres santíssimas, primogenitoras da Virgem, por que se faz menção desta, que foi muito menos casta e menos santa? E já que se houvesse de falar nela, por que se não nomeia por seu nome de Bersabé, senão por mulher que foi de Urias? Porque nomear a Urias, é trazer à memória o aleivoso homicídio com que lhe mandou tirar a vida Davi, e dizer que fora sua mulher é lembrar o adultério, que com tanto escândalo do mundo cometeu. Por todas estas razões entra no Evangelho de hoje Bersabé; por isso mesmo a põe Deus no catálogo da geração da Virgem. Assim como para fazer rainha a Bersabé, e para a fazer mãe de Salomão, quebrou Davi todas as leis divinas e humanas, matando a Urias, tirando-lhe a mulher, sem reparar em homicídios nem adultérios, assim Deus, para fazer a Maria Rainha dos anjos e para a fazer Mãe do verdadeiro Salomão, Cristo, em nenhuma lei reparou: todas as leis quebrou, a quantas estavam sujeitos os filhos de Adão.

Por filhos de Adão, nascemos filhos da ira; por filhos de Adão, nascemos escravos do demônio; por filhos de Adão, nascemos deserdados da glória; por filhos de Adão, nascemos sujeitos àquela inclinação má a que chamam "incentivo da concupiscência". Por todas estas leis cortou Deus no dia da conceição de Maria, e a criou tão pura, tão imaculada, tão santa, quanto era bem que o fosse a que havia de ser Mãe do verdadeiro Salomão, Cristo: "Gerou a Salomão, daquela que foi de Urias". — Bem está até aqui; mas donde havemos de coligir esses privilégios, donde havemos de coligir essas leis quebradas? Não no-lo hão de dizer doutores, senão o mesmo texto. Havemos de coligir estas leis quebradas do mesmo fundamento por que Davi as quebrou. O fundamento por que Davi quebrou todas aquelas leis não foi outro, como diz o texto, senão a formosura de Bersabé: "Viu uma mulher que se estava lavando, e era uma mulher em extremo formosa" (2Rs 11,2). — Pois, deste mesmo fundamento havemos de coligir também que quebrou Deus todas as leis de Adão na conceição de Maria: "Era pois uma mulher muito bonita"; antes, "belíssima entre as mulheres" — porque é, como tão largamente temos visto, a mais formosa de todas as mulheres. Digamos logo com o Esposo: "Toda tu és formosa, amiga minha, e em ti não há mácula" (Ct 4,7). Toda sois formosa, Senhora, e Mãe minha, e daí se colige que não contraístes mácula de pecado original. — Digamos também com os anjos: "Bela como a lua, eleita como o sol" (Ct 6,9). Sois formosa, Senhora, como a lua e daí se colige bem que foste escolhida como o sol. — O sol de justiça, Cristo, é de fé que foi escolhido e predestinado sem pecado original; o mesmo confessa de vós, Virgem puríssima, a nossa devoção, e o fundamos em vossa formosura: "Bela como a lua, eleita como o sol" — que onde a formosura é total não pode haver mancha alguma: "Toda tu és formosa, amiga minha, e em ti não há mácula". — Assim o cremos, assim o confessamos. Cremo-lo com o coração, confessamo-lo com a boca e o defenderemos sempre com o sangue e com a vida, se for necessário.

§ VI

Fixemos bem, cristãos, nesta proteção e devoção da Conceição da puríssima Senhora, e estejamos muito certos que nenhuma outra lhe agrada tanto à mesma Senhora, e que com nenhuma outra a havemos de obrigar tanto como com esta. Duvidam os santos por que se mostrou Cristo tão liberal com o Bom Ladrão, que lhe prometesse tão efetivamente o reino do céu: "Hoje serás comigo no Paraíso" (Lc 23,43) — coisa que se não lê haver o Senhor feito outra vez? A razão dizem que foi a que antecedentemente propõe o texto. Quando crucificaram a Cristo entre dois ladrões, o mau ladrão, como diz S. Lucas: "Blasfemava ao Senhor" (Lc 23,39) — dizendo que não era Filho de Deus, nem Messias, pois se não salvara a si nem a eles, como também o diziam os outros ouvintes: "Os que iam passando blasfemavam" (Mt 27,39). — Acudiu o Bom Ladrão repreendendo-o, dizendo: "Na verdade nós recebemos com justiça pelos feitos cometidos; este na verdade nenhum mal fez" (Lc 23,41). Os maus e os culpados somos nós, e assim justamente estamos aqui crucificados; que quanto a este Senhor: "Nenhum mal fez"; é justo, é santo, é inocente. — E, dizendo isto, vira-se para Cristo: "Senhor, lembra-te de mim, quando entrares no teu reino" (Lc 23,42). — Pois, homem, que quando me estão blasfemando, impugna aos que me blasfemam; homem, que quando todos me têm por malfeitor, ele me confessa por inocente; homem, que quando a minha honra está em opiniões, com tão ruim opinião, acode por mim, e diz que não tenho culpa; este homem, ainda que seja um ladrão, há de entrar comigo hoje no Paraíso: "Hoje estarás comigo no Paraíso" (Lc 23,43). — O mesmo digo eu da Virgem puríssima. Todas as outras devoções que fazemos, todos os outros títulos que damos a esta Senhora lhe agradam muito; mas nenhum a obriga e rende tanto como este de sua puríssima Conceição. Dizer da Senhora que é Mãe de Deus; dizer que foi Virgem antes do parto, no parto e depois do parto; dizer que é Filha do Padre, Mãe do Filho e Esposa do Espírito Santo, todos estes títulos agradam muito à Senhora, mas não a obrigam tanto como dizer que foi concebida sem pecado original, porque aqueles títulos, ainda que grandes, todos os creem, todos os confessam, ninguém já duvida deles. Porém o título da Conceição Imaculada, como anda em questão, como está em opiniões, como há quem o duvida, que nos ponhamos nós da parte da Senhora, que impugnemos os que sentem o contrário, que a confessemos, apesar de todos, por concebida sem pecado original, isto obriga tanto à Senhora, que sem dúvida, como Mãe de tal Filho, dirá a cada um destes seus devotos: "Comigo estarás no paraíso". — Bem cabia aqui o "Que o Senhor Deus onipotente se digne conceder a mim e a vós"[13] — mas ainda digo mais uma palavrinha.

Quando os filhos de Israel iam caminhando para a Terra de Promissão, adoeceu de lepra Maria, irmã de Moisés. Parou logo o exército e não deu mais passo adiante. Sara Maria outra vez, e fica purificada da lepra, e logo no mesmo ponto começou o exército outra vez a marchar: "E o povo não se moveu daquele lugar enquanto Maria não foi tornada a chamar" (Nm 12,15). — Por que não marcha o exército enquanto Maria está coberta de lepra; e tanto que sara da lepra, por que marcha logo? Orígenes responde a esta dúvida: Porque era figura de Maria, Mãe de Deus. — Onde Maria está coberta da lepra do pecado original, onde há uns que têm para si que foi a Senhora concebida em pecado, entendam e cuidem os que isso imaginam que não hão de ir por diante no caminho da Terra de Promissão, não hão de fazer jornada no caminho do céu. Porém, onde Maria está pura da lepra original, onde há almas que têm para si, confessam e protestam que foi a Senhora concebida em graça, assim como lá os filhos de Israel logo marcharam para a Terra de Promissão, assim caminharão logo felizmente pelo caminho do céu, alcançando-lhes a mesma Senhora tantos auxílios, e importando-lhes tantas graças, quantas lhes segurem e façam certos os prêmios da glória: *Ad quam nos etc.*

SERMÃO DE
São Roque

*Panegírico e apologético, no aniversário
do nascimento do príncipe D. Afonso,
na Capela Real. Ano de 1644.*

∽

"Estejam cingidos os vossos lombos
e nas vossas mãos tochas acesas."
(Lc 12,35)

Já que São Roque veio a cair neste dia tão particular, em que Deus desempenhou suas promessas, quisera eu que São Roque nos ensinasse a conservá-las. As duas partes do sermão: a panegírica, ação de graças por aquele, abençoado por Deus, que chega para atender às nossas necessidades e realizar as nossas profecias; a apologética: espera quem serve, teme quem ama.
Os perigos impossíveis não se hão de aceitar. Pondero com o Evangelho.
Recear perigos impossíveis é amor, acautelar-se deles é providência.
Os remédios perigosos: as duas companhias mercantis. Contarei parte da vida de São Roque. A bondade das obras está nos fins, não está nos instrumentos. As obras de Deus todas são boas; os instrumentos de que se serve podem ser bons e maus. A Companhia Ocidental e a restauração do Brasil.

§ I

*F*ora de seu dia S. Roque! E não em outro dia senão hoje! — Mui altos e poderosos reis e senhores nossos. — Torno a admirar-me. Fora de seu dia S. Roque! E não em outro dia senão hoje! Grandes suspeitas me dá este santo que vem ajudar-nos a celebrar a nossa festa, mais que desejoso de celebrarmos a sua. Um ano faz neste dia e nesta hora, pouco menos, que em cumprimento da expectativa, em desassombro do temor, em satisfação do desejo, em alvoroço dos corações, em aplausos de Lisboa, em glória de Portugal e em alegria de todos, amanheceu à luz comum e nasceu ao mundo o sexto planeta do nosso hemisfério, a quarta estrela dos nossos dois sóis, o primeiro fruto da geração atenuada, restituída, o desempenho profetizado dos olhos de Deus, a união dos dois primeiros Afonsos de Portugal e Bragança[1], o perfeitíssimo retrato dos soberanos originais, que no-lo deram; enfim, o nosso belo infante D. Afonso, que Deus nos crie, que Deus nos guarde e que Deus nos faça o quarto, como hoje é o último.

Não sou de fazer mistérios dos acasos, mas folgo de fazer doutrina da ocasião. E já que S. Roque veio a cair neste dia tão particular, em que Deus desempenhou suas promessas e lançou novas raízes a seus benefícios, quisera eu que S. Roque hoje nos ensinara a os conservar. Roques a reis, peças são que se ajudam. A este intento procurarei encaminhar todo o sermão. O Evangelho nos dará documentos, o santo nos dará exemplos, queira Deus que não resistam aos ouvidos os corações.

§ II

"*E*stejam cingidos os vossos lombos e nas vossas mãos tochas acesas" (Lc 12,35).

Manda Cristo a seus discípulos que estejam com as roupas tomadas no cinto, e com tochas acesas nas mãos, bem assim como os criados vigilantes que esperam por seu senhor no dia das bodas. Este exemplo me faz dificultosa esta doutrina. Se o Esposo há de vir, e não vem ainda, para que hão de estar todas as tochas acesas? Que esteja acesa uma, para que com ela se acendam as outras, parece-me muito bem. Mas acesas todas: "tochas acesas nas vossas mãos"? — O que Cristo, Senhor nosso, pretendia, como se vê de todo o Evangelho, era vigilância e luz: para a vigilância bastava um criado, para a luz bastava uma tocha. Provo com o exemplo da milícia, porque nos olhos de uma sentinela vigia todo o exército e na brasa de um murrão estão acesas todas as armas. Pois, se parece que bastava uma só tocha, para que manda Cristo acender tantas? Manda Cristo acender muitas tochas porque quer segurar as luzes. Uma só luz basta para acender, mas uma só luz não basta para assegurar; por isso manda Cristo que estejam muitas tochas acesas, para em cada uma deixar o remédio e em todas juntas assegurar o perigo. Luz que se pode apagar com um assopro não está segura sem fiador; pois multipliquem-se as luzes, diz Cristo, para que umas sejam fiadoras das outras: na primeira luz nos deu o remédio, nas outras luzes nos tirou o cuidado.

Por que cuidamos, portugueses, que se acabaram as luzes de Portugal? Que causa cuidamos que houve para padecermos aquela noite eterna de sessenta anos tão cumpridos? A causa foi porque, como Deus queria eclipsar as glórias de Portugal, permitiu que ficasse a luz pendente de uma só tocha: um rei, D. Sebastião, outro rei, D. Henrique, ambos sem sucessão, ambos sem herdeiros[2]. Porém hoje, quando Deus foi servido de nos restaurar e restituir, engrossa a linha da geração atenuada com dobrados sucessores, assegura o lume das tochas com multiplicadas luzes para que, assim como se interrompeu o cetro de Portugal por dois reis sem sucessor, se perpetue em durações eternas por um rei já com dois sucessores. Dois sucessores temos, e quatro herdeiros. Ditoso o dia e ditoso o nascimento em que se cerrou e aperfeiçoou este bem estreado número.

Notou S. João Crisóstomo[3] que a lei escrita foi fundada em dois irmãos, e a lei da graça em quatro: "A primeira lei escrita foi fundada sobre uma irmandade, e esta, lei da graça, sobre duas irmandades". — Os dois irmãos, em que se fundou a lei escrita, foi Moisés e Arão; os quatro irmãos, em que se fundou a lei da graça, foram S. Pedro e Santo André, S. João e São Tiago. Pois, saibamos: por que fundou Deus a lei escrita em dois, e a lei da graça em quatro? Que se fundasse uma e outra em irmandade, com grande providência está feito, porque os fundamentos da união são os mais sólidos alicerces do edifício espiritual ou político. Mas por que a primeira lei em dois irmãos, e a segunda em quatro? A razão foi porque quis lançar os fundamentos a cada lei conforme a duração que lhe determinava dar. A lei escrita, que finalmente se havia de acabar, fundou-a em dois irmãos; a lei da graça, que havia de ser eterna, e durar sem fim, fundou-a em quatro. Império fundado em dois irmãos dura muito, mas poderá ter fim; porém, império fundado em quatro irmãos, assentado sobre quatro colunas, alumiado com quatro tochas, será perpétuo, será perdurável, igualará a duração com a do mundo, medirá os anos com as eternidades: "E esta, lei da graça, sobre duas irmandades".

Mas noto eu nas palavras de S. João Crisóstomo que aos fundamentos da lei perpétua da graça não lhes chamou quatro irmãos, senão duas irmandades: "Sobre duas irmandades". — Tais são os fundamentos do nosso reino. Está firmíssimo Portugal, não só porque está fundado em dois irmãos, senão porque está fundado em duas irmandades: uma irmandade masculina do nosso príncipe e do nosso infante, outra irmandade feminina das nossas infantas, que Deus nos guarde. De maneira que não só consiste a nossa firmeza na multiplicação do número, senão na repartição do sexo; não só em serem quatro irmãos, senão em serem duas irmandades, uma de irmãos, outra de irmãs: "Sobre duas irmandades".

Triste e desconsolada Ana por se ver estéril, e muito mais desconsolada e triste por se ver afrontada de Fenena, mulheres ambas do príncipe Helcana, e fecunda Fenena, e mãe de muitos filhos, diz a História Sagrada que foi ao Templo, e com muitas lágrimas fez oração e voto a Deus desta maneira: "Se puserdes, Senhor, os olhos na minha aflição e dor, e derdes à vossa serva um filho varão, eu prometo de o dedicar a este mesmo templo, para que nele vos sirva todos os dias de sua vida" (1Rs 1,11). — Assim orou Ana, e foi ouvida de Deus muito mais que assim porque, depois de lhe dar por filho ao profeta Samuel, lhe deu mais outros dois filhos e duas filhas. De todos diz juntamente o texto: "Visitou pois o Senhor a Ana, e ela concebeu e pariu três filhos e duas filhas" (1Rs 2,21). — Não admiro neste famoso caso a liberalidade de Deus, que sempre é mais largo em dar do que nós em pedir; é, porém, muito digno de reparo que, dando cinco filhos a Ana, quando lhe pediu um só, e esse varão, não fossem só varões e filhos os que lhe deu de mais, senão filhos e filhas, e em número igual de um e outro sexo: os filhos dois, e as filhas duas, que vêm a ser, como S. João Crisóstomo ponderava, não só quatro irmãos, senão duas irmandades, e uma de irmãos outra de irmãs, como nós particularmente notávamos na presente diferença da sucessão dos novos príncipes. De sorte que não consiste a nossa firmeza só na multiplicação do número, senão também na repartição do sexo. Isto é, não só em serem quatro irmãos e duas irmandades, senão uma de filhos, outra de filhas. E por quê? Porque os reinos e os impérios conservam-se e sustentam-se em duas raízes: das portas a dentro, na sucessão dos reis naturais; das portas afora, com a confederação dos reis estrangeiros. E por isso nos acabou Deus de dar, em tal dia como hoje, tantos filhos como filhas: os filhos, para que não faltassem reis ao reino próprio; e as filhas, para que possamos dar rainhas aos estranhos.

O mesmo S. Crisóstomo[4], que nos quatro apóstolos notou as duas irmandades, nos quatro filhos que, depois de Samuel, acrescentou Deus a Ana, nota ser uma irmandade de filhos outra de filhas, dizendo que nesta segunda lhe dera Deus, para última satisfação do gosto e do desejo, todo o lucro e aumento que da sucessão dos filhos pode ter uma venturosa família: "Por um e outro sexo cresceu o seu lucro, a fim de que a sua alegria fosse plena e perfeita". — Mas porque o santo não individuou qual fosse ou haja de ser esse lucro, eu o direi e provarei com admirável propriedade do mesmo texto, e é que a segunda irmandade das duas filhas, por benefício e extensão dos casamentos, acrescentaram outros tantos filhos à mesma geração. Assim o disse a mesma Ana, no cântico da ação de graças que deu a Deus, pela mercê que de sua liberal mão tinha recebido, declarando expressamente na língua original hebreia ou caldaica, em que falava, que ela, sendo estéril, parira sete filhos: "Até que a estéril teve sete filhos" (1Rs 2,5). — Pois, se a mesma Escritura Sagrada, no vulgar latino, diz: "Visitou pois o Senhor a Ana, e ela concebeu e pariu três filhos e duas filhas" (1Rs 2,21): que visitou Deus a Ana, e pariu três filhos e duas filhas, que são cinco por todos, como agora diz que pariu sete? Aqui está a propriedade e maravilha que eu dizia. Porque, como a segunda e última irmandade foi de filhas, casando estas em família estranha, acrescentavam cada uma delas um filho à sua própria, e ambas dois, com que vinham a fazer o número de sete: "Até que a estéril teve sete filhos". — Desta maneira descreve Isaías o aumento e propagação de Jerusalém, dizendo: "Teus filhos virão de longe, e tuas filhas se levantarão de todos os lados" (Is 60,4): que as filhas, nascendo a seu lado como próprias, lhe trariam de longe, pelo vínculo da sucessão, outros tantos filhos; e se ela fosse de príncipes, como a de que fala Isaías, e a nossa, outros tantos reis.

Vede agora se está bem fundado Portugal nestas duas irmandades. Vede se está bem seguro nestas quatro luzes, e se deve festejar muito este dia, em que nos amanheceu a quarta. Quero me apaixonar por este dia. Digo que o dia de hoje é o mais alegre que nunca teve Portugal, mais ainda que o dia felicíssimo da aclamação. Razão: porque então deu-nos Deus o reino, hoje mostrou que ele no-lo dera; então cumpriram-se as profecias, hoje provou-se que foi verdadeiro o cumprimento delas.

Quando ao patriarca Abraão lhe nasceu Isac de sua mulher Sara, diz S. Basílio de Seléucia[5] que foi gêmeo este parto. Gêmeo? Pois, como assim? Leiam-se as Escrituras, e achar-se-á que deste parto de Sara não nasceu mais que Isac. Pois, se só Isac nasceu, como foi o parto gêmeo? Foi gêmeo, diz S. Basílio, porque deste parto de

Sara estéril, se bem se nota, nasceram dois filhos: nasceu Isac, e mais nasceu a fé das promessas que Deus tinha feito a Abraão: "Sara, a estéril, deu à luz no seu parto um filho da esperança e mais a fé das promessas". — Tinha Deus prometido a Abraão que lhe daria um filho, e que em sua geração seria remido o mundo; e como Isac foi este filho prometido, por isso veio a ser e poder-se chamar gêmeo o parto de Isac, porque nasceu dele juntamente o filho das esperanças e mais a fé das promessas: "No seu parto, a fé da divina promessa". — O mesmo passa no nascimento do nosso infante D. Afonso. Nasceu hoje à geração real portuguesa esterilizada o primeiro filho, e nasceu juntamente com ele a fé das promessas divinas feitas ao primeiro rei. Estava estéril, pelos pecados de Portugal, a geração de seus reis, como outra Sara; mas, como Deus tinha prometido que nessa geração esterilizada e atenuada poria seus olhos, quando a geração real portuguesa outra vez se vê fecunda, não há dúvida que com o primeiro fruto desta fecundidade nos nasceu juntamente a fé daquelas promessas: "No seu parto, deu à luz a fé". — Neste nascimento acabou o sinal do castigo. Com este nascimento nasceu a fé do remédio. Porque, assim como foi sinal evidente de Deus querer acabar Portugal fazer a geração real estéril, assim é confirmação evidente de Deus querer estabelecer Portugal fazer a geração real fecunda.

E, se não, pergunto: qual foi o termo com que Deus declarou que restauraria Portugal? O termo foi: "Eu olharei e verei". — Pois, no dia de hoje, e neste felicíssimo nascimento se cumpriu o "olharei e verei". — E por que razão? Por que dar Deus a uma geração estéril um filho varão, é o olhar e o ver de Deus. Texto expresso e continuado. Quando Ana, como vimos, e ainda não ponderamos, disse: "Se olhardes, Senhor, e virdes a aflição da vossa serva, e lhe derdes um filho varão" (1Rs 1,11). — De maneira que dar Deus um filho varão a uma geração estéril, é o olhar e o ver de Deus: "Se olhares, vereis: Eu olharei e verei". — A décima sexta geração real portuguesa estava, como Ana, estéril: "Até a décima sexta geração, na qual a descendência seria atenuada". — Tinha-nos prometido Deus que, nessa mesma geração atenuada, olharia e veria: "Na mesma geração, assim atenuada, eu olharei e verei". — E quando olhou e viu? Olhou e viu quando deu a essa geração estéril um filho varão: "Se olhares, vereis, e lhe derdes um filho varão: Eu olharei e verei".

Que resta, logo, senão darmos hoje infinitas graças a Deus, e infinitos parabéns a Portugal, dizendo com o profeta Isaías: "Alegra-te, estéril, que não pares; entoa cânticos de louvor e ergue gritos de alegria, tu que não parias" (Is 54,1). Dá graças a Deus, Lusitânia, alegra-te e triunfa, pois, sendo nestes anos passados tão estéril de príncipes, hoje te vês tão fecunda! E se queres alegrar-te com mais admiração, olha para a vizinhança: "Porque os filhos da desamparada são muitos mais do que os daquela que tem marido" (Ibid.): porque a que era estéril se vê fecunda, e a que era fecunda, estéril. — Coisa é muito digna de reparar que, tendo Castela há poucos anos dois infantes varões, hoje não tem nenhum[6]; e, não tendo Portugal há poucos anos nenhum infante, hoje se vê com dois. Parece que Castela enterrava os seus infantes para que os nossos nascessem, porque, se bem advertimos, acharemos que nas mesmas terras onde ela enterrou os seus infantes, nos nasceram a nós os nossos. Enterrou Castela um infante em Alemanha, o infante Fernando; e nasceu-lhe a Portugal outro infante em Alemanha, o senhor Dom

Duarte, que Deus guarde e livre, que nasceu infante no dia felicíssimo da aclamação. Enterrou Castela outro infante em Espanha, o infante Carlos, e nasceu-lhe a Portugal outro infante em Espanha, o Senhor infante D. Afonso, que nasceu já filho de rei, no dia felicíssimo de hoje, faz um ano. Que é isto? É que, quando Deus quer eclipsar, como vimos em nós, vai apagando as tochas; e como quer que resplandeça outra vez Portugal, vai-nos dando as luzes às mãos cheias: "E nas vossas mãos tochas acesas" (Lc 12,35).

§ III

Mas, suposto que Deus nos deu tantas luzes: "Tochas acesas" — e, suposto que as pôs nas nossas mãos: "E nas vossas mãos", que havemos de fazer para sustentar estas luzes? Luzes acesas gastam e consomem; pois, que remédio para as sustentar e para as conservar? O remédio, como tão importante e necessário, já está prevenido e declarado nas palavras antecedentes do Evangelho: "Estejam cingidos os vossos lombos" (Lc 12,35). — Cingi-vos, apertai-vos, estreitai-vos. — Remédio para sustentar as tochas, apertar os cintos: "Estejam cingidos os vossos lombos e nas vossas mãos tochas acesas" (Ibid.). — E que consequência tem apertar os cintos para luzirem todas as tochas? Muito grande. Porque para luzir é necessário arder, para arder é necessário gastar, para gastar é necessário cingir. Cingi-vos primeiro, podereis luzir depois.

Muitas vezes tenho buscado em que consistiu a loucura das virgens néscias, porque à primeira vista eu não vejo mais milagres nas prudentes. Se as prudentes ornaram as alâmpadas, também as néscias as ornaram; se as prudentes saíram a receber o Esposo, também as néscias saíram; e, se as néscias adormeceram, também as prudentes não vigiaram: "Começaram a cochilar todas, e assim vieram a dormir" (Mt 25,5). — Pois, em que esteve a loucura tão canonizada? Esteve em que as néscias, tendo menos cabedal de azeite que as companheiras, não souberam poupar com a indústria o que as outras gastavam na abundância. Quiseram luzir quando haviam de poupar, e vieram a mendigar quando haviam de luzir: "Dai-nos do vosso azeite, porque as nossas lâmpadas se apagam" (Ibid. 8). — Apagaram-se-lhes as luzes, porque não souberam estreitar os cintos; não souberam poupar antes, não puderam luzir depois. Que bem emendou esta ignorância das virgens néscias a prudência e a providência de S. Roque! Contentou-se com satisfazer à necessidade, e não ao apetite; à natureza, e não à vaidade; por isso pôde resplandecer em obras de caridade tão excelentes, e servir ao rei do céu com tanta liberalidade e grandeza quanto eu agora quisera, mas não tenho tempo para ponderar.

Só não posso deixar de dizer e de estranhar muito que se alarguem agora os cintos, quando era tempo de os estreitar; e que os tragam e queiram trazer muito largos os mesmos que noutro tempo os traziam assaz estreitos. No outro tempo tão estreitos e tão delgados, como todos sabem; e agora tão largos, e não sei se tão inchados, que em nenhuma parte cabem, nem há quem caiba com eles. Cabe-lhes, porém, e vem-lhes muito ao justo a frase do soberbo Jeroboão, que são hoje mais grossos pelo dedo meminho do que eram antigamente pela cintura: "O meu dedo mínimo é mais grosso do que os ombros de meu pai" (3Rs 12,10). — Levam hoje mais roda em um anel, do que levavam antigamente no cinto. E o pior é que no cabo queixosos e mal contentes. Ora medi,

medi os cintos e vereis quanto mais largos andais agora do que andáveis no outro tempo. Antigamente — se vos lembra — cabíeis nos vossos sapatos, e hoje não cabeis em um coche. E sobre tanta diferença, queixas ainda? Estranho isto, mas não me espanto, que quando anda prodigioso o céu, veem-se semelhantes maravilhas na terra.

Ia S. Paulo caminhando para Damasco, desce do céu um raio de luz, que o derrubou do cavalo e o deitou em terra. Estava Elias no Jordão, desce do céu um coche de quatro cavalos, que o levou por esses ares. Eis aqui o que acontece na terra quando anda prodigioso o céu. A uns apeia, a outras levanta. Paulo, que andava a cavalo, ficou a pé; Elias, que andava a pé, ficou em coche. Contudo, a mim me parece muito bem que Elias tenha coche, porque vejo a capa de Elias nos ombros de Eliseu. Que ande em coche Elias zeloso, que cobre a Eliseu com a sua capa, é muito justo; mas que ande em coche Elias zelote, que cobre o coche com a capa de Eliseu, não é bom zelo este. Zeloso que não sabe dar a capa, não tem bom zelo. Pois, desenganemo-nos, que quem quiser sustentar as tochas nas mãos não há de ter a capa nos ombros. Por isso Cristo nos manda ser semelhantes a criados, cujo estilo e obrigação é largar a capa para tomar a tocha. Estava Jeú em uma conversação de fidalgos; veio subitamente um profeta ungi-lo por rei: e que fizeram os circunstantes? No mesmo ponto diz o texto que tiraram todos as capas dos ombros, fizeram delas um trono, assentaram nele a Jeú e disseram: Viva el-rei: "Reinou Jeú" (4Rs 9,13). — Então vive o rei, quando se lhe faz o trono das capas dos maiores vassalos. Entrou Cristo em Jerusalém triunfando, começaram todos a aclamá-lo por rei de Israel; e que fizeram os que estavam pelas ruas? No mesmo ponto diz o Evangelho que tiraram também as capas, e as lançavam por terra, para que o Senhor passasse por cima. Então triunfa o rei, quando tem postas a seus pés as capas dos seus vassalos. Em nada me aparto do nosso texto.

A duas coisas se compara Cristo, Senhor nosso, neste Evangelho: compara-se a esposo e compara-se a ladrão. A esposo: "Que esperam ao seu senhor ao voltar das bodas" (Lc 12,36). — A ladrão: "Se o pai de família soubesse a hora em que viria o ladrão" (Ibid. 39). — Que se compare Cristo a esposo, está muito bem, que o é de nossas almas; mas comparar-se a ladrão? A ladrão e a esposo juntamente? Sim. Compara-se Cristo a ladrão e mais a esposo, para que entendamos que há de ser seu o nosso amor e que há de ser sua a nossa capa. Ao esposo deveis-lhe o amor; o ladrão pede-vos a capa. E como Cristo é nosso legítimo Rei e Senhor, por isso se compara juntamente a ladrão e mais a esposo: porque ao senhor natural, ao rei verdadeiro, há-se-lhe de dar o amor, e há-se-lhe de dar a capa por amor. Oh! como fica airoso quem o faz!

Mas advirto-vos de caminho que, se derdes a capa, dai-a dada, porque alguns dão a capa no exterior e por debaixo da capa tornarão a tomá-la. Capas dadas são as que estabelecem o trono ao rei; capas dadas e tornadas a tomar, não. Pouco há que dissemos que os vassalos de el-rei Jeú lhe fizeram o trono com as suas capas. Também dissemos que os vassalos de Cristo lhe puseram as capas debaixo dos pés, quando o aclamaram por rei. Porém eu noto uma grande diferença: que o reinado de Jeú — como consta do texto — durou vinte e oito anos; e o reinado de Jesus, temporalmente, não durou mais que cinco dias. Pois, qual é a causa por que o reinado de Jesus dura tão poucos dias, e o reinado de Jeú dura tantos anos? A causa Deus a sabe, a conjectura eu a direi. Aqueles vassalos que fizeram o trono de Jeú com as suas capas, não as tornaram a tomar; pelo contrário, os que puseram as suas capas aos pés de Cristo, tanto que passou o triunfo, tornaram a pô-las aos ombros. E reinado como o de Cristo, em que os vassalos dão as capas e as tornam a tomar, não é muito que dure pouco; porém, reinado como o de Jeú, em que os vassalos dão as capas dadas, durará por muitos anos e perpetuar-se-á em muitos sucessores.

Pois, por certo que merecia Cristo aos seus vassalos que lhe dessem as capas dadas. Tanto que Cristo tomou o título de rei na cruz, deu os seus vestidos aos soldados, e não só os vestidos exteriores, senão a túnica interior: "Porém os soldados tomaram as suas vestiduras e a túnica" (Jo 19,23). — E que fizeram logo os soldados? Tomaram os dados e puseram-se a jogar. Grandes dois documentos. Se o verdadeiro rei se despe para que os soldados tenham que jogar, quanto mais se deve despir para que tenham que comer? E se o rei tira a túnica para sustentar os soldados, por que não tirarão os vassalos a capa para sustentar o rei? Quereis poder dar as capas? Sabei apertar as roupas: "Estejam cingidos os vossos lombos". — E, se não basta a doutrina, basta o exemplo. "Na verdade vos digo que ele se cingirá" (Lc 12,37). — Por que não fará o vassalo pelo rei o que o rei faz pelo vassalo? Notai a correspondência do Evangelho entre o criado e o senhor. Diz o senhor aos criados que se cinjam e tomem as tochas nas mãos: "Estejam cingidos os vossos lombos e nas vossas mãos tochas acesas" (Lc 12,35). — E logo abaixo diz que o senhor se cingirá também e porá os criados à mesa: "Ele se cingirá e os porá à mesa" (Ibid. 37). — Pois, se o rei se cinge e se estreita para sustentar a mesa dos criados: "Ele se cingirá e os porá à mesa" — por que se não cingirão e estreitarão os criados para sustentar as tochas do Senhor: "Estejam cingidos os vossos lombos e nas vossas mãos tochas acesas"? — Não vemos a moderação verdadeiramente de pai da pátria com que el-rei, que Deus guarde, estreita os gastos de sua real pessoa e casa? Não vemos a liberalidade verdadeiramente real com que a Rainha, nossa Senhora, se priva de suas rendas e as aplica aos exércitos e fronteiras? Pois, se assim se estreita a grandeza dos reis, por que não aprenderá a se estreitar a vaidade dos vassalos? Façamos como libertados, pois eles fazem como libertadores.

Ora, ouvi-me uma ponderação, em que vereis que neste mesmo estreitar se mostra ser Sua Majestade o nosso verdadeiro libertador. Quando estavam cativos os filhos de Israel no Egito, desceu Deus em figura de fogo, "assentou-se em uma sarça e a sarça ardia, e não se queimava" (Ex 3,2). Pois, se o fogo é um elemento tão ativo, tão consumidor, tão voraz, por que não queimava a sarça? Portava-se a si o fogo, não pelo que era, senão pelo a que vinha. Vinha Deus naquele fogo a libertar os filhos de Israel, como ele mesmo disse: "Desci para o livrar" (Ex 3,8). — E o fogo libertador sustenta-se de si mesmo, não gasta. Fogo em que Deus vem abrasar, como o do sacrifício de Abel, consome; mas fogo em que Deus vem a libertar, como da sarça de Moisés, não gasta, sustenta-se de si mesmo. Bem o vemos no nosso libertador, que se sustenta do seu, que era, e não do nosso, sendo que o seu e o nosso tudo é seu. E para que mais estimemos e agradeçamos esta moderação, notemos que os reis da terra são como o rei dos elementos, o fogo. Todos os outros elementos temo-los em casa sem nos fazerem gasto: a terra, a água e o ar não nos gastam nada; o fogo, ninguém o teve em sua casa senão custando-lhe. Assim são os reis da terra. E se não bastam os exemplos passados dos que tão abrasado deixaram Portugal, leia-se na Escritura o que Deus disse por Samuel ao povo, quando teimaram em pedir rei. E que sendo esta a qualidade e condição de um e outro fogo, que não tome para si nada o milagroso que vemos! Que não toque em uma folha da sarça! Que se sustente de si mesmo! É sem dúvida porque está Deus naquele fogo, e porque está nele como libertador: "Desci para o livrar".

E não só como libertador, senão como restaurador e conquistador, que assim o pede a nossa necessidade e prometem as nossas profecias. E por quê? Pela mesma razão que temos dito. Porque o príncipe que, quanto pede aos vassalos, nada toma para si, tudo despende com eles, será restaurador e conquistador do mundo. Diz S. Agostinho[7], e é autoridade recebida de toda a Igreja: "Com o Sacramento da Eucaristia sujeitou todo mundo": que com o Sacramento da Eucaristia rendeu e sujeitou Cristo todo o mundo. — Na cruz alcançou a principal vitória, mas com o Sacramento de seu corpo e sangue foi restaurando e restituindo a seu império quanto o demônio lhe tinha tiranizado. Ora, examinemos e saibamos por que mais com o Sacramento da Eucaristia que com outro mistério. Cristo nascido, Cristo morto, Cristo ressuscitado, não pudera restaurar o mundo? Pois, por que mais Cristo sacramentado? Por que se tomou por instrumento da restauração e conquista do mundo o mistério sagrado da Eucaristia? Lavremos um diamante com outro diamante, e expliquemos um santo com outro santo. Santo Tomás[8], falando do Santíssimo Sacramento do altar, nota uma coisa digna de ponderação, e é que neste soberano mistério, quanto Cristo recebeu de nós, tudo despende conosco: "E aquilo que recebeu ademais de nós, tudo nos devolveu para a salvação". — Que recebeu Cristo de nós na Encarnação? Recebeu carne e recebeu sangue. E que nos dá Cristo na Eucaristia? Dá-nos essa mesma carne na hóstia, e dá-nos esse mesmo sangue no cálix. E este soberano príncipe é tão justo e tão desinteressado, que quanto recebe de nós tudo despende conosco, e quanto toma dos homens, tudo despende com os homens para sua sustentação e proveito: "Aquilo que de nós recebeu, tudo nos devolveu para a salvação". — Logo, com muito fundamento ao mistério em que se exercita esta grande ação, mais que a nenhum outro, se deve atribuir a restauração e conquista do mundo: "Com o Sacramento da Eucaristia sujeitou todo mundo" — porque príncipe que gasta com seus vassalos tudo o que recebe deles, não lhe compete menos conquista que a do mundo, menos monarquia que a do universo. Assim o prometem as nossas profecias, o confessam as nossas esperanças, fundadas no exemplo de tal rei e na liberalidade de tais vassalos, para grande aumento da fé, para grande glória da Igreja, para grande honra da nação portuguesa, e ainda para grande opulência dos bens da fortuna, com maior abundância dos bens da graça.

§ IV

Bem acabava aqui o sermão, e certamente aqui acabou a parte panegírica dele. Mas por que o dia e a festa propriamente é de S. Roque, o santo, e o que resta do Evangelho, tomarão e satisfarão por sua conta a parte apologética. Não declaro a matéria da questão porque é vulgar, sabida e praticada de todos nesta corte, como segunda e mui necessária parte da mesma panegírica, em que até agora falamos, supondo só o útil e glorioso dela, sem reparar no duvidoso e perigoso da sua conservação. Baste por único fundamento, na suposição e circunstâncias do tempo presente, que em todo o passado, Castela e Portugal juntos não puderam prevalecer, assim no mar como na terra, contra Holanda; e como poderá agora Portugal só permanecer e conservar-se contra Holanda e contra Castela? Em defesa do zelo, que isto duvida e teme, se deterá um pouco a nossa apologia contra os juízos portugueses — se é que verdadeiramente o são — tão confiados e bizarros, que impugnam como descrédito os que supõem a necessidade e representam o remédio.

Os remédios, dizem, supõem perigos, os perigos causam temores, os temores arguem desconfianças, e ânimos desconfiados nem são bens nem são ânimos. Ora o nosso Evangelho, quando menos, não discorre assim; dos mesmos princípios tira mais honradas consequências. Todo o Evangelho que hoje nos propõe a Igreja está fundado em temores e em esperanças, porque, como trata da salvação, que é incerta, a esperança anima, o temor acautela. Mas, ainda que estes dois afetos, ambos são necessários para obrar ao futuro, eu, contudo, sem ser muito apaixonado do medo, acho melhores raízes ao temor que à esperança. Vamos ao texto.

Exorta Cristo neste Evangelho a todos os homens a que vigiem sobre sua salvação, e num lugar compara-os aos criados, noutro lugar compara-os ao pai de famílias. Mas noto eu que, quando os manda vigiar como criados, diz que esperem: "Semelhantes aos homens que esperam" (Lc 12,36) — quando os manda vigiar como pai, diz que temam: "Se o pai de família soubesse a hora em que viria o ladrão, vigiaria" (Ibid. 39). — Pois, se o criado, e mais o pai, ambos vigiam, qual é a razão por que o criado quando vigia, espera, e o pai, quando vigia, teme? Porque o pai é pai, e o criado é criado. O criado, quando vigia, espera, porque no criado vigia o interesse; o pai, quando vigia, teme, porque no pai vigia o amor: espera quem serve, teme quem ama. Grande confirmação no mesmo Evangelho. Quando Cristo manda vigiar como criados, promete a sua mesa: "E os fará sentar à mesa" (Ibid. 37) — quando manda vigiar como pai, não promete nada. Pois, por que se promete prêmio ao criado e não se promete prêmio ao pai? Por quê? Porque o criado serve, o pai ama. Quem serve, tem por prêmio a vossa mesa; quem ama tem por prêmio o seu cuidado. E quem tem os olhos na vossa mesa, claro está que há de esperar; quem tem o coração no seu cuidado, claro está que há de temer.

Ainda mais apertadamente no mesmo texto. Quando Cristo fala nas esperanças dos criados, diz que "Esperam por seu senhor" (Lc 12,36): quando fala nos temores do pai, diz que teme ao ladrão: "Se o pai de família soubesse em que hora viria o ladrão" (Ibid. 39). — É certo e averiguado, entre todos os doutores, que assim o senhor como o ladrão, nesta parábola, significam a Cristo na hora da morte. Pois, se é a mesma pessoa e no mesmo tempo, como em respeito do criado se chama senhor, e em respeito do pai se chama ladrão? Porque donde o criado tira razões de confiança, o pai, que ama, tira razões de temor. No mesmo tempo, e nas mesmas circunstâncias, o mesmo que para o criado é senhor, para o pai é ladrão. Ora, queira Deus que não haja algum criado que espere como a senhor o mesmo que o pai que ama teme como a ladrão! E se quem ama teme, por que não há de imaginar perigos? E se quem teme ama, por que não há de solicitar remédios? Quem estranhar este zelo, perto está de condenar o de Cristo.

Leia-se o nosso Evangelho, e em todo ele não se achará outra coisa senão perigos e mais perigos, remédios e mais remédios. Virá o ladrão: "A hora em que viria o ladrão" (Lc 12,39) — poderá roubar a casa: "Minar a sua casa" (Ibid.) — buscar-nos-á na hora em que estivermos mais descuidados: "À hora que não cuidas, virá o Filho do homem" (Ibid. 40). — Eis aí os perigos. Por outra parte, roupas na cinta, tochas acesas, portas fechadas, olhos abertos: eis aí os remédios. Pois, Senhor, estes são os polos da vossa doutrina e do vosso cuidado? Não imaginais noutra coisa senão em perigos? Não falais noutra coisa senão em remédios? Sim, sim. O mais verdadeiro e fiel amigo que há nem pode haver no mundo é Cristo; e o fiel e verdadeiro amigo, em matérias que não importam menos que a salvação não sabe imaginar senão em perigos, não sabe falar senão em remédios. Este é o zelo de Cristo: e por que não será este o zelo cristão?

Mas vejo que me diz, ou que me dirá alguém, que há perigos que são impossíveis e há remédios que são perigosos. Perigos impossíveis não se hão de aceitar. Admito no perigo o impossível, admito no remédio o perigoso, e respondo com tudo.

§ V

Quanto ao primeiro. Fala Cristo, Redentor nosso, dos tempos temerosos do anticristo, e diz que será tão universal a ruína, que até os mesmos predestinados, em certo modo, não estarão seguros: "Que, se fosse possível, até os escolhidos se enganariam" (Mt 24,24). — Notável dizer! Os predestinados não é impossível perderem-se? Claro está que os decretos divinos são imutáveis, e seus efeitos nada os pode impedir. Pois, se o perigo nos predestinados é impossível, por que chega Cristo a recear perigo aos predestinados: "Até os escolhidos"? — Por quê? Porque os ama muito. Cristo, Senhor nosso, ama muito aos seus predestinados. E quem ama muito, até perigos impossíveis teme. O perigo será impossível, mas o amor é muito verdadeiro. Quem chegou a temer impossíveis chegou a amar quanto é possível. Há-se o amor no temer como no desejar; e assim como não há maior sinal de amor que impossíveis desejados, assim não há maior sinal de amor que impossíveis temidos. Antes, mais verdadeiramente ama quem teme impossíveis que quem deseja impossíveis: porque desejar-me impossíveis sempre é amor meu; mas temer-vos impossíveis não pode ser senão amor vosso.

Porém, dir-me-ão que os impossíveis será amor temê-los, mas não será razão temerem-se. Temê-los-á o amor, que é um cego, mas não os temerá a razão, que tem os olhos abertos. Também a razão.

Começaram a edificar os filhos de Membrot aquela soberba torre, chamada depois de Babel, com intento de que chegassem suas ameias a topetar com as estrelas, e diz o texto sagrado que desceu logo Deus a impedir e desfazer esta obra, e que a razão que o moveu foi esta: "Não desistirão do seu intento, a menos que o não tenham de todo executado" (Gn 11,6): que era necessário atalhar em seus princípios a fábrica daquela torre, por que os homens a não acabassem e chegassem ao céu com ela. — Galante razão por certo. É demonstração geométrica, que, ainda que o globo da terra fora vinte vezes maior do que é, não pudera dar bastante matéria para edificar uma torre que chegasse à altura do céu. Quanto mais — deixa dos outros mil impossíveis — que, chegando à segunda região do ar, por ser extremamente fria, haviam de morrer os homens congelados e, quando dali escapassem, lá estava a esfera do fogo, onde se haviam de abrasar e consumir todos antes de chegar ao céu. Pois, se a fábrica da torre e o intento daqueles homens era impossível, como diz Deus que desce à terra a o impedir, por que não acertem de o executar: "Não desistirão até que o tenham executado"? — A razão é porque quem tem inimigos que possam armar torres contra os seus reinos, como Deus tinha neste caso, há de discursar sobre os perigos impossíveis como se foram perigos prováveis. A torre era impossível, mas Deus discursava e obrava como se o não fora. Os perigos que são impossíveis para o efeito hão-se de imaginar possíveis para a cautela. Quem teme os perigos possíveis estará acautelado; mas quem teme os impossíveis está seguro. O melhor meio de conservar a segurança é temê-la. Assim a temia ou obrava Deus como se a temera dentro das muralhas do céu: "Não desistirão do seu intento". — De maneira que recear perigos impossíveis é amor, e acautelar-se de perigos impossíveis é providência. Quem persuade que se temem impossíveis aconselha como Cristo, que assim o aconselhou aos predestinados; e quem se acautela de impossíveis obra como Deus, que assim se acautelou da torre. Nem o receio é descrédito do amor, nem a cautela é descrédito do poder. O receio não é descrédito do amor, pois assim receia Cristo, que ama tanto; a cautela não é descrédito do poder, pois assim se acautela Deus, que pode tudo.

§ VI

Tenho satisfeito aos perigos impossíveis: respondo agora aos remédios perigosos. Para o primeiro, ponderei o Evangelho; para o segundo, contarei parte da vida de S. Roque.

Depois de S. Roque haver peregrinado por Itália, recolheu-se outra vez à França, e, entrando em Montpellier, pátria sua, como entre a França e Itália havia naquele tempo guerras, prenderam-no por espia. Por espia a S. Roque? Não faltará neste caso quem chame à pátria de S. Roque desgraçada ou, quando menos, desagradecida. Mas eu chamo-lhe ditosa e bem-aventurada. Bem-aventurada a terra onde os que padecem e os que fazem padecer todos são zelosos! S. Roque zeloso, porque o zelo da pátria o trouxe a ela; os franceses também zelosos, porque o zelo da pátria os fez maltratar a S. Roque. Terem todos o mesmo entendimento não é obrigação; mas terem todos o mesmo zelo, ainda que em pareceres encontrados, é grande ventura. Presumo, certo da virtude de S. Roque, que só por conhecer o bom zelo de seus naturais levaria com muito bom ânimo a sua desautoridade. Mas se S. Roque era o remédio único da sua pátria, e os franceses eram tão zelosos dela, por que o perseguem, por que o acusam, por que o condenam? Isto é zelo da pátria? Sim. O zelo não tem mais obrigações que de ser bem intencionado. Pode ser muito bom e pode enganar-se. Os franceses cuidavam uma coisa e era outra: cuidavam que em S. Roque lhes vinha o perigo, e em S. Roque vinha-lhes o remédio. Quantas vezes sucede isto no mundo?

Andavam os apóstolos na barquinha de S. Pedro lutando com as ondas; parte de terra Cristo a socorrê-los: "E eles julgaram que era um fantasma" (Mc 6,49). E eles começaram a tremer, cuidando que era fantasma. — Fantasma? Pois, como assim? Não era Cristo que os ia socorrer? Não era Cristo que os ia remediar? Não era Cristo que os ia livrar do perigo? Pois, como lhes pareceu que era fantasma? Porque assim como há fantasmas que parecem remédios, assim há remédios que parecem fantasmas. Coisa notável, que o mesmo que lhes metia medo como perigo os livrou da tempestade como remédio. Visto ao longe, entre as trevas, parecia fantasma; metido dentro na barca era Jesus Cristo. Mas é muito de reparar o tempo e a circunstância em que Cristo efetivamente socorreu aos apóstolos. Partiu Cristo de terra, e, ainda que os apóstolos andavam lutando com a tempestade, passou o Senhor de largo: quando eles viram que passava, cuidaram que era fantasma; tanto que cuidaram que era fantasma, então voltou o Senhor a remediá-los. Pois, por que os não remediou Cristo quando eles temiam e lidavam só com a tempestade, senão depois que chegaram a temer o mesmo Cristo, cuidando que era fantasma? Porque Cristo sempre acode nos maiores perigos; e o maior perigo não é quando se teme o perigo, é quando se teme o remédio. Quando os apóstolos temiam a tempestade, temiam o perigo; quando temeram a Cristo, temeram o remédio; e como Cristo costuma acudir sempre nos maiores perigos, por isso não acudiu quando temiam o perigo, senão quando temeram o remédio. Não digo que não haja remédios perigosos, mas só mostro que alguns o podem parecer que o não sejam, como o de Cristo e o de S. Roque. Quando S. Roque veio a Montpellier, prenderam-no; quando morreu, os mesmos que o prenderam o canonizaram. E é muito para notar que o não canonizou o Papa, senão o povo. Na vida não lhe bastou vir de Roma para o aceitarem; na morte não teve necessidade de Roma para o canonizarem. E sendo quase de fé o que canoniza o povo, como há de ser caso contra a fé o que canonizar o Papa?

O remédio temido, ou chamado perigoso, são duas companhias mercantis, oriental uma, e outra ocidental, cujas frotas, poderosamente armadas, tragam seguras contra Holanda as drogas da Índia e do Brasil, e Portugal, com as mesmas drogas, tenha todos os anos os cabedais necessários para sustentar a guerra interior de Castela, que não pode deixar de durar alguns. Este é o remédio por todas as suas circunstâncias, não só aprovado, mas admirado das nações mais políticas da Europa, exceta somente a Portuguesa, na qual a experiência de serem mal reputados na fé alguns de seus comerciantes, não a união das pessoas, mas a mistura do dinheiro menos cristão com o católico faz suspeitoso todo o mesmo remédio, e por isso perigoso. Mas tornemos ao defensor deste perigo.

Herdou S. Roque por morte de seus pais um grande estado e muitas riquezas, e quando os outros desejam larga vida e muitos anos para as lograr, ele as repartiu aos pobres. Oh! que grande política do céu esta! Fazer do perigo remédio, e vencer ao inimigo com suas próprias armas! As armas com que o mundo faz maior guerra aos homens são as riquezas. Pois, que fez S. Roque às suas? Tirou estas armas da mão ao mundo, converteu-as outra vez contra ele, e desta maneira o venceu e meteu debaixo dos pés. Tirar as armas ao inimigo, e convertê-las contra ele, é fazer de um mal dois bens: um bem porque se diminui o poder contrário; outro bem, porque se acrescenta o poder próprio. E de um mal fazer dois bens, é mal? Não é melhor que essas riquezas sirvam a S.

Roque contra o mundo, que servirem ao mundo contra S. Roque? Ao menos assim o entendeu el-rei Davi, um varão santo, tão amigo de Deus, feito enfim pelos moldes de seu coração.

Quando Joab tomou a cidade de Rabá, achou-se ali entre os despojos um ídolo famoso chamado Melcon, cujo ouro tomou el-rei Davi, e mandou que lhe fundissem dele e lhe lavrassem uma coroa. Pois, pergunto: um rei tão rico e tão poderoso como Davi não tinha outro ouro de que mandar lavrar a sua coroa, senão o ouro de Melcon? Sim, tinha muito. Pois, que pensamento teve em querer que do ouro do ídolo se lhe fizesse a coroa? Um rei tão católico, como Davi, há de fazer a coroa da sua cabeça do ouro dos ídolos? Sim. Antes, por isso mesmo, porque não pode haver mais gloriosa indústria em um rei que saber passar à sua coroa o mesmo ouro que enriquece os ídolos. Este ouro está servindo à infidelidade; pois quero eu que sirva à minha coroa, diz el-rei Davi. — Qual é melhor: que o ouro sirva a Davi contra o ídolo, ou que sirva ao ídolo contra Davi? Se este ouro, posto da parte da infidelidade, está conquistando os reinos de Davi e propagando neles a heresia, por que não passará Davi este ouro à sua coroa, para ajudar a restaurar seus reinos, e dilatar a verdadeira fé? Servir a fé com as armas da infidelidade, oh! que política tão cristã! Alcançar a fé as vitórias e pagar a infidelidade os soldados, oh! que cristandade tão política!

Não houve no mundo dinheiro mais sacrílego que aqueles trinta dinheiros por que Judas vendeu a Cristo. E que se fez deste dinheiro? Duas coisas notáveis. A primeira foi que daquele dinheiro se comprou um campo "Para sepultura dos peregrinos" (Mt 27,7) — assim o diz o evangelista, e assim o tinha Deus mandado pelo profeta. Houve no mundo maior impiedade que vender a Cristo? Nem a pode haver. Há no mundo maior piedade que sepultar peregrinos? Não a há maior. Pois, eis aqui o que faz Deus quando obra maravilhas: que o dinheiro que foi instrumento de maior impiedade passe a servir às obras da maior piedade. Serviu este dinheiro sacrilegamente à venda de Cristo? Pois, sirva piedosamente à sepultura dos peregrinos. Esta foi a primeira coisa que se fez dos trinta dinheiros. A segunda foi que mandou Cristo a el-rei D. Afonso Henriques, que destes trinta dinheiros, e mais das suas cinco chagas, se formassem as armas de Portugal: "Componeis o escudo das vossas armas do preço com que eu comprei o gênero humano, que são as minhas cinco chagas, e do preço com que os judeus me compraram a mim, que são os trinta dinheiros de Judas". — "Há coisa mais sacrílega que os trinta dinheiros de Judas?" Há coisa mais sagrada que as cinco chagas de Cristo? E contudo manda Deus ao primeiro rei português que componha as armas de Portugal das chagas de Cristo e mais do dinheiro de Judas, para que entendamos que o dinheiro de Judas cristãmente aplicado, nem descompõe as chagas de Cristo, nem descompõe as armas de Portugal. Antes, compostas juntamente de um e outro preço, podem tremular vitoriosas nossas bandeiras na conquista e restauração da fé, como sempre fizeram em ambos os mundos. E se Deus compôs assim as armas de Portugal, se Deus não achou inconveniente nesta união, que muito é que o imaginasse assim um homem? Ora, perdoai-lhe, quando menos, que tem bom fiador o pensamento.

Mais. Estava S. Roque doente ao pé de uma árvore, e diz a história que vinha ali um cão piedoso, o qual lhe trazia todos os dias um pão da mesa de seu senhor, com que o sustentava. Lembra-me que aos que carecem da verdadeira fé chama Cristo, Senhor nosso, cães: "Não é bom tomar o pão dos filhos, e lançá-los aos cães" (Mc 7,27). — E com o mesmo nome de cães afronta justamente a nossa terra os convencidos do mesmo crime da infidelidade, não pelo nascimento da nação, nem pelo exercício do comércio, em que não há culpa. Isto posto, pois, e levando o cão na boca o pão de que se sustentava S. Roque, pergunto: E é mau tirar o pão da boca do cão para sustentar o santo? — Ora eu não reparo em S. Roque comer o pão da boca do cão, que pareceria asqueroso; mas reparo em que o cão lho levasse. Se o cão tirava o pão da mesa a seu senhor, sabia ele a quem o levava; e se o senhor sabia que o levava a S. Roque, por que lho não leva ele, ou manda ao menos por um criado? Há de dar o pão o homem e há de levar o pão o cão? Sim. Porque aqueles a quem sustenta a providência divina quer Deus que os sirvam os homens e quer que os sirvam os cães. A quem Deus sustenta com sua mão, quer que o sirvam todas suas criaturas, que o sirvam os racionais e que o sirvam os animais.

Estava Elias em um deserto, quando foi a perseguição de Jesabel, e veio um anjo que lhe deu pão, com que se sustentou quarenta dias. Estava outra vez Elias em outro deserto, quando foi a fome do tempo de Acás, e vinha todos os dias um corvo, que lhe trazia também de comer. Pois, valha-me vossa providência, Senhor: que mudança é esta? Já se acabaram as jerarquias do céu? Já se variou o ministério dos anjos? Pois, se uma vez sustentais a Elias com anjos, por que outra vez sustentais a Elias com corvos? Porque Deus quando sustenta os seus mimosos, quer que os sirvam todas suas criaturas. Sirvam uma vez a Elias os anjos, sirvam outra vez a Elias os corvos. Sustentar Deus a Elias por meio dos corvos, nem era contra a providência de Deus, nem contra a santidade de Elias. Tão Deus era Deus quando sustentava a Elias por ministério de corvos, como quando o sustentava por ministério de anjos; e tão santo era Elias quando recebia o pão da mão dos anjos, como quando tomava o pão das unhas dos corvos.

E a razão disto, qual é? A razão é porque a bondade das obras está nos fins, não está nos instrumentos. As obras de Deus todas são boas; os instrumentos de que se serve podem ser bons e maus.

A Jó chama-lhe Deus na Escritura servo seu: "Acaso consideraste tu a meu servo Jó?" (Jó 1,8). — E a Nabucodonosor chama-lhe Deus também servo: "Nabucodonosor, porque serviu a mim". — Todo o mundo sabe quão diferentes eram os procedimentos destes dois homens. Jó muito santo, muito justo, muito piedoso; Nabucodonosor muito mau, muito cruel, muito idólatra. Pois, se isto é assim, como se chama servo de Deus Nabucodonosor? Que se chame servo de Deus Jó, está muito bem, era santo; mas que se chame servo de Deus Nabuco, que era tão mau homem? Também. Porque entre os servos de Deus há esta diferença: uns são servos de Deus porque servem a Deus; outros são servos de Deus porque Deus se serve deles. Os que são servos de Deus porque servem a Deus, necessariamente hão de ser bons; os que são servos de Deus porque Deus se serve deles, bem podem ser maus. Eis aqui a diferença com que Jó e Nabucodonosor, sendo tão dessemelhantes na vida, ambos eram servos de Deus nas obras. Jó, como santo, era servo de Deus, porque servia a Deus; Nabucodonosor, como mau, era servo de Deus, porque Deus se servia dele. Bens e maus, todos podem servir a Deus. Os bons sirvam a Deus, os maus sirva-se Deus deles. Assim aconteceu a S. Roque no pão com que se sustentava. Servia-o o homem, em que havia piedade, e servia-o o cão, que era incapaz de virtude. Um servia por discurso, outro servia por instinto, mas ambos serviam.

§ VII

Muito tinha que dizer ainda nesta matéria, mas porque ela se estampa tantos anos depois de se haver pregado, em que se pode confirmar com os mesmos efeitos, baste por prova ser o arbítrio ou remédio, que no princípio se duvidava como perigoso, disposto e ordenado, e porventura inspirado pela providência divina. É consequência evidente. Porque, não se executando todo este remédio, senão só ametade, nem se formando a Companhia Oriental — de que depois houve tantos arrependimentos — senão a Ocidental unicamente, foram suficientes os socorros que as suas frotas trouxeram ao reino, não só para sustentar a guerra interior, sempre com maior poder e maiores aumentos, mas para restaurar ametade do mesmo Brasil. Com guerra de vinte e quatro anos estava ocupada e perdida, e já estampada nos mapas com nome de nova Holanda, esta ametade do que possuímos na América: e que bastou para recuperar tanta terra, tantos mares e portos, tão invencivelmente fortificados, como supunha não só a experiência comum, mas a resistência de tantos e tão grandes generais, não se atrevendo a aceitar uma tal empresa? Aqui se viu o milagre da providência. Apareceu a frota mercantil do Brasil defronte do Recife, a que por sua fortaleza pudéramos justamente chamar a Rochela da América, e à ostentação somente do número de seus vasos, sem morte de um homem, se renderam dezessete fortes reais, guarnecidos de sobeja infantaria, abastecidos de munições de boca para dois anos e de guerra para muitos, e em espaço de três dias se recuperou o que se não podia caminhar pacificamente em muitos meses, e se tinha ganhado a palmos em vinte e quatro anos. Ao princípio não creu tal milagre o mundo, mas estes foram os fins maravilhosos daquela única companhia mercantil, que, havendo mais de quarenta anos cessou a causa por que foi instituída, é tão útil, importante e necessária que ainda se conserva, e conservará por muitos. Assim se desfizeram os escrúpulos em aplausos, as dúvidas em demonstrações, os impossíveis em milagres, e o imaginado perigo em ações de graças a Deus, dadas na corte, em todo o reino, e repetidas todos os anos naquelas conquistas, triunfando os altíssimos conselhos da providência, sabedoria e onipotência, não só dos vãos temores, interesses e pretextos, mas do mesmo bom, verdadeiro e fiel zelo humano, para última exaltação e glória da bondade divina.

SERMÃO DA
Exaltação da Santa Cruz

No Convento da Anunciada,
em Lisboa. Ano de 1645.

*"Agora é o juízo do mundo; agora será lançado fora
o príncipe deste mundo. E eu, quando for levantado
da terra, todas as coisas atrairei a mim mesmo."*
(Jo 12,31-32)

Vieira, convidado para fazer uma prática espiritual às religiosas, é obrigado a trocar a cadeira do mestre pelo púlpito. Pregará às religiosas e ao mundo, mas da cruz espiritual a ambos. Na cruz material temos os merecimentos de Cristo; na cruz espiritual temos os nossos. A cruz de Cristo, a da religião e a do mundo. A cruz da religião parece mais pesada: a regra do silêncio e a licença, o encerramento entre paredes, o não uso do gosto e da vontade e a não escolha do padre. A cruz do mundo: é a mais pesada, ainda o silêncio, e o exercício da vontade, a submissão à vontade própria, a vontade dos prelados. As cruzes do mundo não têm mais que aparência de leves, e verdadeiramente são pesadas: a cruz de Cristo, ainda que no exterior estreita e pesada, é tão larga pela causa e tão leve pela companhia.

§ I

Uma prática espiritual com acidentes de sermão é o que temos hoje para ouvir. Encomendaram-me ao princípio que fizesse neste dia uma prática da Exaltação da Cruz, encaminhada somente a espíritos religiosos, e depois, mudando-se de parecer ou estendendo-se a caridade e a devoção, ordenaram que a cadeira se trocasse com púlpito, que as portas se abrissem, e o que havia de ser prática particular fosse sermão para todos. Assim será: pregaremos à religião e pregaremos ao mundo, mas da cruz espiritual a ambos.

Para inteligência desta não ordinária matéria, havemos de pressupor que há dois gêneros de cruzes neste mundo: uma cruz material e outra espiritual. A cruz material é aquele sagrado lenho em que Cristo, Salvador nosso, obrou os mistérios divinos da redenção do gênero humano. A cruz espiritual é a mortificação interior e exterior do corpo e alma, com que os verdadeiros cristãos, e particularmente os que professamos vida religiosa, crucificam suas paixões e apetites. Desta segunda cruz falava S. Paulo, quando disse: "Que crucificaram sua carne com seus vícios e desordenados desejos" (Gl 5,24) — e da mesma cruz falou Cristo naquele desengano que deu a todos: "Se alguém quiser vir após mim, tome a sua cruz e siga-me" (Mt 16,24; Mc 8,34).

Estas duas cruzes, com serem tão diferentes, ambas são instrumentos de nossa redenção, porque, para um homem se salvar, não bastam só os merecimentos de Cristo, são necessários também merecimentos próprios. Na cruz material temos os merecimentos de Cristo, na cruz espiritual temos os merecimentos nossos. A cruz material foi instrumento da redenção de todos, quanto à suficiência; a cruz espiritual é instrumento da redenção de cada um, quanto à eficácia. Donde se segue que, em certa maneira, importa mais para a salvação a nossa cruz que a cruz de Cristo, porque sem a cruz de Cristo ninguém se pode salvar; mas com a nossa cruz ninguém se pode perder. Depois de Cristo morrer na cruz por amor de nós, muitos se perdem; mas os que tomam a sua cruz em seguimento perseverante de Cristo, todos se salvam.

Isto posto, quinta-feira celebrou a Igreja a festa da Exaltação da Cruz material, quando o imperador Heráclio a libertou do cativeiro da Pérsia, onde a tinha levado Cosroas, tirando-a de Jerusalém; porém hoje celebraremos a Exaltação da Cruz espiritual, que, bem considerada em suas circunstâncias, será ainda maior e mais cristã solenidade, porque, se a cruz material esteve cativa catorze anos, a cruz espiritual está cativa desde o princípio do mundo, que na árvore vedada e na desobediência de Adão se deu princípio a seu cativeiro; e se a cruz material esteve cativa só em Pérsia, a cruz espiritual esteve e está cativa em todos os reinos e em todas as nações do mundo, porque não só "Os judeus a têm por escândalo" (1Cor 1,23) — nem só "Os gentios a têm por ignorância" (Ibid.) — mas ainda os mesmos cristãos, que adoram a cruz material de Cristo, a aborrecem e vituperam a espiritual, como chorava S. Paulo: "E agora também o digo chorando, que são inimigos da cruz de Cristo" (Fl 3,18).

E como o cativeiro da cruz espiritual é tanto mais antigo e tanto mais universal que o da cruz material de Cristo, se eu hoje conseguisse deste auditório com as palavras o que Heráclio antigamente alcançou dos persas com as armas, se hoje libertássemos a cruz espiritual do cativeiro, em que a tem tão sepultada e abatida a opinião e obstinação dos homens, não há dúvida que seria muito maior exaltação da cruz de Cristo esta. Mas tão grandes vitórias não se alcançam sem grandes socorros da graça divina; peçamo-la primeiro ao Espírito Santo por intercessão da Senhora. *Ave Maria*.

§ II

"Agora é o juízo do mundo; agora será lançado fora o príncipe deste mundo. E eu, quando for levantado da terra, todas as coisas atrairei a mim mesmo" (Jo 12,31).

Hoje, diz Cristo, é o dia do Juízo do mundo; hoje há de ser o mundo lançado fora; e eu, se for crucificado, hei de trazer a todos a mim. — Notáveis palavras! O dia do Juízo do mundo é de fé que há de ser no fim dele; então há de vir Cristo a julgar os vivos e mortos. Pois, se o dia do Juízo há de ser no fim do mundo, como diz Cristo *que* hoje é o dia do Juízo do mundo: "Agora é o juízo do mundo" (Jo 12,31)? — A razão, posto que a não tocassem os expositores, é esta. Neste mundo quer Deus que haja dois dias do Juízo: um dia do Juízo em que os homens sejam julgados; e outro dia do Juízo, em que os homens julguem. No dia do Juízo futuro há de julgar Cristo entre homens e homens; no dia do Juízo presente hão de julgar os homens entre o mundo e Cristo. No dia do Juízo futuro há Cristo de lançar de si aos maus e chamar a si aos bons; no dia do Juízo presente hão os homens de lançar de si ao mundo: "Agora será lançado fora o príncipe deste mundo" (Ibid.) — e hão de trazer a si, ou ser trazidos de Cristo: "Todas as coisas atrairei a mim mesmo" (Ibid.). — Finalmente, no dia do Juízo futuro há de sair a cruz a julgar e a condenar: "Então aparecerá o sinal do Filho do homem" (Mt 24,30) — no dia do Juízo presente há de sair a cruz a ser julgada e exaltada: "Eu, quando for levantado da terra" (Jo 12,31).

Para fazer este juízo entre o mundo e Cristo, entre a cruz de um e a cruz de outro, é necessário supor primeiro que, assim os que seguem ao mundo como os que seguem a Cristo, todos nesta vida têm suas cruzes. É este mundo como o Monte Calvário, em que se veem todos os estados dos homens e todos em cruz. Todos os homens do mundo, ou são justos, ou pecadores, ou penitentes. Se sois justo, haveis de ter cruz, porque Cristo era justo, antes a mesma justiça, e tinha a sua. Se sois pecador, haveis de ter cruz, porque o mau ladrão era pecador e estava crucificado. E se sois penitente, também haveis de ter cruz, porque o Bom Ladrão era penitente, e a cruz era a maior parte da sua penitência. Se fordes rei, haveis de ter cruz, porque Cristo tinha um título que dizia: "Rei dos Judeus" — e o título e mais o rei ambos estavam pregados nela. E se fordes dos que estão ao lado do rei, também haveis de ter cruz, porque ao lado de Cristo estavam Dimas e Gestas, e estavam cada um na sua.

Muito em seu lugar e muito fora de seu lugar estavam estes dois ladrões. Estavam muito em seu lugar, porque estavam crucificados com as mãos e pés pregados na cruz; e estavam muito fora de seu lugar, porque estavam ao lado do rei. Se viverdes na corte, haveis de ter cruz, que pelas ruas de Jerusalém levou Cristo a cruz às costas; e se viverdes no monte, também haveis de ter cruz, que no Monte Calvário teve a cruz a Cristo nos braços. Enfim, se tiverdes vontade de levar a cruz, levá-la-eis, que Cristo desejou muito levá-la, e levou-a: e se não tiverdes vontade de a levar, também a levareis, que o Cireneu não queria levar a cruz, e forçaram-no a que a levasse. De maneira que, ou por ato de virtude, ou por remédio de necessidade, não há passar esta vida sem cruz. Antes, a maior felicidade dos vivos é como o enterro dos defuntos: quanto mais pompa mais cruzes.

Para sabermos quais devem ser as escolhidas e quais as reprovadas, ajustando a festa com o Evangelho, determino fazer hoje um dia do Juízo das cruzes: "Agora é o juízo do mundo". — Chamaremos a juízo as cruzes de todo o mundo; e da maneira que no dia do Juízo final se hão de pesar os merecimentos de todos os homens, assim o faremos neste juízo das cruzes, e julgaremos quais delas são mais ou menos pesadas. Sentenciar e examinar cada cruz de por si seria coisa muito dilatada e impossível. Pelo que, acomodando-me às duas partes do auditório, secular e religioso, e não me esquecendo da Exaltação da cruz de Cristo, que é a solenidade, reduzirei todos os gêneros de cruzes universalmente a três: cruz de Cristo, cruz da religião, cruz do mundo. O Juízo dos homens há-se de fazer no vale de Josafá; o juízo das cruzes fá-lo-emos no Monte Calvário, e assim como no dia do Juízo do vale de Josafá, Cristo há de estar no meio, e à mão direita bons, à mão esquerda maus, assim neste juízo do monte Calvário, no meio poremos a cruz de Cristo, à mão direita a cruz da religião, à mão esquerda a cruz do mundo. Assentadas nesta forma as três cruzes, começará o rigoroso exame, e para que cada um de nós conheça e tome bem o peso à sua cruz, faremos entre todas três duas comparações. Na primeira, compararemos a cruz da religião com a cruz de Cristo, e examinaremos qual é mais pesada e mais estreita; se a cruz de Cristo, se a cruz da religião. Na segunda, compararemos a cruz do mundo com a cruz da religião, e examinaremos qual é mais estreita e mais pesada: se a cruz da religião, se a cruz do mundo. Destas comparações e exames assim feitos se seguirão no juízo de toda a boa razão as duas consequências que Cristo promete no nosso Evangelho. Primeira, que o mundo seja condenado e vá fora: "Agora será lançado fora o Príncipe deste mundo". — Segunda, que todos se abracem com Cristo por meio da sua cruz: "E eu, quando for levantado da terra, atrairei todas as coisas a mim".

§ III

Entrando no primeiro exame, e comparando a cruz da religião com a cruz de Cristo, ainda que a cruz de Cristo, absolutamente falando, foi a mais rigorosa de todas as cruzes, contudo, atendendo a muitas circunstâncias particulares, digo que mais estreita é a cruz da religião que a cruz de Cristo. Parece proposição atrevida, mas tenho fiador abonado dela um grande douto e grande espiritual, Pedro Blesense[1]: "Ouso dizer, e digo" — diz Blesense — "que a pessoa contemplativa pende de uma cruz mais estreita que a do mesmo Cristo", e provo: "Eu", diz S. Paulo, "estou crucificado na mesma cruz com Cristo" (Gl 2,19). — Donde se colige claramente que mais estreito e apertado estava na sua cruz S. Paulo do que Cristo na sua, porque Cristo na sua cruz estava só, e S. Paulo na sua estava acompanhado; Cristo na sua cruz não estava com Paulo, e Paulo na sua cruz estava com Cristo: logo, mais estreita é a cruz para Paulo religioso, que para Cristo crucificado.

Para prova desta maior estreiteza traz Pedro Blesense uma razão, e eu acho quatro. Comecemos pela sua. É mais estreita a cruz da religião que a de Cristo — diz Blesense

— porque, se bem advertis, Cristo na cruz tinha cravados os pés e as mãos, mas não tinha cravada a língua, porque falava; porém o religioso, não só tem cravado o corpo na cruz da religião, com três votos essenciais de pobreza, castidade e obediência, senão que tem cravada e crucificada a língua pela regra do silêncio, que é outro cravo.

Quão terrível circunstância seja esta de não falar, explicou melhor que todos Davi: "Porque não falei, se me envelheceram os ossos" (Sl 31,3). — Grande tormento deve de ser o silêncio, pois se compara à velhice, que tanto dói a tantos. Se dissera Davi que com o silêncio se lhe fizeram brancos os cabelos, se lhe enrugara o rosto, se lhe entorpeceram os pés, grandes eram os poderes do silêncio; mas o em que reparo é que não só diz que envelheceu porque calou, senão que lhe envelheceram os ossos: "Se me envelheceram os ossos" — sim, que é tão grande violência em uma criatura racional o calar, que chega a fazer em poucos dias o que não pode fazer a morte em muitos anos: é tão penetrante o calar, que cala até os ossos.

E qual será a razão? É porque a morte é violência da vida animal, e o silêncio é violência da vida racional. Pela vida nos distinguimos dos mortos, pela fala nos diferençamos dos brutos; por isso, quando Deus infundiu a alma ao homem, em lugar de: "Foi feito o homem em alma vivente" (Gn 2,7) — diz o original hebreu: "Em alma que fala". — E como o silêncio violenta uma parte superior mais delicada, que é a alma, e a morte violenta uma parte inferior, que é o corpo, por isso são mais excessivos os rigores do silêncio que os da morte.

Entra o demônio a atormentar a Jó, e, cobrindo-lhe de chagas todo o corpo, só lhe deixa livre a boca e sem lesão a língua: "Só me restam os lábios ao redor dos meus dentes" (Jó 19,20). — Pergunto: Se o demônio tem tão pouca piedade, como quem ele é e queria atormentar a Jó com intensas crueldades, por que lhe não atormenta também a boca? Por que lhe deixa sem lesão a língua? Vede: quando Deus deu poder ao demônio sobre Jó, exceutuou-lhe a alma: "Mas guarda a sua alma" (Jó 2,6) — e como todo o direito do demônio se limitava ao corpo e não se estendia à alma, por isso, executando martírios em todos os membros de Jó, lhe deixou livre a língua. Os outros membros são instrumentos do corpo; a língua é instrumento da alma, como intérprete do entendimento. E porque a língua é parte da alma, bem dizia eu que, pela circunstância do silêncio, é mais rigorosa a cruz da religião que a cruz de Cristo. Na cruz de Cristo estão cravados os pés e as mãos, que são membros do corpo; na cruz da religião está crucificada também a língua, que é membro da alma. E para fechar todo o discurso, digo que na cruz de Cristo havia um preceito que não lhe tocassem nos ossos: "Não quebrareis dele osso algum" (Jo 19,36) — e por isso "Não lhe quebraram as pernas" (Ibid. 33); porém, na cruz da religião chegam os tormentos a penetrar os ossos, que é a eficácia do silêncio: "Porque não falei, se me envelheceram os ossos".

§ IV

Só vejo que me replicam que o silêncio será grande martírio, mas que as religiosas — com quem, e de quem particularmente falo — também falam. Pudera tapar as bocas a todos com responder que, ainda que falam as religiosas, essas mesmas palavras saem tão crucificadas quantas são as cruzes de uma grade; mas não é isto o que respondo. Digo que o falar das religiosas não diminui o martírio da cruz, porque, ainda que falam alguma vez, falam com tais circunstâncias, que fazem maior o tormento porque o seu falar é com escutas, e falar com escuta é maior pena que calar.

Veio o Esposo nos Cantares a buscar a sua Esposa com alguns amigos, e disse-lhe desta maneira: "Vós, Esposa minha, que habitais nesse horto, fazei-me graça de que eu ouça a vossa voz, porque estão aqui também alguns amigos, que vos escutam e querem ouvir" (Ct 8,13). — Que responderia a Esposa a esta proposição? — "O que eu vos peço, Esposo meu, é que por agora vos vades" (Ibid. 14): em outra ocasião vos falarei — reparou bem Beda[2], que a Esposa neste lugar "falou contra o que queria", e bem o mostra aquele ai: "infeliz de mim" — porque, se era "seu amado" — claro está que havia de querer falar e estar com ele. Pois, se a Esposa desejava falar com o Esposo, por que lhe diz "que se vá"? — Não vedes o que dizia o Esposo: "Amigos escutarão"? — Ainda que o Esposo vinha a falar, trazia os amigos por escutas; e houve-se a Esposa discretamente, que muito melhor era não falar. — Ide-vos agora, Esposo meu, que outro dia me falareis, que quanto a falar com escutas, melhor é o silêncio que o locutório. — E se isto é quando os que escutam são "amigos" — que será quando as escutas forem desafeiçoadas?

A outra razão é porque, ainda que as religiosas falam, falam com licença; e para os que sabemos que coisa é religião, é certo que mais custa a licença que o silêncio. E a razão é clara, porque o silêncio é calar, e a licença é pedir; e muito mais custa abrir a boca para pedir que fechá-la para calar. Entrou o rei da parábola do Evangelho a ver os convidados, e achou um à mesa sem a vestidura de festa; mandou que o prendessem e levassem logo a um cárcere escuro, donde os condenados saíam a justiçar: "Atai-o de pés e mãos, e lançai-o nas trevas exteriores" (Mt 22,13). — Que faria o miserável neste caso? Diz o texto que emudecera: "Mas ele emudeceu" (Ibid. 12). — Pois, homem mal entendido, que fazes? Por que não te prostras de joelhos aos pés do rei? Por que não lhe pedes perdão? Este rei não é como Herodes, que corta cabeças em dia de convites. Pois, se é rei piedoso, por que não pedes? Por que emudeces? Emudeceu, porque não se atreveu a pedir. De maneira que, posto um homem entre a morte e a vida, entre o calar e o pedir, antes quis calar com certeza da morte que pedir com interesse da vida. Logo, bem digo eu que, por todas as razões é mais penoso nas religiosas o falar que o não falar, e por esta circunstância, em ânimos pouco atrevidos, mostra ser mais rigorosa a cruz da religião que a cruz de Cristo.

§ V

A segunda circunstância de rigor que faz mais pesada a cruz da religião que a cruz de Cristo é que a cruz de Cristo não tirava a vista, mas a cruz da religião, ainda que não tira a vida, cerra a vista. A cruz de Cristo não tirou a vista, sendo que tirou a vida, porque estava descoberta em um monte onde Cristo via o que queria; e assim viu a sua Mãe e ao discípulo amado: "Tendo visto a sua mãe, e ao discípulo" (Jo 19,26) — mas a cruz da religião, ainda que não tira a vida, é cruz encerrada entre paredes, onde só se pode receber a luz do céu, e não se pode ver nada do mundo. Quão estreita circunstância de cruz seja esta, entenderam melhor que todos, a meu ver, os filisteus.

Fez Sansão aos filisteus os maiores agravos que cabem na maior crueldade. Em um ano os matou, roubou-os, destruiu-os e afrontou-os. Fizeram eles extraordinárias diligências para o colher às mãos, e, depois que o tiveram em seu poder, diz o texto que lhe tiraram os olhos, e o deixaram vivo. Vivo Sansão? Pois, se Sansão matou a tantos filisteus, por que não matam os filisteus a Sansão? Porque entenderam que se vingavam dele melhor tirando-lhe os olhos, e não tirando-lhe a vida. Se os filisteus tirassem a vida a Sansão, não ficavam vingados, por que Sansão tinha tirado muitas vidas, e muitas vidas não se pagam só com uma. Pois, para que o rigor da vingança seja igual ao número das injúrias que Sansão lhes tinha feito, que fazem? Tiram-lhe os olhos, e deixam-no vivo, porque entenderam que ficava mais castigado vivo sem vista, que morto sem vida. Se mataram a Sansão, morria só uma vez; mas deixam-no sem vista, para morrer tantas vezes quantas queria ver, e não podia.

Bem o entendeu assim o mesmo Sansão. Depois que lhe cresceram os cabelos, fez que o levassem ao templo, e, lançando mão às colunas, dizendo: Assim se vinga Sansão dos olhos que lhe tiraram — deu com o templo em terra, matou-se a si e a todos quantos ali estavam: "Para fazer pagar de uma só vez a perda dos meus dois olhos" (Jz 16,28). — De maneira que estimou Sansão tanto menos a vida que a vista, que só por vingar a vista quis perder a vida. E se o ver é mais estimado dos homens que o viver, não há dúvida que é mais fácil cruz aquela em que se vê e se morre, do que aquela em que não se vê e se vive. Mais ainda: a cruz de Cristo foi cruz em que ele perdeu o ver, mas não o ser visto; porém a cruz da religião é tal, que nela não só não pode uma religiosa ver, mas nem ser vista; por isso tanto mais pesada, quanto vai de estar sepultado a estar morto. Cristo na morte perdeu o ver, na sepultura o ser visto; porém, enquanto esteve na cruz, nem perdeu o ser visto nem o ver: logo, o estar na cruz da religião, sem ver nem ser visto, não só é estar crucificado, senão morto e sepultado. Donde se segue que é mais rigorosa a cruz, porque é cruz com acidentes de morte e com horrores de sepultura.

Toda a Paixão de Cristo se inclui no Sacramento da Eucaristia. Pois, se Cristo na Paixão padeceu tanto, e no Sacramento está impassível, por que há de ser o Sacramento não só uma cifra da cruz, senão um epílogo de todos os tormentos? Notai. Cristo no Sacramento não pode ver nem ser visto pelo impedimento dos acidentes, e é tão grande violência estar um homem vivo sem ver nem ser visto, que nesse Sacramento se reduzem a compêndio todos os seus tormentos: "Recorda-se a memória de sua paixão".

§ VI

A terceira circunstância que faz mais pesada a cruz da religião é que na cruz de Cristo houve uso do gosto e exercício da vontade; mas na cruz da religião, nem o gosto tem uso nem a vontade exercício. Disse Cristo na cruz: "Tenho sede" (Jo 19,28). — Trouxeram-lhe fel e vinagre: "E tendo provado, não quis beber" (Mt 27,34). De sorte que na cruz teve uso o gosto, "porque provou" — e teve exercício a vontade, "porque não quis" — porém na cruz da religião nem o gosto tem uso, porque não há indiferença para provar, nem a vontade tem exercício, porque não há liberdade para não querer.

Mas a meu ver não é esta a maior diferença de cruz a cruz. A maior diferença da cruz da religião à cruz de Cristo é que na cruz de Cristo esteve a vontade livre, e na da religião está o entendimento cativo. Manda Deus a Abraão que lhe sacrifique o filho. Obedece o patriarca, e, ponderando o texto esta ação, diz assim: "Creu Abraão a Deus, e ficou por isso com grande reputação de santo" (Rm 4,3). — Reparo naquela palavra "Creu" — dizer o texto que creu, havendo de dizer obedeceu. Pois, se obedecer é ato de obediência, e crer é ato de fé, por que pondera mais a Escritura a sua fé que a sua obediência? Respondem os doutores que a obediência de Abraão teve uma grande circunstância da fé, porque, tendo-lhe prometido Deus que lhe daria em Isac grande sucessão, e mandando-lhe que lho sacrificasse, encontrando-se tanto a promessa com o sacrifício, em nada repara e obedece Abraão. E a razão por que a Escritura pondera mais a sua fé que a sua obediência, é porque pela obediência sujeitou a vontade, e pela fé cativou o entendimento. E muito maior foi o sacrifício de Abraão por cativar o entendimento que por sujeitar a vontade. Matar a seu filho era vencer repugnâncias da vontade; crer a Deus em tal caso, era vencer contradições do entendimento: e muito mais fez Abraão em sacrificar contradições do entendimento, que em sacrificar repugnâncias da vontade.

Daqui se entenderá por que Cristo, Senhor nosso, não quis beber na cruz o fel e vinagre. Cristo, pelo muito que nos amava, nenhum tormento recusou de quantos lhe deram seus inimigos. Pois, se não recusou nenhum dos tormentos, por que não bebe o fel e vinagre? Respondo que os outros tormentos deram-lhos por tormentos, mas o fel e vinagre deram-lho por alívio. A cruz deram-lha por cruz, o fel e vinagre deram-lho por água. Os tormentos dados por tormentos podem-se sofrer, porque são violências da vontade; mas tormentos dados por alívio não se podem tolerar, porque são contradições do entendimento. Que me deem a mim cruz por cruz, tormento é, mas pode-se sofrer; porém, que me deem fel por água, é tormento que se não pode tolerar. Tais são os tormentos da religião: hão-vos de dar fel, e haveis de crer que é água; o gosto há de dizer que amarga, e o entendimento há de dizer que é doce. Pode haver maior violência? Pois, isto é que se padece na cruz da religião.

§ VII

A quarta circunstância da cruz, que prometi, não quero ponderar, porque vai faltando o tempo; mas ela é tão evidente que não há mister ponderação. Estando Cristo na cruz disse: "Pai, em vossas mãos encomendo meu espírito" (Lc 23,46). — Vedes aqui a última circunstância em que a cruz da religião excede à cruz de Cristo? Na cruz de Cristo houve liberdade para entregar o espírito nas mãos do Pai, porém na cruz da religião, nem para entregar o espírito nas mãos do Pai há liberdade. Na religião tendes um Pai, a quem entregais o vosso espírito, a quem comunicais vossa alma, mas esse Pai não é de vossa eleição. O maior rigor da lei de Deus é haver de entregar um homem seu espírito e manifestar sua alma a outro homem; mas este rigor está tão apertado na religião, que esse homem, esse Pai, não há de ser aquele que vós quiserdes, senão aquele que vos assinarem. Pode haver maior circunstância de cruz? Não há passar daqui, nem eu direi mais.

§ VIII

Temos já comparada a cruz de Cristo com a cruz da religião, para que as almas religiosas conheçam seu merecimento. Agora, para que conheçam sua felicidade, comparemos a cruz da religião com a cruz do mundo. Matéria é esta em que o mundo anda muito enganado, como em tudo. Cuida o mundo que é muito pesada a cruz da religião, e a sua é muito mais pesada: "O mundo" — diz S. Paulo — "tem-me a mim por crucificado e eu a ele" (Gl 6,14): maior é a sua cruz que a minha. E para que vejamos quanto mais pesada é a cruz do mundo que a cruz da religião, façamos esta segunda comparação pelos mesmos pontos que fizemos a primeira, mas com brevidade. Primeiramente, arguimos a estreiteza da cruz da religião, por estar nela Paulo com Cristo: "Eu estou crucificado na mesma cruz com Cristo" — mas esta circunstância mais é de alívio que de tormento. Cristo não manda tomar a cruz aos religiosos para que estejam nela, senão para que a levem: "Tome a sua cruz" (Mt 16,24). — E quando a cruz é para estar e ter companhia, faz a cruz mais estreita; porém, quando é para a levar e ter companheiros, faz a cruz mais leve. — "Servirão a ele com um só ombro" (Sf 3,9) — dizia o profeta, falando dos servos de Deus na lei da graça: que serviriam a Cristo com um só ombro; porque os religiosos só põem um ombro à cruz, e Cristo põe o outro. Oh! ditoso servir! e não o do mundo. Vede por quem, e com quem: com Cristo, e por Cristo.

Daqui infiro eu que a cruz da religião, ainda que tão pesada, nenhum peso tem, porque, como a cruz se leva por Cristo e com Cristo, uma parte do peso alivia a companhia, e a outra parte alivia a causa. Provou Jacó servir catorze anos por amor de Raquel, e os primeiros sete anos diz a Escritura que padeceu Jacó menos: "Pareciam-lhe poucos dias" (Gn 29,20). — Nos últimos sete anos não diz o texto que Jacó padecesse alguma coisa. Pois, pergunto: Jacó não serviu muito em todos os catorze anos que serviu por Raquel? Sim, serviu, e trabalhou muito, como quem era pastor. Pois, se Jacó trabalhou tanto, porque se diz que nos primeiros sete anos padeceu pouco? E se nos primeiros sete anos padeceu esse pouco, por que se não há de dizer que nos outros sete padecesse muito ou pouco? A razão é por que nos primeiros sete anos trabalhou por Raquel, mas sem Raquel; e nos segundos sete anos trabalhou por Raquel, e com Raquel: "Dar-te-ei também essa outra, pelo trabalho de outros sete anos, que ainda me servirás" (Gn 29,27). — De sorte que nos primeiros sete anos Raquel era a causa; e nos outros sete era causa e companhia do trabalho; e como ambos juntos trabalhavam, todo o trabalho dos segundos sete anos não foi trabalho. O mesmo digo da cruz da religião. É pesada? Sim, como o ofício de Jacó; mas como nesta cruz se padece por Cristo e com Cristo, é Cristo a causa e a companhia. Enquanto causa, alivia uma parte do peso; enquanto companhia, alivia a outra: e ambas aliviam todo o peso, com que vem esta cruz a não pesar. Quão diferentes são as cruzes do mundo! Nem as alivia a causa, porque o mundo é um ingrato; nem as alivia a companhia, porque o mundo vos põe a cruz às costas e deixa-vos. Ninguém serviu ao mundo melhor que Cristo, pois obrou por ele as mais estranhas finezas. Desterrou-se, padeceu, derramou seu sangue, entregou sua vida. E o mundo, que alívios lhe deu nestes trabalhos? Pôs-lhe a cruz às costas e deixou-o: "Todos o deixaram, e fugiram" (Mt 26,56). — Vedes aqui os prêmios e ajuda que vos dá o mundo? Ao fim de trinta e três anos de serviço, põem-vos a cruz às costas. E mais é de temer o desamparo que a cruz. O mesmo é entregarvos a cruz que deixarem-vos todos. E não é ainda esta a maior circunstância da semrazão. Diz o texto que, sobre estar Cristo na cruz, veio um ministro do mundo, e lhe meteu a lança pelo peito. De sorte, mundo, que está este homem morrendo por ti, derramando sangue e dando a vida, e tu, sobre o pôr na cruz, ainda lhe metes a lança? Este é, católicos, o mundo. Cristo morria por ele, e ele matava a Cristo. Servi lá ao mundo! Para que é morrer por quem vos há de matar? Mas vamos às mais circunstâncias.

§ IX

A outra circunstância, que faz pesada a cruz da religião, dissemos que era ser uma cruz em que não se vê nem se fala. E eu o entendo tanto ao contrário, que digo que, se no mundo não se falasse nem se visse, foram mais toleráveis as suas cruzes. E se não, pergunte-o cada um a si mesmo e à sua experiência. Para falar ao mundo, que tão mal responde, não fora melhor ser mudos? Oh! bem-aventurados os mudos, porque o mudo está desobrigado de falar talvez a um ministro incapaz, que dá a má resposta, e desobrigado de lisonjear ao príncipe, que não quer ouvir a verdade; desobrigado de fazer bom quanto ouve, sustentando a vida à custa da consciência. Finalmente, porque não está obrigado a mil desgostos e a mil arrependimentos, que de haver calado ninguém se arrependeu, e de haver falado, sim. Oh! bem-aventurados os cegos, porque estais livres de ver a cara ao mundo, e tantas falsidades e erros como nele se veem! Que coisa é ver ao ignorante no lugar do sábio? Ao covarde comendo a praça do valente? Ao entremetido com valimento, ao murmurador bem ouvido, aos bons gemendo, aos maus triunfando, a virtude a um canto e o vício com autoridade? Oh! que entremezes da fortuna! Oh! que tragédias do mundo!

Certo, senhores, que para falar o que aqui se ouve e para ver o que aqui se vê melhor é ter véu para os olhos e silêncio para a boca. Se Eva trouxera véu nos olhos, e guardara silêncio, não botara a perder o mundo, como perdeu. Por que cuidais que se perdeu o mundo? Porque houve uma mulher que quis falar e ver. Falou Eva com a serpente, e ficou enganada. Viu Eva a árvore, e ficou vencida. Não lhe fora melhor a ela, e a nós todos, não ter boca para falar nem olhos para ver? Estas são as liberdades do mundo, estes seus perigos.

Porém noto — e quisera que todos o notassem — o que falou Eva, e o que viu. O que falou, foi sobre o preceito de Deus: "Por que vos mandou Deus?" (Gn 3,1). — O que viu foi a Árvore da Ciência: "Viu a árvore" (Ibid. 6). — Pois, se são tais os perigos da língua, que falar aqui sobre os preceitos de Deus basta para perder ao gênero humano, e se são tais os perigos dos olhos, que ver as árvores do paraíso foi ocasião para abrir as portas do inferno, que arriscadas serão no mundo as práticas livres, em que não se fala dos preceitos? Que perigosas serão no mundo as vistas lisonjeiras, em que não se olha para as árvores, senão para as serpentes? Jacte-se embora o mundo, que, se tem cruzes, são cruzes em que se vê e se fala; mas lembre-se o mundo de quantos por palavra perderam a vida, e por uma vista perderam a alma.

§ X

Só parece que na última circunstância é mais fácil a cruz do mundo que a da religião, porque na cruz do mundo é cada um senhor da sua vontade, porém na da religião todos estão sujeitos à vontade alheia.

Para isto sei uma coisa, que parece nova. Digo que por isso mesmo é mais leve a cruz da religião que a do mundo, porque maior cativeiro é estar sujeito à vontade própria que à alheia. Pecou o povo de Israel, não querendo obedecer a Deus; trata Deus de castigá-lo e diz: Já que os homens não querem fazer minha vontade, ordeno que façam a sua. — Expressamente o disse Davi: "Não ouviu o meu povo a minha voz, e Israel não me atendeu. E os abandonei, segundo os desejos de seu coração" (Sl 80,12s). — Pois, Senhor, que modo de sentença é este? Os homens de nenhuma coisa gostam mais que de fazer sua vontade; e com nenhuma coisa vos ofendem mais que em não fazer a vossa; pois se estes homens vos ofenderam e não quiseram fazer vossa vontade, como lhes permitis por isso que façam a sua? É isto prêmio ou castigo? Prêmio não, porque não se dá prêmio por culpas. Castigo parece que não, porque não se dão gostos por penas. Pois, que é isto?

O maior tirano que há no mundo é a vontade de cada um de nós. Os tiranos atormentam por fora, este tirano aflige por dentro. Daqui se argui que, quando Deus quer dar um castigo, entrega a um homem nas mãos da sua própria vontade; por isso lhes deu por castigo que fizessem a sua. De sorte que é maior mal estar sujeito aos apetites da vontade própria que aos impérios da vontade alheia; pois, quando a culpa é não querer obedecer à vontade alheia, dá-se-lhe por castigo fazer a própria. Veja agora o mundo qual é mais rigorosa cruz: se estar sujeito à vontade própria ou à vontade alheia. Mas, ainda que uma destas vontades seja mais tirana que a outra, não há dúvida que ambas molestam: a própria por dentro, a alheia por fora. Porém a cruz da religião é tão suave, que de ambas as coisas livra ao religioso. Ouvi.

Digo que o religioso está livre de toda a vontade humana: da própria, porque a sua vontade é a do prelado; da alheia, porque a vontade do prelado é de Deus. Assim que o religioso não está sujeito à vontade humana, senão à divina. E de estar o religioso sujeito só à vontade de Deus, que se segue? Segue-se que, em prêmio de despir-se de sua vontade, a está sempre fazendo. Não é paradoxo, senão verdade clara. Que remédio para fazer um homem sempre sua vontade? O remédio é querer o que Deus quer; e se eu quero o que Deus quer, sempre faço minha vontade. Este é o prêmio dos verdadeiros religiosos, no qual a sua cruz leva muita vantagem à do mundo porque na cruz do mundo vivem os homens à sua vontade, a qual em muitas coisas não conseguem, e por isso andam todos descontentes; na cruz da religião em tudo se faz a vontade do religioso, porque é força que em tudo se faça a vontade de Deus, com quem ele tem unida a sua.

§ XI

Mas vejo que me replicam que a vontade do prelado é verdade que é a de Deus; mas vem às vezes passada por tais prelados, que não pode deixar de ser mui penosa. Deus, nosso Senhor, no Testamento Velho, comumente falava por anjos. Assim falou a Abraão, a Jacó, a Isac, e a outros. E talvez falou de uma sarça, como a Moisés, talvez "de uma tempestade" (Jó 38,1), como a Jó. — O mesmo costuma suceder nos prelados. Em todos, e por todos, nos fala Deus, mas uma vez fala de um anjo, como a Abraão, Isac e

Jacó, porque talvez é o prelado prudente, benigno e aprazível; outras vezes fala de uma sarça ou espinheiro, como a Moisés, porque, se o prelado é áspero e mal acondicionado, nunca vos chegais a ele que não venhais ferido; outras vezes fala de uma tempestade, como a Jó, porque, se o prelado é furioso como trovão, não há em casa quem se entenda com ele. Pois, se a vontade de Deus vem executada por tal homem, que importa que seja de Deus?

Muito importa para padecer mais no mundo, porque se cá há uma sarça e uma tempestade, há muitos anjos; porém se lá há um anjo, há muitas sarças e muitas tempestades. Mas quando em tudo o demais fora o mundo como a religião, há uma grande diferença no modo de obedecer, porque no mundo, se o superior é sarça, sente-se como sarça, e se é tempestade, como tempestade; mas na religião não é assim: ainda que o superior seja sarça, aceita-se como Deus, que assim o fez Moisés; ainda que seja tempestade, aceita-se como Deus, que assim o fez Jó. E vai tanto nesta diferença de obedecer, que assim como as obediências do mundo acrescentam novas violências ao sentimento, assim as obediências da religião acrescentam novos merecimentos ao sacrifício. Maior fineza é obedecer à voz de Deus pronunciada por um bruto que articulada por um anjo.

Antes digo que chegam os obséquios da obediência em créditos da verdade onde chegaram os erros da idolatria em descréditos dela. A idolatria chegou a conhecer divindade nos ventos, plantas e animais; e a obediência dos religiosos em um espinheiro, e em uma tempestade chega a reconhecer a Deus em sua voz.

Eia, pois, Senhor, deixai-me que corra por minha conta este pleito e este juízo entre as cruzes. Façamos todos o mesmo, pois já temos visto que as cruzes do mundo não têm mais que aparência de leves, e verdadeiramente são pesadas: "Agora será lançado fora o príncipe deste mundo" (Jo 12,31); — fique-se o mundo embora, e atormente sua cruz aos cegos, que a desconheçam, e aos insensíveis, que a não sentem. E, pois, a cruz de Cristo, ainda que no exterior estreita e pesada, é tão larga pela causa e tão leve pela companhia, atemos nossos corações a esta cruz, como prisioneiros do carro de seu maior triunfo. Seja esta exaltação a do instrumento sagrado com que nos remiu Cristo, para que, em seguimento de suas penas, seja este desterro meio para que cheguemos a gozar suas glórias. Amém.

SERMÃO NA

Degolação de São João Batista

Em Odivelas. Ano de 1652.

"Herodes, como se tinha casado com
Herodias, sendo esta mulher de seu irmão Filipe,
mandou prender e meter em ferros no cárcere
a João e o degolou no cárcere."
(Mc 6,17.27)

Vieira partirá para o Maranhão no final do ano. Os sermões revelam seus sentimentos com respeito à vida na corte. Temos Herodes com a sua corte, temos Herodias com o seu prato e temos Vieira com o problema, tema das pregações do Batista. Quais mulheres são mais perniciosas aos homens, se as próprias ou as alheias? Para serem perniciosas e causadoras de gravíssimos males as mulheres alheias, não basta serem mulheres — como dizem muitos, mas o que eu digo é que basta serem alheias. O adultério de Davi e o seu castigo. Tertuliano diz: "E cuidas tu que", por nasceres tão longe da primeira mulher, "não és tão Eva como ela"?

As mulheres próprias... A mulher de Jó, uma das mais notáveis coisas da Escritura. A mulher de Tobias. Por que será tão dificultoso a um homem guardar a devida fé a uma mulher, e própria? Sendo hoje a mulher uma só, e por isso livre o homem dos inconvenientes de muitas, qual é ou será a razão, ou razões, por que do vínculo do matrimônio forme tantos laços a natureza ao homem, e lhe seja tão dificultoso no matrimônio o guardar a devida fé a uma mulher, e própria?

§ I

Uso foi dos antigos hebreus — de quem o tomaram os gentios mais sábios, gregos e romanos, e sem perigo da fé, antes com louvor dos costumes, o deverão imitar os cristãos — uso foi, digo, nos famosos convites, não só saborearem as mesas com pratos regalados e esquisitos, mas também com problemas discretos e proveitosos. Lembravam-se aqueles homens que eram racionais, e parecia-lhes coisa indigna de uma natureza tão nobre, que ficassem em jejum as potências da alma, quando tanto se estudava e despendia em dar pasto e delícias aos sentidos do corpo. Entre outros exemplos deste célebre costume — muito antes de Salomão compor para ele as suas parábolas — temos o das bodas de Sansão, o qual, com nome de problema, propôs na mesa aos convidados o enigma da sua vitória, dizendo: "Propor-vos-ei um problema" (Jz 14,12). — O mesmo digo eu e farei hoje. Temos à mesa el-rei Herodes com os grandes da sua corte, e assim como Herodias tomou por sua conta pôr nela o mais esquisito prato, eu quero que corra pela minha propor o mais proveitoso problema. O prato foi a cabeça do Batista; o problema não será indigno de que o mesmo Batista o pregasse. *Ave Maria*.

§ II

Nesta grande tragédia do maior dos nascidos, fazem o primeiro e segundo papel dois homens que também nasceram grandes: um Herodes, outro Filipe; um rei, outro seu irmão; um sem honra, outro sem consciência; um casado, mas sem mulher; outro com mulher, mas não casado. E de toda esta violência, de todo este escândalo, de todo este vitupério de um e outro, não foram duas mulheres a causa, senão uma só, e a mesma, a infame Herodias. A tanto se atreve um amor poderoso, a tanto se delibera uma ambição impotente. Era Herodias no mesmo tempo mulher de Filipe própria, e de Herodes alheia; ambos por ela infelizes, ambos por ela afrontados, ambos por ela, em diverso modo, perdidos. Nesta história se funda o meu problema, como o de Sansão na sua, e será este: Quais mulheres são mais perniciosas aos homens, se as próprias ou as alheias? Se as próprias, como Herodias era de Filipe, ou as alheias, como a mesma Herodias era ou não era de Herodes? Já sabeis que quem disputa problemas não tem obrigação de os resolver. E porque cada um deve seguir a parte que mais lhe contentar, todos devem atenção a ambas.

Mas antes que entremos na disputa, vejamos brevemente, primeiro quão problemática é a matéria. Propôs-se em outro convite, que refere Esdras, aquela famosa questão: qual era a coisa mais poderosa do mundo, e uns filósofos disseram que a mulher, outros que o vinho. Não me detenho nas razões de cada um, mas só reparo na discrepância dos extremos e na concórdia dos votos. Em que simbolizam o vinho e a mulher, para se atribuir a ambos o maior poder? Simbolizam, disseram os mesmos filósofos, em que o vinho e a mulher, ambos rendem o domínio de tal sorte aos homens que lhes tiram o juízo. Adão, o primeiro pai do gênero humano, e Noé, o segundo, ambos perderam o juízo: e quem lho tirou? Ao primeiro a mulher, ao segundo o vinho. E assim como o vinho para tirar o juízo a um homem, não importa que seja da sua vinha, ou da vinha do outro, assim também a mulher, tanto lhe pode tirar o juízo a alheia como a própria. Demos a Adão outro companheiro. Perdeu Adão o juízo, perdeu o mundo: e por quem? Por amor de Eva. Perdeu Davi o juízo e perdeu o reino: e por quem? Por amor de Bersabé. Bersabé era mulher alheia. Eva era mulher própria. Mas que importou que uma fosse própria e outra alheia, se ambas perderam a ambos?

O Espírito Santo, que não pode errar, diz que as mulheres fazem apostatar da fé e idolatrar aos sábios: "As mulheres fazem apostatar aos sábios" (Eclo 19,2). — Não diz aos homens, senão aos sábios, que são aqueles homens que até sobre as estrelas têm domínio. Ditou este oráculo o Espírito Santo por boca de Salomão, e no mesmo Salomão, que foi o mais sábio de todos os homens, se viu provado. As mulheres gentias lhe depravaram o juízo de tal sorte, que o famoso edificador do Templo de Jerusalém, não só adorou os seus ídolos, mas também lhes edificou templos. E por que chegou a cair em tal cegueira um tal homem? Porque antes de adorar os ídolos adorava as idólatras. Primeiro foram elas ídolos de Salomão, do que Salomão adorasse os seus ídolos. E, uma vez que as mulheres são ídolos, tanto monta que sejam próprias como alheias. Que importa que o ídolo seja ou não seja meu, se eu o adoro? Raquel, quando ainda era gentia, furtou os ídolos de seu pai Labão; e qual dos dois era mais idólatra? Os ídolos que adorava Labão eram seus, os que adorava Raquel eram roubados; mas tão idólatra era Raquel adorando os ídolos alheios como Labão os próprios. Daqueles ídolos, diz Davi que tinham olhos e não viam, ouvidos e não ouviam, boca e não falavam. Vede se será o mesmo nos ídolos que falam, que veem e que ouvem? Tanto importa que sejam próprios ou alheios, para vos fazer apostatar.

Finalmente, o mesmo homem que nos deu o exemplo com o seu problema, sem o dividirmos em dois sujeitos e sem o declararmos por metáforas, é a maior prova do nosso. Teve Sansão duas mulheres, uma própria, outra alheia, porque uma era legítima e outra não. A alheia se chamava Dalila, a própria não tem nome na Escritura. E que lhe sucedeu com ambas? Tão alheia foi do seu amor a alheia como a própria, e tão própria para os enganos a própria como a alheia. Ambas o enganaram, ambas lhe foram infiéis, ambas ingratas, ambas traidoras, ambas cruéis, ambas inimigas. A própria o rendeu com lágrimas e carícias a que lhe descobrisse o segredo do seu enigma, e o revelou a seus competidores e tomou por marido a um deles. A alheia, comprada por dinheiro, lhe roubou com as mesmas artes as chaves do tesouro de seus cabelos, os quais, cortados e enfraquecido Sansão, o entregou nas mãos dos filisteus. Estes foram os favos que tirou da boca daqueles dois leões o sábio e valente moço, o qual agora podia trocar o seu problema com o nosso, e perguntar, com maior razão, quais mulheres são mais perniciosas ao homem: se as próprias ou as alheias. Mas já é tempo que entremos na teia da disputa e discorramos, por uma e outra parte, os fundamentos tão verdadeiros como fortes, com que ambas se combatem ou se defendem.

§ III

Começando pelas mulheres alheias, qual era Herodias em respeito de Herodes, a razão, a experiência, as leis de todas as nações, ainda bárbaras, os escândalos particulares e públicos, a ruína das casas, a infâmia das pessoas, as mortes violentas na paz, o sangue correndo a rios nas guerras, a destruição de cidades, a assolação de reinos inteiros, enfim, a voz e consenso do gênero humano, continuado por todas as idades do mundo, tudo isto é um testemunho universal, e de maior autoridade que a de todos os escritores — também concordes na mesma opinião — o qual afirma, defende e sem contradição pronuncia que as mulheres mais perniciosas aos homens são as alheias. As próprias são companheiras no matrimônio, as alheias são cúmplices no adultério; e, sendo o adultério pecado, e o matrimônio sacramento, mais parece sacrilégio que agravo a comparação por si só entre umas e outras, quanto mais o pôr em questão e em dúvida quais sejam mais danosas ao homem. O matrimônio foi instituído por Deus no estado da inocência; o adultério foi maquinado pelo demônio depois da natureza corrupta; o matrimônio, ainda antes de ser sacramento, sempre foi lícito, honesto e santo: o adultério sempre ilícito, sempre injusto, sempre abominável; e sendo qualquer pecado o maior mal de todos os males, e este por sua malícia tão grave que Jó, professor somente da lei da natureza, "lhe chamou a máxima das maldades" (Jó 31,28) — quando as mulheres alheias não foram ocasião e causa aos homens de outro mal, mais que o pecado, só por este, que sempre é inseparável do adultério, se lhes devia em grau superlativo, e sobre toda a comparação, o nome de perniciosas.

Para serem perniciosas e causadoras de gravíssimos males as mulheres alheias, não basta serem mulheres — como indiscretamente dizem muitos, sem o respeito e reverência devida ao sexo de que todos nascemos — mas o que eu digo é que basta serem alheias. Alheia era aquela mulher que Davi tomou ocultamente a Urias, abusando do poder real, exemplo em que tem mais imitadores que no de suas virtudes. Mandou Deus ao profeta Natã que lhe fosse estranhar de sua parte um tão grande, e nele, tão novo excesso: e que fez o profeta? Para que o rei em terceira pessoa reconhecesse melhor a fealdade do seu pecado, representou-lhe o primeiro na parábola ou acusação de um poderoso, o qual tomara a um pobre uma só ovelha que tinha, para com ela agasalhar um peregrino que se viera hospedar em sua casa. O poderoso era Davi, o pobre, Urias; a ovelha, sua mulher Bersabé, e o peregrino, o mau apetite, que casualmente, e fora do que Davi costumava, se lhe introduziu no coração, e ele o recebeu como não devera. Mas, se o pecado era de adultério, por que o representou o profeta em parábola e figura de furto? Porque o furto e o adultério ambos têm o mesmo objeto, que é o alheio. É pensamento de S. Ambrósio[1] em diferente caso, mas muito próprio do presente. Chama o santo doutor elegantemente à cobiça "luxúria de dinheiro" — e, prosseguindo na mesma metáfora, diz que os furtos são adultérios da cobiça: "A luxúria do dinheiro alimenta a alma com seu fogo, de maneira que difere da luxúria somente por isso: esta é adúltera das formas e a avareza adúltera das coisas terrenas" — Assim como o torpe pode ser torpe sem ser adúltero, assim o cobiçoso pode ser cobiçoso sem ser ladrão; mas quando chega a ser ladrão, logo juntamente é adúltero. E por quê? Porque assim o furto, como o adultério, têm por objeto o alheio: o adultério, a mulher alheia; o furto, a fazenda alheia. E assim como o tomar a mulher alheia é adultério da torpeza, assim o tomar a fazenda alheia é o adultério da cobiça.

Vede agora se se infere bem que, ainda que a mulher alheia não fora mulher, só por ser alheia seria causa de grandes males ao homem. E para que o mesmo caso, que nos deu a semelhança de um e outro adultério, nos dê também a prova de um e outro efeito, ponhamos em paralelo ao mesmo rei Davi com el-rei Acab, e veremos as calamidades e desventuras a que ambos se condenaram, um porque tomou o alheio, outro porque tomou a alheia. Tomou Acab a vinha de Nabot: e que se seguiu desta violência? — para que não percamos o decoro ao nome real com lhe chamar furto. — Lá disse S. Paulo que "um pequeno fermento corrompe toda a massa" (1Cor 5,6) — e tais são os efeitos do alheio, ainda que a massa, com que se ajunta ou mistura, seja uma monarquia inteira. Que comparação tinha a vinha de Nabot com o reino de Acab? Mas era alheia, posto que tão pequena. E como se Nabot com as vides da sua vinha lhe pusera o fogo, assim ardeu em um momento a casa de Acab, a coroa, o reino, a vida sua, e de sua mulher, a honra, a fama, o estado, a sucessão, e até os ossos de ambos. E se isto faz o alheio em matéria de tão pouco preço, que faria na mais preciosa, na mais prezada, na mais estimada de todas, e que o homem não distingue de si mesmo, qual é a mulher? Diga-o Bersabé — para que voltemos os olhos à outra parte do paralelo — diga-o Bersabé, que foi a Helena de Israel, e chore-o a casa de Davi, que foi a Troia daquela Helena.

De Troia fingiram os poetas que fora fundada pelos deuses: "Sublime trabalho divino"[2]. — Mas depois que nela entrou Helena, roubada a seu marido Menelau, por Páris, filho de el-rei Príamo, não lhe valeu a divindade de seus fundadores para que não ardesse, deixando sepultada em suas cinzas a flor de toda a Ásia e Europa, consumida no sítio de dez anos. Tão pernicioso é aos homens e tão fatal pode ser aos mesmos reinos uma mulher alheia. A casa de Davi é certo que foi fundada pelo verdadeiro Deus, e com os mais altos e sólidos fundamentos de quantas houve nem haverá no mundo, como aquela de cuja prosápia havia de nascer feito homem o Filho do mesmo Deus; mas tanto que nela entrou uma mulher tomada a seu marido, posto que não pública, senão ocultamente, este fogo oculto foi o que a abrasou e destruiu, como notou S. Crisóstomo[3]: "A não ser que ocultasse as fagulhas dos pecados, a casa não seria incendiada". — Que desgraças, que infortúnios não sucederam a Davi e àquele grande herói, entre todos os da fama famosíssimo, depois deste erro lamentável e tão chorado por ele? Mas nem os rios de lágrimas, que continuamente corriam dos mesmos olhos com que vira a Bersabé, bastaram a apagar o incêndio que com ela se ateou à sua casa, sendo a justiça do mesmo Deus, que a fundara, a que a um homem tão amigo e tão do seu coração castigou tão severamente.

Quatro eram as colunas principais sobre que se sustentava a casa real de Davi: Salomão, Adonias, Amon, Absalão; e, exceto o primeiro — que somente se conservou na promessa e juramento de Deus — todos os outros acabaram desastrada e tragicamente, porque Salomão matou a Adonias, Absalão matou a Amon, e, contra o preceito do mesmo Davi, Joab matou a Absalão. Deixo o primeiro filho que lhe nasceu de Bersabé, morto por sentença divina antes de ter nome. Nem falo na desgraça de Tamar, viva para perpétua dor do pai e epitáfio imortal de sua desonra. Afrontou-a seu próprio irmão Amon, com maior crueldade que se a matara; mas não pararam aqui as mortes violentas e lastimosas na casa de Davi, porque, enquanto durasse no mundo a sua descendência, sempre a espada da divina justiça se veria tinta no seu sangue, em castigo e pena póstuma daquele pecado. É coisa que de nenhum modo se pudera crer se assim o não dissera a mesma sentença: "Por esta razão não se apartará jamais a espada da tua casa" (2Rs 12,10). — Ah! Rei profeta, que se assim como víeis outros futuros, antevíreis os estragos que com aquela mulher, como nuvem prenhe de raios, trazíeis à vossa casa e sobre vossa pessoa, antes queríeis perder os olhos que pô-los nela!

Era Davi ungido por Deus; mas onde está a coroa? Lá a leva tiranicamente usurpada e posta sobre a cabeça o ímpio e rebelde Absalão, aclamado com trombetas, e seguido de todo o reino. Era o valente de Israel, que matava leões e gigantes, e vencia exércitos de filisteus; e agora vai fugindo pelos montes de um moço mais conhecido das damas pelos cabelos que dos soldados pela espada. Era o venerado, aplaudido e adorado das gentes; e agora apedrejado de Semei, ouve os opróbrios, as injúrias, as calúnias e as maldições de uma língua tão vil e infame, como o mesmo que se atrevia a dizê-las. Era o mais rico monarca de quantos dentro e fora de Palestina acumularam tesouros; e agora, pobre, desterrado, faminto, vive das migalhas de Berzelai. Sobretudo, era aquele santo varão, cuja alma por suas virtudes era louvada em Deus: "No Senhor se gloriará a minha alma" (Sl 33,3) — e agora, pelo seu pecado, é Deus blasfemado nele: "Deste lugar a que os inimigos do Senhor blasfemem" (2Rs 12,14). — Há ainda mais desgraças? Há ainda mais afrontas? Há ainda mais castigos sobre Davi? Ainda. E os que na opinião dos homens são os mais afrontosos: "Eu suscitarei da tua mesma casa o mal sobre ti, e tomarei as tuas mulheres, e dá-las-ei a um teu próximo, e ele dormirá com as tuas mulheres aos olhos deste sol. Porque tu fizeste isto às escondidas, mas eu farei estas coisas à vista de todo o Israel" (2Rs 12,11s). — Se cuidas, Davi — diz Deus — que com todos estes castigos tens purgado a tua culpa, enganas-te. Nem a morte dos filhos, nem a usurpação da coroa, nem a perda do reino, nem o desterro, nem a pobreza, nem a miséria, nem as injúrias e infâmias com que te vês, não só perseguido, mas abominado de teus vassalos, são bastante satisfação ao teu pecado: "Eu suscitarei da tua mesma casa o mal sobre ti" — ainda te resta por padecer outro mal maior que todos esses males, que é a pena de talião: "Tomarei as tuas mulheres, e dá-las-ei a um teu próximo". — Assim como tu tomaste a mulher alheia, assim permitirei que tomem outros as tuas, e não com a mesma, senão com muito maior afronta: "Porque tu fizeste isto às escondidas, mas eu farei estas coisas à vista de todo o Israel". Porque tu tomaste a mulher alheia, secreta e escondidamente, as tuas ser-te-ão tomadas e profanadas à vista de todo o mundo e nos olhos do mesmo sol.

§ IV

Verdadeiramente que se não puderam pintar com cores de maior horror os danos e calamidades de que são causa aos homens, aos reinos e ao mundo as mulheres alheias, ou uma só mulher alheia, que é mais. Mas ainda não está ponderada a maior circunstância do caso. Não diz o relatório da sentença de Deus, notificada pelo profeta, que foi condenado Davi a todos estes castigos porque tomou a mulher alheia, senão porque, tendo sido alheia, a fez sua casando-se com ela. Assim o pronuncia expressamente o texto: "Tomaste para ti a que era sua mulher" (Ibid. 9) — e assim o torna a repetir outra vez com a mesma expressão: "Por teres tomado a mulher de Urias heteu, para ser tua mulher" (Ibid. 10). — E assim o tinha já advertido na história e narração do caso. "Enviou Davi, e a fez trazer para o palácio, e tomou-a por sua mulher; mas isso foi desagradável aos olhos do Senhor" (2Rs 11,27). — Onde se deve notar que este matrimônio, posto que nas leis cristãs seria ilícito e inválido, nas leis hebreias, porém, não tinha proibição alguma; e por isso o mesmo Davi, depois de reconciliado com Deus, teve sempre aquela mulher por legítima e a tratou como tal. Pois, se Bersabé, quando Davi a tomou a Urias, sendo ele vivo, era alheia, e depois da sua morte, quando se casou com ela, já era própria, por que se fulminam todos os castigos contra Davi, não tanto pelo adultério quanto pelo casamento? E não tanto por tomar a mulher alheia quanto pela fazer sua? Teodoreto[4], fundado nos textos que alegamos, diz que deles se colhe que mais sentiu Deus o matrimônio de Davi com Bersabé do que o adultério: "Tacitamente significam as palavras que Deus mais sentiu o matrimônio de Davi do que o adultério cometido antes". — E do mesmo parecer é Procópio, a Glosa, e outros graves autores, com que mais se acrescenta a dúvida ou admiração de tão extraordinários castigos.

Mas, antes que demos a razão deste caso, ponhamos à vista dele outro porventura mais admirável. Entra Abraão no Egito, tendo primeiro concertado com Sara que se nomeie, não por mulher, senão por irmã sua. Chega a fama de sua formosura a el-rei Faraó, e a fim de se casar com ela — como era lícito e usado naqueles tempos — manda que lha levem ao paço, e que a Abraão, como irmão seu, se façam grandes mercês. Executou-se assim, com aquela diligência com que os apetites dos reis costumam ser obedecidos; mas o castigo do céu ainda foi mais apressado, porque no mesmo ponto, sem ofensa da honestidade de Sara, veio o açoite de Deus sobre Faraó e sobre todos seus vassalos: "O Senhor, porém, afligiu a Faraó e a sua casa com grandíssimas pragas por causa de Sarai, mulher de Abrão" (Gn 12,17). — As pragas ou calamidades de que constou o açoite, que a Escritura chama máximas, foram estas: caiu de repente o mesmo Faraó mais morto que enfermo, com acerbíssimas dores, que, sem poder aquietar nem de dia nem de noite, o atormentavam mortalmente. Começaram a tumultuar e rebelar-se-lhe os vassalos; ateou-se peste em todo o reino, esterilizaram-se não só os campos, mas com prodígio inaudito, até os animais e homens, cessando totalmente em uns e outros a geração e uso dela, e tudo isto só porque Faraó teve intento de se casar com uma mulher alheia. Mas, se Sara dizia que era irmã de Abraão, e Abraão que era irmão de Sara, e Faraó o supunha assim, ignorando totalmente que fosse sua mulher, sobre que caía este açoite do céu com tantos e tão extraordinários castigos, e não por outra causa, senão por ser Sara mulher de Abraão: "Por causa de Sarai, mulher de Abrão"?

Aqui vereis, em um e outro caso, não só quão perniciosas são aos homens, sobre toda a imaginação, as mulheres alheias, mas quão pouco basta para serem criminadas diante de Deus por alheias, ainda que o não pareçam. Bersabé, ainda que casada com Davi, tinha sido mulher de Urias; Sara, ainda que reputada por irmã, era mulher de Abraão: e, posto que Davi se casara com Bersabé, e Faraó se queria casar com Sara, ambas legitimamente, nem a Davi o livrou dos castigos o matrimônio, nem a Faraó o escusou a ignorância; a um, porque a mulher verdadeiramente era alheia; a outro, só porque o tinha sido. Sara, ainda que fosse irmã de Abraão, podia ser casada e mulher de outro, e Faraó foi culpado em não fazer naquele caso o exame devido. Bersabé, ainda que já era livre pela morte do marido, tinha sido alheia no tempo do adultério; e Davi foi culpado em continuar o amor de quem lhe fora ocasião do pecado. E estas circunstâncias e considerações, que no juízo dos homens parecem leves e veniais, no de Deus são graves e tão pesadas como mostraram os açoites com que as castigou.

Oh! quantos reis e quantos reinos se arruínam, quantos exércitos e quantas armadas se perdem; quantas fomes, quantas pestes e quantos infortúnios e calamidades gerais se padecem, não pelas causas imaginadas, que vãmente discorrem os políticos, mas pelas injúrias que cometem os maiores, ou contra o próprio, ou contra o alheio matrimônio, não sendo necessário que as mulheres sejam de outrem, mas bastando que não sejam próprias! Por amor de Dina se perdeu o príncipe Siquém, e todo o seu estado; por amor de Judite se perdeu o general Nabucodonosor, e a potência formidável dos seus exércitos. E por quê? Não porque em Dina ou Judite se violasse a fé devida ao tálamo conjugal — porque Dina era donzela, e Judite viúva — mas bastou que não fossem mulheres próprias, para que, desarmadas de todo o outro poder, fossem ambas a ocasião e cada uma só a causa de tamanhos estragos.

O intento de Nabucodonosor era sujeitar todo o mundo a seu império, e o poder que ajuntou e expediu para esta vastíssima empresa era tão superior a todas as forças do mesmo mundo, que não houve cidade tão forte, nem reino tão poderoso, nem nação tão belicosa que se atrevesse a o resistir, sujeitando-se tudo sem guerra nem batalha, ou de perto, só com a vista, ou de longe, só com a fama de tão insuperável potência. Sai porém Judite de Betúlia, e, não violentada ou tomada por força, mas solicitada por amor e por rogos, ela só, e com a espada do mesmo general Holofernes, lhe cortou a cabeça; ela só, com um só golpe, degolou todo o seu exército, desarmou todo o seu poder, aniquilou todas as suas vitórias, emudeceu toda a sua fama, e a converteu em desprezo, confusão e afronta de toda a monarquia de Nabucodonosor.

Não era tão poderoso como Nabuco o príncipe Siquém, mas de maior título que Holofernes, com soberania de estado. Vivia nas suas terras e à sua sombra, como peregrino e estrangeiro, Jacó, pai de Dina; pediu-lha por mulher Siquém, tendo-lhe feito primeiro um daqueles agravos que costuma desculpar o amor e sarar o matrimônio; ofereceu-lhe por dote quanto pedisse; veio em condições tão ásperas e dificultosas como o mudar de religião, e circuncidar-se primeiro, não só ele, mas todos seus vassalos. E que se seguiu daqui? Um engano verdadeiramente injusto, mas um castigo, se merecido, atroz, e um exemplo por todas as suas circunstâncias temeroso e horrendo. No mesmo tempo em que todos voluntariamente se tinham ferido, e no dia em que as dores da circuncisão são mais insuportáveis, como nota o texto, dois irmãos de Dina, Simeão e Levi, moços que nenhum deles chegava a vinte e dois anos, entram armados pela cidade, matam ao príncipe e a seu pai, e a todos os siquemitas miseravelmente presos, e sem se poderem defender por causa das feridas e força das dores, levam cativas todas suas mulheres e filhos, assolam a cidade, despojam as casas, devastam os campos. Este foi o desastrado e lastimoso fim daquele príncipe e de todo o seu Estado e vassalos, não tanto por sossegar da sua paixão quanto por se apressar na mesma cegueira. Que mais podia desejar Jacó que casar sua filha com o príncipe da terra em que vivia? Mas porque Siquém, como poderoso, não quis esperar pela bênção do matrimônio, incorreu tão miseravelmente a maldição que leva consigo toda a mulher que não é própria. Com esta maldição quero dar fim à primeira parte do problema, e para que todos acabem de conhecer quão grande maldição é, e de todos os modos a temam, sobre os dois casos de uma só mulher acrescento outro de muitas.

Desejou el-rei dos moabitas, Balac, amaldiçoar os arraiais e exércitos do povo de Deus — os quais ordinariamente se perdem, e têm infelizes sucessos, porque vão carregados de maldições — e o meio que para isso tomou, foi rogar por seus embaixadores ao profeta Balaão — profeta e feiticeiro juntamente — que os quisesse amaldiçoar. As instruções destes embaixadores iam acompanhadas de outras de ouro e prata, que também são boa parte da maldição. Mas, como Deus, uma, outra e três vezes provocado com os sacrifícios do mau profeta, lhe não permitisse amaldiçoar o seu povo, ele, que tinha os olhos postos na propina, se desculpou com o rei de o não poder servir como desejara; porém, que, em lugar da maldição que lhe pedia, lhe daria um conselho tão efetivo como ela. Também não é coisa nova haver conselhos que sejam maldições, e tão vendidos e comprados como se foram oráculos de profetas. Qual foi pois o conselho de Balaão? Foi que o rei não saísse em campanha com exércitos de homens armados e ordenados, senão com tropas de mulheres mandadas à desfilada, porque tanto que estas chegassem a se avistar com os capitães e soldados do exército de Israel, logo eles se lhes renderiam, sem dúvida, debaixo das condições que quisessem. — E, cometido este grave pecado — diz Balaão — o mesmo Deus que agora me não consentiu que eu amaldiçoasse o seu povo, fará nele tal estrago que vós, ó Balac, vos deis por mui satisfeito e não lhe desejeis maior maldição. — Este foi o conselho do mau profeta; e, se aconselhou como mau, também como profeta adivinhou o sucesso. Saem as madianitas em demanda dos arraiais de Israel, chegam primeiro à vista e depois à fala, e não com outros feitiços que lhes desse Balaão, senão com os da sua presença, de tal maneira prenderam e sujeitaram os capitães e soldados Israelitas que, se Deus não acudira com pronto e exemplaríssimo castigo, o exército, a jornada, a Terra de Promissão, e tudo se perdera. Foram degolados naquele dia vinte e quatro mil, que a tantos tinha já corrupto a peste das moabitas. Fazia horror a imensa mortandade, e corria o sangue a rios; não se guardou respeito à dignidade, nem foro à qualidade, nem exceção a pessoa, e só houve de diferença que os que a Escritura chama príncipes, os mandou Deus enforcar em forcas altas, com os rostos voltados ao sol, para que fossem mais conhecidos, e a sua infâmia mais pública. Foi boa maldição esta? Pois, esta é a que nos particulares arruína as casas, e no comum as repúblicas, para que os príncipes, e os que o não são, se acautelem e temam, para que ninguém possa duvidar e fique assentado, por conclusão, que as mulheres mais perniciosas aos homens são as alheias.

§ V

Entrando na segunda parte do nosso problema, à vista da maldição com que acabei a primeira, lembra-me que, quando se promulgou a lei na Terra de Promissão, foi com tal cerimônia que as maldições que na mesma lei se fulminam contra os quebrantadores dela se publicaram desde o Monte Hebal, o qual por isso se chamou o Monte das Maldições, e do mesmo modo as bênçãos e felicidades, que se prometem aos que a guardarem, se publicaram desde o Monte Garizim, ao qual, pela mesma causa, chamaram o Monte das Bênçãos. Suposto, pois, que, segundo o merecimento dos autos, nenhuma injúria faremos às mulheres alheias em lhes chamarmos o Monte das Maldições, parece que às próprias e legítimas lhes é devido o nome de Monte das Bênçãos, pois estas acompanham sempre o sacramento do matrimônio, e sabemos que em sua primeira instituição, ainda antes de ser sacramento, o abendiçoou Deus, lançando sua bênção a Adão e Eva: "Macho e fêmea os criou e os abençoou" (Gn 1,27). — Mas porque Eva correspondeu tão mal às obrigações de seu estado, que em lugar de ajudar o marido à conservação do morgado, que ambos receberam em dote, não só o destruiu e perdeu a ele, mas com ele a todos nós, como herdeiros que havíamos de ser seus, posto que ainda não éramos. Todos os trabalhos e calamidades que padecemos na vida, toda a corrupção e misérias a que estamos sujeitos na morte, todos os males, penas e tormentos que depois da morte nos aguardam, ou em tempo, ou em toda a eternidade, tiveram seu princípio e trazem sua origem desde o pecado, por isso chamado original. De toda esta infelicidade foi causa uma mulher, e que mulher? Não alheia, mas própria, e não criada em pecado, mas inocente, e formada pelas mãos do mesmo Deus. Nota Teodoreto[5] que todas as maldições ameaçadas e prometidas no Monte Hebal se cumpriram e executaram no povo e gente hebreia, parte na destruição e excídio de Jerusalém por Tito e pelos romanos; parte pelos macedônios, em tempo de Alexandre Magno; parte por Nabucodonosor, no cativeiro de Babilônia; e parte multiplicadamente pelos assírios, na invasão de Senaquerib, na de Salmanasar e nas dos outros reis inimigos.

Mas que comparação ou semelhança têm os trabalhos e vexações, posto que tantas e tão várias, padecidas pelos hebreus na sua história, com as imensas e quase infinitas que o gênero humano tem padecido, padece e há de padecer até o fim do mundo, efeitos tudo daquele primeiro pecado e daquela primeira mulher nascida inocente e sem ele? Todas as dores, todas as enfermidades, todos os desgostos e infortúnios particulares e gerais, todas as fomes, pestes e guerras, toda a exaltação de umas nações e cativeiro de outras, todas as mudanças e transmigrações de gentes inteiras, das quais, ou só ficou a memória dos nomes, ou também eles com elas se perderam; todas as destruições de cidades e reinos, todas as tempestades, terremotos, raios do céu e incêndios, e todo o mesmo mundo afogado e sumido em um dilúvio, que outro princípio ou causa tiveram, senão a intemperança e castigo daquela mulher, não tomada ou roubada a outrem, senão própria e dada pelo mesmo Deus ao homem: "A mulher que tu me deste" (Gn 3,12)?

Dirá, porém, algum entendimento crítico que a causadora de tantos males foi aquela mulher fatal, primeira e universal origem do gênero humano, e não alguma particular e do tempo presente, que são as de que falamos. Mas ouça quem assim o imaginar ao antiquíssimo e doutíssimo Tertuliano[6]. Fala há mais de mil e quatrocentos anos com qualquer das mulheres casadas do seu tempo, e diz assim: "E cuidas tu que", por nasceres tão longe da primeira mulher, "não és tão Eva como ela?". — "Vive a sentença de Deus sobre este sexo ainda neste século, e assim vive o crime necessariamente." Posto que haja tantos séculos que morreu aquela Eva, vive contudo em toda a mulher a sentença com que Deus a condenou em todo o mesmo sexo, e assim viverá para sempre, e será imortal nele, isto é, em ti, o castigo da mesma culpa. — "Tu és a porta do diabo." Tu és a porta por onde entra o diabo ao homem. — "Tu és a que tocaste naquela árvore." Tu és a que abriste a porta à morte, que naquela árvore estava encerrada e oculta. — "Tu és a que desprezastes por primeiro a lei divina." Tu és a primeira que desprezaste e quebraste a lei divina. — "Tu és a que o persuadiste, a ele que o diabo não conseguia persuadir." Tu és a que te atreveste a persuadir o homem, a quem o demônio não foi ousado a acometer por si mesmo. — "Tu tão facilmente manchaste a imagem de Deus no homem." Tu, a que tão facilmente não só apagaste, mas deformaste e afeaste a imagem soberana que Deus nele tinha impressa. — "Pela morte merecida por ti, também o Filho de Deus mereceu morrer; e pensas enfeitar-te vestida com teus hábitos de pele?" Finalmente, pelo teu nascimento, isto é, pela morte merecida por ti, houve de morrer o Filho de Deus; e tu, com este triste e formidável espelho diante dos olhos, não te pejas nem envergonhas de buscar e inventar novas e preciosas galas com que ornar indecentissimamente as peles ou sambenito da penitência de que ele te vestiu? — Tudo isto, que só na primeira Eva se podia verificar, aplica Tertuliano às de seu tempo, posto que menos vãs que as do nosso, não duvidando chamar a cada uma, não outra, senão a mesma antiga Eva, nem ressuscitada, senão a mesma que em cada uma delas ainda vive e necessariamente viverá sempre: "Viva e assim necessariamente vive o crime".

§ VI

Uma das mais notáveis coisas da Escritura é a vida da mulher de Jó. Tinha Deus concedido ao diabo que naquela grande casa pudesse fazer ou desfazer contra ele tudo o que seu ódio, sua astúcia e maldade julgasse conveniente para o vencer, exceto somente a vida do mesmo Jó: "Mas guarda a sua vida" (Jó 2,6). — Começou pois o demônio matando e degolando tudo quanto havia na mesma família: os bois, que eram quinhentas juntas, e as jumentas outras tantas, pelos sabeus; os camelos, que eram de três mil, pelos caldeus, divididos em três esquadras; as ovelhas, que eram sete mil, por raios caídos do céu; mortos juntamente todos os pastores e criados, que guardavam estes grandes rebanhos, exceto somente um, que levasse as tristes novas, até que chegou o último, dizendo que juntos todos os sete filhos e três filhas do mesmo Jó, convidados à mesa do seu primogênito, batidos os quatro cantos da casa por um fortíssimo pé de vento e caindo sobre todos, juntamente ficaram mortos e sepultados nas suas ruínas. Mas o que é mais digno de nota em tão comum e universal estrago é que entre tantas mortes ficasse contudo viva a senhora da casa, a mãe dos filhos e a mulher do pai? Que morram todos os gados, tantos e de todo o gênero; que morram os criados e guardas destas riquezas naturais, que eram os tesouros daquela idade, grande golpe foi da ira e astúcia do demônio, mas tudo contra a grandeza da casa e opulência da numerosa família; porém, que morrendo todos os filhos e filhas, até o mesmo primogênito, que era o que mais de perto e mais interiormente tocava à pessoa do mesmo Jó, o demônio contudo lhe reservasse viva a mulher, cuja vida não estava excetuada por Deus, não podendo ser para alívio e consolação do marido, qual seria a causa desta singular indulgência na impiedade de tão cruel e empenhado inimigo? São Basílio, S. Crisóstomo, os dois Gregórios, e todos os santos padres, comumente dizem, por uma parte, que a fortaleza e constância de Jó era uma coluna, um muro e uma torre de diamante; e que, assim como o demônio se não atreveu a acometer a Adão por si mesmo, senão pela primeira Eva, assim agora entendeu que, para derrubar aquela torre, para arrasar aquele muro e para dobrar e torcer aquela coluna de diamante — que seria mais que desfazê-la em pó — não poderia por si mesmo; e por essa razão deixara viva a Jó a sua segunda Eva, para que por meio dela perseguido o quebrantasse, ou persuadido o rendesse, que são os dois modos, um duro, outro brando, com que o demônio — diz o grande Gregório — forte e suavemente costuma conseguir o que intenta: "O diabo combate de duas maneiras: com a tribulação de modo que quebre e pela persuasão, de modo que amoleça"[7] — e como Jó, pelo pacto que tinha feito com seus olhos: "Fiz concerto com os meus olhos de certamente não cogitar nem ainda em uma virgem" (Jó 31,1) — estava já livre e superior a todos os combates das mulheres alheias ou não suas, só lhe ficava este da própria que, como lhe chama Crisóstomo, é a lança mais forte do demônio e o tiro mais certo de todas as suas armas. Mas vejamos o que fez e o que disse.

Estava Jó coberto de chagas, ou de uma só chaga, que desde os pés até a cabeça o cobria e atormentava, não em sua casa ou na cama, mas no desamparo e miséria quase incrível a que o demônio o tinha reduzido de um muladar público, ajudando a correr com uma telha o pestífero e hediondo humor que das feridas manava, quando chega a própria mulher, e em lugar das lágrimas e das lástimas com que se devia compadecer de um homem e tal homem, quando não fora seu marido e rei, tendo-o conhecido em tão diferente estado, quais foram as palavras que lhe disse? "Ainda tu perseveras na tua simplicidade? Louva a Deus, e morre" (Jó 2,9). — É primor ou cortesia sagrada da língua hebreia, não se atrevendo a pronunciar maldições de Deus, em lugar da palavra "amaldiçoar", dizer totalmente a contrária: "bendizer". — É possível pois — diz a infame e cruelíssima mulher, conservada viva pelo demônio, que dentro nela falava — é possível que, ainda posto em tal lugar, que não tem nome a língua para o pronunciar decentemente, nesse ecúleo de dor, de afronta, de miséria, de desamparo, a que nunca reduziu a fortuna o mais vil escravo do mundo, é possível que ainda aí te não desenganas? Esta é a gratificação da tua inocência, este o prêmio das que tu chamavas boas obras? Pois, se tu com elas ofendeste a Deus, e ele assim tas paga, por que não acabas já de as conhecer? Por que não acabas de as amaldiçoar, e ao mesmo Deus ofendido? E por que não acabas de acabar a triste e miserável vida, entregando o corpo neste mesmo sepulcro hediondo aos bichos, e a alma sacrílega e obstinada sepultando-a no inferno? — Este é o sentido, como discorre com todos os padres Olimpiodoro, daquelas breves palavras, e esta a segunda Eva, tanto mais injuriosa a seu marido do que a primeira a Adão, como dizia Tertuliano. Mas ainda nos textos sagrados temos outra comparação mais horrível, de uma mulher não alheia mas própria, e de um homem não menos santo e grato a Deus que Jó.

§ VII

Ouvindo Tobias, que era cego, a voz de um animalzinho balando, pouco usada na pobreza e abstinência de sua casa, advertiu, como pio e justo, que acaso não fosse furtado: "Vede, não seja furtado" (Tb 2,21). — E esta só palavra exasperou e feriu tanto o coração de Ana, sua mulher, que irada, não só contra Tobias, mas ímpia e injuriosa contra o mesmo Deus, respondeu desta sorte, diz o texto, ao marido: "Tua esperança é claramente vã, e as tuas esmolas se mostraram como valem" (Tb 2,22). Agora sim, que já apareceram manifestamente quais são as vossas esmolas e obras de piedade, e, o que mais é, a vossa esperança em Deus. — Oh! ira de mulher, quão facilmente concebes o fogo! Oh! língua de mulher, quão facilmente abrasas a terra e mais o céu! Em duas palavras condenou Ana todas as virtudes de Tobias e todos os atributos de Deus. De Tobias as esmolas, as sepulturas dos defuntos, e a todas as obras de misericórdia em que, deixando o necessário à própria vida, acudia não só aos próximos vivos, mas também aos mortos. Em Deus, arguindo de falsa a esperança do marido, condenou a justiça, a providência e o prêmio dos santos. E, como Tobias o era, e o maior daqueles tempos, sentiu tanto a injúria que sua mulher fazia a Deus, e ficou tão envergonhado e corrido de ter uma mulher, que debaixo de verdadeira fé assim afrontava as virtudes humanas e divinas, que, levantando as mãos ao céu, porque os olhos não podia, pediu a Deus humilde e instantemente lhe tirasse a vida: "E agora, Senhor, trata-me segundo a tua vontade, e manda que o meu espírito seja recebido em paz, porque é melhor para mim morrer do que viver" (Tb 3,6).

Esta foi a resposta de Tobias, da qual dá a razão o texto, não menos admirável. Refere toda a causa que Tobias teve para fazer a Deus uma petição tão extraordinária como a de lhe pedir a morte, e diz que o intento da parte de Deus foi: "Para que os vindouros tivessem outro exemplo de paciência em Tobias, assim como os passados o haviam tido no santo Jó" (Tb 2,12). — Mas Jó perdeu a riqueza dos gados de todo o gênero, em que era mais rico e opulento que todos os orientais. Jó perdeu os filhos e filhas, mortos e sepultados de um só golpe no mesmo dia. Jó, sendo rei, perdeu a coroa, a obediência dos vassalos e o uso dos próprios membros, com tão excessivas dores, sem família, sem casa, sem cama, no último desamparo, na imundícia, nos ascos, e na suma afronta de um muladar público. E, se nenhum destes trabalhos padeceu Tobias, como foi a sua tentação e a sua paciência semelhante e de igual exemplo à de Jó? Porque o fino da tentação de ambos, e o que mais vivamente lhes penetrou os corações, foi a crueldade e impiedade de uma e outra mulher própria, não desumanas contra seus maridos, mas atrevidas e blasfemas contra o mesmo Deus. Não diga logo Tertuliano, nem cuide alguém que disse muito em chamar Evas a todas as que descenderam daquela primeira, porque, ainda que foi a causa original de tantos trabalhos e misérias em seus filhos, foi tão fiel e demasiadamente amiga de seu marido, que, não podendo comer uma maçã sem lhe dar ametade, ela, sem querer, o perdeu, e ele, querendo, se perdeu a si mesmo, por não entristecer, como diz Santo Ambrósio[8], nem se mostrar menos grato às suas delícias: "Para não entristecer as suas delícias".

§ VIII

Mas já é tempo de darmos a razão por que as mulheres próprias sejam ou possam ser mais infaustas, como diz Sêneca, e mais perniciosas ao homem que as alheias. Notável foi a variedade com que Deus desde o princípio, ou deu, ou negou as mulheres aos homens. A Adão deu uma só mulher: "Macho e fêmea os criou" (Gn 1,27). — A Abraão, Isac e Jacó concedeu depois, como já tinha permitido a Lamec, que tivessem muitas mulheres; Jacó teve quatro, e duas delas irmãs; Davi teve mais de vinte; Salomão, seu filho, só rainhas, e essas com pompa e estado real, sessenta; e finalmente a todos os hebreus permitiu Moisés o libelo de repúdio, para que, deixando uma, pudessem tomar outra, permissão que Cristo emendou, restituindo o matrimônio à sua antiga singularidade e pureza, como fora instituído por Deus em Adão e Eva. Deste último estado, que é hoje o somente lícito na lei cristã, inferiram os apóstolos que, suposto ele, melhor era não casar: "Se tal é a condição de um homem a respeito de sua mulher, não convém casar-se" (Mt 19,10). — Respondeu Cristo aprovando o sentimento dos discípulos, que nem todos o entendam assim: "Nem todos são capazes desta resolução, mas somente aqueles a quem isto foi dado" (Ibid. 11) — palavras que, se todos se conformassem com elas, se acabaria brevemente o mundo; mas não é ele tal que mereça tão honrado e santo fim. Sendo o matrimônio antigamente só contrato, o mesmo Cristo o fez sacramento, para lhe aliviar o peso e as pensões com a força e virtude da sua graça. Mas, ainda assim, sendo hoje a mulher uma só, e por isso livre o homem dos inconvenientes de muitas, qual é ou será a razão, ou razões, por que do vínculo do matrimônio forme tantos laços a natureza ao homem, e lhe seja tão dificultoso no matrimônio o guardar a devida fé a uma mulher, e própria? A familiaridade doméstica, o trato contínuo, o domínio comum de todos os bens, e o serem como duas almas em um só corpo, como o mesmo Deus lhes disse: "Serão dois numa só carne" (Ibid. 5) — parece um concurso de causas que todas conformemente influem união, paz e contentamento, mas de todas e de cada uma delas nasce a mesma dificuldade. O trato doméstico e comum de todos os dias descobre, pouco e pouco, os defeitos que causam o desagrado. O ser a mulher a mesma, sem a variedade que remediava o repúdio, é a ocasião do fastio. Enfastiavam-se os hebreus do maná, posto que continha todos os sabores, porque sempre viam o mesmo: "Nossos olhos não veem senão maná" (Nm 11,6). — A união, que ao princípio do matrimônio eram cadeias de ouro, continuadas as faz o tempo de ferro. Com os anos as mesmas coisas deixam de ser as mesmas, porque a mocidade se faz velhice, a formosura fealdade, a saúde doenças e achaques de toda a vida, que, na obrigação de se tolerarem e sofrerem até a morte, são um cativeiro inseparável, que só nela tem o fim.

Todas estas coisas juntas, e cada uma por si em um coração humano, que não é de bronze, fazem nele, por uma certa força natural e quase sem querer a vontade, os mesmos efeitos que no bronze a continuação do tempo. E não há dúvida que de todas estas causas, divididas ou juntas, se compõe aquela fortíssima, com que a mulher, mais como própria que como mulher, é tão perigosa e perniciosa ao homem; mas, sobre todas, a principal, e por si só poderosa a fazer toda a diferença do nosso problema é ser a mulher lícita, e a alheia vedada. O ser Herodias mulher alheia e vedada por Deus, e por isso ilícita, era o que o Batista pregava: "Não te é lícito, não te é lícito" (Mc 6,18) — e como se em lugar destas palavras lhe afearem o adultério, o confirmassem no motivo cego e ímpio do apetite, obedecendo em muitas coisas ao que ouvia e ensinava o pregador, nesta só, com a mesma admoestação de que era ilícita, se endurecia e obstinava mais. Entre Eva e Adão, em tão poucos dias ou horas quantas se conservaram no paraíso, nenhuma destas causas, que dependem da continuação e do tempo, teve lugar; mas bastou a proibição do fruto vedado, sendo um só, e por vedado ilícito, para que fosse mais insofrível a satisfação e contentamento daquele felicíssimo estado, que a lícita concessão e faculdade de comerem de todas as outras árvores, sendo a multidão e a variedade dos gostos delas quase infinita. Tal é a fome que não pode suportar o apetite em um só gosto ilícito e vedado; e tal o fastio que não pode evitar a variedade, posto que infinita, de todos os concedidos e lícitos. Isto é o que na mesa de Herodes, desde um prato, está pregando a grandes brados a cabeça e língua muda do Batista, prometendo a Filipe, posto que neste mundo ofendido e afrontado, a facilidade da salvação, com que no venturoso roubo se viu livre da mulher própria, e segurando a Herodes, no infelicíssimo logro da alheia, a certeza que hoje está experimentando dos tormentos eternos, na diferença somente de ser a mesma mulher, ou lícita por própria, ou ilícita por alheia.

SERMÃO DE

Santo Antônio

*Na Dominga infra octavam de Corpus Christi,
com o Santíssimo Sacramento exposto, em
S. Luís do Maranhão. Ano de 1653.*

❦

"Um homem fez uma grande ceia."
(Lc 14,16)

"Vós sois o sal da terra, vós sois a luz do mundo."
(Mt 5,13s)

Neste ano Vieira se dedicará energicamente à defesa da atividade dos jesuítas junto aos indígenas. Neste sermão, apenas chegado a São Luís, falará sobre duas de suas grandes devoções: o Sacramento da Eucaristia e Santo Antônio. Só em Santo Antônio está o Sacramento sem cortina, só em Santo Antônio estão patentes as maravilhas daquele sacrossanto mistério. Antes de Santo Antônio, o mistério do Sacramento do Altar era como mesa sem sal e como ceia sem luz. Veremos as maravilhas do Sacramento. A primeira maravilha é a ubiquidade. A segunda maravilha: havemos de ressuscitar em virtude sua. A terceira maravilha, ser vida para uns e morte para outros.
Outras maravilhas e a maior de todas, "Na cruz escondia-se apenas a divindade, mas aqui se esconde também a humanidade", diz Santo Tomás. O exemplo do homem do Maranhão que abusou do santo e do Santíssimo.

§ I

Admirável é Deus em si mesmo, e admirável em seus santos, e, por estas duas razões de admiração, duas vezes admirável neste grande dia. Davi diz que fez Deus uma só memória de suas maravilhas, e eu hoje sou obrigado a dizer que fez duas. A primeira memória das maravilhas de Deus é o Santíssimo Sacramento do Altar: "Deixou memória das suas maravilhas, deu sustento aos que o temem" (Sl 110,4s). — A segunda memória de suas maravilhas é aquela grande maravilha de todas as memórias do mundo, o nosso prodigioso português Santo Antônio. Ambas estas memórias se vieram a enlaçar neste dia. Todas estas maravilhas se vieram a encontrar e acumular nesta festa. E bem era necessária toda a graça da primeira, e toda a eloquência da segunda, para satisfazer a tamanhas obrigações. Ora, eu, prevendo que tinha duas festas para pregar e querendo reduzi-las, como costumo, a um só discurso, achei-as tão unidas ambas entre si, e os sujeitos delas tão semelhantes e parecidos, que mais trabalho me deu o podê-las distinguir que havê-las de ajuntar. Se olhava para aquela custódia, e considerava as maravilhas do Santíssimo Sacramento, parecia-me que via as de Santo Antônio; se voltava os olhos e os punha neste altar, e considerava as maravilhas e prodígios de Santo Antônio, parecia-me que estava vendo as do Santíssimo Sacramento. E, se não fora pelos acidentes, com ser um sujeito divino outro humano, quase me pudera persuadir que eram o mesmo. Elias era mestre, e Eliseu discípulo. Elias era senhor, e Eliseu servo; mas eram tão parecidos ambos nas maravilhas, que só na capa se distinguiam. Deu Elias a capa a Eliseu, e ficou Eliseu outro Elias. Assim o notou S. João Crisóstomo[1]: "Elias acima, Elias abaixo". — Não nego que Antônio é servo, e Cristo senhor; não nego que Antônio é discípulo, e Cristo mestre: "Mestre e Senhor" (Jo 13,13) — mas quando olho para aquele Elias divino, e para este Eliseu, posto que humano, vejo-os nas maravilhas tão parecidos, vejo-os nos milagres tão equivocados, que só parece que se distinguem na capa. Se Cristo daquele sacrário tirara a capa dos acidentes, e a lançara sobre Santo Antônio, quase pudéramos adorar nele outro Sacramento.

Outro Sacramento disse, e melhor dissera o mesmo Sacramento, porque, comparadas as maravilhas que se creem daquela hóstia consagrada, com as maravilhas que se leem e se veem em Santo Antônio, só há de diferença entre umas e outras, que na Hóstia está o Sacramento com as cortinas cerradas, em Santo Antônio está o Sacramento com as cortinas corridas. Na Hóstia estão as maravilhas do Sacramento secretas, em Santo Antônio estão públicas. Na Hóstia estão escondidas, em Santo Antônio manifestas. Na Hóstia estão encobertas, em Santo Antônio patentes. Na Hóstia creem-se, e não se veem, em Santo Antônio creem-se e veem-se. Finalmente, na Hóstia está o Sacramento com cortinas em Santo Antônio sem cortina. O maná, figura maior do Sacramento, fora da Arca do Testamento, estava coberto com a cortina do *Sancta Sanctorum* [Santo dos Santos], que cobria todo o Propiciatório; mas dentro da Arca do Testamento não tinha cortina alguma. E quem é a Arca do Testamento? Já o Papa Gregório IX[2] disse que era Santo Antônio. Só em Santo Antônio está o Sacramento sem cortina, só em Santo Antônio estão patentes e descobertas as maravilhas daquele sacrossanto mistério. Em qual daqueles altares cuidais que está o Sacramento propriamente exposto? Não está exposto naquele altar maior, senão neste. Exposto quer dizer manifesto e declarado. E o Santíssimo Sacramento naquela custódia está desencerrado sim, mas exposto não, porque não está manifesto nem declarado. Só onde está Santo Antônio está o Santíssimo Sacramento propriamente exposto, porque ele é a exposição e declaração das maravilhas do Santíssimo Sacramento. Valha-me Deus, quanta coisa tenho dito antes de começar a dizer! Ora, por aqui há de ir o sermão, seguindo o caminho que nos abrir o Evangelho, posto que parece bem fechado. E pois havemos de falar do mistério onde Deus é mais admirável, e do santo onde Deus se mostrou mais admirável, recorramos pela graça à "Mãe também admirável".

Ave Maria.

§ II

"Vós sois o sal da terra, vós sois a luz do mundo."

Vós sois o sal da terra, vós sois a luz do mundo. Em dia em que Deus assentava consigo à mesa dos homens, em dia em que os homens renovam a memória suavíssima da Ceia de Cristo — "Um homem fez uma grande ceia" (Lc 14,16) — muito a tempo vem o sal, e muito a tempo a luz: o sal para a mesa, a luz para a ceia. Mas estes atempos só em tempo de Santo Antônio os logrou a Igreja. Enquanto Santo Antônio não veio ao mundo, o mistério do Sacramento do Altar era como mesa sem sal e como ceia sem luz — logo direi o porquê — mas, depois que Santo Antônio saiu ao mundo, e o assombrou e esclareceu com os prodígios de seus milagres, ele foi o sal daquela mesa:

"Vós sois o sal" — ele foi a luz daquela ceia: "Vós sois a luz". — Mas, antes que eu diga como isto é, vejo que me dizeis todos que não pode ser. Dizeis que na mesa do Santíssimo Sacramento não pode haver sal nem pode haver luz, porque o sal é para o gosto, e a luz para a vista: e no mistério do Sacramento, nem tem lugar o sentido de gostar, nem tem lugar o sentido de ver. Não tem lugar o sentido de gostar, porque comemos o corpo de Cristo, mas não o gostamos. Não tem lugar o sentido de ver, porque comemos o corpo de Cristo, e não o vemos.

Na parábola do Evangelho de hoje, em que um príncipe chamou convidados para uma grande ceia que fizera: "Um homem fez uma grande ceia" — um dos convidados disse que não podia vir, e dois escusaram-se. A escusa de um foi: "que comprara cinco juntas de bois, e que as ia provar" (Lc 14,19). — A escusa do outro foi: "que comprara uma quinta, e que a ia ver" (Ibid. 18). — Toda esta história, como dizem comumente os santos padres, é uma alegoria do que passa no mistério da Eucaristia. E, se tomarmos as palavras destes dois textos assim como soam na nossa língua, vede que admiravelmente dizem conosco. Um disse que "ia provar" — outro disse que "ia ver" — e ambos se escusaram do banquete com muita razão, porque na Ceia do Santíssimo Sacramento, quem tem apetite de provar ou quem tem curiosidade de ver, bem pode escusar-se de ir lá, porque naquela mesa secretíssima e sacratíssima, onde tudo é oculto e encoberto, não tem lugar o sentido do gosto, que é o que prova, nem tem lugar o sentido da vista, que é o que vê. E como não tem lugar naquela mesa nem o sentido do gosto nem o sentido da vista, pelo sentido do gosto fica excluído o sal, e pelo sentido da vista fica excluída a luz.

Tudo isto era assim antes de Santo Antônio vir ao mundo: mas, depois que Santo Antônio melhorou e ilustrou o mundo com suas maravilhas, já na mesa do Sacramento tem lugar o sal, porque também tem lugar o sentido do gosto; já na ceia do Sacramento tem lugar a luz, porque também tem lugar o sentido da vista. Antes de Santo Antônio aparecer no mundo, era o Sacramento só mistério da fé; mas depois que veio ao mundo Santo Antônio, já o Sacramento é também mistério dos sentidos. Disputando Santo Antônio com um herege obstinado sobre a verdade do Sacramento, depois que não valeram razões, Escrituras nem argumentos contra a sua obstinação, veio a um partido, que todos sabeis: que ele fecharia a sua mula três dias sem lhe dar de comer, que ao cabo deles a traria à presença de Santo Antônio, quando estivesse com a Hóstia nas mãos, e que, se aquele animal assim faminto deixasse de se arremessar ao comer que ele lhe oferecesse por adorar e reverenciar a Hóstia, ele então creria que estava nela o corpo de Cristo. Assim o propôs obstinadamente o herege, e assim o aceitou Santo Antônio, não só sobre todas as leis da razão, senão ainda parece que contra elas. O mistério da Eucaristia distingue-se de todos os outros mistérios que confessamos em ser ele por antonomásia o mistério da fé. Os brutos distinguem-se dos homens em que os homens governam-se pelo entendimento, e os brutos pelos sentidos. Pois, se o Santíssimo Sacramento é o mistério da fé, como deixa Santo Antônio prova dele no testemunho de um animal que se governa só pelos sentidos? Porque era Santo Antônio. Antes de Santo Antônio vir ao mundo, era o Santíssimo Sacramento mistério só da fé, e só podia testemunhar nele entendimento; mas depois de Santo Antônio vir ao mundo, ficou o Sacramento mistério também dos sentidos, e por isso podiam já os sentidos dar testemunho nele, bem se viu nos mesmos dois sentidos de gostar e ver.

Amanheceu o dia aprazado, veio a mula faminta, e após dela toda a cidade de Tolosa, assim católicos como hereges, para ver o sucesso. Posto o bruto à porta da Igreja, aparece Santo Antônio com a Hóstia consagrada nas mãos, e o herege, com os manjares do campo naturais daquele animal, que tinha prevenidos. Mas, oh! poder da divindade e onipotência! Por mais que o herege aplicava o comer aos olhos e à boca do bruto, ele, como se fora racional, dobrou os pés, dobrou as mãos e, metendo entre elas a cabeça, com as orelhas baixas, esteve prostrado e ajoelhado por terra, adorando e reverenciando a seu Criador. Vede se dizia eu bem que Santo Antônio é o sal e a luz da mesa do Santíssimo Sacramento, e sal para o sentido do gosto, e luz para o sentido da vista. O herege tentava aquele animal pelo sentido da vista e pelo sentido do gosto: pelo sentido da vista, pondo-lhe o comer diante dos olhos; e pelo sentido do gosto, quase metendo-lhe o comer na boca. Mas aqueles dois sentidos, posto que irracionais, estavam tão suspensos e tão satisfeitos no manjar divino, que tinham presente, o sentido do gosto com tal sabor e o sentido da vista com tal luz, que nem quis ver com os olhos nem tocar com a boca, o comer que o herege lhe oferecia. Confessando, porém, a mesma boca e os mesmos olhos, confessando o mesmo sentido de gostar e o mesmo sentido de ver, a verdade e presença real de Cristo no Sacramento. Julgai agora se é já o Sacramento mistério dos sentidos. Até agora dizia a Igreja[3]: "Supra a fé o que falta aos sentidos" — mas, à vista de Santo Antônio, mude o hino, e diga: "Supram os sentidos o que faltar à fé"

— porque a fé que faltou ao herege, a supriram os sentidos do animal. O gosto, saboreado naquele sal: "Vós sois sal" — a vista, alumiada por aquela luz: "Vós sois luz".

Oh! que grande passo este para parar aqui o sermão à vista deste bruto e deste herege! À vista deste herege, que dirá quem tem nome de católico? À vista deste bruto, que dirá quem tem o nome de homem? A reverência do bruto e a irreverência do herege, tudo é confusão nossa. O bruto venera sem conhecer, o herege não venera porque não conhece. Se o bruto venera o Santíssimo Sacramento sem conhecer, eu, que sou homem racional, que conheço, por que tenho tão pouca reverência? Se o herege não venera porque não conhece, e porque não crê, eu, que creio e que conheço, por que tenho tão pouca reverência? Ah! Portugal! Ah! Espanha! que por este pecado te castiga Deus. Quem viu os templos dos hereges, e o silêncio e respeito que neles se guarda, pode chorar mais esta miséria. Nos templos dos hereges, ainda que exterior, há reverência, e falta o Sacramento, nos templos de muitos católicos há o Sacramento, e falta a reverência. Vede qual é maior infelicidade! Os dois sentidos que no bruto mostraram maior reverência são os que em nós mostram maior devassidão. Os olhos, onde está o sentido do ver, a língua, onde está o sentido do gostar, que é o que fazem na presença do Santíssimo Sacramento? Que é o que falam aquelas línguas sacrílegas, quando deveram venerar aquele Sacramento com a oração e com o silêncio? Que é o que olham, e para onde, aqueles olhos inquietos e loucos, quando deveram estar enlevados naquela Hóstia de amor, ou pregados na terra, de modéstia e de confusão. Que fazeis, ó divino sal e divina luz do Sacramento? Saboreai como sal estas línguas, alumiai como luz estes depravados olhos. Sarai estas línguas como sal, posto que línguas tão sacrílegas mais mereciam salmouradas; alumiai estes olhos como luz, posto que olhos tão descompostos mais mereciam ser cegos.

§ III

Mas vamos vendo as maravilhas do Sacramento ao sabor deste sal e ao resplendor desta luz, e veremos quão merecidamente demos a Santo Antônio o título de sal e luz desta mesa: "Vós sois o sal da terra, vós sois a luz do mundo". — A primeira maravilha do mistério do Sacramento é que, estando Cristo verdadeira e realmente no céu, esteja, por milagre natural deste mistério, também verdadeira e realmente, e não só em um lugar da terra, senão em muitos lugares, sendo um só e o mesmo. Isto era o de que se assombrava antigamente o entendimento, e que era necessário à fé animar-se e esforçar-se muito para o crer. Mas, depois que Santo Antônio veio ao mundo, já o confessam e o sabem até os sentidos. Duas vezes estava Santo Antônio pregando quando lhe ocorreu que tinha àquela hora obrigação de ofício no coro da sua religião, e, inclinando-se sobre o púlpito, como quem dormia, no mesmo tempo foi visto e ouvido no coro cantar o que lhe tocava. Também estava outras duas vezes pregando em Itália — como quem o tinha por exercício de cada dia — quando seu pai em Lisboa se viu em dois grandes trabalhos, um de fazenda, outro de vida. Torna-se a inclinar sobre o púlpito o milagroso pregador e piedoso filho, e no mesmo tempo aparece ao lado do pai, defendendo sua inocência e livrando-o daquelas duas injustiças, que tão antigas são, não só naquele reino. Pois, é certo que por injustiças tira Deus os reinos a umas nações e os passa a outras: "Um reino é transferido de uma nação para outra, por causa das injustiças" (Ecl 10,8). — Mas deixemos de chorar as calamidades dos portugueses, e tornemos às glórias daquele grande português, cujas maravilhas chegam a fazer menos admiráveis as do mistério mais admirável e a tirar o merecimento à fé pela evidência dos sentidos. Se os olhos veem que Antônio está em Itália e em Espanha, em Pádua e em Lisboa, no púlpito e no coro, dentro da sua religião e fora dela, que muito é que creia a fé que está o mesmo Cristo em diferentes províncias, em diferentes cidades, em diferentes igrejas e, ainda na mesma igreja, em diferentes altares? Se estas maravilhas obrou a onipotência de Deus no servo, que muito que as obrasse no Filho?

Mas satisfaçamos a uma dúvida curiosa, que com razão pode vir a todos, neste modo de milagres de Santo Antônio. Todas as vezes que Santo Antônio esteve no mesmo tempo em diferentes lugares, por que razão se inclinava, como dormindo, sobre o púlpito? É certo entre os Filósofos que, suposto o primeiro milagre de estar um homem presente em dois lugares, pode em ambos eles obrar diferentes ações. E é filosofia esta provada, com a experiência, em S. Francisco Xavier, o qual, navegando nos mares da Índia, e desaparecendo o batel da nau com sete homens por espaço de três dias, estava o santo na nau e mais no batel, e em ambas as partes falava e obrava tudo o que era necessário para o remédio dos perdidos. Pois, se Santo Antônio podia estar pregando no púlpito e mais cantando no coro, se Santo Antônio podia estar pregando em Itália e mais advogando por seu pai em Portugal, por que razão, quando estava falando e acordado em uma parte, estava sempre calado, e como dormindo, na outra? Porque Santo Antônio nestes milagres obrava à moda de Cristo no Sacramento, e Cristo no Sacramento está dormindo. — "Comei, amigos, bebei, caríssimos, que eu durmo" (Ct 5,1s). — Este texto entendeu S. Bernardo e S. Gregório Niceno do Santíssimo Sacramento, e bem o provam as palavras antecedentes: "Comei e bebei". — Diz, pois, Cristo que comam e que bebam, e é de advertir que aos que manda comer chama amigos: "Comei, amigos" — e aos que manda beber chama caríssimos: "Bebei e inebriai-vos, caríssimos" — porque neste Sacramento nem todos os que têm licença para comer e comungar a Hóstia têm também autoridade para beber o cálix. Os que têm licença para comer são os leigos, e a estes chama-lhes amigos, porque todos os que hão de comungar têm obrigação de ser amigos, e por isso antes do sacramento da Comunhão precede o da penitência, em que nos reconciliamos com Deus, e nos fazemos seus amigos. E os que têm autoridade para também beber são os sacerdotes, e a estes chama-lhes caríssimos porque, para os sacerdotes tomarem o cálix, não só é necessário que tenham com Deus qualquer amizade, senão uma amizade muito particular, muito familiar e muito afetuosa. Mas não está aqui a dúvida. O que faz a dificuldade são as palavras que se seguem: Bebei amigos e comei caríssimos: "eu durmo e o meu coração vigia". — Que consequência é dizer que comam sua carne e bebam seu sangue, e acrescentar logo que dorme: "Eu durmo"? — Muito grande consequência, porque Cristo no Sacramento está dormindo. Ora, vede.

Um homem dormindo e acordado distingue-se em que o homem acordado tem uso de seus sentidos, e o que está dormindo tem sentidos, mas não tem uso deles. Assim está Cristo no céu e no Sacramento. No céu tem o uso dos sentidos, fala, vê, ouve, com os sentidos corporais. No Sacramento tem os sentidos tão perfeitos como no céu, mas não tem o uso deles. E a razão é, como dizem os teólogos, porque, como Cristo está na Hóstia pelo modo sacramental, a que chamam "o lugar [*ubi*] definitivo"[4], todo em todo, e todo em qualquer parte, não tem a organização dos sentidos e extensão que hão mister para obrar. E como Cristo no Sacramento não tem uso dos sentidos, com toda a propriedade se diz que está dormindo debaixo da cortina dos acidentes: "Eu durmo". — E acrescenta: "E o meu coração vigia": que, ainda que dorme com os olhos, vigia com o coração — porque, ainda que Cristo no Sacramento nos não vê com os olhos exteriores do corpo, está nos vendo e vigiando sempre com os olhos interiores da alma e da divindade. Ah! cristãos, que se daquela Hóstia não só nos está Cristo vendo, mas vigiando, vede lá como estais nas igrejas! E como Santo Antônio era um santo eucarístico, um santo em que Deus depositou as maravilhas do Sacramento, por isso, quando milagrosamente se punha em dois lugares, em um tinha o uso dos sentidos, como Cristo no céu, em outro estava dormindo, como Cristo no Sacramento: "Eu durmo". — Estes foram os primeiros sabores que gostaram os sentidos daquele sal, estes os primeiros resplendores que receberam daquela luz: "Vós sois o sal, vós sois a luz" — mas não foram só estes.

§ IV

Outra grande maravilha do Santíssimo Sacramento é que no dia do Juízo todos havemos de ressuscitar em virtude sua. No dia do Juízo hão de ressuscitar todos os nossos corpos, tão perfeitos e inteiros como hoje vivem. E quem há de dar esta virtude de ressuscitar a tantos corpos, depois de feitos ou desfeitos em cinzas? O corpo de Cristo sacramentado que comungamos. Assim o disse e prometeu o mesmo Senhor: "O que come a minha carne, e bebe o meu sangue, tem a vida eterna, e eu o ressuscitarei no último dia" (Jo 6,55). — Entenderam-no tanto assim os cristãos da primitiva Igreja, que costumavam enterrar os defuntos, uns com o Santíssimo Sacramento no peito, outros na boca, em fé ou esperança de que, por virtude daquele divino Sacramento haviam de ressuscitar todos. Donde judiciosamente Tertuliano[5] chamou ao divino Sacramento "semente da ressurreição" — porque o mesmo é comungar que semear cada um de nós dentro em si mesmo aquela virtude divina e onipotente, que no dia do Juízo nos há de tirar outra vez da terra vivos, renascidos e ressuscitados.

Isto se viu claramente no sepulcro de Cristo. Diz o evangelista que se abriram então as sepulturas, e que ressuscitaram e foram vistos em Jerusalém muitos corpos de santos: "Abriram-se as sepulturas, e muitos corpos de santos, que eram mortos, ressurgiram, e vieram à cidade santa, e apareceram a muitos" (Mt 27,52s). — Pois, se ressuscitaram, por que não ressuscitaram no dia da Ressurreição de Cristo, senão no da sua sepultura? Porque no da sua sepultura foi seu corpo santíssimo lançado à terra e como semeado, e sendo, como diz Tertuliano, "semente da ressurreição", então naturalmente, como efeito ou fruto natural, saíram logo muitos ressuscitados, sem esperarem pelo dia da Ressurreição, não ressuscitando porque Cristo ressuscitou, senão porque seu corpo santíssimo — passemos de uma metáfora a outra — foi então comido e comungado. — Eu, diz o mesmo Senhor, estarei três dias no coração da terra, assim como esteve outros tantos Jonas no ventre da baleia: "Assim como Jonas esteve no ventre da baleia três dias e três noites, assim estará o Filho do homem no coração da terra" (Mt 12,40). — De maneira que no mesmo tempo esteve Cristo sepultado e comido: sepultado no coração da terra três dias, em respeito de sua ressurreição, que foi ao terceiro dia depois de ressuscitado, e comido como Jonas no ventre da baleia, em respeito da nossa ressurreição futura, que há de ser no dia do Juízo, depois de comido por nós e comungado: "O que come a minha carne, e bebe o meu sangue, tem a vida eterna, e eu o ressuscitarei no último dia". — Assim o notaram, sobre o mesmo texto, com breve e admirável propriedade, S. Jerônimo[6], dizendo: "Os monumentos foram abertos em sinal da futura ressurreição" — e, com maior largueza de todo o sentido universal, Santo Ambrósio[7]: "A abertura dos monumentos o que significou não tanto a destruição dos claustros da morte como a ressurreição dos mortos". — O mesmo confirmam S. Hilário, Beda, Teodósio e Ruperto.

Com isto ser assim, e o prometer Cristo tão claramente, houve muitos que negaram esta verdade ao Santíssimo Sacramento, não só daqueles hereges que negam o Sacramento, nem só daqueles que negam a ressurreição, mas de outros que, confessando a ressurreição e o Sacramento, não querem entender que a ressurreição haja de ser por virtude sua. Porém, depois que Santo Antônio saiu ao mundo e o alumiou com os raios de sua luz, não são necessários argumentos para provar e facilitar esta verdade: bastam os sentidos, que o experimentaram, para o persuadir. Assim como no dia do Juízo hão de ressuscitar os mortos de todas as quatro partes do mundo, e de todos os elementos, e de todos os gêneros de mortes, assim Santo Antônio, como se a sua voz tivesse a virtude da trombeta do anjo, que se há de ouvir no dia do Juízo, não há parte do mundo, nem elemento, nem gênero de morte de que não tenha ressuscitado muitos: uns afogados no mar, outros abrasados no fogo, outros despedaçados no ar, outros sepultados na terra; uns de mortes naturais, outros de mortes violentas; uns de mortes dilatadas, outros de mortes repentinas. Enfim, não houve gênero nem invenção de morte de que Santo Antônio não tenha ressuscitado muitas vidas. Pois, se a voz de Santo Antônio, se o toque de suas mãos, se a aplicação de suas relíquias ressuscita tantos mortos, que muito faz a fé em crer que o corpo de Cristo, ou Cristo com todo o corpo fará o mesmo? Basta o aceno de um dedo de Antônio para ressuscitar mortos, e a virtude de todo o corpo de Cristo não ressuscitará, tendo-o prometido?

Só dirá algum incrédulo — que isto de ressurreições têm muitos — dirá algum incrédulo que não se faz bom argumento das ressurreições do tempo de Santo Antônio para as ressurreições do dia do Juízo, porque muito maior maravilha é ressuscitar um homem depois de muitos centos de anos morto do que ressuscitá-lo quando acaba de morrer. Não arguis bem. Tanto obra é da onipotência ressuscitar um morto de um dia como um morto de cem anos. E se de uma ressurreição a outra há alguma vantagem, maior maravilha é ressuscitar um morto de um dia que tem morto de muitos anos. Cristo ressuscitou três mortos: Lázaro, o filho da viúva de Naim e a filha do príncipe Jairo. A filha do príncipe Jairo era morta de poucas horas, porque ainda estava na cama; o filho da viúva era morto de mais tempo, porque já ia na tumba a enterrar, Lázaro era morto de muito mais tempo ainda, porque já estava sepultado e penetrado da corrupção. E qual ressurreição destas foi mais famosa e admirada? A do sepultado de muitos dias, a do que ia na tumba a enterrar ou a da que estava ainda na cama, onde tinha expirado? O mesmo evangelista o notou, escrevendo só desta última ressurreição: "Correu esta fama por toda aquela terra" (Mt 9,26). — De sorte que, quando a morte era de menos tempo, tanto mais celebrada foi a ressurreição. Tomai a razão por um exemplo. Se um rei tomou uma cidade a outro rei, qual é maior maravilha: tornar-lha a tomar daí a dez ou vinte anos, ou tomar-lha outra vez no mesmo dia? Não há dúvida que esta. Assim o entendeu Davi, como grande capitão, da vitória e despojos de Siceleg, os quais tornou a recuperar no mesmo dia em que lhos tinham tomado os amalecitas, dizendo e aclamando todos: "Esta sim que é vitória digna de Davi" (1Rs 30,20). — Tal foi também a de Abraão, vencendo na mesma noite os quatro reis gentios vencedores, descativando a Lot e tornando-lhes a tomar todos os despojos da vitória que tinham alcançado naquele dia (Gn 14). Enfim, que em serem os mortos ressuscitados depois de mais ou menos tempo, se há diferença ou vantagem, a têm só aquelas ressurreições em que os mortos são tirados e como arrancados das mãos da mesma morte, quando ainda as tem ensanguentadas e mal acaba de os despojar da vida. Assim que por esta parte não tem que se negar às ressurreições de Santo Antônio as consequências que delas tiram os sentidos para as do Santíssimo Sacramento no dia do Juízo.

A dificuldade que tem este ponto é a que eu agora direi. No dia do Juízo é certo que hão de ressuscitar todos, mas é também certo que não comungaram todos, porque não comungaram os meninos, nem os hereges, nem os gentios, nem os que foram antes da vinda de Cristo. Logo, não havemos de ressuscitar todos no dia do Juízo em virtude do Santíssimo Sacramento que comungamos. Nego a consequência, porque basta que o merecimento do benefício esteja em alguns, para que Cristo sacramentado o comunique a muitos; assim disse aos apóstolos, que eram somente alguns, que o mesmo cálix que se dava a eles se comunicaria a muitos: "Que será derramado por vós e por muitos" (Mt 26,28; Lc 22,20). — Antes, é tal a liberalidade de Cristo no Sacramento, que basta que seja devido o benefício a um para que o estenda a todos. Por isso os teólogos, com S. João Crisóstomo, chamam ao mesmo Sacramento extensão da Encarnação, porque a divindade comunicada na Encarnação a uma só humanidade, no Sacramento a estende Cristo e comunica a todos os homens: "Esse fica em mim, e eu nele" (Jo 6,57) — e assim o fez Santo Antônio no mesmo gênero de ressurreição. Andavam folgando em um rio de Itália dez meninos, arrebatou-os a corrente, e morreram todos. Um pai, porque tinha recebido o seu por orações de Santo Antônio, veio pedir ao santo que lhe tornasse a dar o seu filho. Estava nesta oração, quando entram dançando pela igreja, não só aquele menino, senão os outros nove ressuscitados. Pois, se um só era o por quem se orou, como ressuscita Santo Antônio a todos? Porque basta que haja merecimento em algum para que Santo Antônio, ao modo do Santíssimo Sacramento, estenda o benefício a todos. Assim estendeu a ressurreição a todos os dez meninos mortos, sendo que a oração do pai para um só a pedia. E se isto viram os olhos em Santo Antônio, por que o não crerá a fé no Santíssimo Sacramento? Creia-o a fé, e ajude-se, se lhe é necessário, dos sentidos, que, saboreados e alumiados com estas maravilhas, publicam que é Santo Antônio o sal e a luz daquela mesa: "Vós sois sal, vós sois luz".

§ V

Outra maravilha se crê vulgarmente do Santíssimo Sacramento, em que é mais necessário o sal e a luz porque verdadeiramente é tal, que não só causa algum dissabor ao gosto e grande horror à vista, senão ainda à imaginação. Não debalde era cerimônia da ceia do cordeiro, figura deste Sacramento, que se comessem com ele algumas amarguras: "Com alfaces bravas" (Ex 12,8). — E que amargura, que dissabor, que horror é este do Santíssimo Sacramento? É a amargura misturada com doçura, mas amargura enfim, e grande amargura: "É morte para os maus, vida para os bons", com este manjar ser vida para uns e morte para outros. — Aquela Hóstia que recebemos é um papel fechado em que vem escrita a nossa sentença, ou de vida, ou de morte. Vede se pode haver mesa mais temerosa que esta. Na mesa da Proposição havia uns pães que estavam diante do Propiciatório, os quais no texto hebreu se chamam "pães de faces". — Tal é o pão do Sacramento do Altar, pão de duas faces: uma benigna, outra temerosa; uma amável, outra terrível; uma de misericórdia, outra de justiça; uma de vida, outra de morte. E pão que de uma face me convida com a vida, de outra me ameaça com a morte; pão que, sendo triaga, pode ser veneno, e não sei se me há de dar saúde ou me há de matar, vede se pode parecer desabrido.

Mas sabeis por que atribuís àquela mesa estes dissabores? É porque comeis aquele pão sem o seu sal, e porque vos chegais àquela ceia sem a sua luz, que é Santo Antônio. Tocai esse pão naquele sal, e vede-o àquela luz, e logo conhecereis que Cristo no Sacramento sempre é pão de vida, e nunca de morte. Ia o pai de Santo Antônio a justiçar com sentença definitiva de morte, por se lhe imputar que havia tirado a outro homem a vida; e quando ia passando junto à Sé de Lisboa, aparece no Adro dela Santo Antônio, pede à justiça que pare, manda abrir a sepultura onde estava sepultado o morto; diz-lhe o santo que se levante e que testemunhe diante de todos se era aquele homem o que o matara. Levantou-se o morto com assombro de todos, e disse que não era aquele homem o seu matador. Então replicaram as justiças a Santo Antônio que lhe perguntasse quem era o matador, mas o santo respondeu que ele viera dar vida ao inocente, e não dar morte a culpados. Pois, se Santo Antônio, quando vem dar vida, tem por ação indigna de sua pessoa dar também morte, ainda que a vida seja a bons, e a morte a maus, por que havemos nós de cuidar que Cristo no Sacramento seja morte dos maus, quando é vida dos bons? Não há tal coisa. Cristo sempre é vida, e nunca morte. É verdade que quando chegamos a comungar — e isto é só o que quer dizer Santo Tomás que por isso eu dizia que Santo Antônio é exposição do Sacramento — é verdade que, quando chegamos a comungar, os bons recebem vida, e os maus incorrem morte, mas dessa morte não é causa o Sacramento. Os bons recebem a vida, porque o Sacramento lha dá; os maus recebem a morte, porque eles mesmos se matam a si. De sorte que da vida que recebem os bons não são causa os bons, senão o Sacramento, e da morte que incorrem os maus não é causa o Sacramento, senão os maus.

Amanhece a branca flor, cheia do orvalho doce que destilou nela a aurora, chega a beber a abelha e leva mel; chega a beber a aranha e leva veneno. Mas donde nasce este veneno e este mel? O mel não nasceu da abelha, senão da flor; o veneno não nasceu da flor, senão da aranha. Nem mais nem menos. Está aquele Sacramento feito um favo de vida e de doçura. Chega o justo e chega o pecador àquele manjar divino: o justo leva vida: "Vida para os bons"; o pecador leva morte: "Morte para os maus". — Mas donde nasceu esta morte e esta vida? A vida não nasceu do justo, senão do Sacramento; e a morte não nasceu do Sacramento, senão do pecador. De sorte que o Santíssimo Sacramento sempre para todos é vida, e nunca morte.

E se não, diga-o o mesmo Cristo. Lede o capítulo sexto de S. João, que é onde Cristo fala do Sacramento, e achareis que nove vezes se chama pão de vida: "Porque o pão de Deus é o que desceu do céu, e que dá vida ao mundo. Eu sou o pão da vida. Eu sou o pão vivo que desci do céu. O pão que eu darei é a minha carne, para ser a vida do mundo. O que come deste pão viverá eternamente. Se não comerdes a carne do Filho do homem, não tereis vida em vós. O que come a minha carne e bebe o meu sangue tem a vida eterna. Assim como o Pai, que é vivo, me enviou, e eu vivo pelo Pai, assim o que me come a mim, esse mesmo também viverá por mim. O que come deste pão viverá eternamente" (Jo 6). — Pois, se Cristo diz nove vezes que é pão de vida, por que não diz uma vez que é pão de morte? Porque Cristo é suma Verdade, e não podia dizer o que não era. Disse tantas vezes que era pão de vida, porque dá vida; não disse que era pão de morte, porque não dá morte. O que somente disse acerca da morte foi que era pão de não morte: "Aqui está o pão que desceu do céu, para que todo o que dele comer não morra. Não como os vossos pais, que comeram o maná, e morreram" (Jo 6,50.59). — Tão longe está aquele divino mistério de dar vida e morte, que antes o fim para que foi instituído é para dar vida e para impedir a morte: "Para que aquele que o comer, não morra". — Bem assim como neste caso fez Santo Antônio, o qual, ao morto, que ressuscitou, deu vida, e ao pai, que ia para morrer, impediu a morte. Podendo dizer com galharda aplicação: "Eu vivo pelo Pai, e esse mesmo também viverá por mim" (Ibid. 58). — Vede agora se fica bem clara aquela mal entendida verdade à vista daquela luz: "Vós sois luz". — Vede se fica bem saboreado aquele mal entendido dissabor à vista daquele sal: "Vós sois sal".

§ VI

*F*inalmente, por que não nos detenhamos mais, grande maravilha é do Santíssimo Sacramento que, sendo carne, seja meio para Deus comunicar espírito: "Eu sou o pão vivo. As palavras que eu vos disse são espírito e vida" (Jo 6,51.64). — Grande maravilha do Santíssimo Sacramento que, sendo carne, seja remédio contra as tentações da carne, e faça os homens castos e furos: "Pão dos escolhidos e vinho que gera virgens" (Zc 9,17). — Grande maravilha é do Santíssimo Sacramento que, sendo carne, que tanto cega e precipita o entendimento, seja pão que dá juízo, que dá siso e entendimento: "Sustentou-o com pão de vida e de inteligência" (Eclo 15,3). — Mas que muito é que a fé creia todas essas maravilhas de Cristo sacramentado, se os sentidos as veem em Santo Antônio? Que muito que o Santíssimo Sacramento faça estes milagres com a substância se Santo Antônio os faz com os acidentes? Todas estas maravilhas que faz o Sacramento não as faz com os acidentes de pão, senão com a substância do corpo de Cristo. Mas estas mesmas maravilhas fá-las Santo Antônio não só com a substância, senão com os acidentes de seu corpo. Se a carne de Cristo no Sacramento dá espírito, Santo Antônio, só com um assopro, por ser alento da sua carne, deu espírito. Estava um noviço tentado a deixar a religião, assoprou-lhe Santo Antônio no rosto, dizendo: "Recebe o Espírito Santo" — e ficou confirmado na vocação. Se a carne de Cristo no Sacramento é remédio contra as tentações e apetites da carne, a túnica de Santo Antônio, por ser tocada na sua, tirou as tentações da carne. Era um religioso mui molestado de tentações desonestas, deu-lhe Santo Antônio a sua túnica para que a vestisse, e no ponto que a vestiu não sentiu mais tentação. Se a carne de Cristo no Sacramento dá juízo e entendimento, o cordão de Santo Antônio, por cingir com ele a sua carne, deu juízo e entendimento. Estando o santo pregando, havia na igreja um doido que inquietava o auditório; lançou-lhe o santo o seu cordão ao pescoço, e no mesmo ponto recuperou o entendimento e ficou sisudo. Quem não dirá, à vista desta semelhança de maravilhas, que é Santo Antônio um santo sacramentado? Pois ainda falta a mais admirável de todas.

A mais admirável de todas as maravilhas do Santíssimo Sacramento é que dentro de uma quantidade tão pequena esteja toda a humanidade e divindade de Cristo, e que estejam estas grandezas tão grandes escondidas e tão encobertas, que de nenhum modo apareçam, nem se possam ver nem sentir: "Na cruz escondia-se apenas a divindade, mas aqui se esconde ao mesmo tempo também a humanidade", diz Santo Tomás[8]. — Mais disfarçado e mais encoberto está Deus no Sacramento do que esteve na cruz, porque na cruz esteve escondida a divindade, mas a humanidade esteve patente. No Sacramento a humanidade e divindade, tudo está escondido. Em Santo Antônio — não o quero dizer com nome tão grande — naquele fradinho menor, que ali vedes, havia grandes grandezas humanas e grandes grandezas divinas. As grandezas divinas eram as suas virtudes, as grandezas humanas eram as suas letras e a sua ciência admirável. E todas estas grandezas, não só estavam reduzidas e resumidas a um sujeito tão pequeno, mas estavam tão encobertas, tão escondidas e tão sumidas dentro nele que — enquanto Deus as não descobriu — nenhum sentido humano as podia conhecer, nem descobrir, nem ainda conjecturar. Veio Santo Antônio ao Capítulo Geral, que celebrava em Assis o padre São Francisco, e, acabado o capítulo, repartiram-se os prelados por todas as províncias da cristandade, pedindo cada um os religiosos que lhes parecia os podiam ajudar. No cabo ficou só o santo, enjeitado e desestimado de todos, porque ninguém o quis levar consigo. Vede quem é o mundo, ainda onde não há nem devia haver mundo, que é a religião. Mas isto não é maravilha nos homens; em Santo Antônio o foi, e a maior de todas. Se em Santo Antônio se conheceram as suas virtudes, é certo que todos o haviam de querer levar por santo; se em Santo Antônio se conheceram as suas letras, é certo que todos o haviam de querer levar por letrado. Mas estavam estas maravilhas todas tão sumidas e escondidas em Santo Antônio, que, sendo tão letrado, parecia idiota; sendo tão grande santo, não parecia virtuoso.

O que mais me admira neste caso é que nem S. Francisco conhecesse o que nele havia. Que os outros religiosos o não conhecessem, ainda que muitos eram santos, passe; mas S. Francisco, aquele serafim, que não penetrasse o que estava escondido em Santo Antônio? Daqui infiro eu que soube encobrir Santo Antônio as suas maravilhas muito mais do que Cristo no Sacramento encobriu as suas. Provo, porque as maravilhas que estão encerradas no Sacramento via-as muito bem S. Francisco. E quando S. Francisco, com os seus olhos de serafim, pôde ver e penetrar as maravilhas que estão escondidas no Sacramento, não pôde ver nem penetrar as maravilhas que estavam escondidas em Santo Antônio. E por quê? Porque as de Santo Antônio estão mais escondidas. Julgai agora se é Santo Antônio sal e luz da mesa do Santíssimo Sacramento. Sal, pois, provado em si, a nenhuma coisa sabe, senão a Sacramento: "Vós sois sal"; luz, porque, visto o Sacramento nele, tudo o que há no Sacramento fica alumiado e descoberto: "Vós sois luz".

§ VII

Mais tinha que ir por diante, mas acabo com pedir a todos, com todo o afeto que devemos a este nosso santo, e que nós devemos a nós mesmos, que, pois Deus o fez tão maravilhoso, que façamos também nossas as suas maravilhas. Aproveitemo-nos delas e não as desperdicemos. Muitos cuidam que se aproveitam das maravilhas de Santo Antônio, empregando a valia deste santo para o remédio das coisas temporais, e isto é desperdiçá-las. Se vos adoece o filho, Santo Antônio; se vos foge o escravo, Santo Antônio; se mandais a encomenda, Santo Antônio; se esperais o retorno, Santo Antônio; se requereis o despacho, Santo Antônio; se aguardais a sentença, Santo Antônio; se perdeis a menor miudeza da vossa casa, Santo Antônio; e, talvez, se quereis os bens da alheia, Santo Antônio. Homem houve no Maranhão, menos há de cinco anos, que, tendo induzidas duas testemunhas para lhe jurarem falso em matéria de liberdade ou cativeiro, no dia em que houveram de jurar, mandou dizer uma Missa a Santo Antônio para que jurassem contra a verdade; e, porque juraram como iam instruídos, veio o pleiteante a esta mesma igreja dar as graças ao Santíssimo Sacramento e a Santo Antônio. Há tal barbaria como esta? Há tal maldade? Basta, monstro do inferno, indigno do caráter de cristão e do nome de homem, que, não contente de roubar a liberdade a estas duas criaturas, mais livres que tu, pois não nasceram, como tu, vassalos do teu rei, a primeira lição que lhes deste da doutrina cristã foi ensinar-lhes a dizer em juízo um falso testemunho contra si mesmos, sujeitando-se a si e a toda a sua descendência a perpétuo cativeiro; e para fazeres a Deus cúmplice nesta tua maldade, lhe ofereceste o sacrifício do corpo e sangue de seu Filho, e tomaste por medianeiro desta perdição de tua alma o santo a quem o mesmo Deus deu o ofício de reparar todas as perdidas! Mas, para que saiba o mundo e tome exemplo neste tão escandaloso caso do rigor com que o castigou a divina justiça, andando o mesmo homem à caça de cativeiro de índios no rio das Almazonas, eles lhe tiraram a vida às frechadas, morrendo sem sacerdote nem sacramentos, com tão pouca esperança de sua salvação, antes, com manifesta e clara evidência da condenação eterna, aquele que, não só com tal cobiça, injustiça e crueldade, mas com um sacrilégio tão estólido, inaudito e bárbaro, tinha abusado impiamente do santo e do Santíssimo.

SERMÃO DA

Quarta Dominga da Quaresma

Na Igreja da Conceição da Praia, da Bahia, o primeiro que pregou na cidade, antes de ser sacerdote. Ano de 1633.

~

"Recolhei os pedaços que sobejarem,
para que se não percam."
(Jo 6,12)

Vieira ensaia os primeiros passos como pregador: na igreja da Conceição da Praia, na última semana da Quaresma, Vieira organiza o evangelho da Multiplicação dos Pães como uma batalha campal: "Os homens comem, os pães crescem". "Que é isto, senão uma batalha campal entre pães e homens?". E qual o fim dela? Os pães, sendo comidos, vencem; e os homens, que os comem, são vencidos. As batalhas se dão na campanha, mas as vitórias se alcançam no gabinete. Como antecipa Cristo as graças antes de se dar a batalha? Então, comendo todos, se ouviu o estrépito ou estrondo da marcha, e pareceu que a terra e todo o deserto tremia: "Estrondo e tremor de pão". Vencida a batalha recolheram as relíquias dela, para que não se perdessem. Jesus se retirou só para o monte. Sem conselho, nenhuma coisa façamos. A melhor traça de acrescentar os nossos bens é socorrer com eles aos pobres...

§ I

Como é uso antigo, e sempre praticado na guerra depois das batalhas, principalmente vitoriosas, tocar a recolher os exércitos, para que descansem os soldados e sejam vistos, como em triunfo e conhecidos os vencedores, assim o general supremo da Igreja militante manda hoje a seus apóstolos que recolham as relíquias e fragmentos dos cinco pães que venceram para que se não perca no esquecimento a memória de tão ilustre combate: "Recolhei os pedaços que sobejarem, para que se não percam" (Jo 6,12). — Este é, com novo e sublime pensamento, o sentido das palavras que propus, e este o primeiro reparo que podem fazer nele os doutos, por não dizer os críticos. A palavra "sobejaram" tem igualmente dois sentidos naturais: quando se fala de batalha, significa vencer, e quando de banquete ou convite, que é a matéria do presente Evangelho, quer dizer sobejar; logo, falando com propriedade, parece que havia eu de dizer sobejaram, e não venceram. Esta réplica pede uma razão, e eu a satisfarei com duas. Uma das maiores escolas de Marte que hoje tem o mundo é a nossa Bahia; e porque o Mestre único desta bem exercitada milícia, sobre querer autorizar com sua ilustríssima presença o auditório, advertiu que, sendo o dia de banquete, fossem proporcionadas as iguarias, que outra proporção lhe podia eu achar mais acomodada aos ouvidos, tão costumados ao som das caixas e trombetas, senão fazê-las também bélicas, marciais e de guerra? Tais foram as vozes com que o profeta Isaías, tendo el-rei Baltasar convidado a mil príncipes do seu império, lhes tocou, não esperadamente a rebate, e que trocassem os pratos com os escudos: "Os que comem e bebem: Levantai-vos, príncipes, arrebatai o escudo" (Is 21,5).

Esta é a primeira razão com que não pode deixar a minha obediência de responder ao favor do oferecimento, que em todas as leis da cortesia devia eu aceitar como mandado. A segunda, e que pertence à bem fundada dúvida dos críticos, não é, como não deve ser, minha, mas de um tão grande e judicioso intérprete como é, entre os antigos padres, o sutilíssimo Eusébio Emisseno[1]. As palavras do seu novo e maravilhoso comento são estas: "Os pães são somente cinco, os que comem são mais de cinco mil". — "Os homens comem, os pães crescem". — "Que é isto, senão uma batalha campal entre pães e homens?" — E qual o fim dela? Milagroso, e que de nenhum modo se podia esperar: "Os pães, sendo comidos, vencem; e os homens, que os comem, são vencidos". — Isto disse com tão maravilhosa novidade, como é a do caso, o grande Emisseno, e isto é, com maior largueza, o que nós ouviremos em um só discurso; mas tal, que desde o princípio até o fim nos mostre em toda a narração do Evangelho os verdadeiros preceitos de Marte, e o que desde o tomar as armas até o recolher os despojos devem desejar os vencedores soldados.

Ave Maria.

§ II

"Recolhei os pedaços que sobejarem, para que se não percam" (Jo 6,12).

Altamente disse Salomão que as guerras se hão de governar com o leme: "As guerras devem ser governadas com os lemes" (Pr 20,18). — E qual será, não digo nas guerras navais, mas nas terrestres, o leme? Não há dúvida que é o conselho. Por isso os cultos da gramática militar dizem acertadamente que as batalhas se dão na campanha, mas as vitórias se alcançam no gabinete. Cristo, Redentor nosso, não perguntava para saber senão para ensinar, e para ensinar que nos casos semelhantes ao presente se há de tomar conselho, e de quem. Apontando primeiro para a grande multidão dos que o seguiam, perguntou a Filipe: "Donde compraremos pão para dar de comer no deserto a tanta gente?" (Jo 6,5). — Antes de ouvir a resposta, é muito de notar a quem Cristo fez a pergunta, e a quem a não fez. Parece que o consultado em primeiro lugar havia de ser Judas, como aquele que tinha cuidado do provimento e sustento do colégio, e era o tesoureiro das esmolas, de que sua pobreza se valia; e do mesmo modo parece que se não devia consultar Filipe, por ser entre todos os discípulos de Cristo o menos provecto nas ciências do seu estudo, segundo o que o mesmo Senhor lhe tinha dito: "Há tanto tempo que estou convosco, e ainda não me tendes conhecido? Filipe, quem me vê a mim, vê também a meu pai" (Jo 14,9). — Mas, assim na pessoa perguntada como na que não perguntou, nos deu Cristo dois soberanos documentos. Não perguntou a Judas, porque era traidor; e de um ministro de pouca fé e verdade, talvez se podem dissimular os furtos da fazenda, mas os segredos da guerra, de que depende a conservação do Estado, por nenhum modo se lhe devem fiar. Consultou, porém, e perguntou Cristo a Filipe, porque era natural de Betsaida e prático daquele país, de cuja experiência, em qualquer lavrador ou pastor rústico, depende muitas vezes o acerto das resoluções, mais que da agudeza e discurso dos sábios, que entendem, mas não adivinham. Porém Filipe, como se viu chamado a conselho, sendo que só se lhe perguntava o lugar donde se podia comprar o pão: "Donde compraremos pão?" — meteu-se a ministro, dificultando e impossibilitando a compra, e exagerando a soma de dinheiro necessário para ela: "Duzentos dinheiros de pão não lhes bastam, para que cada um receba à sua parte um pequeno bocado" (Jo 6,7). — E se o seu voto se seguira, sem dúvida morreria à fome toda aquela multidão de homens, como outras vezes acontece, pelo mal entendido zelo de ministros tão acanhados no ânimo como Filipe o era na fé. Não há votos mais perniciosos na paz e na guerra, nem mais bem aceitos comumente aos que governam o leme que os que, por poupar a fazenda, impossibilitam as ações, com que o que havia de ser trabalho é ociosidade, e o que havia de importar muito se resolve em nada.

De Filipe passou o Senhor a Santo André, o mais antigo de todo o apostolado, e por isso com a principal qualidade de conselheiro. Mas também aqui se pode com razão duvidar, porque não consultou antes a S. Pedro. Direi: S. Pedro era tão destemido e arrojado, que ele só se atreveu a tirar pela espada, e investir com um esquadrão armado de soldados romanos; e homens de espíritos tão alentados são mais para desfazer as dificuldades na execução que para consultar se se devem ou não empreender. Duas partes teve o voto de Santo André, e a primeira de grande juízo e acerto. — "Aqui há", disse, "um moço que tem cinco pães" (Jo 6,9). — O voto verdadeiro há-se de fundar no que é e no que há, ou seja muito, ou pouco; e não votos mui elegantes e discretos, mas fundados no impossível, que dizem o que fora bem haver e não há, e fora bem ser e não é. Na segunda parte reconheceu André a dificuldade e desproporção dos cinco pães para sustentar a tantos mil: "Mas isto o que é, para se repartir entre tanta gente?" (Jo 6,9). — E também aqui acertou, como bom conselheiro de guerra, sem advertir porém qual era o general debaixo do qual militava. Considerando Cristo, Senhor nosso, esta mesma proporção do número que há de haver dos combatentes de uma e outra parte, disse assim: "Que rei há" — diz o Senhor — "o qual, sabendo que vem outro a acometê-lo com um exército de vinte mil soldados, não cuida primeiro, muito devagar, se pode sair só com dez mil a pelejar com ele em campanha?" (Lc 14,31). — Boa consolação, e tão necessária como animosa para os capitães mais versados na aritmética que na milícia, os quais dizem, quase hereticamente, que Deus sempre se costuma pôr da parte onde há mais mosqueteiros. Heresia muitas vezes condenada na Sagrada Escritura, onde se diz que tão fácil é a Deus vencer com poucos como com muitos: "Diante dos olhos do Deus do céu não há diferença entre o grande número e o pequeno" (1Mc 3,18).

Desta sentença de Cristo pode inferir, não digo o nosso temor, mas o nosso cuidado, que, ainda que os inimigos que nos infestam tenham dobradas bocas de fogo, nem por isso devemos recear ou desconfiar da vitória. Mas não é isto só o que aquela sentença significa, sendo a nossa guerra puramente defensiva. Quando Cristo diz que pode um rei esperar que com dez mil combatentes resista e prevaleça contra o que acomete com vinte mil, fala expressamente de batalha campal, e guerra em campanha, como se colhe claramente das palavras: "A ver se com dez mil homens poderá ir a encontrar-se" (Lc 14,31) — e a nossa guerra, nas circunstâncias presentes, pode com dez mil resistir e defender-se, não só de vinte, senão de cem mil, porque na campanha peleja um homem contra outro homem de peito a peito, porém, os que se defendem cobertos e armados das suas fortificações, com uma muralha diante, ainda que sejam pigmeus, em respeito dos outros homens são gigantes. Assim o diz o profeta Ezequiel da confiança ou desprezo com que os soldados da cidade de Tiro zombavam, sendo pigmeus, de todos os seus sitiadores, mostrando-lhes os arcos e as aljavas penduradas da altura dos muros, donde, comparados com os outros homens, eram gigantes: "E até os pigmeus, que estavam à roda das tuas torres, completaram a tua formosura" (Ez 27,11).

§ III

Mas que é o que ouço? São as trombetas e caixas da nossa guerra, do nosso Evangelho, que tocam a arma. Pede Cristo pães, e com eles nas mãos, e os olhos nos cinco mil homens, diz o evangelista que, levantando-os ao céu, deu as graças a Deus, antes de partir nem distribuir os pães: "E, tendo dado graças, distribuiu-os aos que estavam assentados" (Jo 6,11). — Esta antecipada ação nos obriga, posto que já com as armas nas mãos, a reparar nela e a não passar em silêncio, sendo tão nova e ainda encontrada com a razão. As graças dão-se depois da guerra, da batalha e da vitória; então se canta o *Te Deum*, e se fazem as outras solenidades. Pois, se isto, segundo o pensamento que seguimos de Emisseno, "era uma batalha entre os pães e os homens" — como antecipa Cristo as graças antes de se dar a batalha? Porque era sua. Nas guerras de Cristo primeiro é o vencer que o pelejar. Arrebatado S. João nas visões do Apocalipse, ouviu uma voz que lhe dizia: "Vem, e vê" (Ap 6,1). — Abriu os olhos, e viu sobre um cavalo branco um mancebo de gentil disposição, armado de arco e aljava: "E vi um cavalo branco, e o que estava montado sobre ele tinha um arco" (Ap 6,2) — e não tinha bem admirado o ar e bizarria com que o cavaleiro do céu vinha saindo, quando viu que lhe punham na cabeça uma coroa: "E lhe foi dada uma coroa" (Ibid.). — Coroa? Logo, já tinha vencido. Mas como tinha vencido, se só trazia na mão o arco e ainda não tinha disparado as setas? Porque este galhardo mancebo, como diz Santo Agostinho, era o Verbo Eterno, que saía do céu a conquistar o mundo, e nas conquistas e batalhas de Cristo, primeiro é o vencer que o pelejar, primeiro a vitória que a batalha: o mesmo texto o diz expressamente: "Saiu vencedor para vencer" (Ap 6,2): se vencedor, já tinha vencido; se para vencer, ainda não tinha dado a batalha. Mas isto mesmo era ser Cristo, que só ele, antes de pelejar, vence, e antes de dar a batalha, já é Senhor da vitória. Por isso, estando ainda com os cinco pães nas mãos, antes do famoso e nunca visto combate, pondo os olhos na multidão que havia de ser vencida, e levantando-os juntamente com as mãos ao céu, dá as graças a Deus como vencedor.

Primeiro que tudo, mandou o Senhor a seus doze apóstolos, como a outros tantos sargentos maiores de batalha, que dividissem os cinco mil soldados em cem esquadras, cada uma de cinquenta; e porque a batalha havia de ser comendo ao modo e ao uso com que se punham à mesa os hebreus, os fizessem recostar sobre o feno, de que havia muito naquele deserto. Se o pão se houvesse de dar juntamente a tanta multidão de homens famintos de três dias, qual seria o tumulto e labirinto? Por isso mandou que se dividissem e pusessem primeiro em ordem. Multidão desordenada é confusão; com ordem, é exército. Desordenada, serve só de levar despojos ao inimigo; com ordem, na mesma ordem, e em si, leva já segura a vitória. Esse é o respeito por que Salomão, pintando um exército formidável e terrível, não o encareceu pelo numeroso dos combatentes ou pelo luzido das armas, senão pela ordem de todo ele: "Terrível como um exército bem ordenado posto em campo" (Ct 6,3). — Ordenada e disposta assim a campanha, então repartiu Cristo aos doze apóstolos os cinco pães, lançando-lhes primeiro a sua bênção, e, divididos em igual proporção com os homens, saíram os pães ao combate por todos os modos novo: eles cinco, e estes cinco mil.

Agora se verá a muita razão que teve Santo André e a pouca fé com que disse: "Mas isto o que é, para se repartir entre tanta gente?" (Jo 6,9). — Quanto à razão, os mesmos que haviam de comer se podiam rir ou chorar dos poucos bocados de pão com que os apóstolos queriam tapar tantas bocas. Quando Josué e Caleb tornaram de explorar a Terra de Promissão, disseram que não havia que temer na conquista, porque os filhos de Israel aos amorreus os podiam comer a bocados, como pão: "Nem temais a gente desta terra, porque como pão assim os podemos tragar" (Nm 14,9). — Devorar, disseram, e engolir, que é muito mais fácil que comer, zombando da dificuldade do pão, em que não há osso nem espinha. O mesmo podiam dizer neste caso os cinco mil comedores, não havendo para a sua fome pão, senão tão pouco para tantos. Nem lhes falta o exemplo da Escritura, muito mais próprio e encarecido aos mesmos pães que haviam de ser comidos. Estando em campo, ou tendo inundado todos os campos contra os hebreus, o exército dos madianitas, cujo número compara o texto sagrado não menos que às areias do mar, sonhou um soldado que via cair e rodar do céu um pão, o qual, dando no mesmo exército, o desbaratava todo e destruía; e, contando o sonho a um companheiro, inspirado este por Deus disse com espírito profético: "Isso que viste não é outra coisa senão a espada de Gedeão" (Jz 2,14). — E assim foi, podendo dizer os cinco pães daquela batalha, em que agora entravam, não só o mesmo, mas com maior propriedade, e mais ajustada a todas suas circunstâncias, porque o pão que descia do céu, segundo a versão que refere Abulense[2], não só era um, senão "Uma cesta de pão" — que vem a ser a cesta em que trazia o menino os cinco pães: "Aqui está um menino que tem cinco pães" (Jo 6,9). — Os Setenta Intérpretes leem: "mesa de pão"; e tal era a que os cinco mil divididos esperavam assentados já, ou "recostados" à mesa — e todos, sem discrepância, que era "pão de cevada" — e assim o diz o Evangelho: "Cinco pães de cevada". — Finalmente, Vatablo[3], com novo reparo: "Estrondo de pão" — e Caetano[4]: Estrondo e "tremor de pão". — Pois, se o pão era um, ou tão pouco que o trazia um menino em uma cesta, como se chama "estrondo e tremor de pão"? — Porque tão estrondosa e tão formidável havia de ser esta batalha dos cinco pães comidos contra os cinco mil comedores, de que eles se riam ou choravam de ser tão pouco pão contra tantos homens.

§ IV

Assim se começou o combate, cuidando todos que havia de acabar em um momento, sendo tantos os gastadores e tão pouco o que se havia de desbastar. Mas, depois que os apóstolos, começando pela primeira, acabaram pela última das cem esquadras, então, comendo todos, se ouviu o estrépito ou estrondo da marcha, e pareceu que a terra e todo o deserto tremia: "Estrondo e tremor de pão". — Passou a admiração a espanto, e a primeira e mais que admirada foi a natureza. — Eu, dizia a natureza, também sei, e posso fazer do pouco pão muito pão; mas isto, quando mais apressadamente, em três meses. Há-se de arar a terra, há-se de semear e gradar o trigo, há de regá-lo o céu, há de amadurecê-lo o sol, hão de colhê-lo suando os segadores; posto em paveias na eira, depois de calcado e limpo, há de ser moído, depois amassado e levedado, depois finalmente cozido, até que se possa comer. Mas isto, quando menos, como dizia, em três meses, e ordinariamente desde as neves de dezembro até as calmas de agosto. Mas em um momento, crescer das mãos à boca! Santo Agostinho diz que crescia nas mãos de Cristo; S. Crisóstomo, que nas dos apóstolos; S. Hilário[5], que nas dos que comiam; e tudo era, mas principalmente nestes últimos, porque, partido o pão que a cada um coube, enquanto a mão direita o partia e levava à boca, já na esquerda ficava outro tanto, que se podia tornar a partir, e desta maneira, quanto mais partiam os comedores, tanto mais cresciam os pães comidos. Oh! se o mundo soubesse entender e aprender esta traça de multiplicar o pão! — Diz Jeremias: "Pediram pão os pequenos, e não havia quem lho partisse" (Lm 4,4). — Partisse, diz, porque a falta de não haver pão, é porque não há quem o parta e reparta. Grande prova no mesmo Evangelho. Neste milagre, como veremos, sobejaram doze alcofas de pão; em outro semelhante, sete; e por que menos pão naquele que neste?

Naquele eram mais os pães, e menos os comedores, porque eram os pães sete, e quatro mil os comedores; neste os pães eram cinco, e os comedores cinco mil: logo, lá, onde os pães eram mais, e os comedores menos, haviam os pães de crescer mais; e cá, onde os pães eram menos, e os comedores mais, haviam os pães de crescer menos. E por que não foi assim, senão pelo contrário? Pela razão expressa e infalível que tenho dito. Onde os pães eram sete, e os comedores quatro mil, foi necessário que os pães se partissem e repartissem menos; e onde se partiram e repartiram menos, também cresceram menos; porém no nosso caso, em que os pães eram menos, e os homens mais, foi necessário e forçoso que os pães se partissem e repartissem mais, e por isso cresceram mais. Não vos cresce o pão em casa, porque o não sabeis partir e repartir com os que carecem dele. Se o partísseis e repartísseis, ele cresceria, assim como cresceu, sendo tão pouco, e os comedores tantos nesta batalha. Nas outras guerras, uns vivem, outros morrem, e dos vivos são vencedores os mais valentes, e vencidos os mais fracos; aqui nenhum morreu, porque os comidos só matavam a fome dos comedores, mas os mesmos comedores, ficando sem fome, mais alentados e inteiros, foram os vencidos; e os poucos pães comidos, desbaratados e feitos em pedaços, os vencedores: "Vencem os pães, os homens são vencidos". — Uma das maiores vitórias que viu o mundo, e na realidade a maior de todas, foi a de Sansão, quando ele, sendo um só, venceu e matou a mil: "Venceu mil homens" (Jz 15,16). — Tal foi a vitória de cada um dos cinco pães; eles só cinco, e cinco mil os vencidos. Mas porque a vitória tanto é mais gloriosa quanto menos proporcionados os instrumentos, o mesmo Sansão ponderou na sua que vencera os mil homens com uma queixada: "Com a queixada eu os derrotei, e matei mil homens" (Jz 15,16). — Assim o fizeram também ou fez cada um dos cinco pães: porque cada um venceu a mil, e não com queixada alheia: "Com a queixada de um potro" (Ibid.) — senão com as mesmas queixadas dos que os comiam: "Os homens comem, os pães crescem; os pães vencem, e os homens são vencidos".

Vencida a batalha, e nenhuma tão gloriosamente como esta, mandam os generais tocar a recolher os soldados vencedores; e assim mandou Cristo a seus discípulos que, em sinal da vitória, recolhessem as relíquias e fragmentos dela, para que se não perdessem: "Recolhei os pedaços que sobejarem, para que se não percam" (Jo 6,12). — Fizeram-no assim os apóstolos, e admira-se com razão S. João Crisóstomo que recolhessem cheias doze alcofas, nem mais nem menos: "Porque nem mais nem menos fez com que existisse o supérfluo"[6]. — Doze, e só doze! Bem, porque eram doze os apóstolos. Mas por que não treze, para que chegasse também a Cristo a sua? Porque era Cristo o general. As alcofas tecem-se de palmas, as palmas significam as vitórias; as alcofas cheias de pão, os despojos delas; e o general de sublimes pensamentos, qual Cristo, da vitória só quer a honra; dos interesses dela, nada para si, tudo para os seus soldados. Assim o fizeram generosamente, sem conhecimento do verdadeiro Deus, um Agesislau, um Alexandre, um Vespasiano, e, dos que o conheceram antes de ser homem, Davi, Josué, Jefté, Gedeão, Sansão e Judas Macabeu, dos quais disse, com não menos levantado pensamento, S. Bernardo[7]: "Ninguém participou com eles na glória." — Vendo os vencidos o milagre, e parecendo-lhes ação verdadeiramente real a de um capitão que não só não mata os homens à fome para comer ele, mas mata a fome aos homens para os vencer, que resolveram entre si? Resolvem e determinam todos de aclamar a Cristo por rei, ainda que ele o repugnasse: "Arrebatá-lo para o fazerem rei" (Jo 6,15). — Entendeu-lhes o Senhor os pensamentos, e, para última prova do seu desinteresse, deixando-os com o título de rei quase na boca, se retirou só para o monte: "Tornou-se a retirar para o monte ele só" (Jo 6,15).

§ V

Aqui acaba o Evangelho, e eu também tenho acabado o sermão. Mas se é verdade, como é o que diz Santo Agostinho[8], "que os milagres, depois de entendidos, falam" — ainda que o evangelista se nos calou, não deixa o milagre de falar. Ouçamos-lhe duas palavras. Em Cristo, sabedoria eterna, pedir conselho: "Com que compraremos nós o pão?" (Jo 6,5) — diz que sem conselho nenhuma coisa façamos, porque nenhum homem é tão sábio que não esteja sujeito a errar. Em ser errado o dos apóstolos, por não recorrerem aos poderes de Cristo: "Mas isto o que é para se repartir entre tanta gente?" (Ibid. 9) — diz que ele deve ser o oráculo, a quem em todas as nossas dúvidas e dificuldades devemos recorrer. Em o Senhor dar as graças antes da mercê recebida: "E, tendo dado graças" (Ibid. 11) — diz que, ao menos depois de as receber, não sejamos desconhecidos e ingratos. Em partir e repartir o pão para o multiplicar: "Distribuiu-os aos que estavam assentados" (Ibid.) — diz que a melhor traça de acrescentar os nossos bens é socorrer com eles aos pobres. Em, finalmente, não querer Cristo nada para si, senão tudo para os seus: "Encheram doze cestos" (Ibid. 13) — que é o que diz? Sem dúvida que nos diz o Senhor o que lá disse Abraão a outro rei sobre os despojos de uma vitória: "Tudo o mais vos dou, dai-me as almas" (Gn 14,11). — Exortar este só ponto é o que aqui cabia; mas porque fio mais do bom juízo com que os que me ouvem o poderão considerar do que das razões com que eu posso persuadir, acabo com desejar a todos nesta vida a graça e na outra a glória: "Que a mim e a vós o Senhor Deus Onipotente digne-se conceder. Ele que vive e reina pelos séculos dos séculos"[9].

SERMÃO DA

Ressurreição de Cristo

*Na Matriz da Cidade de
Belém do Pará. Ano de 1658.*

∽

"Não tenhais medo; vós buscais a Jesus Nazareno,
que foi crucificado; ele ressurgiu, já não está aqui."
(Mc 16,6)

Nomeado "Visitador", vive anos de intensa atividade missionária. Percorre o rio Tapajós, a Ilha de Marajó e a Serra de Ibiapaba. No dia da Páscoa está em Belém. Cristo morto faz pasmar com a sua morte, e ressuscitado faz pasmar com a sua ressurreição. Anoitecera no Ocidente deixando todo o mundo às escuras na tristeza de sua paixão, e voltou outra vez fazendo Oriente do seu mesmo ocaso, amanhecendo claro, vestido de resplendores de glória. Não há coisa mais temerosa nesta vida que a certeza da ressurreição. A alegria das Marias, da Madalena, de Maria, a Mãe. Os dotes da ressurreição: dote de sutileza, de agilidade, de impassibilidade, de claridade. Para não temermos a ressurreição, o meio é buscar a Cristo, como hoje fizeram as Marias. Eu antes quero grandes dificuldades que as pequenas. Estas correm por minha conta, aquelas por conta de Deus.
E bem-aventurada vitória de todas as dificuldades.

§ I

Que parecidas são as obras de Cristo, ainda as que menos se parecem! As tristes e as alegres, as dolorosas e as gloriosas, as de sua morte e as de sua ressurreição, todas causam os mesmos efeitos. Pasmadas deixamos as Marias olhando para o sepulcro de Cristo quando se fechou, e pasmadas por deixarem ali morto a seu Senhor: "E Maria Madalena, e a outra Maria, estavam ali sentadas diante do sepulcro" (Mt 27,61). — Pasmadas acho hoje outra vez as mesmas Marias no mesmo sepulcro, e pasmadas de o acharem ressuscitado: "Não tenhais medo; vós buscais a Jesus: ressurgiu" (Mc 16,6). — De maneira que Cristo morto faz pasmar com a sua morte, e Cristo ressuscitado faz pasmar com a sua ressurreição, sendo a ressurreição e a morte duas coisas tão encontradas. Entraram as Marias no sepulcro, viram um anjo vestido de neve e luz, que lhes deu novas da ressurreição do Senhor, a quem buscavam morto, e ficaram tão assombradas e pasmadas do que ouviam e do que viam, que por muito tempo não tornaram em si de assombro e de temor, por mais que o anjo as animava a que "não temessem". — A hora em que isto sucedeu também tem contradições no Evangelho. Diz o evangelista que, quando as Marias vieram ao sepulcro, era muito de madrugada, mas já depois do sol nascido: "Muito cedo, quando já o sol era nascido" (Ibid. 2). — Se era muito de madrugada, como era já nascido o sol? E se era já nascido o sol, como era muito de madrugada? Tudo era. Era muito de madrugada, porque ainda não era nascido este sol natural, que nos alumia: "Muito cedo"; — e era já o sol nascido, porque já o verdadeiro sol, Cristo, era ressuscitado: "Nascido já o sol".

Nas obras da natureza e nas obras da graça tem grandes semelhanças a ressurreição de Cristo, mas nenhuma tão semelhante como a do sol. Põe-se o sol no seu ocaso, deixa o nosso hemisfério escuro, enquanto desce e vai alumiar os antípodas; torna outra vez a nascer claro, resplandecente e coroado de raios, enxugando as lágrimas da aurora, restituindo a cor e a formosura aos campos, despertando as músicas das aves, dourando os céus e alegrando a terra. Tal o divino sol, Cristo, no dia de sua ressurreição. Anoitecera no Ocidente do seu sepulcro amortalhado em nuvens, deixando todo o mundo às escuras na tristeza de sua paixão, desceu a visitar e alumiar os lugares do Limbo, onde os santos padres, como desconsolados antípodas, havia tantos anos estavam esperando a chegada daquele dia; e voltou outra vez à hora determinada, fazendo Oriente do seu mesmo ocaso, amanhecendo claro e formosíssimo, vestido e coroado de resplendores de glória. Enxugou primeiramente as lágrimas daquela aurora divina, a Virgem Santíssima; restituiu a cor e a formosura à sua Igreja, mudando os lutos, de que estava coberta pela sua morte, em cores e galas de festa; trocou as lamentações em músicas alegres e os "olás" sentidos em aleluias; dourou os céus, como mostraram os anjos que hoje apareceram vestidos de branco e ouro; e, finalmente, alegrou a terra, dando a todos os homens mui alegres páscoas, as quais o mesmo Senhor dê a Vossa Senhoria, e a todo este nobre e mui devoto auditório, com tantos dos verdadeiros bens, como o mesmo autor deles deseja. Para que nós vejamos os verdadeiros meios por onde havemos de conseguir e segurar estes bens, e tiremos desta grande solenidade o proveito de nossas almas que ela nos oferece, peçamos àquela Senhora, a quem tocou a melhor e a maior parte das glórias deste dia, nos assista nestas memórias dele com o favor de sua graça.

Ave Maria.

§ II

"Não tenhais medo; vós buscais a Jesus Nazareno, que foi crucificado; ele ressurgiu, já não está aqui" (Mc 16,6).

Não temais, disse o anjo às Marias: "Não tenhais medo" — mas elas nem por isso deixaram de temer. Antes, diz o evangelista que fugiram do sepulcro, não só temendo, mas tremendo: "E elas, saindo logo, fugiram do sepulcro, porque as tinha assaltado o sobressalto e o pavor" (Ibid. 8). — Foi tal o seu temor e assombro que, dizendo-lhes o anjo que levassem a nova aos discípulos, nem a falar se atreveram de puro medo: "E a ninguém disseram coisa alguma, porque estavam possuídas de medo" (Ibid.). — Notáveis efeitos por certo em tal lugar! Notáveis efeitos com tal nova! E notáveis afetos em tal dia! Em dia da ressurreição temor? Em dia da ressurreição pavor e assombro? Alegrias, festas, prazeres, são os efeitos e afetos, próprios deste dia; mas temor e tremor? Notáveis efeitos torno a dizer, em tal dia! E se repararmos em quem eram as que temeram, ainda nos admiramos mais. Eram as Marias umas mulheres tão pouco mulheres, eram umas mulheres tão varonis, umas mulheres tão homens, que de noite saíram de suas casas, de noite passaram pelas portas da cidade, de noite andaram por lugares desertos e despovoados, e tão medonhos como costumam ser os cemitérios dos defuntos e os lugares onde padecem os justiçados. O Monte Calvário chamava-se Calvário por estar semeado das caveiras e dos ossos dos que aí iam a justiçar. Pois, mulheres tão destemidas e tão animosas que vão a estes lugares de noite, quando acham a Cristo ressuscitado do sepulcro e quando lhes diz um anjo que ressuscitou, temem e tremem? Sim, porque não há coisa mais temerosa e mais tremenda nesta vida, não há coisa mais para fazer temer e tremer os corações mais valentes e animosos que a certeza da ressurreição. É certo, e de fé, que Cristo ressuscitou; é certo, e de fé, que eu também hei de ressuscitar. Oh! que temerosa consideração! Estas mesmas Marias, quando estavam defronte do sepulcro de Cristo morto, pasmaram, mas não tremeram; agora, no mesmo sepulcro, com Cristo ressuscitado, pasmam e tremem, porque muito mais é para temer um ressuscitado que um morto; muito mais para assombrar é a consideração da ressurreição que a consideração da morte. Um sepulcro de Cristo com um "aqui jaz" — muito para temer é; mas um sepulcro de Cristo com um "não está aqui" — porque "ressuscitou" — muito mais é para temer.

Ao menos eu em mim experimento que muito mais temo o ressuscitar que o morrer, muito mais medo me causa a ressurreição que a morte; antes, se temo a morte, é só por medo da ressurreição. E por quê? A razão é clara. A morte é o fim da vida que acaba, a ressurreição é o princípio da vida que não há de acabar: com a morte acaba-se a vida, com a ressurreição começa a eternidade; e muito mais para temer é o princípio da eternidade que o fim da vida. Com o fim da vida acabam os males temporais, com o princípio da eternidade podem começar os males eternos; os males da vida têm o remédio da morte, que os acaba;

os males da eternidade são males sem remédio, porque ninguém lhes pode dar fim. A mesma terra insensível nos ensinou esta razão na morte e ressurreição de Cristo. Na morte: "Tremeu a terra" (Mt 27,51); na ressurreição: "Houve um grande terremoto" (Mt 28,2). — E por que moveu mais a terra a ressurreição que a morte? Porque a morte deve fazer muito abalo nos nossos corações de terra: "Tremeu a terra" — mas a ressurreição muito maior: "Houve um grande terremoto". — E assim se viu por experiência. A morte de Cristo, sendo acompanhada de tantos prodígios, não fez mais que: "Todo o povo que assistia, retirava-se batendo nos peitos" (Lc 23,48). Não fez mais que tornarem para Jerusalém batendo nos peitos os que o guardavam na cruz. — Porém, na ressurreição: "Temeram e tremeram assombrados os que o guardavam no sepulcro" (Mt 28,4). As Marias: "Ficaram possuídas de sobressalto e medo" (Mc 16,8). — Os apóstolos no Cenáculo tremendo: "Certas mulheres, das que conosco estavam, nos aterrorizaram" (Lc 24,22). — Enfim, tudo medo e tudo temor.

§ III

$\mathcal{P}$ois, que havemos de fazer no dia da ressurreição de Cristo? Entristecer-nos? Tremer? Temer? Encerrar-nos? Sepultar-nos? Meter-nos vivos na sepultura donde Cristo saiu? A esta pergunta não se pode responder do púlpito, do Confessionário sim. Se estais em estado de pecado mortal, temei e tremei, e cause-vos grande tristeza a ressurreição; mas se estais em graça de Deus e tendes propósitos firmes de a conservar, alegrai-vos, ponde a vossa alma e o vosso coração muito de festa, e não temais. Assim o disse o anjo às Marias: "Não tenhais medo". — Notai. Quando o anjo desceu do céu, e revolveu a pedra da sepultura, ficaram assombrados todos os guardas do sepulcro, e o anjo não lhes disse: "Não tenhais medo" — e às Marias sim. E por que diz às Marias que não temam e por que não diz o mesmo aos soldados? Porque as Marias iam buscar a Cristo ao sepulcro para o servir; os soldados iam guardar o sepulcro para o perseguir e para o afrontar. E aqueles que perseguem e que ofendem a Cristo, esses é bem que temam na ressurreição, porém aqueles que o amam e que o servem, esses não têm que temer: "Não tenhais medo". — Tema Pilatos, que o condenou; tema Herodes, que o afrontou; tema Judas, que o vendeu; tema Caifás, que o blasfemou; e temam todos os que o perseguiram e o crucificaram, quando sabem que ele ressuscitou, e que eles também hão de ressuscitar. Porém, a Madalena e as outras Marias: a Madalena e as outras Marias, que o buscam e que o servem, que se não podem apartar dele, essas não têm que temer: "Não tenhais medo". — Não é esta razão menos que do anjo: "Não tenhais medo; vós buscais a Jesus Nazareno". Se vós buscais a Jesus Nazareno, não temais. — A energia destas palavras ainda está mais clara em S. Mateus, que neste passo é comentador de S. Marcos: "Vós outras não tenhais medo, porque sei que vindes buscar a Jesus, que foi crucificado" (Mt 28,5). Não temais vós — notai muito a palavra vós — vós que buscais a Jesus, não temais; — porém, aqueles que o não buscam, aqueles que o não amam, aqueles que o ofendem, esses temam e tremam em sua ressurreição. A ressurreição para eles será morte e tormento eterno, assim como para vós será eterna vida e eterna glória. Os maus, porque hão de ressuscitar mal, têm razão de temer; mas os bons, que hão de ressuscitar bem, não têm para temer razão alguma.

E que grande alegria e que grande consolação é para um verdadeiro cristão na festa da ressurreição de Cristo considerar que também ele há de algum dia ressuscitar! Que grande seria a alegria da Madalena, quando visse a seu irmão Lázaro ressuscitado! A nossa alma é a nossa Madalena, o nosso corpo e o nosso Lázaro. Que alegria será a de uma alma considerar agora e ver depois este seu corpo, este seu companheiro ressuscitado! Ainda esta comparação não explica. Que alegria seria a da Virgem Senhora, quando hoje visse ressuscitado, em tanta formosura e glória, a seu benditíssimo Filho! Esta comparação é a própria. A Madalena viu seu irmão ressuscitado, mas ressuscitado para tornar a morrer. A Senhora viu ressuscitado a seu Filho, mas para não morrer jamais: "Nem a morte terá sobre ele mais domínio" (Rm 6,9). — A Madalena viu a seu irmão ressuscitado, mas em corpo passível, como o que dantes tinha. A Senhora viu ressuscitado a seu Filho em corpo imortal e impassível, e ornado com todos os quatro dotes gloriosos. E tais hão de ser estes nossos costais de terra depois do dia da ressurreição. Cuidais que estes nossos corpos depois de ressuscitados hão de ser como agora, ainda os de maior gentileza? De nenhum modo. A fênix morre fênix e ressuscita fênix; o homem entra no banho do batismo homem e sai homem; o grão de trigo semeia-se trigo e nasce trigo. Na ressurreição não é assim: "O que se semeia na terra da sepultura é um corpo com condições de corpo, e o que nasce na ressurreição é outro corpo, ou o mesmo corpo, com condições de espírito" (1Cor 15,44) — que são os quatro dotes do corpo ressuscitado. Havemos de ficar tão diferentes depois de ressuscitados, que é necessário fé para crermos que seremos então os mesmos. Com esta fé dizia Jó: "Eu sei que no derradeiro dia surgirei da terra, e serei novamente revestido da minha pele, e na minha própria carne verei a meu Deus, a quem eu mesmo hei de ver, não outro" (Jó 19,25ss).

Estes quatro dotes são os mesmos com que Cristo hoje ressuscitou: dote de sutileza, de agilidade, de impassibilidade, de claridade. Um corpo com o dote de sutileza, se quer passar desta Igreja para este pátio, não há mister porta; penetra por essa parede, assim como o sol passa por uma vidraça sem impedimento. Os judeus mandaram pôr grandes guardas ao sepulcro, para que não tirassem dele a Cristo; e ele, com a porta fechada e selada, por virtude do dote da sutileza, saiu da sepultura. Quando o anjo abriu a porta do sepulcro, já o Senhor não estava nele; mas abriu-a, para que as Marias pudessem entrar e ver. Da mesma sorte entrou o mesmo Senhor no Cenáculo: "Com as portas fechadas" (Jo 20,19) — porque os corpos ressuscitados são corpos com propriedades de espírito, a que não resistem nem fazem impedimento as paredes. O segundo dote é a agilidade, o qual consiste em um homem poder, quase em um momento, estar aqui, em Lisboa e na Índia, e noutras maiores distâncias. Cristo no dia de hoje apareceu à Madalena no sepulcro, às Marias no caminho de Jerusalém, aos discípulos desesperados no do castelo de Emaús, aos apóstolos no Cenáculo, a S. Pedro não se sabe onde, e todas estas jornadas fez o Senhor, e fizera outras muito maiores em muito poucos momentos. Do céu empíreo à terra há tanta distância, que se do princípio do mundo lançaram de lá uma bola de chumbo que corresse todos os dias oitocentas léguas, ainda não teria chegado cá abaixo. E todo este caminho andou o Corpo de Cristo ressuscitado na sua Ascensão em um momento. O dote da impassibilidade faz a um corpo incapaz de dor, de enfermidade, de morte: "Mete aqui o teu dedo, e vê as minhas mãos; chega também a tua mão, e mete-a no meu lado" (Jo 20,27). — Ressuscitou Cristo com as cinco chagas; mas, se quatro o mataram, como está agora vivo com cinco? E principalmente "com a chaga do lado"? — É porque um corpo imortal e impassível é incapaz de padecer e morrer, e são as feridas e as chagas nele como rubis sobre neve, que esmaltam a formosura. O dote da claridade é ficar um corpo ressuscitado muito mais formoso e resplandecente que o sol. Cristo cobriu seus raios hoje para poder ser visto, como se escreve de Moisés, porque, se o viram como ele era, morreram todos de pasmo e de contentamento. Aos apóstolos no Cenáculo apareceu no próprio hábito e figura em que andava neste mundo, só com chagas de mais; à Madalena e aos discípulos de Emaús apareceu transfigurado, mas de tal maneira que o não puderam conhecer nem pelo rosto nem pelo vestido, porque à Madalena se representou como hortelão, e aos de Emaús como peregrino. Só no Monte Tabor foi visto com o dote de claridade, no rosto resplandecente como o sol e nos vestidos tão alvos como a neve: "O seu rosto ficou refulgente como o sol, e as suas vestiduras se fizeram brancas como a neve" (Mt 17,2). — E que sucedeu a S. Pedro? Viu os vestidos de Cristo com a mudança da cor e o rosto soberano com a de raios semelhantes ao sol; e bastou esta vista, sendo só de dois acidentes exteriores, para ficar o apóstolo fora de si: "Não sabendo o que dizia" (Lc 9,33) — e não querer mais vida nem mais glória: "Bom é que nós aqui estejamos" (Ibid.). — E para que depois entendesse ele, e os outros dois discípulos, que este era um dos quatro dotes com que haviam de ressuscitar, lhes disse o Senhor: "Não digais a pessoa alguma o que vistes, enquanto o Filho do homem não ressurgir dos mortos" (Mt 17,9): que guardassem silêncio do que viram, até que o vissem ressuscitado. — Estes são os dotes gloriosos com que hoje ressuscitou Cristo, e com os mesmos hão de ressuscitar estes nossos corpos.

Esta consideração nos deve animar e consolar muito em nossos trabalhos, considerando que este corpo mortal, que agora padece, virá tempo em que ressuscite imortal e glorioso. Por que vos parecia que padecia Jó com tanta alegria, tantos trabalhos, perdas de fazenda, de filhas, desgostos da mulher, dores nos ossos, nos nervos, nas artérias, nos olhos, na cabeça, na respiração, coberto de chagas, comido de bichos, e, contudo, sempre alegre e sempre contente? Por quê? Porque trazia uma nômina ao pescoço com umas certas palavras que lhe davam fortaleza para sofrer tudo isto. E que palavras eram estas? "Eu sei que o meu Redentor vive, e que eu no derradeiro dia surgirei da terra" (Jó 19,25). — E a nômina era: "Esta minha esperança está depositada no meu peito" (Ibid. 27). — Alguns consolam-se nos trabalhos com a morte, como Elias: "Desejou para si a morte" (3Rs 19,4). — Não há de ser assim, senão com a ressurreição. Consolar com a morte é consolação de desesperados; com a ressurreição, é de quem espera: "Esta minha esperança foi reposta". — Olhava Jó para si, e dizia: — Padeces, corpo? Consola-te com a ressurreição, que então serás impassível. Estás feio e disforme? Contenta-te, que terás o dote da impassibilidade. Estás entrevado, sem te poder bulir: "Tu puseste os meus pés em um cepo" (Jó 13,27)? — Consola-te, que terás o dote da agilidade. Estás em um muladar, porque todos te fecham a porta? Consola-te, que terás o dote da sutileza, e não haverá para ti porta fechada. E vós, meus olhos, não fazeis senão chorar? Consolai-vos, porque vereis a Deus: "Na minha própria carne verei a Deus" (Jó 19,26).

§ IV

Ora, suposto que, para não temermos a ressurreição, o meio é buscar a Cristo, que meio há para o buscar seguramente? O meio que há para buscar a Cristo seguramente é fazer o que hoje fizeram as Marias. Quatro coisas fizeram as Marias hoje buscando a Cristo: primeira, buscaram a Cristo com pressuposto de que, buscando-o a ele, se achariam a si, segunda: buscaram a Cristo fazendo o que tinham de obrigação e o que tinham de devoção; mas o que tinham de obrigação, fizeram-no primeiro; terceira: não guardaram o buscá-lo para o fim do dia, senão logo no princípio dele; quarta e última: buscaram a Cristo não reparando em trabalho, nem gasto, nem em crédito, nem em perigo, nem em dificuldade. Vejamos tudo brevissimamente, e comecemos pela primeira.

A primeira coisa por onde começaram as Marias foi comprar aromas para ungirem ao Senhor: "Compraram aromas para irem embalsamar a Jesus" (Mc 16,1). — E, se bem se adverte, já então Cristo estava ungido por José e Nicodemos, com cem libras de unguentos: "E o ligaram envolto em lençóis" (Jo 19,40). — Pois, se Cristo estava ungido, para que o vêm ungir ainda mais? Ora, vede. As Marias não vinham ungir a Cristo porque Cristo tivesse necessidade de ser ungido, senão porque elas tinham necessidade de o ungir. Para Cristo estar ungido bastava que o ungissem José e Nicodemos; mas para as Marias terem o merecimento de o ungir, não bastava que José e Nicodemos tivessem ungido a Cristo: era necessário que elas o ungissem também, e por isso compraram aromas para o ungirem, depois de tão ungido: "Compraram aromas para irem embalsamar". — De maneira que, em certo modo, não vieram ungir a Cristo por amor de Cristo; vieram ungir a Cristo por amor de si. Não porque Cristo tivesse necessidade daquela unção, senão porque elas tinham necessidade daquele merecimento.

Cuidam alguns que fazem grande fineza e grande serviço a Deus em o servirem. Deus não tem necessidade de nada nem de ninguém: "Deus, Tu és o meu Deus, porque não tens necessidade dos meus bens" (Sl 15,2); não tem necessidade de que nós o sirvamos; nós é que temos necessidade de o servir a ele. S. Francisco de Borja[1], recebendo em seu serviço os criados da casa de seu pai defunto, e conservando juntamente os que tinha da sua, respondeu aos que lhe diziam que eram supérfluos: "Estes fiquem, porque tenho necessidade deles; e aqueles fiquem também, porque necessitam de mim". — Deste segundo gênero é que são todos os que servimos a Deus. Não se serve Deus de nós porque tenha necessidade de nós senão porque nós temos necessidade dele. Ouçamos ao mesmo Deus: "Por acaso comerei as carnes dos touros, e beberei o sangue dos cordeiros?" (Sl 49,13). Cuidais que me fazeis grande serviço em me oferecer grandes sacrifícios? — Porventura hei eu de comer a carne dos vossos bezerros ou beber o sangue dos vossos cordeiros? — Da mesma maneira não tenho necessidade do vosso jejum, porque eu não como o que deixais de comer, nem muito menos tenho necessidade de vossa reza, porque tenho anjos que com melhores vozes continuamente me louvam. Finalmente, não hei mister que deis esmola aos pobres, porque eu os sustentarei com a mesma facilidade com que sustento as aves do ar e os bichinhos da terra; mas vós sois os que tendes necessidade de dar esmola, de rezar, de jejuar e de me fazer sacrifícios. Assim, que havemos de buscar, e servir, e amar a Deus com pressuposto que, quando o buscamos a ele, nos buscamos e nos achamos a nós; que quando o servimos, nos servimos; quando o amamos, nos amamos; e quando gastamos com ele, gastamos e despendemos conosco. Bem se viu nas Marias: compraram aromas, e quem se ungiu com eles? Elas, e não Cristo, porque tudo lhes ficou em casa. E o mesmo fora se ungiram ao Senhor, como lhe aconteceu a uma delas, a Madalena que, quando ungiu ao Senhor: "Enxugava com os cabelos da sua cabeça" (Lc 7,38) — dava com as mãos e recebia outra vez com os cabelos, senão que o recebia melhorado, como tocado em tão soberanas relíquias.

Com este pressuposto havemos de passar às obras que são obras de obrigação e obras de devoção, mas às de obrigação primeiro: Diz o evangelista que, "depois de passado o sábado, madrugaram muito as Marias, para virem ungir a Cristo com os aromas que tinham comprado e prevenido" (Mc 16,1). E por que não vieram ao sábado, senão depois que o sábado passou, isto é, ao dia seguinte, que era domingo? Porque o sábado naquele tempo e naquela lei era dia santo, e proibido nele o caminhar mais que certo número de passos: "Que está perto de Jerusalém, na distância da jornada de um sábado" (At 1,12). — E como a observância do sábado era de preceito, e o ungir a Cristo era devoção, dilataram a obra da devoção para acudirem primeiro à do preceito: "Depois de passado o sábado".

À obra do preceito se há de acudir primeiro e deixar a Deus por amor de Deus, exercitando a obra de seu maior agrado e pospondo qualquer outra, ainda que boa e santa, de que possa ser ofendido. Vejamo-lo em Elias. Estava Elias em um deserto metido numa cova, orando a Deus e fazendo penitência, quando por mandado do mesmo Deus lhe aparece um anjo, e lhe diz: E bem, Elias, vós aqui? "Que é o que fazeis?" (3Rs 19,9). — Repreendeu-o pelo que fazia, e pelo lugar onde estava: "Que é o que fazeis aqui?". — Pois, estar Elias num deserto enterrado vivo numa cova, fazendo penitência, orando a Deus e contemplando, é lugar e ação digna de repreensão? Em Elias, sim, porque Elias era profeta de el-rei Acab, e tinha obrigação de lhe pregar e de lhe dizer o que convinha; e estar no deserto era devoção, estar na corte era obrigação. E deixar a obrigação pela devoção era obra digna de ser repreendida e castigada. Deus não quer que o sirvamos com ofensa sua. Servir a Deus com ofensa de Deus é ofendê-lo, não é servi-lo. E quanto há disto hoje? Vai o outro, gasta quinhentos cruzados na festa de um santo, e não paga o que deve, nem aos oficiais que trabalharam. Isto não é serviço de Deus. Pagai o que deveis, que é obrigação, e então fareis festas, que é devoção. Vem-se confessar uma devota. Jejuais? Não. E por quê? Desmaios, fraquezas, dores de estômago, e outras escusas deste gênero. Diz-lhe o confessor: Minha irmã, tratai de vos conservar na graça de nosso Senhor, e para isso encomendai-vos muito à Virgem, nossa Senhora. — Ah! Virgem Mãe de Deus, nunca eu deixo de lhe jejuar o seu sábado! Por isso esperava. — Pois, vinde cá: não jejuais em véspera de S. Matias, ou de S. Tomé, e jejuais o sábado? Melhor é jejuar em véspera de S. Pedro e S. Paulo que jejuar os sábados, porque o jejum dos santos apóstolos é preceito, e o jejum do sábado é devoção. Mas sabeis por que acudimos antes à devoção que ao preceito? É porque no preceito faz-se a vontade de Deus, na devoção faz-se a vontade nossa, e nós queremos antes fazer a nossa vontade que a de Deus: "Nos vossos jejuns fazeis a vossa vontade" (Is 58,3) — diz Deus — e eu quero que façais a minha. — Tudo se pode e deve fazer como fizeram as Marias. Guardaram o sábado, que era o preceito, e fizeram a sua devoção e cerimônia ao domingo, que era devoção: "Depois de passado o sábado, vieram para ungir Jesus".

§ V

Sim, mas quando se há de fazer? No tempo em que é lícito, e logo, como fizeram as Marias: "Muito de madrugada" — sem o guardar para a tarde. Cristo entra em nossas almas, ou nascendo, ou ressuscitando: na primeira graça, nascendo; na segunda, ressuscitando. Nasceu à meia-noite ao cantar do galo, e ressuscitou antes de sair o sol. E por quê? Para que entendamos que, para Cristo nascer ou ressuscitar em nossas almas, é necessário madrugar e não o deixar para depois. Quem era aquele pai de famílias que saiu a alugar os operários que haviam de trabalhar na sua vinha, e quando saiu a alugá-los? O pai de famílias era Cristo; o quando foi muito de madrugada: "Saiu ao romper da manhã a assalariar trabalhadores para a sua vinha" (Mt 20,1). — Parece que o pudera fazer mais tarde sem nenhum perigo, porque a todas as horas daquele dia achou sempre os operários prontos para trabalharem nela. Por que madruga logo, e tão cedo? Para nos ensinar com seu exemplo. A nossa vinha é a nossa alma; e o que é necessário para a cultivar e colher dela o fruto que Deus espera de nós, não o havemos de dilatar, nem tardar em lhe aplicar os meios, senão madrugar, como fez o pai de famílias, não guardando para outras horas, ainda que os meios sejam certos e não duvidosos, como é a nossa vida: — Eu — diz Davi — sendo um homem tão pouco medroso, "sempre me temi muito do alto dia" (Sl 55,4). — E que lhe fazia medo a Davi então, pois confessa esse temor? Fazia-lhe medo ser o alto dia o meio dele, e terem-se passado já tantas horas naquilo que se há de fazer antes de sair o sol: "Muito de madrugada".

E que faremos nós, os que já imos tão perto de ele se nos pôr? Fazer como os discípulos de Emaús. À tarde daquele dia mostrou Cristo que se queria apartar deles e seguir seu caminho como peregrino; mas eles não só lhe rogaram que ficasse ali, mas diz o evangelista que por força o obrigaram a isso: "Eles o constrangeram, dizendo: Fica em nossa companhia, porque já é tarde, e está o dia na sua declinação" (Lc 24,29). — Miseráveis daqueles que o guardam para o fim da vida, para a última hora e para o último momento do dia! — "Ao ponto que chegou aquele dia, entrou Noé na arca" (Gn 7,13). — Para o último momento do dia em que Noé se havia de embarcar na arca, e Deus a havia de fechar por fora, esteve Noé esperando com ela aberta. E que lhe sucedeu? Caso verdadeiramente maravilhoso e digno de grande horror! Dilatou-se tanto, e esteve esperando para ver se havia algum que se convertesse e quisesse socorrer à arca, mas nenhum houve que chegasse; porque, quem nos anos em que se fabrica a arca se não converte, não se converte no último artigo. E para que nos não descuidemos, advirtamos que neste dia de nossa vida muitas vezes nos parece que nos restam muitas horas, e temos chegado ao último artigo em que se nos está pondo o sol. Suponde que estão três homens condenados à morte, e que mandou el-rei que um o lançassem ao mar na altura do Cabo Verde, outro na Linha, outro no Cabo de Boa Esperança, mas qual houvesse de ser o primeiro, o segundo e o terceiro, que o levasse quem havia de fazer a execução em uma carta cerrada, a qual se abrisse naqueles mesmos lugares. Dizei-me: Haveria algum destes homens que em qualquer altura destas não fosse tremendo? Pois, o mesmo passa conosco. Todos estamos condenados à morte: uns para o Cabo Verde, que são os que morrem na flor dos anos; outros para a Linha, que são os que morrem de meia idade; outros para o Cabo de Boa Esperança, que são os que morrem na velhice; mas em toda a parte havemos de ir com grande medo, por não sabermos quando chegará o nosso cabo. Pois, para isso preparemo-nos logo em saindo da barra, que isto é o "Logo ao amanhecer".

Assim o devemos fazer e assim o fizeram as Marias, sem reparar em trabalho, nem em perigo, nem em gasto, nem em descrédito, nem finalmente em dificuldade alguma. Não repararam em trabalho, porque se levantaram muito de madrugada, saíram de casa, andaram pelas ruas da cidade, e saíram dela até o Monte Calvário e vale do sepulcro. Nem repararam em perigos, que eram muitos pela escuridade da noite, pelo horror natural dos lugares desertos e medonhos e pelo temor das guardas dos muros, e, principalmente, pelos que guardavam a entrada selada e cerrada do monumento. Nem repararam em gasto, porque despenderam o dinheiro, e muito dinheiro, em comprar os aromas preciosos, pois uma e a principal delas era a Madalena, tão costumada a despender muito em serviço de Cristo. Nem repararam em crédito, sendo Madalena senhora tão ilustre, acompanhando as que eram mulheres e mães de pescadores; e nem ela, nem as demais, em serem vistas naqueles lugares tão suspeitosos, como são à honra e à virtude os adros e cemitérios àquelas horas. Finalmente, não repararam em dificuldades porque, dizendo e duvidando entre si: "Quem nos há de revolver a pedra?" (Mc 16,3) — quem lhes havia de tirar da porta da sepultura a pedra, muito maior que suas forças: "Era ela muito grande" (Mc 16,4) — nem por isso pararam ou tornaram atrás; antes, foram por diante, seguindo animosamente seu intento e confiando em Deus.

O mesmo havemos de fazer nós: nem nos engane o mundo com a falsa apreensão do descanso, porque com um pequeno trabalho alcançaremos descanso eterno. Nem nos engane com os seus falsos perigos, pois, quando muito, podem chegar até a morte desta vida, que necessariamente há de acabar. Nem nos engane com o seu falso interesse, porque, por uma pequena despesa, alcançaremos os interesses do céu; nem nos engane com a sua falsa honra, porque, por um pequeno descrédito com os homens, alcançaremos eterna glória entre os anjos. E, finalmente, não nos acovarde dificuldade alguma, porque, quanto maiores, tanto mais nos facilita Deus o vencê-las. Eu antes quero grandes dificuldades que as pequenas, porque as pequenas correm por minha conta, as grandes por conta de Deus. Na ressurreição de Lázaro mandou Cristo aos que estavam presentes que levantassem a campa da sepultura: "Tirai a pedra" (Jo 11,39). — E por quê? Não seria muito maior circunstância de um milagre, que tantas teve de assombro, sair Lázaro de dentro estando a sepultura cerrada? Sim, seria. Pois, por que manda o Senhor que tirem primeiro a campa que a cobria? Porque a campa podiam-na tirar os homens, e ressuscitar a Lázaro defunto só Cristo podia. Para nos ensinar que, se fazemos o que está em nossa mão, e o que podemos, ele fará o demais, que só ele pode. Bem se viu no caso presente. As Marias reconheceram que de nenhuma maneira podiam abalar nem tirar da porta da sepultura a grande pedra que a fechava: "Quem nos há de revolver a pedra? Era ela muito grande" (Mc 16,3s). — E como elas tinham feito o que podiam para ungir o sagrado corpo, tomou o Senhor por sua conta o que ele só podia fazer. E que foi? "Porque um anjo do Senhor revolveu a pedra, e estava sentado sobre ela" (Mt 28,2). — Acharam a sepultura aberta, e a pedra tirada, e um anjo, que a tirara, assentado sobre ela, que lhes deu as alegres novas da ressurreição.

§ VI

Dizei-me, e acabemos com o maior exemplo. Não vos parece que Cristo, hoje ressuscitado, fez bem em morrer? Que dificuldades, que trabalhos, que afrontas e descréditos, que amarguras e dores não experimentou em sua paixão? As bofetadas, os açoites, os espinhos da coroa, o peso da cruz, a companhia dos ladrões, as feridas dos cravos, a ânsia, a angústia, o tormento mortal de estar pregado e suspenso, derramando todo o sangue das veias, até lhe faltar a vida e render a alma: tudo isto se lhe representava vivamente na oração do Horto, repugnando a natureza e pedindo remédio ao Pai, tantas e tão repetidas vezes, se fosse possível. E se o mesmo Pai condescendesse com a sua petição e ele deixasse a empresa, e vivo, sem morrer, tornasse para o céu, parece-vos, torno a perguntar, que ficaria bem reputado seu crédito e sua honra entre os homens e anjos? E que teria rosto — digamo-lo assim — para lá aparecer entre eles, e cá entre nós? Mas porque não fez caso de trabalhos, de dores, de ignomínias e afrontas, e da mesma morte tão cheia de tormentos, por isso tão confiadamente aparece hoje a todos ressuscitado, e com tantos aplausos do céu e da terra, entre os mesmos homens e anjos, e muito mais à destra de seu Eterno Pai será por todas as eternidades glorificado.

Isto é o que sobretudo devemos imitar todos neste soberano mistério da ressurreição, lembrando-nos sempre, e pondo como em balança, de uma parte as poucas horas que duram aquelas penas e tormentos, e os infinitos séculos e eternidades sem fim que há de durar sua glória e a nossa, pela qual padeceu Cristo com grande alegria: "Havendo-lhe sido proposto gozo, sofreu a cruz" (Hb 12,2). — Oh! como dirá então cada um de nós, falando consigo, em tanta diferença de estado: Oh! bem-aventurados trabalhos, que me trouxeram a tão grande descanso! Bem-aventurada despesa, que me trouxe tão grandes interesses! Bem-aventurado descrédito, que me trouxe a tão grande honra! Bem-aventurados perigos, que me trouxeram a tão grande segurança! E bem-aventurada vitória de todas as dificuldades, que me trouxe a um tão grande prêmio, como é o da glória! "Que a mim e a vós o Senhor Deus Onipotente digne-se conceder. Ele que vive e reina pelos séculos dos séculos."[2]

SERMÃO

Gratulatório e Panegírico

Na manhã de dia de Reis, sendo presente, com toda a corte, o Príncipe nosso Senhor, ao Te Deum Laudamus que se cantou na Capela Real, em ação de graças pelo felicíssimo nascimento da Princesa Primogênita, de que Deus fez mercê a estes Reinos na madrugada do mesmo dia do ano de 1669.

∽

"Louvamos-te, ó Deus, e te confessamos nosso Senhor: toda a terra te adora, ó Pai eterno."[1]

Libertado em junho de 1668, Vieira é transferido para Lisboa e retoma o posto de Confessor do regente, assim como o direito limitado de pregar. Deposto Afonso VI, assume a regência D. Pedro. O ambiente do sermão é o canto de um Te Deum. Vieira propõe ponderar três coisas: Quem louva? A quem louva? E por que louva? Quem louva somos nós, e toda a terra. Portugal é toda terra. A quem louva é Deus, enquanto Deus e enquanto Senhor. Deus é nome de liberalidade; Senhor é nome de poder. O por que louva é porque o Eterno Pai, enquanto Pai, fez hoje pai ao nosso príncipe, e, enquanto eterno, o começa também a fazer eterno. Três dias teve Portugal neste século tão cheio de novidades. O primeiro foi o dia da Aclamação; o segundo, o dia das Pazes; o terceiro, este dia, sobre todos feliz, do nascimento da nossa primogênita.

§ I

A dois coros de louvores divinos — muito alto e muito poderoso Príncipe, e neste dia felicíssimo senhor nosso — a dois coros de louvores divinos, divididos em alternadas vozes, mas concordes em recíproca harmonia, cantam hoje a Deus este hino de ação de graças, no céu os anjos e na terra os homens. A parte que toca ao coro dos homens é o verso que propus; a que pertence ao coro dos anjos é a que se continua no verso que se segue: "A ti louvam os Anjos, a ti louvam os céus e as forças do universo". — Este coro celestial e angélico, que nós não podemos ouvir nem acompanhar, ficará — pois Deus assim o quis — para os nossos gloriosíssimos reis, Dom João e Dona Luísa[2], que estão no céu, cuja glória acidental considero eu hoje mui crescida no felicíssimo nascimento da primogênita de seus netos, novas e segundas primícias de sua real descendência. Sendo certo — como piamente devemos crer — que lá, desde esse trono de maior majestade, onde reinam, estão nesta mesma hora lançando mil bênçãos sobre a recém-nascida infante, melhores e mais eficazes que as de Jacó sobre o primogênito de seus netos, o venturoso Efraim (Gn 48,19.). No céu ainda não tenho averiguado se se consentem saudades; mas, assim como a sepultura é a terra do esquecimento, assim o céu é a pátria da memória e das lembranças. A morte, ainda que esfria o sangue, não acaba os parentescos, nem a diferença da vida faz mudança nas obrigações do amor. Sonhou José, em sua primeira idade, que o sol, a lua e onze estrelas o adoravam (Gn cap. 37): o sol era seu pai Jacó, a lua era Raquel, sua mãe, as onze estrelas de maior e menor grandeza eram os seus onze irmãos, desde Rúben a Benjamim. Cumpriu-se a verdade da profecia quando, reinando José no Egito, o adoraram seus irmãos e seu pai, mas não o adorou sua mãe, porque já era morta Raquel. Pois, se Raquel era morta, e não adorou a José com os demais, como viu José que sua mãe o adorava? Porque, ainda que o não adorou nesta vida, adorou-o na outra; ainda que o não adorou no Egito, onde José estava, adorou-o lá desde o seio de Abraão — que era a bem-aventurança daqueles tempos — aonde estava Raquel[3] — Raquel também na outra vida é mãe, Jacó também na outra vida é pai. E como a morte não tem jurisdição nas almas, lá amam os pais e de lá adoram aos filhos; lá se gozam de seus bens, lá se alegram com suas felicidades. Renovam-se mais em semelhantes ocasiões as saudades e memórias dos nossos bons reis, e dizemos com sentimento: Oh! se viveram ainda hoje — como puderam ser vivos — que glória seria a sua em tão formoso dia, vendo as felicidades do filho e neta, do reino e vassalos, que tanto amaram! Mas o engano piedoso desta nossa consideração mais necessita de fé que de alívio. Demos o parabém a nossos reis, não lhes tenhamos lástima. De lá estão vendo melhor o que nós vemos, de lá estão gozando melhor o que nós gozamos, e lá estão louvando e dando graças a Deus, entre o coro do céu, muito melhor e mais altamente do que nós o saberemos fazer neste nosso da terra.

O verso que pertence a este coro é o que propus: "Louvamos-te, ó Deus, e te reconhecemos como Senhor: toda a terra o adora, ó Pai eterno". — As palavras são muito comuns para dia tão particular, e para assunto tão subido muito vulgares. Mas, se o artífice não estivera tão esquecido do exercício e da arte, sobre alicerces toscos bem se pode levantar alto e lustroso edifício: sobre a pedra fundamental dele — que é "Louvamos-te, ó Deus" — determino perguntar ou ponderar três coisas: Quem louva? A quem louva? E por que louva? Quem louva somos nós, e toda a terra: "Louvamos"; toda a terra: "Toda a terra o adora". — A quem louva é Deus, enquanto Deus e enquanto Senhor: enquanto Deus: "A ti, ó Deus"; enquanto Senhor: "A ti, ó Senhor". — O por que louva é porque o Eterno Pai, enquanto Pai, fez hoje pai ao nosso príncipe, e, enquanto eterno, o começa também a fazer eterno: "A ti, ó Pai eterno". — Não diz mais o cantochão das palavras, nem eu sei dizer mais do que elas dizem. O concurso do Evangelho e do mistério, em dia tão singular, nada desdizem da presente ação de graças, antes ajudam e acompanham. O Evangelho diz que ofereceram os reis ao rei nascido "ouro, incenso e mirra" (Mt 2,11). — E o mistério foi que "no incenso reconheciam a Cristo como Deus, no ouro como Senhor, na mirra como mortal"[4] — diz S. Gregório Papa. Se oferecem adorações de incenso, como a Deus: "Louvamos-te, ó Deus"; se oferecem tributos de ouro, como a Senhor: "E te reconhecemos como Senhor"; se oferecem mirra de mortalidade, como a mortal, ao que é imortal e eterno: "Toda a terra o adora, ó Pai eterno". — Vamos ao que prometemos.

§ II

Começando pela primeira pergunta: Quem louva? — digo, ou torno a dizer, que louvamos nós e toda a terra. E toda a terra? Parece que esta voz vem fora de nosso coro: que louvemos nós — "Louvamos" — muita razão é; mas toda a terra: "Toda a terra o adora"? — Por quê? Que obrigação tem toda a terra à primogênita de Portugal, para vir dar graças a Deus pelo seu nascimento? Se Portugal não conhece esta obrigação, não se conhece: toda a terra tem a mesma obrigação de Portugal, porque Portugal é toda a terra. Portugal, quanto a reino, é parte de uma parte da terra na Europa; mas Portugal, quanto à monarquia, é um todo composto de todas as quatro partes da terra, na Europa, na África, na Ásia, na América. Fazer esta demonstração com os compassos geométricos em um mapa, ou esfera do mundo, é muito fácil; mas eu hei-a de fazer nas Escrituras Sagradas, porque parece dificultoso e para que saibamos os portugueses quantas obrigações devemos a Deus e quão antigas.

Desafogado o mundo das águas do dilúvio, erma e despovoada toda a terra, dividiu-a toda Noé em três partes, e repartiu-a entre os três filhos que com ele se salvaram na arca: uma parte deu a Sem, que era o primogênito; outra a Cam, que era o segundo; e a terceira a Jafé, que era o último (Gn 9)[5]. Grande é na ordem da divina providência a ventura dos filhos últimos: tem Deus por brasão e honra de sua justiça fazer dos primeiros últimos e de sua grandeza fazer dos últimos primeiros[6]. Assim sucedeu a Jafé: lançou-lhe a bênção seu pai Noé, e disse desta maneira: "Filho meu Jafé, Deus te dê a ventura" conforme o nome. — O teu nome de Jafé quer dizer "dilatação" — e tal será a tua bênção, porque Deus te dilatará tão estendidamente por toda a terra, que não só lograrás a parte que coube na tua repartição, senão também a de teus irmãos: dominarás as terras de Cam e habitarás as de Sem: "Dilate Deus a Jafé, e habite Jafé nas tendas de Sem, e Canaã seja seu escravo" (Gn 9,27). — Pois, se Cam havia de possuir só a sua parte da terra, e não a de Jafé nem a de Sem, e se assim mesmo Sem havia de possuir só a sua parte, e não a de Cam nem a de Jafé, por que razão havia de possuir a sua, e mais habitar a de Sem, e dominar a de Cam, e, por consequência, toda a terra? Porque o primeiro era repartição, o segundo foi bênção; o primeiro era distribuição da justiça, o segundo foi favor e privilégio da providência. Olhou a divina providência para Jafé com olhos tão benignos e liberais, que, limitando a seus irmãos certas e determinadas partes da terra, a ele só o quis estender e dilatar por todas as partes dela, sem termo nem limite: "Dilate Deus a Jafé".

Bem está; mas sobre quem caiu esta bênção de Noé? Quem logrou esta promessa feita a Jafé? E em quem se cumpriu a grandeza de toda esta profecia? Cumpriu-se no primeiro português que houve no mundo e na sua descendência, que somos nós[7]. O primeiro português que houve no mundo foi Tubal: sua memória se conserva ainda hoje, não longe da foz do nosso Tejo, na povoação primeira que fundou, com o nome de *Caetus Tubal*, e, com pouca corrupção, Cetúbal. Este Tubal, este primeiro português — como se lê no capítulo décimo do *Gênesis* — foi filho quinto de Jafé — que também é boa a fortuna dos filhos quintos[8] — "Os filhos de Jafé foram Gomer, Madai, Javã, Tubal" (Gn 10,2). — E, finalmente neste filho quinto de Jafé, neste primeiro português, neste Tubal, se verificou a bênção de seu avô Noé, e se cumpriu a profecia e promessa feita a seu pai Jafé, porque só os portugueses, filhos, descendentes e sucessores de Tubal, são e foram — sem controvérsia — aqueles que, por meio de suas prodigiosas navegações e conquistas, com o astrolábio em uma mão e a espada na outra, se estenderam e dilataram por todas as quatro partes do imenso globo da terra. Portugueses na Europa, portugueses na África, portugueses na Ásia, portugueses na América e, em todas estas quatro partes do mundo, com portos, com fortalezas, com cidades, com províncias, com reinos e com tantas nações e reis tributários. Houve algum filho de Noé, houve alguma nação outra nas idades, por belicosa e numerosa que fosse e celebrada nas trombetas da fama, que se dilatasse e estendesse tanto por todas as quatro partes da terra? Nenhuma. Nem os assírios, nem os persas, nem os gregos, nem os romanos. E por quê? Porque esta bênção, esta herança, este morgado, este patrimônio era só devido aos portugueses, por legítima sucessão de pais e avós, derivado seu direito de Noé a Jafé, de Jafé a Tubal, de Tubal a nós, que somos seus descendentes e sucessores.

Não posso deixar de confirmar esta bênção ou doação — por que me não ponham pleito — com uma escritura pública e também sagrada. — Os patriarcas antigos, como eram alumiados com espírito de profecia, punham a seus filhos tais nomes, que neles significavam a boa ou má fortuna, sua e de seus descendentes[9]. Assim o fez Adão nos nomes de Caim e Abel, assim Jacó nos nomes de José e Benjamim, assim José nos nomes de Efraim e Manassés. Seguindo este estilo, Jafé houve de pôr nome àquele seu filho quinto, e chamou-lhe Tubal. Mas que quer dizer Tubal? Prodigioso caso! Tubal, como dizem todos os intérpretes daquela primeira língua — que era a hebraica — quer dizer "do orbe e do mundo": homem de todo o mundo, homem de todo orbe, homem de toda a redondeza da terra. Pois, de todo o mundo, de todo o orbe, de toda a redondeza da terra um homem? Sim, porque este homem era o primeiro fundador de Portugal, era o primeiro português, era o primeiro pai dos portugueses, aqueles homens notáveis, que não haviam de ser habitadores de uma só terra, de um só reino, de uma só província, como os outros homens, senão de todo o mundo, de todo o orbe, de todas as quatro partes da terra. E assim como o romano se chama romano, porque é de Roma, e o grego se chama grego, porque é de Grécia e o alemão se chama alemão porque é de Alemanha, assim o português se chama "do mundo", porque é de todo o mundo, e se chama "do orbe", porque é de toda a redondeza da terra. E como toda a terra é sinônimo de Portugal, e os portugueses são parte dominadores, parte habitadores de toda a terra, por isso, no dia felicíssimo em que o príncipe e corte de Portugal, em nome e representação de toda a monarquia, vem louvar e agradecer a Deus solenemente o feliz nascimento da sua primogênita, razão é, e obrigação, que à mesma ação de graças venha e concorra também toda a terra. Vimos nós, vimos todos os portugueses louvar a Deus: "Louvamos"? Pois, venha também conosco toda a terra venerá-lo: "Toda a terra te adora".

No nascimento de Cristo, quando o vieram adorar hoje os reis do Oriente, cada um dos reis representava uma parte do mundo. O mundo naquele tempo constava só de três partes, porque ainda os portugueses lhe não tinham acrescentado e descoberto a quarta. Esse é o mistério por que os reis foram somente três. O primeiro cetro representava a soberania da Ásia, a segunda púrpura a potência da África, a terceira coroa a majestade da Europa: "Os três magos significam as três partes do mundo: Ásia, África, Europa"[10] — disse o Venerável Beda, Santo Tomás e Ruperto. De maneira que no nascimento de Cristo, quando o mundo o vem adorar, um rei representa uma parte do mundo; mas no nascimento da nossa primogênita, quando Portugal vem adorar ao mesmo Cristo, um só príncipe representa todas as quatro partes. Mais tem hoje Cristo a seus pés em um cetro, do que teve naquele dia em três coroas. Se nesta madrugada houvesse de despachar Portugal correios de luz, a levar a feliz nova por toda a monarquia, não havia de ir uma só estrela, senão quatro estrelas: uma estrela para o Oriente, à Ásia; outra estrela para o Ocidente, à América; outra estrela para o Setentrião, à Europa; outra estrela para o Meio-dia, à África. Oh! que formosas estrelas! Oh! que alegres e festejadas novas para aqueles fidelíssimos vassalos, tão amantes do seu reino e do seu rei, espalhados por toda a terra! Mas, pois as estrelas não vão, nem eles podem vir tão depressa, vem em nome de todos eles, e como cabeça de todos, o nosso monarca em presença, com toda a sua corte, para que todos louvemos a Deus: "Louvamos" — e em representação com toda a terra — em que tanta parte é sua — para que toda o venere: "Toda a terra te adora".

§ III

Temos satisfeito à primeira pergunta, e já sabemos quem louva. Segue-se a segunda: A quem louva? Digo que louva Portugal e louva toda a terra a Deus, enquanto Deus e enquanto Senhor: enquanto Deus: "A ti, ó Deus" — enquanto Senhor: "A ti, ó Senhor". — Deus é nome de liberalidade, Senhor é nome de poder: chama-se Senhor porque pode, e chama-se Deus porque dá. E por isso louvamos a Deus enquanto Deus e enquanto Senhor, neste dia em que deu sucessão a nossos príncipes, porque lhes deu Deus o que só Deus pode dar.

Carecia Raquel de filhos, e era esta dor para ela a maior de todas as dores, como verdadeiramente é. Todos os profetas, nas suas cominações, quando querem encarecer muito uma grande dor, chamam-lhe dor como dor de parto. — "Ali sentiram dores como uma mulher que está de parto" (Sl 47,7). — Isaías: "Como a mulher que está nas angústias do parto" (Is 13,8). — Jeremias: "Dores como a que está de parto" (Jr 6,24). — Mas, posto que a dor do parto seja tão encarecida nas sagradas letras, ainda há outra maior. E qual é? A dor de não ter essa dor, a dor de não ter filhos. A dor de parto é dor da mãe; a dor de não ter filhos é dor da mãe e mais do pai, ou dos que o desejam ser, e não são. A dor do parto é dor de uma hora, a dor de não ter filhos é dor de toda a vida; antes, na mesma morte é maior dor, porque hão de deixar por força os bens, e não têm a quem os deixem. A dor do parto, como ponderou Cristo, é dor que se converte em alegria (Jo 16,21); a dor de não ter filhos é dor sem consolação, sem alívio, sem remédio. Finalmente, a dor do parto é dor com que pode a vida; a dor de não ter filhos é dor que mata. Estes são os termos por onde Raquel explicou a sua dor: "Jacó, dai-me filhos, senão hei de morrer" (Gn 30,1). — Que responderia Jacó? "Raquel, sou eu porventura Deus?" — Discreta resposta! De maneira que Raquel diz a Jacó que lhe dê filhos, e Jacó responde a Raquel que não é Deus. Como se dissera Jacó: Dizei-me que vos dê filhos, porque desejais ser mãe, e eu digo-vos que não sou Deus, porque só Deus os pode dar; só Deus os pode dar, porque é Senhor, e só Deus os dá, quando é servido, porque é Deus. Para ter filhos não basta só Jacó e Raquel: é necessário Jacó, Raquel e mais Deus. É verdade que Deus não dá filhos sem Jacó e Raquel, que por isso instituiu o vínculo sagrado do matrimônio; mas também é verdade que Jacó e Raquel, sem Deus, não podem ter filhos, por que reservou Deus só para si esse poder, como Senhor: "A ti, ó Senhor" — e reservou só para si essa data, como Deus: "A ti, ó Deus". — E quando Deus concede hoje ao nosso príncipe o que negou a Jacó, e à nossa princesa o que negou a Raquel, razão e obrigação temos de lhe render infinitas graças: de o louvar como Deus: "Louvamos-te, ó Deus" — e de o confessar como Senhor: "Te confessamos, nosso Senhor".

Grandes mercês de sua liberalidade enquanto Deus, grandes e maravilhosos favores de seu poder enquanto Senhor tinha Deus feito aos nossos príncipes, e ao nosso reino, até este dia; mas é tanto maior mercê e tanto mais relevante favor o que hoje nos fez, na sucessão que lhes deu, que em comparação deste soberano benefício, em todas essas mercês, sem esta, nenhuma coisa lhes tinha dado, e em todos esses favores, e outros ainda maiores, sem este nenhuma coisa lhes podia dar. Parece que digo muito: se o não provar, não me creiam.

Apareceu Deus a Abraão, satisfeito do bem que o serviu, e disse-lhe: "Eu desde este dia te tomo debaixo de minha proteção, e sabe que te hei de fazer grandes mercês" (Gn 15,1). — Mercês a mim? — respondeu Abraão: "Deus e Senhor meu, que me darás?". Deus e Senhor meu, que tendes vós que me dar a mim, ou que podeis dar-me? — Esta é a energia literal das palavras. Porém, eu hei de mostrar a Abraão que se implicou nelas. Nas primeiras palavras: "Deus e Senhor meu" — confessais que é Senhor e Deus; nas segundas: "Que me darás" — dizeis que não tem que vos poder dar? Se não tem que vos poder dar, não é Senhor e Deus; e se é Senhor e Deus, dar-vos-á como Deus o que pode como Senhor. Mas não argumentemos de possível, senão "de fato". — Sabeis, Abraão, o que vos pode dar Deus? Pode vos dar tudo o que vos deu. Deus deu a Abraão grandes riquezas, deu-lhe honra, prodigiosas vitórias, deu-lhe fama, e, sobretudo, deu-lhe a Terra de Promissão e a coroa de Israel, que era uma monarquia de doze reinos. Pois, se Deus vos deu tanto e vos pode dar muito mais, como dizeis a Deus: Senhor, que me haveis de dar, ou que podeis dar-me? O mesmo Abraão se explicou e me explicou: "Deus e Senhor meu, que me darás? Eu irei sem filhos" (Gn 15,2). Deus e Senhor meu, que me haveis vós de dar? Ou que me podeis dar, se eu não tenho filhos? — Quando Deus fez aquela promessa a Abraão, Abraão não tinha filhos nem esperança de os ter, porque Sara era de noventa anos, e ele ainda mais velho; e por isso diz resolutamente a Deus que não tem que lhe dar, porque tudo o que Deus dá ou pode dar nesta vida, se não deu filhos, é como se o não dera. E por quê? Porque o que se me dá a mim para outrem não se me dá a mim. Esta é a ênfase e alma daquele "a mim". Conheço que sois Senhor no poder, e que sois Deus na liberalidade: mas "a mim"? A mim, que não tenho filhos? "A mim?" A mim, que nem esperança tenho de os ter? Nenhuma coisa me pode dar vossa liberalidade, nenhuma coisa tem que me dar vosso poder, porque tudo quanto me derdes a mim não é para mim, senão para os estranhos, que o hão de lograr: e isso é dá-lo a eles, e não a mim[11]. Se vós, Senhor, me tivéreis dado filhos, podereis me dar muito; mas, como não me fizestes em seu tempo esta mercê, já agora, por minha incapacidade, não tendes que me dar, porque nos filhos que me negastes, me tendes já tirado quanto me derdes.

Eis aqui, Portugal, por que eu digo que, se Deus nos não dera sucessão, por mais mercês que nos tenha feito, nenhuma coisa nos tinha feito, nenhuma coisa nos tinha dado nem tinha que nos dar. Seja prova desta pura verdade a memória do tempo passado. Tirou-me Deus o reino por tantos anos; tirou-me o império, a soberania, a liberdade: o império trocou-se em sujeição, a soberania em vassalagem, a liberdade em cativeiro. E quando nos tirou Deus tudo isto? Quando nos deu um rei sem sucessão: se o rei, naquela infeliz batalha, tivera sucessor, perdera-se o rei, mas não se perdera o reino; mas, porque Deus, por nossos pecados, queria tirar ao rei e ao reino tudo o que lhe tinha dado, por isso lhe não deu sucessão. Não pudera agora suceder o mesmo? Não pudera ser um irmão como outro irmão? Sim, pudera. E nesse caso, em todas as mercês que Deus nos fez, nenhuma coisa nos tinha feito; e em todas as felicidades que nos deu, nenhuma coisa nos tinha dado: antes, pudéramos dizer com Abraão que nem tinha que nos dar: "Deus e Senhor meu, que me darás? Eu irei sem filhos".

Alegremos o discurso, que parece ia sendo triste para dia tão de festa. Vede o que digo agora. Assim como Deus, se não dera sucessão, não tinha que nos dar, assim hoje, que nos tem dado sucessão, já não temos que lhe pedir. O maior auge que se pode imaginar de fortuna é chegar um rei e um reino a tais circunstâncias de felicidade que não tenha mais que pedir a Deus: e tal é o ponto altíssimo em que hoje se vê Portugal e seu príncipe. O fiador deste segundo pensamento é tão abonado como o do primeiro.

Mandou Deus recontar a Davi, por boca do profeta Natã, as mercês que lhe tinha feito, e notificar-lhe também as que de novo lhe determinava fazer, e todas se reduziam a estas três. A primeira, que, sendo filho último da casa de seus pais, o pusera no trono real de Israel, de que tinha privado a el-rei Saul, e o confirmaria nele: "O teu trono será firme para sempre, porém não retirarei dele a minha misericórdia, como a retirei de Saul" (2Rs 7,15s). — A segunda, que, assim como lhe tinha dado maravilhosas vitórias, lhe daria também paz universal com todos seus inimigos: "Exterminei todos os teus inimigos de diante dos teus olhos, e eu te darei paz com todos os teus inimigos" (Ibid. 9.11). — A terceira, que lhe daria filho herdeiro, que sucedesse em sua casa, para que o mesmo cetro se perpetuasse por longos anos na sua descendência: "Suscitarei depois de ti a teu filho, que procederá do teu ventre, e firmarei o seu reino" (Ibid. 12). — Ouvida, Davi, esta tão grandiosa relação, como príncipe tão pio e religioso que era, fez o que faz hoje o nosso príncipe. Vai-se à Capela Real — porque naquele tempo, como notou Abulense, estava a Arca do Testamento em palácio, em um lugar separado e consagrado a Deus[12] — prostra-se diante do divino Propiciatório, e, depois de confessar com humildes reconhecimentos as mercês que da mão de Deus tinha recebido, chegando à do filho sucessor, disse assim: "Mas isto mesmo te pareceu a ti pouco, se não falasses também da casa de teu servo para tempos distantes, porque esta é a lei de Adão, ó Senhor Deus" (Ibid. 19). — E como se foram poucas nos olhos de vossa divina liberalidade as mercês tantas e tão grandes que me tendes feito, Senhor, ainda sobre todas elas fostes servido de me dar sucessor e herdeiro, em que minha casa se conserve e perpetue, porque esta é a única consolação daquela dura lei da mortalidade, com que os filhos de Adão nascemos. — "O que portanto" — ouvi agora a consequência e conclusão de Davi. — "O que poderia Davi dizer-te ainda?" (2Rs 7,20). Depois desta última mercê que me fizeste, Senhor, já Davi não tem que vos pedir. — Notável dizer de um homem rei e santo! E onde está, Davi, aquele "Ó Senhor Deus" que agora acabaste de confessar? É Senhor, e já não tem que pedir o servo ao onipotente Senhor? É Deus, e já não tem que pedir a criatura ao infinito Deus? — Nesta vida não — diz Davi. — Não fala dos bens da graça, como santo; fala dos bens da fortuna, como rei: e destes achou Davi que já não tinha nesta vida que pedir a Deus: "Como se dissesse" — comenta o mesmo Abulense — "depois de tantos bens que me destes e prometestes nada resta que eu possa pedir". — Tal era o sumo da felicidade humana, em que aquele grão-rei se reconhecia, depois de se ver com sucessão, sobre tantas outras mercês do céu.

Antes desta última felicidade, em todas as outras suas, sempre Davi tinha alguma coisa que pedir a Deus; e, se não, vamos subindo um pouco pelos degraus da sua fortuna, que são os mesmos da nossa. Antes de Davi ser rei, ainda que era o último filho da casa de seus pais, animado do sangue real que lhe pulsava nas veias, podia pedir a Deus que lhe desse o reino. Depois de Davi estar sublimado ao trono real, adorado, obedecido e confirmado nele: "O teu trono será firme para sempre" (2Rs 7,16) — vendo-se cercado por todas as partes de tantos e tão poderosos inimigos, podia pedir a Deus que o livrasse do tumulto das armas e opressões da guerra, e lhe desse paz e descanso. Depois de Davi possuir o reino quieto e pacífico, e se ver reconhecido e respeitado de todos seus inimigos: "Eu te darei paz com todos os teus inimigos" (Ibid. 11) — podia ainda pedir a Deus que lhe desse sucessão, para que o reino, e essas mesmas felicidades, se perpetuassem em sua casa e na posteridade de seus descendentes. Mas depois de Deus lhe conceder esta última graça, e lhe dar sucessor à coroa para depois de seus dias: "Suscitarei depois de ti a teu filho, que procederá do teu ventre" (Ibid. 12) — vendo-se Davi com reino, com paz e com sucessão, parou o desejo, fez alto a fortuna, e resolveu Davi, com ela e consigo, que já não tinha nesta vida que pedir a Deus: "O que poderia Davi dizer-te ainda?" (Ibid. 20).

Não fazia conta de aplicar o caso, por ser tão semelhante; mas quero que me entendam todos, por que não haja alguma ingratidão que possa ter escusa com Deus nem com os homens. O príncipe D. Pedro, nosso senhor, que Deus guarde — como Davi em tudo — era o último filho da real casa de seus pais: o primeiro degrau da sua fortuna foi pôr-lhe Deus na mão o cetro de Portugal e assentá-lo no trono real, não depois da morte, senão em vida do rei, bem assim como Davi em vida de el-rei Saul. Quando Sua Alteza tomou as rédeas do governo, estava o reino oprimido e carregado de tributos, as províncias e campanhas fervendo em armas, os vassalos, dentro e fora, no mar e na terra, padecendo os trabalhos e opressões da guerra. Aqui subiu sua fortuna o segundo degrau. Vem uma paz e outra paz, não buscadas, senão trazidas a Portugal; cessam as armas, levantam-se os tributos — como também os tirou Davi: "Tirou Davi o freio do tributo das mãos dos Filisteus" (2Rs 8,1) — respira o reino, descansam os povos, colhem-se as novidades e frutos da terra em tanta abundância, recolhem-se os comércios e riquezas do mar em tantas frotas, em tantos tesouros. Tens mais que desejar? Tens mais que pedir a Deus, Reino de Portugal? Ainda tínhamos que desejar, ainda tínhamos que pedir, porque nos faltava a última e maior felicidade de todas, que era a sucessão. Tinha-nos dado Deus o reino, tinha-nos dado a paz; mas paz sem sucessão é guerra; reino sem sucessão é despojo. Bem o experimentamos, e bem lamentavelmente, no caso de el-rei D. Sebastião. Tínhamos naquele tempo reino, tínhamos naquele tempo paz; mas a paz, para ser maior guerra, foi guerra de poucos dias; e o reino, para ser maior despojo, foi despojo de sessenta anos. A paz foi guerra de poucos dias, porque em poucos dias nos vimos sujeitos, sem resistência; o reino foi despojo de sessenta anos, porque sessenta anos estivemos cativos, sem liberdade e sem honra. No mesmo perigo, na mesma contingência, no mesmo receio estávamos até este dia, posto que tão assistidos de felicidades. A sucessão real, ainda que entronizada, estava no último fio; o baixel, ainda que tremulando vitoriosas bandeiras, estava sobre uma só amarra. Faltava-nos segundo fiador para a vida, faltava-nos segunda âncora para a segurança, e tudo isto nos nasceu hoje. Já temos a sucessão em duas vidas; já temos o galeão sobre duas amarras. Esta foi a altíssima mercê que hoje nos fez o céu, este o último auge a que hoje vemos subida a nossa fortuna, por uma parte tão necessária, e por outra tão excessiva, que nem Deus sem ela — em sentença de Abraão — tinha que nos dar, nem nós com ela — em sentença de Davi — temos que pedir.

A este Deus tão bom vimos louvar como Deus, e a este Senhor tão liberal vimos confessar como Senhor, e vêm também conosco os reis do Oriente, ou nós com eles. Canta a Igreja neste dia como os reis haviam de oferecer a Cristo seus dons, e, acrescentando à harpa de Davi duas vozes suas, como se a letra fora composta para o nosso coro, diz assim: "Virão os reis do Oriente, e oferecerão seus dons a Cristo, como a Deus e como a Senhor": "Ó Senhor Deus". — E que dons são ou haviam de ser estes? Isaías, comentando a Davi, diz que haviam de ser ouro e incenso: o ouro, em tributo, como a Senhor; o incenso, em adorações, como a Deus: "Todos virão de Sabá, trazendo ouro e incenso" (Is 60,6). — Os sucessores destes mesmos reis do Oriente, que hoje vieram ao presépio de Cristo, e os senhores do comércio destas mesmas drogas ricas, que lhe ofereceram, da Arábia, da Pérsia, da Índia, são os reis de Portugal. E, pois, herdamos as suas coroas, bem é que paguemos também a Deus os seus tributos. Assim o fazemos hoje, e muito melhor. Eles ofereceram o incenso, e nós o cheiro; eles ofereceram o ouro, e nós o preço. O mais precioso daquele ouro, e o mais cheiroso daquele incenso, eram os louvores que juntamente deram a Deus, como acrescenta o mesmo profeta: "Trazendo ouro e incenso, e anunciando louvor ao Senhor" (Ibid.). — Também vieram com "Louvamos-te, ó Deus". Assim que em louvores lhe oferecemos o incenso, como a Deus, e em louvores lhe tributamos o ouro, como a Senhor; e assim o ouro como o incenso, trazidos também de Sabá. De Sabá quer dizer *de conversione*: da conversão. E que é o que acabamos de ver em todo este discurso, senão uma conversão admirável de todas as coisas em Portugal? O cativeiro convertido em liberdade, a vassalagem convertida em reino, a guerra convertida em paz, e, sobretudo, a esterilidade convertida em sucessão. Este é, pois, o poderosíssimo Senhor, reparador de tantas ruínas, a quem vimos louvar como Deus: "Louvamos-te, ó Deus". Este é o liberalíssimo Deus, autor de tantas felicidades, a quem vimos confessar como Senhor: "E te confessamos, ó Senhor".

§ IV

Temos ponderado quem louva, e a quem louva. Resta a última pergunta: Por que louva? Este por que já está respondido em comum, mas não está dito nem ponderado em particular. Digo que louvamos em particular a Deus porque o Eterno Pai, enquanto Pai, fez hoje pai ao nosso príncipe, e, enquanto eterno, começa hoje ao fazer eterno: "A ti, Eterno Pai". — Mas por que razão — começando pela primeira parte deste ponto — por que razão pertence mais este benefício à Pessoa do Eterno Pai, que à do Filho ou do Espírito Santo? Eu o direi. Entre as três pessoas da Santíssima Trindade, o Espírito Santo é pessoa infecunda: não gera nem produz; por isso não há quarta pessoa. O Filho é pessoa fecunda: produz, mas não gera: por isso o Espírito Santo é produzido, e não gerado. Só o Pai Eterno, por propriedade particular e nocional sua, tem fecundidade para produzir gerando; por isso só a Pessoa do Pai tem filho. E porque só a Pessoa do Pai pode gerar e ter filho, essa é a razão por que o benefício da geração, da sucessão, e dos filhos pertence, por atribuição particular e propriíssima só à Pessoa do Eterno Pai. Texto expresso de S. Paulo: "Por esta causa" — diz S. Paulo, como se falara por nós e conosco neste dia — "por esta causa me prostro de joelhos diante do Pai, porque dele procede toda a paternidade, assim no céu como na terra" (Ef 3,14s). — De maneira que não há paternidade, nem ser de pai, ou no céu, ou na terra, que não seja derivado do Eterno Pai. No céu, porque o Eterno Pai se faz Pai a si mesmo, e tem filho Deus; na terra, porque o Eterno Pai faz aos homens pais e lhes dá filhos homens. — "A paternidade no céu é a geração do Filho, a paternidade na terra é a geração dos homens, que toda procede da paternidade de Deus, pois todos recebem dele o poder de gerar, para que sejam e se chamem pais"[13] — disse, comentando a S. Paulo, o Doutor Máximo, S. Jerônimo. Assim que ao Eterno Pai deve hoje o nosso príncipe o ser pai.

Mas por que este benefício e graça, que nos outros pais é comum, na soberania de tal pai tivesse também prerrogativas soberanas, que fez o Eterno Pai? Fez que não só lhe devesse o nosso príncipe a fecundidade da sucessão, senão também a semelhança da fecundidade. Fez que fosse pai em tempo, ao modo — quando pode ser — com que ele é pai sem tempo. Uma das grandes diferenças que há entre a fecundidade divina e a fecundidade humana, e entre uma e outra geração, é esta. A fecundidade humana ordinariamente obra com dilação de tempo, e com tanta dilação muitas vezes, que ainda quando há geração e filhos, vem depois de muitos anos. Não assim a fecundidade divina: no mesmo ponto em que a primeira Pessoa da Trindade "desde toda a eternidade" é constituída pessoa, logo juntamente é pai, logo juntamente tem filho, sem demora nem precedência de tempo, só com prioridade de origem. Computemos agora, pelo dia do nascimento da nossa primogênita, o dia de sua geração, e acharemos fisicamente que foi prontíssimo e que, sem vagares de dilação nem intervalos de tempo, logo logo nos fez Deus a mercê que desejávamos. E por que tão prontamente? Porventura para nos livrar das suspensões da dúvida, dos receios da incerteza, dos cuidados da esperança, e ainda de outros pensamentos? Essa só razão bastava, mas não foi só por essa, senão que quis o Eterno Pai — quando cai na proporção do criado ao incriado — que a fecundidade dos nossos príncipes fosse mui semelhante à sua fecundidade e a geração da nossa primogênita mui parecida à do seu Unigênito. O seu Unigênito, gerado sem prioridade de tempo; a nossa primogênita gerada sem dilações de tempo. Nem façam dúvida os três dias que contamos sobre os nove meses, porque esse é o estilo particular que a natureza observa nos partos reais e heroicos[14]. Na formação dos partos vulgares gasta a natureza nove meses, e menos muitas vezes; mas nos partos, não só reais, mas heroicos — ou seja providência ou majestade — parece que põe a mesma natureza mais arte e mais cuidado, e tarda na formação e perfeição deles, até entrar no mês décimo. Assim o disse de si mesmo el-rei Salomão: "No espaço de dez meses fui formado de sangue coagulado" (Sb 7,2). — Assim o príncipe dos poetas, da mãe do seu Augusto: — "A mãe durante dez meses sofreu longos dissabores"[15]. — E assim — o que é mais — São Damasceno, contando os dias da geração e nascimento temporal do Primogênito do mesmo Pai: "Cumpridos os nove meses, nasce ao atingir o décimo".

Mas poderá replicar a curiosidade — por não dizer a ingratidão — de algum ouvinte mau de contentar, que, para esta graça ser inteira e própria do Eterno Pai, havia de ser primogênito o de que nos fez mercê, e não primogênita, porque o mesmo Pai — "Do qual procede toda a paternidade, assim no céu como na terra" (Ef 3,15), assim no céu como na terra só tem primogênito: primogênito no céu, o Verbo; primogênito na terra, Cristo. Agradeço o reparo pela resposta, ou a ferida pelo reparo: ouvi o que a muitos parecerá novidade. Digo que foi graça própria e propriíssima do Eterno Pai darnos no primeiro nascimento primogênita, e não primogênito, porque em Deus, assim no céu como na terra, assim no divino como no humano, primeiro é a primogênita que o primogênito. Falo pela boca das Escrituras Sagradas, e pelos termos de que usam os autores canônicos de um e outro Testamento. Comecemos pelo céu. O Eclesiástico, no Capítulo 24: "Eu saí da boca do Altíssimo, a primogênita antes de todas as criaturas" (Eclo 24,5)[16]. — Eis aqui a primogênita. S. Paulo, no capítulo primeiro aos colossenses: "Que é a imagem de Deus invisível, o primogênito de toda a criatura" (Cl 1,15). — Eis aqui o primogênito. De sorte que já temos em Deus primogênita e primogênito. E qual é primeiro: o primogênito ou a primogênita? Primeiro é a primogênita, porque a primogênita é a sabedoria essencial: o primogênito é o Verbo, sabedoria pessoal e nocional; e em Deus — como ensinam todos os teólogos — primeiro é o essencial que o nocional. Por isso primogênita tem antes, e o primogênito não tem antes: A primogênita tem antes: "Primogênita antes de toda a criatura"; o primogênito não tem antes: "Primogênito de toda a criatura". — Uma e outra sabedoria em Deus são "desde toda a eternidade", antes de todo o criado, mas a sabedoria essencial com prioridade virtual antecedente: "antes". Não me detenho em distinguir estas prioridades e virtualidades, porque falo entre doutos, e todos sabem que no divino e eterno, entre antes e depois não cabe tempo. Passemos à terra. Na terra também Deus e o Pai têm primogênito e primogênita, e, ainda com mais rigoroso nome, filho e filha. O filho é Cristo: "Enviou Deus a seu Filho" (Gl 4,4) — a filha é Maria Santíssima: "Escuta, ó filha, e vê" (Sl 44,11). — E qual foi primeiro: o Filho ou a Filha? Não há dúvida, quanto à humanidade, que a Filha foi primeiro, e o Filho depois[17].

E por que, ou para que foi primeiro a Filha que o Filho? Para que, quando viesse o Filho, achasse já quebrada a cabeça, e pisado o veneno da serpente: "Ela te pisará a cabeça" (Gn 3,15). — Coisa é vulgar na História Sagrada, e advertida comumente dos padres, que os primogênitos, se são filhos, pela maior parte saem mordidos ou abocanhados da fortuna e tocados de seu veneno, e trazem consigo não sei que desar ou azar da natureza. Por isso geralmente lemos deles que foram reprovados, ou menos queridos de Deus, que é o maior azar de todos. O primogênito de Adão, Caim, desgraciado (Gn 4,11); o primogênito de Abraão, Ismael, desgraciado (Gn 16,12); o primogênito de Isac, Esaú, desgraciado (Gn 25,33); o primogênito de Jacó, Rúben, desgraciado (Gn 49,4); o primogênito de Davi, Amnon, desgraciado (2Rs 3,2); o Primogênito de Jó, não lhe sabemos o nome mais que pela desgraça, a qual foi tanta, que de um golpe em sua casa, acabou ele, a casa, e todos seus irmãos (Jó 1,19). E como este é o fado comum dos primogênitos, e costuma nascer com eles ou segui-los a desgraça, para desfazer este azar, e tirar este tropeço à má fortuna, sai hoje diante, com particular providência, a nossa primogênita, franqueando e deixando o passo livre ao venturoso irmão que embora vier, para que, sendo o segundo no lugar, seja, sem estorvo, o primeiro na felicidade. — "Oh! que formosos são vossos passos, filho do príncipe!" (Ct 7,1). — E por que formosos seus passos? Porque os soube adiantar ao perigo do irmão, quebrando-lhe o azar de primogênito. E por isso sinaladamente "nos passos dados", porque, com esses passos adiantados, calcou, pisou e meteu debaixo do pé toda a má fortuna. Com tão bom pé e com tão airosos passos, entra hoje no teatro do mundo, a fazer o primeiro papel, a nossa galharda princesa: "Oh! que formosos são vossos passos, filho do príncipe!".

Mas para que busco eu satisfações à nossa primogênita, se ela traz consigo a satisfação? "Vimos no Oriente a sua estrela, e viemos a adorá-lo" (Mt 2,2). — Tanto que os Magos viram a estrela no Oriente, logo, como sábios, vieram adorar o rei nascido: "Onde está o rei que é nascido?" (Ibid.). — Porque o nascimento da estrela era sinal certo do nascimento do rei. Quando a estrela apareceu no Oriente, ainda o rei não era nascido, nem concebido ainda; mas do nascimento da estrela que já nascera, inferiram com evidência o nascimento do rei que havia de nascer. Nasceu a estrela? Pois após ela nascerá logo o rei. É majestade do sol trazer diante o luzeiro. São Crisóstomo e Santo Agostinho, fundados no texto: "Há dois anos, segundo tempo que perguntara aos magos"[18] — dizem que nasceu a estrela dois anos antes. Não é necessário tamanho intervalo. Hoje vemos a estrela no Oriente; daqui a um ano — fiquem todos avisados — viremos adorar ao rei nascido. Galante coisa é por certo que quiséssemos nós, contra todas as leis do céu e da terra, que o sol nascesse primeiro que a aurora, e o fruto primeiro que a flor! Hoje amanheceu em púrpuras a aurora, após ela sairá o sol: hoje desabotoou em mantilhas a belíssima flor, após ela se seguirá o fruto, que sempre o fruto vem pegado no pé da flor. Nasceram à fecunda Rebeca dois partos de um ventre, e o segundo, que era Jacó, saiu pegado no pé do primeiro (Gn 25,25). O primeiro parto é a flor do segundo, e o segundo, como fruto, sai pegado no pé da flor. Virá o segundo e felicíssimo parto, após o primeiro; antes, digo que no primeiro já tem começado a vir, porque a flor é parto incoado do fruto. Assim o entenderam aqueles discretos lavradores, bem ensinados da natureza, quando disseram: "Saiamos ao campo, e vejamos se as flores produzem frutos" (Ct 7,11s).

Deixem nossos desejos fazer a Deus, que ele sabe melhor fazer do que nós sabemos desejar. Lá diz o evangelho dos nossos maiores: "Na casa de bênção, primeiro é a filha que o varão". — Filha era do infante Dom Duarte, e não filho, a sereníssima senhora Dona Catarina; e nesta filha sustentou Deus a esperança, e depositou o remédio de Portugal. Enquanto não vier o primogênito, já temos herdeira; como o primogênito lhe tomar a vanguarda, batalhará Europa sobre quem a há de levar por senhora. É estrela deste dia, que andarão após ela não só um rei, senão muitos. E quanta razão terão todas as coroas do mundo de a pretender para rainha, pois é princesa de tantas partes, como já hoje começamos a ver! Muito benigna, muito discreta, muito vigilante, muito liberal e, sobretudo, muito favorecida do céu. Tão benigna, e de tão real condição, que em nove meses que esteve tão de portas a dentro com a Rainha, nossa senhora, nunca lhe deu a menor moléstia. Tão discreta, e de tão alta eleição, que escolheu o melhor e maior dia do ano, e mais sem ninguém lho ensinar, porque nunca houve em Portugal exemplo semelhante. Tão vigilante e diligente que, sendo hoje dia feriado, madrugou às duas horas depois da meia-noite, e espertou toda a casa. Tão liberal e grandiosa que, para fazer a maior mercê aos vassalos, sem esperar memoriais, lhes deu de reis a si mesma. Finalmente, tão favorecida do céu, e da mesma Mãe de Deus, que, fazendo a rainha, que Deus guarde, aquela tão devota novena pela felicidade de seu nascimento[19], porque o último dia foi dedicado à Senhora da Estrela, nos deu esta estrela por senhora: "Vimos a sua estrela". — Esta é a primogênita que hoje nasceu a Portugal; esta é a princesa que hoje nasceu para o mando, tão digna do pai, a quem se deu, como do Pai que a deu: "Pai Eterno".

§ V

Isto fez o Eterno Pai enquanto Pai. E enquanto eterno, que fez? Fez que o nosso príncipe comece também hoje a ser eterno, por benefício da sucessão. Os pais homens, ainda que sejam príncipes, todos são mortais; mas por meio da vida dos filhos se imortalizam, e por meio da posteridade da sucessão se fazem eternos. Fala el-rei Davi de si mesmo, e diz assim no Salmo 60: "Vós, Senhor, acrescentareis dias sobre dias do rei, e, por meio destes dias acrescentados, os seus anos durarão de século em século e serão eternos" (Sl 60,7). — Dificultoso texto. É certo que Deus tem decretado a cada homem o número dos dias da vida, com um termo e um limite tão preciso, que de nenhum modo podem crescer nem passar adiante: "Tu lhe demarcaste os limites, dos quais ele não pode passar" (Jó 14,5). — Pois, se o número dos dias decretados de nenhum modo pode passar adiante nem crescer, como diz Davi a Deus que acrescentará dias sobre dias do rei: "Acrescentareis dias sobre dias do rei?" — Que dias acrescentados são estes? São os dias dos filhos, acrescentados sobre os dias do pai. E, por meio deste acrescentamento de dias a dias, os anos dos pais, que pela mortalidade humana eram finitos, pela posteridade da sucessão vêm a ser eternos: "Os seus anos durarão de século em século e serão eternos". — Ajunta-se uma geração com outra geração, e uma vida com outra vida, e desta união de vidas a vidas sucessivamente continuadas, se tece o fio daquela eternidade, que faz os anos eternos. Sim, mas esses anos acrescentados são dos filhos, e não são do pai. Sim, são do pai, que assim o diz o texto: "Acrescentareis dias sobre dias do rei e o seus anos": anos seus, porque assim os anos do pai como os dos filhos, todos são do pai.

Mas esta composição de anos com anos e esta união de dias a dias, como se faz, e quando? Faz-se no dia do nascimento do filho, porque no dia em que nasceu o filho torna o pai a renascer. Antes de o filho nascer, vai a vida do pai caminhando para o ocaso; mas no dia em que nasce o filho, torna a vida do pai a nascer e pôr-se no Oriente. Prometeu Deus a el-rei Ezequias que lhe acrescentaria os anos da vida: pediu Ezequias sinal, e o sinal foi este: Que o sol voltasse ao oriente, e que a sombra subisse dez linhas no relógio de el-rei Aças (Is 38,8). A duração da nossa vida mede-se pelo curso do sol. Pois, se o curso do sol é a medida da vida humana, e Deus queria acrescentar a vida ao rei, parece que o sol havia de ir adiante, e não tornar atrás; parece que havia de caminhar ao Ocaso, e não voltar ao Oriente. Este é o mistério e a extremada pintura do que vou dizendo. O modo natural com que Deus acrescenta os anos aos homens, é unindo a vida dos filhos à vida dos pais, e renascendo outra vez os pais no nascimento dos filhos; e, por isso, a vida dos pais, que, seguindo o curso do sol, vai caminhando ao ocaso, pelo milagre natural do nascimento dos filhos torna de repente atrás, e se põe outra vez no oriente. A traça daquele relógio de el-rei Acás era uma escada fabricada com tal artifício, que a sombra do sol em cada hora ia descendo um degrau. Esta escada, ou a sombra dela, é a nossa vida: de degrau em degrau vai descendo sempre e caminhando para o ocaso. Mas a vida dos pais, no dia do nascimento dos filhos torna outra vez a subir a escada, e a se repor de novo no primeiro degrau. Tal é, com natural maravilha, o estado em que neste venturoso dia se acha a vida, que Deus guarde, do nosso felicíssimo príncipe. Ontem à tarde ia pondo Sua alteza os pés nos degraus vinte e um da vida; hoje, com o nascimento da belíssima sucessora, está outra vez reposto no primeiro degrau dela, para começar a viver de novo. Ontem ia subindo o nosso sol para o zênite dos anos, com passo lento; hoje, com o nascimento da nova aurora, desfazendo subitamente as linhas, que tão felizmente tinha andado, amanhece segunda vez renascido em novo e recíproco Oriente. Demos logo o parabém nesta duplicada felicidade, a nosso augustíssimo monarca, não só do nascimento da sua primogênita, senão também do seu nascimento, pois hoje nasce outra vez nela e com ela, hoje dá novo princípio à vida com a sua vida, e hoje começa a contar aqueles felizes e continuados anos, que por meio de sua real sucessão hão de ser eternos.

Conta Moisés, no livro do Gênesis, os anos das vidas dos antigos patriarcas, e é muito digno de ponderação o estilo de contar que segue, porque faz duas contas: uma, dos anos que tinham quando lhes nasceu o primogênito, e outra, dos anos que tinham quando morreram. Ponhamos o exemplo em Set, filho de Adão: "Viveu Set cento e cinco anos, e gerou a seu primogênito Enos" (Gn 5,6). — Esta é a primeira conta. — "E viveu Set novecentos e doze anos, e morreu" (Ibid. 8). — Esta é a segunda conta. Pois, se para ficarem em memória, e sabermos os anos que viveram os patriarcas, bastava só esta segunda conta, por que fez Moisés também a primeira? Por que faz uma conta dos anos em que morreram e outra dos anos em que lhes nasceram os filhos? Porque os homens que são pais têm duas vidas: uma vida que acaba, outra vida que continua. A vida que acaba conta-se no dia da morte do pai; a vida que continua conta-se do dia do nascimento do filho. Porque no dia do nascimento do filho, a vida do filho ata-se com a vida do pai, e destas duas vidas assim atadas — atando-se também entre si as que lhe sucedem — de muitas vidas, que não são perpétuas, se vem a fazer uma vida perpetuada. S. Paulo chamou judiciosamente à morte "desatadura da vida" (2Tm 4,6). — A morte é desatadura da vida, e o nascimento é atadura das vidas, porque na morte do pai desata-se uma vida, no nascimento do filho atam-se duas. Ata-se a vida do filho com a vida do pai, e destas, atadas uma na outra, seguindo-se vidas a vidas, e anos a anos, os anos do pai, que em si mesmo eram mortais e finitos, na sucessão dos filhos se fazem imortais e eternos. Este é o atributo daquela eternidade que o Eterno Pai, por meio da real sucessão, começa a comunicar hoje ao nosso renascente príncipe, fazendo-o, sem interposição de morte, fênix de multiplicadas e mais felizes vidas, para que, assim como enquanto Pai o fez pai, assim enquanto eterno o faça eterno: "A ti, ó Pai Eterno".

A mirra, que é o último obséquio que hoje ofereceram os reis a Cristo, não significa simplesmente o mortal, senão o mortal imortalizado, porque a morte mata os corpos, e a mirra, depois de mortos, preservando-os da corrupção, os faz imortais. Este foi o pensamento — diz S. Máximo — com que os Magos sabiamente dedicaram a Cristo a mirra, como a reparador da sua e nossa mortalidade, professando o mistério no tributo: "A mirra, que costuma conservar os corpos inanimados, é a figura da reparação da nossa carne"[20]. — Mas, se a mortalidade se repara deste modo pela mirra, muito melhor se repara pela sucessão, porque a mirra imortaliza o mortal depois da morte, e a sucessão imortaliza e eterniza o mortal com novas e continuadas vidas. Razão é logo que no dia em que teve princípio esta felicidade, nós todos, e toda a terra conosco, demos imortais e eternas graças ao Eterno Pai pela imortalidade e eternidade do nosso príncipe, pois, com os primeiros penhores da felicíssima sucessão, assim como enquanto Pai o fez pai, assim enquanto Eterno o começa a fazer eterno: "Toda a terra te adora, ó Pai eterno". — Acabou-se o verso do nosso coro, e eu tenho acabado.

§ VI

Estas são, em breve suma — corte, nobreza, e povo venturosíssimo de Portugal — as mercês e felicidades, por que neste ilustríssimo e real congresso nos ajuntamos todos em solene ação de graças, a louvar e glorificar ao supremo Autor de todos os bens, neste ditosíssimo e tão desejado dia, coroa de todos os que temos visto, tendo visto tantos, e tão grandes. Três dias notavelmente grandes teve Portugal neste século tão cheio de novidades, em anos a que todos quase somos presentes. O primeiro foi o dia da Aclamação; o segundo, o dia das Pazes; o terceiro, este dia, sobre todos feliz, do nascimento da nossa primogênita. No dia da Aclamação, deu-nos Deus o reino duvidoso; no dia das Pazes deu-nos o reino seguro; no dia de hoje dá-nos o reino perpetuado. No primeiro dia deu-nos o reino que foi, no segundo, o reino que é, neste terceiro o reino que há de ser. No primeiro dia deu-nos o reino de nossos pais, no segundo dia deu-nos o reino para nós, neste terceiro dá-nos o reino para nossos descendentes. Os passados já não podem gozar este bem, porque foram; os futuros ainda o não podem gozar, porque não são; nós somos só os que o gozamos, porque somos tão venturosos, que vivemos nesta era. Não sejamos ingratos a um Deus tão bom, que, sem merecimentos nossos, antes, sobre tantas ofensas, nos faz tão singulares favores. Já que nos ajuntamos a o louvar, louvemo-lo muito de coração e louvemo-lo todos. Assim como o sol e a lua louvam a Deus: "Louvai-o, sol e lua" (Sl 148,3) — louvem a Deus hoje os nossos soberanos planetas, e reconheçam o fruto da sucessão como benignidade das influências divinas. Assim como as estrelas louvam a Deus: "Louvai-o todas as estrelas" (Ibid.) — louve a Deus o belíssimo luzeiro, que hoje amanheceu nos nossos horizontes, esclarecendo e aluminando com a mesma luz, a que sai, este seu e nosso hemisfério. Assim como os reinos louvam a Deus: "Reinos da terra, cantai a Deus" (Sl 67,33) — louve a Deus o reino de Portugal, pois, entre todos os do mundo, se vê dele tão amado, tão favorecido, tão sublimado. Assim como toda a terra louva a Deus: "A terra toda te adore, e te cante a ti salmo" (Sl 65,4) — louvem a Deus todas as partes da terra de nossa monarquia, e lembrem-se, pois se não podem esquecer, dos trabalhos, das perdas, das opressões, das ruínas que padeceram por falta de sucessão.

Mas porque todos os louvores humanos são limitados, e as mercês que nos fazeis, Senhor, são infinitas, louvai-vos vós mesmos a vós, infinito Deus, e aceitai em ação de graças também infinitas, o infinito merecimento desse sacrifício sacrossanto que hoje vos oferecemos, pois o instituístes para suprir os defeitos de nosso agradecimento, com nome de sacrifício de louvor: "Sacrifício de louvor me honrará" (Sl 49,23). — Nesse sacrifício de louvor vos louvamos, enquanto criaturas vossas, como a nosso Deus: "Louvamos-te, ó Deus" — nesse sacrifício de louvor vos confessamos, enquanto servos vossos — como a nosso Senhor: "E te confessamos, nosso Senhor" — nesse sacrifício de louvor vos reverenciamos, enquanto filhos vossos e vos reverenciaremos eternamente como a nosso Pai: "Toda a terra te adora, ó Pai eterno".

SERMÃO DA

Quarta Dominga da Quaresma

*Na Matriz da Cidade de
S. Luís do Maranhão. Ano de 1657.*

❧

"E como estivessem fartos, recolheram
e encheram doze cestos de pedaços."
(Jo 6,12s)

Apenas regressado ao Maranhão, Vieira inicia com as palavras "Vos hei de pregar muito à vontade". Voltava de Lisboa com novas provisões reais que o apoiariam no trabalho missionário. O sermão será todo do corpo e para o corpo: como se hão alcançar e acrescentar os bens temporais porque o maior trabalho dos homens é buscar o pão para a boca. O primeiro alvitre é seguir a Cristo: as Escrituras novas e antigas o dizem com muitos exemplos. Mas por que Deus não nos provê bem? Porque não o servimos verdadeiramente. O segundo alvitre para acrescentar e muito o pão: dar do que temos por amor de Deus. Quem dá esmola ao pobre dá a câmbio a Deus. A Quaresma é o tempo de semear: não faltam pobres. Vinte e quatro anos antes, em 1633 na Bahia, Vieira fez o seu primeiro sermão ainda não ordenado sacerdote, nesta mesma data litúrgica. Cf. neste mesmo volume.

§ I

Bem me podeis ouvir hoje desassustadamente, porque vos hei de pregar muito à vontade. É justo que entre tantos discursos tristes metamos também algum menos funesto, para desenfastiar a quaresma. Queixa-se de mim o corpo que todos os domingos passados preguei somente da alma. Deus, assim como criou as almas, também criou os corpos, antes os corpos primeiro; pois por que se não tratará também do corpo alguma vez? Sou contente. O sermão de hoje todo será do corpo e para o corpo. Nos passados, tratamos de como havemos de alcançar os bens espirituais; hoje, ensinaremos como se hão de alcançar e ainda acrescentar os temporais.

A maior pensão com que Deus criou o homem é o comer. Lançai os olhos por todo o mundo, e vereis que todo ele se vem a resolver em buscar o pão para a boca. Que faz o Lavrador na terra, cortando-a com o arado, cavando, regando, mondando, semeando? Busca pão. Que faz o soldado na campanha, carregado de ferro, vigiando, pelejando, derramando sangue? Busca pão. Que faz o navegante no mar, içando, amainando, sondando, lutando com as ondas e com os ventos? Busca pão. O mercador, nas casas de contratação, passando letras, ajustando contas, formando companhias? O estudante nas Universidades, tomando postilas, revolvendo livros, queimando as pestanas? O requerente nos tribunais, pedindo, alegando, replicando, dando, prometendo, anulando? Busca pão. Em buscar pão se resolve tudo, e tudo se aplica a o buscar. Os pobres dão pelo pão o trabalho, os ricos dão pelo pão a fazenda; os de espíritos generosos dão pelo pão a vida, os de espíritos baixos dão pelo pão a honra; os de nenhum espírito dão pelo pão a alma, e nenhum homem há que não dê pelo pão e ao pão todo o seu cuidado. Parece-vos que tenho dito muito? Pois ainda não está discorrido tudo.

Tirai o pensamento dos homens e lançai-o por todas as outras coisas do mundo: achareis que todas elas estão servindo a este fim ou pensão do sustento humano. A este fim nascem as ervas, a este fim crescem as plantas, a este fim florescem as árvores, a este fim produzem e amadurecem os frutos, a este fim trabalham os animais domésticos em casa, a este fim pascem os mansos no campo, a este fim se criam os silvestres nas brenhas, a este fim os do mar e os dos rios nadam em suas águas; enfim, tudo o que nasce e vive neste mundo, a este fim vive e nasce. Que digo eu, o que vive e o que nasce? Os elementos não são viventes, e a este mesmo fim cansamos e fazemos trabalhar aos próprios elementos. O fogo, nas forjas e nas fornalhas; a água, nas levadas e nas azenhas; o ar, nas velas e nos moinhos; a terra, nas vinhas e nas searas; e até o sol, e a lua, e as estrelas não deixamos estar ociosas desta pensão, porque o que todos aqueles orbes celestes fazem, andando em perpétua roda e voltando sem nunca descansar, é produzir e temperar com suas influências o que há de comer o homem. Há mais para onde subir? Ainda há mais. Subi do céu acima, até o mesmo Deus, e achareis que ele é o que mais ocupado está que todos em nosso sustento, porque todas as outras coisas cada uma trabalha em si, e Deus, ainda que sem trabalho, obra em todas.

De maneira, senhores, que a ocupação do céu e da terra e de todo este mundo, a maior pensão, o maior cuidado e o maior trabalho dos homens é buscar o pão para a boca. Pois isto, porque todos trabalham, hei de ensinar hoje o modo com que se possa alcançar sem trabalho. Todos os homens querem ter pão e muito pão: dois alvitres lhes trago hoje para isto: um para terem pão, outro para terem muito. Esta será a matéria do sermão. Como é toda do corpo, parecerá a alguém que não é necessário pedir graça para ele; antes é o contrário: nenhumas matérias têm mais necessidade de graça que aquelas que têm mais de corpo. Peçamo-la ao Espírito Santo, por intercessão da Senhora. *Ave Maria*.

§ II

Propõe-nos hoje a Igreja aquele famoso milagre, tão famoso como sabido, em que com cinco pães e dois peixes em um deserto, deu Cristo de comer a cinco mil homens, afora mulheres e meninos, e sobejaram doze alcofas de pão. Duas coisas fez Cristo neste milagre: deu pão e deu muito; deu pão, porque todos comeram à vontade: "Comeram, e se saciaram" (Mt 14,20) — e deu muito, porque a todos sobejou: "E levantaram do que sobrou doze cestos" (Ibid.). — Estas duas coisas que fez Cristo naquele milagre são as que vos prometi sem milagre: alvitre para ter pão, alvitre para ter muito. Vamos ao primeiro.

Mas que alvitre vos parece que será este? Que meio vos parece que se pode dar, para um homem em toda a sua vida ter o pão certo, sem nunca lhe haver de faltar? Será porventura ajuntar mais? Trabalhar mais? Lavrar mais? Negociar mais? Desvelar mais? Poupar mais? Mentir mais? Adular mais? Alguns cuidam que estes são os meios de ter pão, mas enganam-se. Sabeis qual é o meio seguro de ter pão, sem nunca haver de faltar? É seguir a Cristo. Assim lhes aconteceu a estes cinco mil homens: porque seguiam a Cristo, tiveram pão no deserto. Se cinco mil homens, com mulheres e filhos, entrassem de repente em uma grande cidade, não haveria prontamente que lhes dar a comer, quanto mais em um deserto? Em um deserto, porém, se achavam estes homens, sem casa, sem venda e sem dinheiro para comprar o mantimento, ainda que o houvesse e, sobretudo, com fome de três dias; mas porque seguiam a Cristo, tiveram que comer todos, sem lhes faltar nada. Senhores meus, que tão desvelados andais todos e tão esfaimados por ter de comer e por deixar de comer a vossos filhos, segui e servi a Cristo, e eu vos seguro, de sua parte, que nem a vós nem a eles lhes faltará pão.

Ora, porque este ponto em que estamos assim como é muito para desejar e para aceitar não é fácil de persuadir, eu vo-lo quero mostrar evidente, por todos os meios com que se pode uma coisa fazer certa. A Escritura sagrada divide-se em livros historiais, sapienciais, salmos, profetas, evangelhos, epístolas canônicas. Com textos de todas estas escrituras hei de provar primeiramente o que digo, logo com figuras do Testamento Velho, depois com exemplos, ultimamente com a experiência. Dai-me atenção.

§ III

Começando pelos livros historiais, no capítulo vinte e seis do Levítico diz Deus: "Se guardardes a minha lei e os meus preceitos, dar-vos-ei a chuva a seu tempo, e os frutos de todo gênero serão tantos, que, quando colherdes os novos, para os recolher lançareis fora dos celeiros e das adegas os velhos" (Lv 26,3ss.10). — "Pelo contrário, se me não ouvirdes, nem guardardes meus mandamentos, o céu será para vós de ferro, e a terra de bronze: ará-la-eis e trabalhareis debalde, porque as sementeiras não nascerão, e as árvores não darão fruto" (Ibid. 14.19s). — Isto mesmo repete Deus no livro do Deuteronômio, e em muitos outros lugares dos historiais.

Nos sapienciais: "Não afligirá Deus com fome a alma do justo" (Pr 10,3). — Parece que havia de dizer: Não afligirá o Senhor com fome o corpo do justo — mas não diz senão a alma, porque a fome e a pobreza aflige o corpo e mais a alma: ao corpo, com a falta do comer, e à alma com o cuidado donde há de vir. E Deus tem tanto cuidado e providência com os que o servem, que não só os sustenta com tal abundância, que lhes livra o corpo da fome, mas com tal certeza que lhes livra a alma do cuidado.

Nos Salmos diz assim, Salmo trinta e três: "Temei a Deus todos os que o servis, porque os que o temem ele os livrará da pobreza. Os ricos empobrecerão e padecerão fome; porém os que servem e temem a Deus, e o buscam, não sentirão falta de bem algum" (Sl 33,10s). — No Salmo trinta e seis: "Esperai em Deus, e fazei boas obras, e ele vos sustentará com suas riquezas" (Sl 36,3). — E dá a razão no Salmo trinta e dois: "Porque os seus olhos estão postos sobre os que o temem e sobre os que esperam na sua misericórdia, para os livrarem da morte e os sustentarem no tempo da fome" (Sl 32,18s).

Nos profetas, Isaías primeiro: "Se quiserdes servir-me, comereis os bens da terra; e, se não quiserdes, e me provocardes à ira, a minha espada vos comerá a vós" (Is 1,19s). — Notai o "comereis" e o "comerá": se me servirdes, comereis, se me não servirdes, sereis comidos. — Quantos há que não têm que comer, e se andam comendo? Pelo profeta Oseias: "Semeai boas obras, e colhereis misericórdias" (Os 10,12). — E quantas? "Quantas vós pedirdes pela boca."
— Vamos aos Evangelhos.

São Mateus: "Buscai primeiro o Reino de Deus, e tudo o que vos for necessário vos buscará a vós" (Mt 6,33). — "Bem-aventurados os que têm fome e sede da justiça, porque serão saciados" (Mt 5,6), isto é, da virtude que faz justos, porque essa fome e sede se lhes converterá em fartura. — Quão errados vão os que, para a ter, andam esfaimados após as riquezas! Tende vós fome e sede do serviço de Deus, e ele vos sustentará abundantemente. — "Seja feita a tua vontade; o pão nosso nos dá hoje" (Mt 6,10s). Façamos nós a vontade de Deus, e ele nos não faltará com o pão de cada dia, porque a disposição para ter o "pão nosso" é o "Seja feita a tua vontade".

Finalmente, nas epístolas canônicas. São Paulo, *aos Romanos*, capítulo oitavo: "Recebestes o espírito de adoção de filhos; e, se somos filhos, também somos herdeiros" (Rm 8,15.17). — Os que servem a Deus, e estão em graça, são seus filhos adotivos; se são seus filhos, logo são seus herdeiros. — Vede agora se aos herdeiros de Deus todo-poderoso lhes pode faltar alguma coisa. O mesmo S. Paulo, na primeira *aos Coríntios*: "Cristo é de Deus, vós sois de Cristo; logo, todas as coisas são vossas" (1Cor 3,22s), porque quem serve a Cristo não lhe pode faltar coisa alguma.

Eis aqui como todas as Escrituras conformemente estão dizendo que o meio mais certo e mais seguro de ter pão, e de nos não faltarem os bens temporais, é seguir a Cristo e servir a Deus. Agora quisera eu perguntar pela vossa cobiça à vossa fé, e pela vossa fé à vossa cobiça: Se tendes fé e tendes cobiça, por que não encaminhais a vossa cobiça pelos caminhos que vos ensina a fé, para assegurar os interesses que pretendeis? Nem cristãos nem cobiçosos sabemos ser. Mas é que não temos fé. Ouvi a S. Pedro Crisólogo[1]: Um homem se sente obrigado a outro homem por poucas letras; "Deus se garante com muitíssimos volumes, *et debitor non tenetur* [e o devedor não está obrigado]". — Ides daqui para Portugal, não embarcais nada convosco: que haveis de comer? Respondeis: Levo uma letra de tantos mil cruzados. — Pois tendes por certo que não vos pode faltar pão, porque levais a letra de um mercador, e não tendes por certo, com tantas escrituras de Deus, que vos não há de faltar nada? — Apertemos mais este ponto. Na praça de Londres quereis ir para Leorne, levais letra de um herege; na de Amsterdão para Alemanha, levais letra de um judeu; na de Veneza para Constantinopla, levais letra de um turco, e ides seguro de que vos não há de faltar pão. — Pois, com as letras de um herege, de um judeu, de um turco cuidais que ides muito seguro, e com as de Deus não? Ah! "De pouca fé", que não temos fé!

§ IV

Vamos às figuras do Testamento Velho. O maná deu-o Deus aos filhos de Israel quando caminhavam para a terra de Promissão, e não quando estavam no Egito. Parece que no Egito fora mais razão que Deus os socorresse por aflitos. Ora vede: A Terra de Promissão significava o céu, o cativeiro do Egito significava o pecado; pois por isso lhes não dá Deus o maná, senão depois que saíram do Egito, e quando caminhavam para a Terra de Promissão, porque aos que se tiram do pecado, e aos que caminham para o céu, a esses tem Deus prometido de sustentar e de lhes não faltar em nenhum tempo, e em nenhum lugar com o necessário. Oh! quantos e quantas há neste mundo que, quando vão ao confessionário, choram mais as suas pobrezas que os seus pecados, devendo ser às avessas! Saí vós do pecado em que estais, resolvei-vos a caminhar para o céu, e vereis como vos chovem os bens de Deus e vos não falta nada. E se estiverdes em lugar ou em estado que não possais buscar de comer, o mesmo comer vos buscará a vós, como buscava aos filhos de Israel todos os dias. Mas vós quereis estar no Egito do pecado, que vos tem cativo e cativa há tanto tempo; quereis caminhar para o inferno a velas tendidas, e no cabo que vos faça Deus a matalotagem? Isso não pode ser: dar volta à vida, deixar o caminho do inferno e tomar o do céu, e vereis como vos não falta coisa alguma: "O Senhor me governa, e nada me faltará" (Sl 22,1).

Segunda figura. Quis Isac dar a bênção a Esaú, seu primogênito, e disse-lhe que fosse primeiro caçar, e que lhe trouxesse alguma coisa. Enquanto Esaú foi ao monte, veio Jacó, e, fingindo ser Esaú, como Isac era cego, furtou-lhe a bênção. Abendiçoou pois Isac a Jacó, e disse desta maneira: "Dête Deus das influências do céu e da abundância da terra" (Gn 27,28). — Levada assim a bênção, veio Esaú com a caça e, conhecendo o engano, pediu ao pai que ao menos desse outra bênção, ao que respondeu o velho que outra bênção já lha não podia dar; mas, para o consolar, o abendiçoou também com estas palavras: "A vossa bênção será da abundância da terra e das influências do céu" (Ibid. 39s). — Notável caso! As mesmas palavras que Isac disse a Jacó disse também a Esaú. A Jacó disse: "Das influências do céu, e da abundância da terra". — A Esaú disse: "Da abundância da terra e das influências do céu". — Pois, se em Jacó foram bênção, como em Esaú o não foram, antes maldição? Ora notai: ainda que as palavras foram as mesmas, a ordem delas foi trocada. Na bênção de Jacó pôs "no primeiro lugar os bens do céu, e no segundo os da terra". — Na bênção de Esaú pôs "primeiro os bens da terra, e depois os do céu". — E eis aqui em que esteve ser bênção a de Jacó, e não ser bênção a de Esaú. Os mesmos bens, dados por Deus ou não dados por Deus, são bênção ou maldição.

Senhores meus, todos havemos mister os bens da terra e mais os do céu: os da terra para esta vida, e os do céu para a outra; e, ainda que esta vida é primeiro que a outra, o buscar os bens dela há de ser às avessas. Os bens da outra hão-se de buscar no primeiro lugar, e os desta no segundo, porque nisto consiste termos bênção ou termos maldição. Quem busca primeiro os bens do céu, e depois os da terra, tem bênção, porque logra os da terra e mais os do céu; quem busca primeiro os da terra, e depois os do céu, tem maldição, porque nem logra os do céu nem os da terra. Eu não vos digo que não busqueis os bens da terra, que isso de os deixar e de os desprezar é espírito que Deus dá só a quem é servido; não vos digo que os não busqueis: só vos digo que os busqueis por caminho em que seguramente os possais achar, que é buscando em primeiro lugar os do céu, e servindo a Deus. Servi a Deus, e estai seguros que é impossível faltar o necessário. E se não, vamos aos exemplos.

§ V

Quem parece que tinha menos fundamento para ter que Abraão, a quem Deus mandou sair de sua pátria e viver desterrado dela? E contudo porque tratou de servir a Deus e, particularmente, porque teve tanta fé e obediência, que chegou a lhe sacrificar seu filho, veio a ser tão rico e poderoso, que, sendo necessário socorrer a seu sobrinho Lot, levou só de sua casa trezentos e dezoito criados. Jacó, desamparado e fugitivo da casa de seu pai; e contudo, porque serviu a Deus e, particularmente, porque foi tão dado à oração e contemplação, que chegava a andar a braços com os anjos, veio a ter tanta fazenda, como ele mesmo disse, que, saindo da pátria só com seu bordão: "Encostado ao meu báculo, passei o Jordão" (Gn 32,10) — depois se recolheu a ela com a família de gente e gado dividida em duas esquadras: "E agora volto com duas partidas" (Ibid.). — José, vendido para o Egito e lá escravo; contudo, porque foi tão casto, que resistiu aos requerimentos e violências de sua má senhora, veio a ter tanto pão, que não só sustentou a seus irmãos e a toda a casa de seu pai, senão a todo o Egito e a todo o mundo. Davi, da menor família e o menor de seus irmãos, como ele mesmo confessava; e contudo, porque foi grande perdoador de injúrias, cresceu a tanta opulência, que os tesouros de que testou não se contaram por mil cruzados, nem por contos, senão por milhões. Eis aqui o que fez Deus a estes; e se acaso vo-lo não faz a vós, não é porque Deus não seja o mesmo que era, mas porque vós não sois quais eles foram. Seja o soldado como foi Davi, seja o lavrador como foi Jacó, seja o desterrado como foi Abraão, seja o desamparado e perseguido como foi José, e eu vos prometo que lhes não falte Deus com muitos bens. Mas concluamos com a nossa prova e vamos à experiência.

§ VI

A experiência verdadeiramente parece que a tenho contra mim, porque não há dúvida que vemos muitas pessoas virtuosas que padecem grandes necessidades: logo, não é verdade que o caminho de ter pão é servir a Deus. Primeiramente, eu hei de crer mais ao testemunho de Davi que ao vosso. Olhai o que diz Davi: "Eu fui moço, e também fui velho, e nunca vi um justo desamparado, e a sua família sem o pão para a boca" (Sl 36,25). Se vós tivéreis os olhos tão alumiados como Davi, pode ser que disséreis o mesmo. Às vezes os que nós cuidamos que são justos não são justos; às vezes os que nós cuidamos que servem verdadeiramente a Deus não o servem verdadeiramente, e por isso lhes falta Deus com os bens. Serem os homens uma coisa e parecerem outra, é fácil; faltar a palavra de Deus é impossível. Em resolução: todos aqueles que parecem bons e padecem necessidades, é uma de duas: ou é que o não são, ou é que quer Deus provar se o são.

Faz um criado de el-rei uma petição a sua majestade, e diz desta maneira: Diz fulano que ele é criado da casa de Vossa Majestade, e porque há tanto tem — porque serve, e não se lhe paga sua moradia, pede a Vossa Majestade seja servido de lha mandar pagar com efeito, e receberá mercê. — Responde el-rei pelo seu mordomo-mor: Prove o foro, e deferir-se-lhe-á. — O mesmo passa no nosso caso. Serve um homem, ou uma mulher, a Deus, vê-se em necessidade, recorre àquele Senhor, alega-lhe com suas palavras e com suas promessas, e pede-lhe que o socorra, e, contudo, vemos que o não socorre Deus logo, e que padece. Que é isto? É que o mandou Deus provar os serviços, e está fazendo as suas provanças; e como tiver provado, logo se lhe deferirá com grande abundância. Cristãos e cristãs da minha alma, se servis a Deus e sentis falta do necessário, tende mão, que vos prova Deus: "Espera ao Senhor, porta-te varonilmente" — diz o mesmo Davi — "e fortifique-se o teu coração; e está firme, esperando ao Senhor" (Sl 26,14). — É estilo este da casa de Deus. Vede-o nos mesmos exemplos. Abraão, rico por servir a Deus, mas provado primeiro com o desterro; José, rico por servir a Deus, mas provado primeiro com o cativeiro; Davi, rico por servir a Deus, mas provado primeiro com as perseguições; Jacó, rico por servir a Deus, mas provado primeiro com os trabalhos. E aos do Evangelho lhes sucedeu o mesmo. Não lhes deu Cristo de comer ao primeiro dia, nem ao segundo, senão ao terceiro: "Porque há já três dias que anda aturadamente comigo" (Mc 8,2). — Depois que provou a constância e paciência com que o seguiam, então lhes deu o pão milagroso: primeiro os provou, depois os proveu. Em Deus não há prover sem provar.

Sabeis, senhores e senhoras, por que Deus nos não provê bem? Porque nós provamos mal, e a quem o não serve verdadeira e constantemente, não tem ele obrigação de sustentar. Somos cristãos, servimos a Deus, vemo-nos em pobreza e necessidade; em lugar de então o servirmos melhor, para que nos socorra, tomamos por meio de nos remediar o ofendê-lo. Quantos e quantas há que, tanto que se vêm em necessidade, vendem a consciência, vendem a alma e às vezes o corpo? E que faz Deus então? Como justíssimo juiz, em lugar de lhes dar a abundância que lhes havia de dar se perseverassem constantemente, tira-lhes esse pouco remédio que tinham, com que fiquem perdidos de todo. Porque, assim como o caminho certo de ter pão é servir a Deus, assim o caminho certo de se perder o pão que se tem é desservi-lo. Não vos quero trazer disto mais que dois exemplos em dois mandamentos, um da primeira tábua, outro da segunda. Da primeira tábua, o terceiro; da segunda, o sétimo.

Diz Deus no sétimo mandamento: Não furtarás — e vós, com cobiça de acrescentar fazenda, ajuntais a alheia à vossa, por todas as artes que podeis. E que se segue daqui? Que pelo mesmo caso vos tira Deus a que tínheis e mais a que lhe ajuntastes. Dos tesouros do céu dizia Cristo, taxando os da terra, que não os come a ferrugem, nem a traça, nem os roubam os ladrões: "Tesouros no céu, onde não os consome a ferrugem nem a traça, e onde os ladrões não os desenterram nem roubam" (Mt 6,20). — Quais sejam os ladrões já sabemos; mas qual é a ferrugem e a traça dos bens deste mundo? A ferrugem é o alheio. Assim como a ferrugem come e consome os metais, assim o alheio come o próprio, se se lhe ajunta. E qual é a traça, que também o rói e o come? A traça são as traças. Buscais mil traças e invenções para ajuntar o alheio ao vosso: essas são as que, em lugar de vo-lo acrescentar, vo-lo roem e vo-lo desbaratam. É o alheio pontualmente como o vomitório. Receitavos o médico um vomitório; e que vos acontece depois que o tomais? Lançais-lo a ele, e tudo o mais que tínheis dentro. Assim é o alheio: guardai-vos de o meter no estômago, porque primeiramente não vo-lo há de lograr e há-vos de puxar e levar consigo o mais que tiverdes nele. E vede quão pouco basta para fazer estes efeitos. Acab era rei; tomou a Nabot uma vinha e, tanto que a vinha se ajuntou ao reino, perdeu o reino e mais a vinha. Fez a vinha o que faz o vinho: vomitou-a Acab, e com ela tudo o mais.

Conta Tito Lívio de um príncipe dos piesenigos, chamado Cures, que, querendo-lhe tomar suas terras Suatislau, príncipe dos rutenos, ele o houve às mãos em uma emboscada, e, mandando-lhe tirar a cabeça, fez da sua caveira uma taça encastoada em ouro, por onde bebia, com esta letra: "Buscando o alheio, perdeu o próprio"[2]. — Oh! que boa lembrança para a mesa dos príncipes, e dos que o não são! Se em todas as mesas se bebera por esta taça, não se comera em tantas o pão alheio; e se no Brasil déramos em desenterrar caveiras, em quantas pudéramos escrever a mesma letra! Cuja é esta caveira? É de fulano. Viveu rico e morreu pobre; testou de muitos mil cruzados, e seus filhos pedem esmola. Pois que foi isto? Que ar mau deu por esta fazenda? "Buscando o alheio, perdeu o próprio". Misturou a sua fazenda com a alheia; perdeu a alheia e mais a sua. Fazenda adquirida com desserviço de Deus e contra seus mandamentos! Deus nos livre. O servi-lo é o verdadeiro caminho de a adquirir e de a conservar.

Vamos ao segundo exemplo, da primeira tábua. Diz Deus no terceiro mandamento: Guardarás os domingos e as festas; e vós, porque aquele dia vos não fique sem granjear fazenda, não mandais à missa os vossos escravos, antes mandais, ou quando menos, permitis que trabalhem. Pois sabei e desenganai-vos, que tudo quanto se trabalha ao domingo é destruição de tudo o que se adquire pela semana. Dir-vos-ei agora um lugar que há muitos anos tenho notado para os homens do Brasil: "Quando estiverdes em terra de inimigos, repousará ela, e descansará nos sábados da sua soledade, pois que não repousou nos vossos sábados, quando moráveis nela" (Lv 26,34s). — Se fizerdes trabalhar a terra aos dias santos, eu a entregarei aos inimigos, e então guardará os dias santos a terra. — Perguntemos aos nossos vizinhos da Paraíba e da Guiana quanto há que se não cultivam as suas canas e que não moem os seus engenhos. Pois que é isto? É que estão agora as terras e os engenhos guardando os dias santos, que seus donos antigamente lhes não deixaram guardar: "Repousará nos sábados".

É pecado geral do Brasil deitar a moer ao dia santo. Deus deu à terra um dia na semana para descansar; vós não quisestes que descansasse e louvasse a Deus um dia; pois descansará agora toda a semana, e todo o mês, e todo o ano, e tantos anos. Senhores, por que cuidais que vos morrem as peças? Por que cuidais que vos fogem e desaparecem? Por que cuidais que se arruínam e desfabricam, e estão feitos taperas tantos engenhos? Eu vo-lo direi: Por descuido e pouco zelo desta capitania. Não mandais o vosso escravo ao domingo à igreja? Pois que faz Deus? Já que vós não obedeceis ao meu preceito, e não quereis que o vosso escravo venha um dia na semana à igreja, eu vo-lo matarei e virá estar toda a semana nos adros. Sabeis que fazem ali os vossos escravos? Estão para ouvirem as missas, que vós lhes não fizestes ouvir. Por cobiça de lavrar e granjear mais, mandastes trabalhar o escravo ao dia santo. Que faz Deus? Deixa-o fugir para o mato e que nunca mais apareça, e agora anda folgando sete dias da semana, porque vós não quisestes que descansasse um só. Por fazer as seis tarefas redondas, mandastes deitar a moer ao domingo à tarde. E que faz Deus? Dispõe que tenhais tais perdas no mar e na terra que não possais sustentar a fábrica e que não moais nem uma só tarefa. Sabeis que faz agora a tapera do engenho? Está guardando os dias santos, que seu dono lhe não deixou guardar.

Eis aqui, senhores, como anda enganada a vossa cobiça. Cuida que pode avançar fazenda quebrando os mandamentos de Deus, e é tanto pelo contrário que não só se não adquire fazenda por este caminho, antes se perde a que estava adquirida. O caminho certo e seguro de ter fazenda é fazer o que Deus manda; o caminho certo e seguro de ter pão é seguir a Cristo, como experimentaram os do nosso Evangelho: "Comeram, e se saciaram" (Mt 14,20).

§ VII

Temos dito o primeiro alvitre que prometemos, que é como havemos de alcançar pão; vamos agora ao segundo: como havemos de alcançar muito. Oh! que ponto este para os cobiçosos e para os avarentos! Se eu os consultasse a eles do remédio para acrescentar pão, para multiplicar fazenda, uns haviam de dizer que negociar e, melhor que tudo, negociar para o Maranhão, porque o que em Portugal vale dois aqui se vende por vinte. Este meio será muito bom quando no mundo não houver quatro coisas: quando em Zelândia não houver Pechilingues; quando em Argel não houver Turcos; quando na agulha de marear não houver Suestes; e quando na costa do Maranhão não houver baixios. Mas, enquanto há estas quatro coisas, é muito arriscado modo de ganhar esse.

Outros dirão que é bom meio servir a el-rei em algum posto grande, ou muito junto a ele, ou muito afastado dele, que estes são os postos em que os homens se aproveitam. Dizem que o rei se há de tratar como o fogo: nem tão perto, que queime; nem tão longe, que não aquente. Às avessas há de ser. Do rei, ou muito perto, ou muito longe. Se tendes posto muito perto ao rei, tudo se vos sujeita, tudo vos vem às mãos; e se tendes posto muito longe do rei, tudo vós sujeitais, e em tudo vós meteis a mão.

Este modo de acrescentar fazenda não há dúvida que é muito pronto e muito efetivo, e também me atrevera eu a dizer que era bom, se neste mundo não houvera uma conta e no outro outra. Se no outro mundo não houvera inferno e neste mundo não houvera justiça, era muito bom; mas nesta vida limoeiro, e na outra vida fogo eterno; nesta vida confiscado, e na outra vida queimado, não é bom modo de ganhar.

Outros dirão que para ter muito, o melhor remédio é tê-lo, guardar, poupar, não gastar, morrer de fome e matar à fome, porque dizem que muito mais cresce a fazenda com poupar muito que com ajuntar muito. Este meio eu confesso que é muito bom, mas bom para ajuntar fazenda para outros e não para si, porque o que eu poupo e o que não gasto não é meu: é daqueles a quem eu o hei de deixar e depois o hão de gastar muito alegremente. E poupar e morrer de fome para que outros vivam e alardeiem é uma avareza muito louca.

Pois, que remédio para acrescentar a fazenda útil, discreta e muito seguramente? O remédio é muito fácil: dar da que tiverdes por amor de Deus. De maneira que ambos os nossos pontos se vêm a resumir a Deus. Quereis ter pão? Servi a Deus. Quereis ter muito? Dai por amor de Deus. Pois o dar, o tirar de mim, é caminho de acrescentar? Antes parece caminho de diminuir. Se fora dar por amor dos homens ou por outro respeito, sim que era caminho de perder o que se dá; mas dar por amor de Deus, não há mais certa negociação, não há mais certo modo de ajuntar fazenda. Vede-o no nosso Evangelho: — "Perguntou o Senhor onde achariam pão para que comessem todos?" (Jo 6,5). *Respondeu Santo André* que todos os pães que havia não passavam de cinco: "Está aqui uma criança e tem cinco pães" (Ibid. 9) — e com estes, sendo só cinco, quis Cristo dar de comer a todos. Pois, Senhor, não vedes que tendes doze discípulos que sustentar, e que os pães não são mais que cinco? Se tivésseis muito pão, então estavam bem essas liberalidades; mas sendo tão pouco? Antes, por isso mesmo: se os apóstolos tiveram doze pães, então não era necessário mais; porém, como não tinham mais que cinco, era força buscar algum modo de os acrescentar, e não podia haver meio mais breve nem mais certo que dá-los aos pobres. E assim foi que os apóstolos, porque deram cinco pães, não só receberam doze pães, senão "doze alcofas". — Se os apóstolos foram de ânimo avarento e acanhado, e quiseram comer os seus cinco pães, saíra menos de meio pão a cada um; mas porque cada um deu o seu pedaço de pão, ficou com uma alcofa cheia. Dizia o Sábio, falando de uma mulher sábia: "Abriu a sua mão para o necessitado, e estendeu os seus braços para o pobre" (Pr 31,20). — Abriu a mão e estendeu as mãos. — Mas por que ou para quê? Porque quando abris uma mão para dar por amor de Deus, é necessário abrir duas para receber; quando o que dais cabe numa mão, o que recebeis não cabe em duas. Assim lhes aconteceu hoje aos apóstolos. O pão que deram — que era o que tocava a cada um — cabia em três dedos, e o que recolheu cada um não cabia em duas mãos; por isso foi necessário tomarem alcofas: "Doze alcofas".

Tudo temos em um caso do Testamento Velho. Acabado o dilúvio, saiu Noé em terra com seus filhos e todos os animais, e lançou-lhes Deus a bênção, dizendo: "Crescei e multiplicai sobre a terra" (Gn 8,17). — E que fez Noé? "Levantou um altar, e começou a degolar de todos os animais de que era lícito fazer sacrifício e queimou-os sobre ele" (Ibid. 20). — Parece que de repente se esqueceu aqui Noé do que Deus tinha dito e mandado. Não tinha dito Deus que crescessem e multiplicassem sobre a terra todos os animais? Pois, como os degola Noé, e queima, e sacrifica sobre o altar? Olhai: Noé não matou as reses para as comer, matou-as para as oferecer e sacrificar a Deus; e para as coisas crescerem e multiplicarem, o meio mais certo e mais seguro é dá-las a Deus.

E de que modo as daremos a Deus? Bendita seja sua infinita majestade e bondade, pois se serviu ensinar-nos por sua própria boca o que nem imaginar nos atreveríamos: "Quantas vezes vós fizestes isto a um destes meus irmãos mais pequeninos, a mim é que o fizestes" (Mt 25,40). Tudo o que dais ao pobre, dais-lo a mim. — Vedes, cristãos, como podemos dar a Deus tudo: tudo o que damos ao pobre, damo-lo a Deus, e, se quereis que as vossas coisas cresçam e se multipliquem, reparti-as com os pobres. Dois modos há no mundo com que as coisas crescem e se multiplicam muito: um natural, ou da arte, como na lavoura; outro industrial como na mercancia. Na lavoura semeais um alqueire de pão, colheis quinze, colheis vinte, e, se a terra é muito boa, colheis trinta. Na mercancia empregastes cinquenta, ganhastes cento, ganhastes duzentos, e às vezes mais. Tudo isto tendes na esmola! Dar esmolas é semear e é negociar, mas com grandes vantagens. Para semear não há melhor terra que as mãos do pobre, e para negociar não há melhor correspondente que Deus. Não são considerações minhas, tudo é fé e Sagrada Escritura. Vamos ao negociar.

§ VIII

Nos Provérbios, capítulo dezenove, diz assim o Espírito Santo: "O que se compadece do pobre dá o seu dinheiro a juro ao Senhor" (Pr 19,17). — Sabeis que coisa é dar esmola? Quem dá esmola ao pobre dá a câmbio a Deus. — Cuida o outro que, quando dá esmola, que a dá para a perder, e engana-se, porque a dá a câmbio; e dar a câmbio não é perder o que se dá, antes é acrescentá-lo. Quem dá a câmbio sempre tem o seu capital seguro, e sobre isto recebe as ganâncias. Assim lhe acontece a quem dá esmola: segura tudo o que deu, e sobre isso recebe as ganâncias. Mas que ganâncias? Não como as dos homens, porque Deus paga muito melhor. Os homens, se lhes dais dinheiro a câmbio, dão-vos quando muito a seis e quatro por cento; e Deus não dá a seis por cento, senão a cento por um: "No outro mundo a vida eterna, e neste cento por um" (Mt 19,29).

Quereis-lo ver por experiência? Ora, ouvi um grão caso. S. João Esmoler mandou dar a um homem pobre e honrado quinze libras; deram os criados somente cinco. Ao outro dia veio uma mulher com um escrito de quinhentas libras. Estranhou o santo o escrito, chamou o tesoureiro, perguntou-lhe quanto dera. Disse que quinze libras, mas replicou o santo: Não pode ser, que Deus paga cento por um; e por quinze libras haviam de vir mil e quinhentas, e aqui não vêm mais que quinhentas. Confessou então o criado a sua avareza. Ficaram todos admirados, mas, muito mais quando ouviram o que acrescentou a mulher: — Eu, Senhor bispo, tinha intenção de trazer mil e quinhentas libras, e assim o escrevi ontem neste papel, mas esta manhã não achei mais que quinhentas, com grande admiração minha, porque não sabia a causa, e agora a sei. — Dizei-me: Se no Monte da Piedade de Roma, ou no banco de Veneza se dera a cento por um, houvera quem ali não metera o seu dinheiro? Pois os pobres são os banqueiros de Deus. Dá-se naquele banco a cento por um, e, sendo nós tão amigos de acrescentar, não metemos todos o nosso cabedal naquele banco. Pois crede-me, que o banco de Veneza pode quebrar, como está hoje menos seguro com a guerra do turco, e o de Deus não há de quebrar nem quebrou nunca.

É boa mercancia a esmola? Pois ainda é melhor lavoura. O Eclesiastes, no capítulo onze: "Semeai o vosso pão em terra regada com águas, e eu vos prometo que, ainda que pareça perdido, o achareis depois" (Ecl 11,1). Que terra é esta regada com águas, diz S. Basílio, senão as mãos dos pobres? Estão os pobres chorando a sua miséria e regando as suas mãos, assim como a Madalena regava os pés de Cristo; pois, nesta terra assim regada semeai o vosso pão, e vereis quão abundantemente o recolheis. O Hebreu diz: "Semeai o vosso pão sobre a face das águas" — e eu digo: sobre a água das faces. Está a viúva, a donzela honrada padecendo necessidade: pode chorar, porque padece; mas não pode pedir, porque é nobre. Estão-lhe correndo as lágrimas pelas faces abaixo; pois, "Semeai o vosso pão sobre a face das águas": semeai ali a vossa esmola, semeai ali o vosso pão, e vereis quão bem vos rende a seara, porque não há terra mais fértil. Semeai o vosso pão nesta terra, e vereis que vos rende mais de cento por um. S. Paulino Bispo, antes de o ser, foi casado: pediu-lhe esmola um pobre, disse à mulher que lhe desse dois pães que havia em casa, mas ela não deu mais que um. Ao outro dia chegou uma barca de pão mandada ao santo, e juntamente nova que outra, que vinha com ela, se perdera. Admirou-se, não da que chegou, mas da que se perdera; a mulher então confessou que não dera os dois pães, senão um só. — Pois esse que destes nos trouxe a barca de pão que chegou a salvamento; e o que deixastes de dar meteu no fundo a que se perdeu. Quantas vezes perdeis muito pão porque não dais um pão? Nas outras terras colhe-se o trigo aos alqueires; aqui às barcadas.

Pois, senhores, se tendes tão boa terra em que semear, por que a deixais estar muitas vezes erma e devoluta? São Joaquim, cujo dia celebramos hoje, repartia a sua fazenda em três partes, e uma era para os pobres. Com menos me contento. Aquele semeador do Evangelho semeou em quatro partes: nas pedras, nas espinhas, no caminho e na terra boa. Já que se semeia tanto nas espinhas, que são os vícios; já que se semeia tanto na rua, que é a vaidade; já que se semeia tanto nas pedras, que é o que levam os ingratos, por que se não semeará a quarta parte da terra boa, que são as mãos dos pobres? Por que se não semeará alguma parte dos bens nesta terra boa, que multiplica cento por um: "Deu fruto cento por um" (Lc 8,8)?

§ IX

Ora, senhores, o tempo em que se faz esta lavoura é este da quaresma. Este é o tempo de semear. Não faltam pobres. Para que cuidais que se fez a quaresma? Para duas coisas: para jejuar e para dar esmola. O que agora direi é de Santo Agostinho, de Santo Ambrósio e de todos os doutores. Nos dias que não são de jejum comemos duas vezes: jantamos e ceamos; nos dias que são de jejum comemos uma só vez, jantamos, e não ceamos. E para quê? Para que demos aos pobres o que havíamos de cear. Jejuar e guardar pão, não é abstinência, é avareza. Pois assim como a avareza tira o merecimento ao jejum, a esmola lho acrescenta. Demos esmola, e todos, que todos a podem dar. Os que têm muito, deem do muito; os que têm pouco, do pouco; e os que não têm que dar, tenham paciência de não ter e desejo de poder dar por amor de Deus.

Bem sei que há muita caridade nesta terra, mas não posso deixar de estranhar uma muito grande falta que aqui há. É possível que numa cidade tão nobre, e cabeça de um estado, não haja um hospital, e que a Misericórdia não sirva mais que de enterrar os mortos? Vede o que há de dizer Cristo no dia do juízo: "Vinde, benditos de meu Pai, possuí o reino que vos está preparado: porque tive fome, e destes-me de comer; tive sede, e destes-me de beber; era hóspede, e recolhestes-me; estava enfermo, e visitastes-me" (Mt 25,34ss). — Notai primeiro que não fez menção do enterro dos mortos, porque a principal misericórdia é com os corpos vivos: "Tive fome, e destes-me de comer; tive sede, e destes-me de beber". — Segundo: que fez menção da casa de hospitalidade para os peregrinos e enfermos: "Era hóspede, e recolhestes-me; estava enfermo, e visitastes-me". — Terceiro: que não disse: foram enfermos os outros — senão fui enfermo eu; não disse: foram peregrinos os outros — senão: fui peregrino eu, e hospedastes-me, e visitastes-me: "Era hóspede, enfermo e recolhestes-me e visitastes-me". — Pois, seria bem que viesse Cristo a esta cidade com fome, com sede, despido, peregrino, enfermo, e não haver uma casa onde o hospedar? Melhor fora não haver na Misericórdia igreja, que não haver hospital, porque a imagem de Cristo, que está na igreja, é imagem morta, que não padece; as imagens de Cristo, que são os pobres, são imagens vivas, que padecem. Se não houver outro modo, converta-se a igreja em hospital, que Cristo será mui contente disso. Fazei casa aos pobres, que Deus vos fará casa a vós; tirai de vossas casas com que a fazer, que Deus vos lançará sobre elas uma bênção como a que hoje lançou sobre o pão dos apóstolos, com que tudo se acrescente e se multiplique, com grandes aumentos de bens temporais e da graça, penhor da glória: "Que a mim e a vós o Senhor Deus Onipotente digne-se conceder. Ele que vive e reina pelos séculos dos séculos"[3].

SERMÃO DAS

Chagas de São Francisco

Em Lisboa, na Igreja da Natividade. Ano de 1646.

"Se algum quer vir após de mim, negue-se
a si mesmo, tome a sua cruz e siga-me."
(Mt 16,24)

Vieira, neste ano, faz os votos solenes na Igreja de São Roque e inicia as missões diplomáticas. Neste sermão pondera cláusula por cláusula o texto evangélico. Francisco não duvidou em seguir a Cristo, negou-se a si mesmo, tomou a sua cruz às costas e seguiu tão de perto a Cristo que de muito chegado apareceu hoje com as cinco chagas abertas. Concedendo Cristo esta parte de sua Paixão, o admitiu a uma glória a que não quis admitir nem aos homens, nem aos anjos, nem ao mesmo Deus. Só a São Francisco consentiu que o igualasse. E que chagas foram essas? As chagas de São Francisco não foram as do corpo de Cristo, senão a de sua alma. As chagas de seu corpo as imprimiu na alma da Senhora. Enquanto chagas de Cristo, considerai quanto amou Deus aos homens; enquanto chagas de Francisco, quanto pode um homem amar a Deus. Não nos hão de acusar menos, no dia do juízo, as chagas de Francisco que as de Cristo.

§ I

Se alguém quiser alistar-se debaixo das minhas bandeiras — diz Cristo, Redentor nosso — há de negar-se a si mesmo, tomar a sua cruz às costas e seguir-me.

Cinco coisas, se bem advertimos, faz Cristo nas palavras deste texto, as quais, não sem grande mistério, no dia e solenidade em que as lemos, são nem mais nem menos contadamente cinco: duvida uma, supõe outra e aconselha três. Duvida se haverá quem o queira seguir: "Se algum quer vir após de mim" (Mt 16,24). — Supõe que todos têm sua cruz: "A sua cruz" (Ibid.). — E aconselha que nos neguemos a nós mesmos: "Negue-se a si mesmo" (Ibid.) — que tomemos nossa cruz às costas: "Tome a sua cruz" (Ibid.) — e que vamos em seguimento seu: "E siga-me" (Ibid.).

§ II

"Se algum quer." — Cuidava eu que não havia coisa mais universal no mundo que quererem todos salvar-se, mas parece que devem de ser mui poucos os que o querem, pois Cristo põe em dúvida se haveria alguém: "Se algum quer". — O certo é que todos nós nos queremos salvar, mas salvar-nos como queremos, e isto não é querer salvação. Quereis saber se vos quereis salvar? Vede se fazeis pela salvação o que costumais fazer pelo que muito quereis. E se esta é a verdadeira regra do querer, poucos somos os que verdadeiramente queremos salvar-nos. Queremos e não queremos. Em nenhum entendimento cabe esta contradição, e cabe nas nossas vontades: Diz o Espírito Santo: "O homem preguiçoso e irresoluto quer e não quer" (Pr 13,4). — "Quer", porque quer o fim; — "não quer", porque não quer aplicar os meios. — Assim somos nós: queremos e não queremos. Queremos ir ao céu, mas não queremos ir por onde se vai para o céu. No caminho do inferno se vê isto melhor. Ninguém vai ao inferno por sua vontade, e ninguém vai ao inferno senão por sua vontade. Por isso Cristo não duvida do querer, senão do querer ir após ele: "Se algum quer vir após de mim". — O querer e o seguir há de ser conformemente para a mesma parte que ir a vontade para uma parte, e os passos para outra, é não querer seguir. Não vistes os que remam nas galés, como levam os olhos em uma parte, e a proa em outra? Assim somos nós ao remo desta vida. Se perguntarmos aos nossos desejos onde têm os olhos: no céu. Se olharmos para nossas ações onde levam a proa: no inferno. Eis aqui como queremos.

Se alguém quer ir após mim, diz o Senhor, "negue-se a si mesmo". — Porventura que é esta a mais notável sentença que Cristo disse. Que quer dizer que nos neguemos a nós mesmos? Quer dizer que nos hajamos conosco como se não fôramos nós. Eu, que me haja comigo como se não fora eu; vós, que vos hajais convosco como se não fôreis vós. Oh! que documento tão divino para o bem e para o mal! Se as nossas prosperidades nos vieram como se foram de outrem, que pouco nos haviam de desvanecer! E se as nossas adversidades as tomáramos como se não foram nossas, que pouco nos haviam de molestar! O verdadeiro amigo dizem que é outro eu; o verdadeiro cristão diz Cristo que há de ser um não-eu: "Negue-se a si mesmo". — O verdadeiro amigo é outro eu, porque se há de haver nas coisas do amigo como se foram próprias; o verdadeiro cristão é um não-eu, porque se há de haver nas coisas próprias como se foram alheias.

Ao próximo diz Cristo que tratemos como a nós mesmos, e a nós que nos tratemos como se não fôramos nós. Nestes dois pontos se encerra toda a perfeição evangélica: aos outros, como se fora eu; a mim como se eu fora outro. E que vida tão descansada fora a nossa, se assim vivêramos! Que fácil fora a paciência nas injúrias! Que igual a conformidade nos trabalhos! Que moderado o apetite nas pretensões! Que comedido o desejo nos afetos! Enfim, que, senhores fôramos de nós mesmos e da fortuna! Mas porque não nos despegamos de nós, vimos a andar pegados a tudo, e por isso nos embaraça tudo. Negar-se a si mesmo, dizem que é a maior fineza; e não sei eu comodidade maior; dizem que é o maior ato de amor de Deus, e eu o tenho pela maior destreza do amor próprio. Só se sabe querer bem quem se sabe livrar de si.

Ao "negue-se a si mesmo" ajunta Cristo o "tome a sua cruz". — E que leve será a cruz, a quem se tiver negado primeiro! A nossa cruz não tem mais peso que o que nós lhe damos. Se na nossa cruz nos não leváramos a nós, pouco teríamos que levar. Do peso de si mesmo, e não do da cruz, se queixava Jó: "Tenho-me feito pesado a mim mesmo" (Jó 7,20). — E não foi Jó o que menos cruz levou neste mundo. "Tome a sua cruz." Só a nossa cruz nos manda levar Cristo: bendito ele seja. E quantos há que todos se cansam em levar as cruzes alheias? Até nas cruzes há ambição, onde parece que tinha só lugar a paciência. Que aliviado andara o mundo, e que bem governado, se cada um se contentara com levar a sua cruz! Se Deus vos cortou a vossa cruz pela medida de vossos ombros, para que quereis tomar outras, com que pode ser que não possais? Mas é engano natural este, com que nascemos, que sempre ou as cruzes alheias nos parecem as mais leves, ou os ombros próprios os mais robustos. Assaz fará cada um em levar a sua cruz, sem cansar nem cair. Cristo houve mister quem o ajudasse a levar a sua, e nós cuidamos que podemos levar as nossas e mais as alheias. A causa cuido eu que é porque olhamos para os títulos das cruzes, e não para o peso delas. Pois crede-me, que as que parecem mais para cobiçar são as que têm mais que temer. Não vedes que as mais preciosas são as mais pesadas?

"Sua cruz." — Supõe Cristo que todos têm sua cruz, e, se com olhos desapaixonados dermos uma volta ao mundo, acharemos que é assim. Que estado há no mundo, desde o mais alto ao mais humilde, desde o mais livre ao mais sujeito, desde o mais abundante ao mais pobre, desde o mais apetecido ao mais desprezado, que, ou por fora, ou por dentro não tenha sua cruz? Umas vemos, outras não vemos, e as menos visíveis são ordinariamente as mais pesadas, porque são as mais interiores, e as que carregam só na alma. É este mundo como o Monte Calvário, em que se acham todos os estados, e todos com cruz, como noutra ocasião ponderamos. Mas somos nós tão mal aconselhados que, não podendo deixar de a levar — pois todos a temos — sofremos o peso e perdemos o merecimento, porque a não queremos levar em seguimento de Cristo. Se, por deixarmos de seguir a Cristo, tiráramos a cruz dos ombros, ainda tinha alguma desculpa a nossa ingratidão ou a nossa fraqueza; mas a desgraça é que quanto mais nos afastamos do seguimento de Cristo, tanto mais cresce o peso à nossa cruz. Nenhuma coisa quisera no mundo, senão uma balança fiel, em que os que seguem a vaidade e os que seguem a Cristo vieram pesar suas cruzes. Oh! que enganados se haviam de achar uns e que consolados outros! "O mundo está crucificado para mim e eu crucificado para o mundo" (Gl 6,14). — Paulo tem cruz, e o mundo tem cruz; mas quanta diferença vai da cruz do mundo à cruz de Paulo! Se os homens acabáramos de conhecer esta verdade, eu vos prometo que o mundo trocara a sua cruz pela cruz de Paulo. Mas a cegueira é que, entre os que têm a profissão de Paulo, não falta — ainda mal! — quem queira trocar a sua cruz pela cruz do mundo. Gente duas vezes mofina que, por não levar uma cruz com Cristo, vêm a levar ambas sem Cristo.

Que diferentemente entendeu esta filosofia aquele serafim humano, aquele vivo crucificado, aquele cruz e crucifixo de si mesmo, o glorioso patriarca S. Francisco! Negou-se a si, tomou a sua cruz às costas e seguiu tão de perto a Cristo que, de muito chegado e unido, apareceu hoje com uma viva estampa sua, com as cinco chagas abertas. Pasmou o mundo, assombrado de tão nunca vista maravilha; pasmou a natureza e pasmou a mesma graça; e nós, para que possamos também pasmar, vamos ponderando cláusula por cláusula o nosso texto sem sair dele.

§ III

A primeira, em que reparo, é o "tome a sua cruz". — Manda-nos Cristo que tomemos a nossa cruz e o sigamos a ele. O exemplo há de ser seu, e a cruz há de ser nossa. E não seria melhor que, assim como a pessoa a que havemos de seguir é a de Cristo, assim a cruz que havemos de levar fosse também de Cristo? Parece que sim. Pois por que não diz Cristo: Quem me quiser seguir, tome a minha cruz, senão, tome a sua: "Tome a sua cruz"? — A razão é porque estima Cristo tanto a sua cruz, que a não quer dar a outrem. Como se dissera o Senhor: Quem quiser seguir-me, tome a cruz, mas essa cruz há de ser a sua, que a minha não a dou a ninguém. Não estimo eu tão pouco os tormentos e instrumentos de minha Paixão, que os haja de dar a outrem.

Diz o mesmo Senhor que "a sua glória não a há de dar a outrem" (Is 42,8). — Parece dificultoso este texto, porque Cristo oferece a sua glória a todos os que a quiserem e dá-a a todos os que a ganham; antes, só para nos dar a sua glória, veio do céu à terra, e a glória que mereceu foi para nós, e não para si, porque para si não a podia merecer. Pois por que diz que "não há de dar sua glória"? — Com outro lugar entenderemos este. Antes de Cristo entrar na batalha de sua Paixão, fez oração ao Pai, e disse: "Pai meu, glorificai-me" (Jo 17,5)[1]. — Cristo não estava glorificado e não era glorioso desde o instante de sua conceição? Sim, era. Pois, se tinha já a glória, como pedia ao Pai que lha desse? Direi: Cristo, Senhor nosso, neste mundo tinha duas glórias: uma glória que se gozava, outra glória que se padecia. A glória que se gozava era a glória da visão, que consistia na bem-aventurança de ver a Deus; a glória que se padecia era a glória da Paixão, que consistia nos tormentos que Cristo padeceu pelos homens, e, ainda que Cristo teve a primeira glória desde o instante de sua conceição, a segunda não a teve, senão no dia de sua Paixão, e esta é a glória que pedia a seu Pai: "Pai meu, glorificai-me".

Mas como pode ser que a Paixão de Cristo fosse para ele glória? Esta dúvida teve S. João Crisóstomo[2], e perguntou assim ao mesmo Cristo: "É possível, Senhor, que ides a ser pregado em uma cruz entre dois ladrões, e a isto chamais glória?". — "Sim"

— responde Cristo —, "é minha glória essa cruz e esses tormentos, porque os padeço por aqueles a quem amo." — Quem padece muito pelo que muito ama, a sua cruz é a sua glória. De maneira que Cristo era duas vezes glorioso: uma vez pela glória da visão, com que sempre via e gozava a Deus; outra vez pela glória da Paixão, com que padecia pelos homens. E estimava Cristo a glória que padecia, tanto mais que a glória que gozava, que da glória que gozava era tão liberal, que a dava a todos, e da glória que padecia era tão avarento, que a quis só para si: "A sua glória não a há de dar a outrem". — A glória da visão, a glória de ver a Deus, essa seja glória vossa: gozai a todos quantos quiserdes; mas a glória da Paixão, a glória de padecer pelos homens, esta é glória só minha: não a hei de dar a ninguém. Por isso, quando fala na cruz, diz: Tome cada um a sua, que a minha é só para mim: "Tome a sua cruz".

§ IV

E sendo isto assim, sendo Cristo tão avarento — deixai-mo outra vez dizer com esta palavra — de seus tormentos e das glórias de sua Paixão, amou o Senhor tanto a S. Francisco, que lhe deu a melhor parte de sua glória, e a maior glória de sua Paixão, que são as cinco chagas que lhe imprimiu no corpo. Língua seráfica era necessária para ponderar este favor; mas para que a capacidade humana a rasteie de alguma maneira, vede o que digo. Digo que em conceder Cristo a S. Francisco esta parte de sua Paixão, o admitiu a uma glória a que não quis admitir nem aos homens, nem aos anjos, nem ao mesmo Deus. Ora, dai-me atenção.

Vão os soldados prender a Cristo ao Horto, onde o Senhor estava com seus discípulos, e, dando-lhes licença para que o levassem preso, disse, olhando para os apóstolos: "Se me buscais a mim, deixai ir a estes" (Jo 18,8). — Pergunto: E por que não deixou Cristo que os judeus prendessem alguns de seus discípulos, para que morressem juntamente com ele? Não era mui conveniente que houvesse algum dos que seguiam a sua doutrina que desse a vida pela verdade dela? E que, já que havia um Judas, que o vendeu, houvesse um Pedro, que o acompanhasse? Se Cristo havia de morrer entre dois ladrões, se havia de ter de uma parte a Dimas e da outra a Gestas, não fora mais decente que morrera entre dois apóstolos, e que tivera de uma parte a João, e da outra parte a Pedro? Logo, por que não quis Cristo consigo a nenhum dos discípulos em sua Paixão? Porque queria toda a Paixão para si. Se algum dos discípulos fora preso juntamente com Cristo, repartira-se com ele parte do ódio dos tiranos; pois, para que as penas ou a glória de as padecer seja toda minha, diz o mesmo Cristo, vão-se os discípulos embora: "Deixai ir a estes". — Foi lanço de ambicioso de glórias não querer companhia nos tormentos. Vede aonde chegou o amor de Cristo para com os discípulos e aonde não chegou. Chegou a padecer por eles todas as penas da Paixão; mas a dar-lhes parte dessas penas, não chegou a tanto. Que tenha eu por glória o padecer por meus discípulos, isso sim; mas que os haja de admitir a serem comigo companheiros dessa glória, isso não. Só essa exceção tem a liberalidade de meu amor: "Deixai ir a estes".

Mais. Quando o Senhor mandou a S. Pedro que embainhasse a espada, disse: "Imaginas, Pedro, que não posso rogar a meu Pai, e me mandará logo do céu mais de doze legiões de anjos?" (Mt 26,53). — Notável razão! Não estava mais achado dizer Cristo: Embainha, Pedro, a espada, porque para me defender a mim não são necessárias nenhumas armas, e muito menos as tuas? Não vês como só com uma palavra acabo de prostrar por terra meus inimigos? — Pois, se esta razão estava tanto à flor da terra, por que vai Cristo buscar outra ao céu? E por que faz menção dos anjos nesta ocasião? Por que, como os anjos costumam assistir e ajudar invisivelmente as ações humanas, soubessem os homens por esta advertência que nem os anjos do céu admitia Cristo à companhia de suas penas. São os anjos impassíveis por natureza, são espíritos que não podem padecer corporalmente, e era Cristo tão amante das penas da sua Paixão, que até dos impossíveis as ciava. Por isso não quis ter anjos por companheiros em sua Paixão, porque, ainda que lhe não podiam participar dos tormentos pela paciência, podiam-lhe levar parte da glória pela companhia. Parte da glória de suas penas, nem aos anjos a dá Cristo: "Imaginas, Pedro, que não posso rogar a meu Pai, e me mandará logo do céu mais de doze legiões de anjos?".

Último encarecimento sobre todos. Antes de expirar na cruz, o Senhor põe os olhos no céu, e diz: "Deus meu, Deus meu, para que me desamparaste?" (Mc 15,34). — Todos perguntam aqui por que razão o Pai desamparou ao Filho, e por que quis o Filho que o Pai o deixasse. Mas eu pergunto mais: Por que fez Cristo esta queixa de público? O que passa entre os pais e os filhos — e muito mais se são razões de queixa — não é justo que saia à praça, quanto mais que, onde o Pai era Deus, não lhe era necessário ao Filho falar, para declarar seu sentimento. Pois, por que diz Cristo publicamente que seu Pai o desamparou? Porque quis o Senhor que soubesse o mundo que foi tão só em padecer pelos homens que nem a companhia de seu próprio Pai aceitou em seus tormentos. A pessoa do Pai e a do Filho nenhuma coisa têm que se não comuniquem e que não seja comum entre ambos; mas quis Cristo ser tão singular nas penas de sua Paixão, que nem a seu próprio Pai — da maneira que podia ser — quis ter por companheiro nelas. Tinha Cristo dito pouco antes a seus discípulos: "Ainda que vós fujais todos, e me deixeis só, eu não ficarei só, porque meu Pai está sempre comigo" (Jo 16,32). — E para que soubessem os discípulos que, até em respeito do Pai, quis ser só em sua Paixão, por isso disse ao mesmo Pai que o desamparara: "Deus meu, Deus meu, para que me desamparaste?".

Pedis-me doutores que o digam? Mais que doutores vos hei de dar: Davi e Isaías, ambos em pessoa de Cristo. Davi: "Achei-me só, e sem estar alguém comigo no tempo em que passei desta vida para a outra" (Sl 140,10). — Isaías: "Quando fui espremido no lagar de minha Paixão, nenhuma pessoa se achou comigo" (Is 63,3). — Ambos disseram bem, mas melhor Davi. Isaías, fazendo menção dos homens, excluiu só aos homens da companhia de Cristo em sua Paixão: "Nenhuma pessoa se achou comigo". — Davi, não fazendo menção de alguém, excluiu a todos: "Achei-me só". — E assim foi, porque Cristo na glória de sua cruz não foi só uma só vez, senão três vezes só: só, sem companhia de homens: "Deixai ir estes" (Jo 18,8); — só, sem companhia de anjos: "Porá aqui logo prontas mais de doze legiões de anjos" (Mt 26,53); — só, sem companhia do mesmo Deus: "Deus meu, Deus meu, por que me desamparaste" (Mc 15,34)?

E sobre esta ponderação — oh! assombro da grandeza de Francisco! — naquela glória em que Cristo não admitiu a companhia dos homens, nem a dos anjos, nem a do mesmo Deus, nessa mesma glória deu tanta parte a S. Francisco, que lhe deu suas próprias chagas, que é a principal glória de sua Paixão. Prova? Sim.

Quando Cristo subiu triunfante ao céu, os anjos, que o acompanhavam, disseram aos que estavam de guarda: "Abri, ó príncipes, as portas, para que entre o Rei da glória" (Sl 23,7). — Estranharam eles o termo e o nome, e, antes de abrirem, perguntaram: "Este, que chamais Rei da glória, quem é" (Ibid. 8)? — A uns anjos, e por outros, respondeu Santo Agostinho[3] com estas excelentes palavras: "Todos os anjos viram a imagem de Cristo e suas chagas e admirando os sinais da divina virtude cantaram com esses versos: Quem é este Rei da glória?". Quer dizer Agostinho que a causa por que os anjos chamam Rei da glória a Cristo é porque lhe viam as cinco chagas abertas. — Grande dizer! Cristo, Senhor nosso, no dia de sua Ascensão, ia vestido dos dotes gloriosos, como bem-aventurado que era; mas os anjos não lhe chamaram Rei da glória porque o viram glorioso, senão porque o viram chagado, porque maior glória eram para Cristo e para os anjos os sinais de sua Paixão, que os dotes de sua bem-aventurança. E, sendo esta glória das chagas maior glória de Cristo que sua mesma glória, esta glória comunicou Cristo a S. Francisco, e lhe deu a ele o que prometeu de não dar a outrem: "A sua glória não a há de dar a outrem".

§ V

*M*as, se Cristo prometeu de não dar sua glória a outrem, como a deu a S. Francisco? A palavra de Deus, ou prometendo, ou negando, é inviolável; pois, por que deu a S. Francisco o que tinha prometido de não dar a outrem? Por quê? Porque S. Francisco não era outrem. Parece paradoxo, mas no nosso texto o temos, e entra a segunda cláusula dele.

"Se alguém me quiser seguir" — diz Cristo — "negue-se a si mesmo". — E que quer dizer negue-se a si mesmo? Quer dizer que cada um há de deixar de ser o que é. Nem eu hei de ser eu, nem vós haveis de ser vós. E assim o fez S. Francisco. Negou-se de tal maneira a si mesmo, que deixou totalmente de ser o que dantes era. Pois, se Francisco não era Francisco, que era? Era Cristo. Claramente, por palavras de S. Paulo: "Vivo eu, mas já não eu" (Gl 2,20): eis aqui negar-se a si mesmo. Eu não-eu. Pois, se vós não sois vós, quem sois? "Mas Cristo é que vive em mim" (Gl 2,20). — Eu sou Cristo por transformação. De maneira que deixou Francisco de ser o que era, e passou a ser o que não era. Por força da abnegação, deixou de ser o que era, deixou de ser Francisco: "Vivo eu, mas já não eu". — E por força da transformação passou a ser o que não era, passou a ser Cristo: "Mas Cristo é que vive em mim". — E como Francisco já não era Francisco, senão Cristo, daqui veio que, dando-lhe o Senhor a glória de suas chagas, a não deu a outrem, como tinha prometido: "A sua glória não a há de dar a outrem".

Isto não tem exemplo na terra, nem nas coisas humanas: tem-no só no céu, e nas divinas. São Jerônimo entende estas mesmas palavras ditas pelo Pai Eterno: "A sua glória não a há de dar a outrem" — e assim ficam muito mais dificultosas. E se não, vede. O Eterno Pai é de fé que dá toda a sua glória ao Filho e ao Espírito Santo. Pois, como diz que a não há de dar a outrem? Porque, ainda que o Filho e o Espírito Santo se distinguem realmente do Pai, são a mesma coisa com ele, porque são o mesmo Deus. E dar a glória a quem é a mesma coisa comigo, não é dá-la a outrem: "A sua glória não a há de dar a outrem". — O mesmo digo no nosso caso. Diz Cristo que não há de dar as glórias da sua Paixão a outrem, e, contudo, deu-as a S. Francisco, porque, como S. Francisco, por força da abnegação, deixou de ser Francisco, e por força da união ou unidade, passou a ser Cristo, ainda que Cristo dê a sua glória a Francisco, não a dá a outrem: "não a há de dar a outrem".

Cuidareis que são isto pensamentos; não são senão verdades sólidas, e Teologia rigorosa. Não a achareis vós nos Vasques, nem nos Soares, nem nos outros teólogos escolásticos; mas achá-la-eis nos que trataram a Teologia Mística, e muito mais nos que a experimentaram. Lede Dionísio Areopagita, lede Taulero, lede Rusbróquio, lede Canfil, lede Santa Teresa, os quais todos querem que esta transformação do homem com Deus seja por união real e verdadeira. E se não, explicai-me bem aquelas palavras de Cristo: "Assim como vós, Pai meu, sois uma mesma coisa comigo e eu convosco, assim sejam os homens conosco a mesma coisa" (Jo 17,21). — Põem os contemplativos cinco graus para subir onde chegou S. Francisco: aniquilação, conformidade, transformação, identidade e deificação. Por todos estes subiu Francisco: subiu pela aniquilação, deixando de ser o que era; subiu pela conformidade, conformando-se com a vontade divina; subiu pela transformação, transformando-se em Deus; pela identidade, identificando-se com ele, e pela deificação, ficando endeusado todo, ou ficando todo um Deus. E como era a mesma coisa com Deus e com Cristo, dando-lhe Cristo a sua glória, não a deu a outrem, como tinha prometido: "A sua glória não a há de dar a outrem".

§ VI

Daqui se segue — e é a terceira cláusula do nosso texto — que, dizendo Cristo aos outros que o seguissem, só a S. Francisco consentiu que o igualasse. Ora, notai. "Tome a sua cruz, e siga-me". Pergunto: Por que diz siga-me e não diz acompanhe-me? Porque quem segue fica sempre atrás, e quem acompanha bem pode ir igual, e Cristo, nas matérias de sua cruz e Paixão, ainda que queria que o seguissem todos por imitação, não queria que alguém se lhe emparelhasse por igualdade. Manda Deus a Abraão que lhe sacrifique seu filho; toma Isac a lenha às costas, sobe ao monte, deixa-se atar para o sacrifício, e, quando já o pai ia a descarregar o golpe, diz Deus: "Tem mão. Não mates a teu filho" (Gn 22,12). — E por que não quer Deus que se execute o sacrifício que inda agora tinha mandado fazer? Se é porque tinha prometido que em Isac se continuaria a descendência de Abraão, havia mais que ressuscitar outra vez a Isac? Pois, se era tão fácil o remédio, por que não quer Deus que Isac morra? Clemente Alexandrino[4]: "Para que cedesse o primeiro lugar ao Verbo". — O sacrifício de Abraão era figura do sacrifício e Paixão de Cristo; pois por isso não permitiu Deus que Isac chegasse a morrer, para que nas matérias da Paixão tivesse Cristo o primeiro lugar e não se pusesse Isac ombro por ombro com ele. Isac levou a lenha às costas, como Cristo levou a cruz; subiu ao monte, como Cristo; deixou-se atar para o sacrifício sem falar palavra, como Cristo; se lhe tiraram também a vida, como a Cristo, ficava em tudo com Cristo ombro por ombro. Pois, para que fique atrás, e não iguale, para que siga, e não emparelhe, morra Cristo, e ele fique vivo, e falte-lhe da Paixão a melhor parte, que só a S. Francisco consente Cristo que o iguale; os demais sigam, e fiquem atrás: "Se algum quer vir após de mim".

E se não, respondam-me: Se Cristo queria dar chagas a S. Francisco, por que lhe não deu quatro somente, ou por que lhe não deu seis, senão cinco, nem mais nem menos? Porque não só lhe quis dar a imitação, senão a perfeita igualdade. Oh! que grande favor! Quis Deus fazer favor a José de que fosse vendido como Cristo; mas, se bem repararmos, acharemos que Cristo foi vendido por trinta dinheiros, e José só por vinte: "Venderam-no aos ismaelitas por vinte dinheiros de prata" (Gn 37,28). — Pois, se foi figura de Cristo, e Cristo foi vendido por trinta, por que o venderam a ele por vinte? Ouvi a S. Pascásio[5]: "Porque era servo, e não havia de ser igual com seu Senhor". — Concedeu-lhe a imitação na venda, mas negou-lhe a igualdade no preço. Falando, porém, determinadamente do mesmo Cristo, quis Cristo fazer favor a Lázaro de que fosse sepultado e depois ressuscitado, como ele; mas Cristo esteve na sepultura três dias, e Lázaro quatro. Pois, se lhe concedeu que ressuscitasse depois de morto, à sua imitação, por que lhe não concede a igualdade nas circunstâncias? Disse-o S. Pedro Crisólogo[6]: "Por que tivesse diferença o servo de seu Senhor". — De maneira que José, figura de Cristo vendido, e Lázaro, figura de Cristo sepultado; mas José vendido por menos dinheiros, e Lázaro sepultado de mais dias, para que um por mais e outro por menos, nenhum igualasse a Cristo. Só Francisco o igualou, porque as suas chagas não foram menos que as de Cristo, nem foram mais, senão justamente cinco, nem mais nem menos. José foi retrato de Cristo vendido, mas não foi retrato ao natural, porque Cristo foi vendido por trinta dinheiros, e José só por vinte. Lázaro foi retrato de Cristo sepultado, mas não foi retrato ao natural, porque Cristo esteve três dias na sepultura, e Lázaro quatro. Só S. Francisco foi retrato ao natural de Cristo chagado, porque, se Cristo teve cinco chagas, S. Francisco, nem mais nem menos, teve outras cinco. Francisco igualou, os outros seguiram: "E siga-me".

§ VII

Mas que chagas foram estas que Cristo deu a S. Francisco? A pergunta parece mal fundada, mas a resposta vos dirá que fundamento tem. Todos dizem que as chagas que Cristo deu a S. Francisco foram as chagas de seu corpo. Eu digo que as chagas de S. Francisco não foram as chagas do corpo de Cristo, senão as chagas da sua alma.

Para inteligência deste tão extraordinário pensamento, havemos de supor duas coisas: primeiramente suponho que, assim como a humanidade de Cristo se compõe de alma e corpo, assim as chagas de Cristo se compõem de chagas do corpo e chagas da alma. Esta suposição é de São Bernardo[7]: "As chagas dos pés, das mãos e do lado de Cristo, fê-las o ódio dos judeus; mas já as tinha feito o amor dos homens muito tempo antes". — O ódio fê-las no corpo, o amor tinha-as feito na alma. Prova o mesmo São Bernardo o novo pensamento com o passo dos Cantares: "Feriste-me o coração, minha irmã" — diz Cristo à Sinagoga — "feriste-me o coração, esposa minha" (Ct 4,9). — Cristo, Senhor nosso, no lado não teve mais que uma chaga; pois se no lado foi ferido uma só vez, como diz que lho feriram duas? Porque cada ferida de Cristo foram duas feridas, e cada chaga duas chagas: uma, que lhe fez o ódio no corpo; outra, que lhe tinha feito o amor na alma: "Por que então foi necessário ser ferido pelos inimigos, se já estava ferido?" — conclui o mesmo São Bernardo. De maneira que Cristo teve chagas dobradas, umas no corpo, outras na alma.

A segunda coisa que havemos de supor é que as chagas do corpo de Cristo se imprimiram na alma da Senhora. Esta segunda suposição é de Arnoldo Carnotense[8]. — Quer dizer que, "fugindo os apóstolos, a Senhora se pôs em pé diante do Filho, retratando-se tão vivamente nele, que ambos estavam crucificados: ele crucificado em carne, ela crucificada em espírito". "Estava ferido em espírito e crucificado em afeto." — "E como os crucifixos eram dois, as chagas também eram duas, ou dobradas, só com esta diferença: que as chagas do Filho faziam-nas os cravos e a lança, mas as chagas da Mãe fazia-as a dor e a compaixão." — Prova o mesmo Arnaldo o seu pensamento com a profecia de Simeão: "E será esta uma espada que traspassará a tua mesma alma" (Lc 2,35). — Foi tão aguda a espada da Paixão, que traspassou corpo e alma; mas o corpo estava em uma parte, e a alma noutra, porque o corpo era de Cristo, e a alma da Mãe: "E será esta uma espada que traspassará a tua mesma alma".

De sorte — resumindo todo o discurso — que Cristo tinha chagas da alma e chagas do corpo; e, assim como as chagas do corpo as imprimiu na alma da Senhora, assim as chagas da alma as imprimiu no corpo de Francisco. Quis Cristo fazer uma como encarnação e união de suas chagas em duas criaturas dignas de tanto favor: as chagas de seu corpo espiritualizou-as na alma da Virgem Maria, e as chagas de sua alma encarnou-as no corpo de S. Francisco. O corpo naturalmente apetece unir-se à alma, e a alma naturalmente apetece unir-se ao corpo. Assim aconteceu às chagas do corpo e alma de Cristo: as do corpo pediam alma, e deu-lhes Cristo a alma de Maria; as da alma pediam corpo, e deu-lhes Cristo o corpo de Francisco. Quereis prova? No mesmo caso a temos. Quando Cristo imprimiu as chagas a S. Francisco, veio em figura de um serafim. E por que não veio em própria figura? Se para receber as chagas se fez o Verbo homem, por que razão, para as imprimir, se fez Cristo anjo? Mais. Se Cristo imprimiu as chagas na alma da Senhora na realidade de seu próprio corpo, por que razão, para as imprimir em S. Francisco, toma a transformação de Espírito? A razão é porque Deus, ainda quando obra sobrenaturalmente, usa dos instrumentos mais proporcionados aos efeitos; e para imprimir chagas no corpo é mais proporcionado instrumento o espírito, e, para imprimir chagas no espírito, é mais proporcionado instrumento o corpo. Por isso, quando imprimiu as chagas no corpo de S. Francisco, veio em figura de um Espírito, assim como quando as imprimiu na alma da Virgem, estava em realidades de corpo.

Sim. Mas por que foi este espírito serafim, e não outro anjo das outras hierarquias? Porque as chagas da alma de Cristo fê-las o amor: "Porque já fora antes ferido pela lança do amor". — E, como entre todos os anjos os serafins são os espíritos do amor, ao serafim, e não a outro, competia esta gloriosa execução. Para Deus receber as chagas, tomou a natureza humana, e para as imprimir tomou a natureza angélica, para que, já que a natureza angélica não teve parte na encarnação do Verbo, tivesse parte na encarnação das chagas de Francisco. E haverá Escritura que nos diga esta mesma impressão das chagas de Cristo, não por outrem, senão por um serafim, que também veremos ser o mesmo de que Deus fiou esta grande obra? Vai a Escritura, e seja a última de tantas, e a mais admirável.

Quando Zorobabel, depois do cativeiro de Babilônia, estava reedificando o Templo, revelou-lhe Deus, por um anjo, que naquele mesmo Templo havia de pôr uma pedra tão maravilhosamente lavrada, que levaria após si os olhos e admiração do mundo, e que a escultura desta pedra havia de ser duas vezes lavrada e duas vezes esculpida: "Sobre esta pedra única estão sete olhos: eis aqui estou eu que a lavrarei com o cinzel" (Zc 3,9). — Este é um dos mais dificultosos lugares da Escritura, e o texto original aclara ou escurece mais a dificuldade, porque, onde a Vulgata tem "eu lavrarei a escultura dela", lê Áquila: "Abrirei as suas aberturas" — e Símaco e Teodosião: "Esculpirei as suas esculturas"[9]. — Abrir-se e esculpir-se uma pedra, bem se entende; mas, depois de estar aberta e esculpida, abrirem-se as mesmas aberturas e esculpirem-se as mesmas esculturas, como pode ser? Saibamos qual era a pedra, e quais eram as esculturas, e logo entenderemos o mistério. A pedra, como declara o mesmo texto, era Cristo: "Eis aqui estou eu que farei vir o Oriente, meu servo, isto é, Cristo" (Ibid. 8). — Por isso prometeu o anjo que esta pedra seria trazida ao templo de Zorobabel, e não ao templo de Salomão, porque o templo que estava em tempo de Cristo, e em que Cristo tantas vezes entrou e pregou, não era o templo de Salomão, senão o de Zorobabel. Esta era a pedra. E as esculturas desta pedra, quais eram? Todos os padres e intérpretes respondem, e a mesma experiência o mostrou, que as esculturas da pedra Cristo foram as chagas que com os cravos e lança se abriram e entalharam em seu corpo santíssimo: "Ferirei esta pedra com os cravos da cruz e a lança do soldado"[10] — comentou S. Jerônimo. E como as chagas que uma vez se abriram e esculpiram no Monte Calvário se haviam de abrir e esculpir outra vez no Monte Alvérnio, por isso diz o anjo que não só se havia de abrir e esculpir a pedra, senão que se haviam de abrir as mesmas aberturas e que se haviam de esculpir as mesmas esculturas, uma vez abertas e esculpidas em Cristo, outra vez abertas e esculpidas em Francisco. Em Cristo, aberta e esculpida a pedra; em Francisco, abertas e esculpidas as esculturas: "Abrirei as suas aberturas, e esculpirei as suas esculturas". — E quem foi o anjo que isto disse? Milagroso caso a nosso intento. O anjo que isto disse foi o serafim S. Miguel, o mesmo que imprimiu as chagas a São Francisco naquele monte, contemplando a Paixão de Cristo, e jejuando uma quaresma em honra de S. Miguel; e por isso, com muita razão, foi o mesmo S. Miguel o ministro e instrumento que Cristo escolheu, e o serafim de que se vestiu para a impressão das chagas. Assim o afirmam e provam graves comentadores do Apocalipse, sobre aquelas palavras: "Vi outro anjo tendo o sinal do Deus vivo" (Ap 7,2). — E como o mesmo S. Miguel, que falava como profeta, era o que havia de fazer esta impressão, por isso não só disse que haviam de ser impressas e restampadas aquelas chagas, senão que ele mesmo havia de ser o que as imprimisse: "Eu lavrarei a sua escultura". Eu, eu sou o que, depois de abertas estas aberturas no corpo de Cristo, as hei de tornar a abrir: "Eu abrirei as aberturas".

— Eu sou o que, depois de esculpidas estas esculturas, as hei de tornar a esculpir: "Eu esculpirei estas esculturas".

§ VIII

Oh! quantas e quão gloriosas consequências se poderão daqui tirar em assombro das glórias de Francisco! Mas fiquem para outros, que eu tenho dito mais do que quisera, porque, de tudo quanto ouvistes, não temos nada que imitar. Nas outras festas dos santos concluem-se os sermões com exortar a que os imitemos. Nesta, a que vos hei de exortar? A que peçais a Cristo que vos imprima também as suas chagas? Eis aqui quem é S. Francisco, que nem à sua imitação é bem que aspiremos nossos desejos. Contudo, quero deixar dois pontos à vossa meditação, que são os principais que devemos considerar nestas chagas, enquanto dadas e enquanto recebidas: enquanto dadas, e enquanto chagas de Cristo, considerai quanto amou Deus aos homens; enquanto recebidas, e enquanto chagas de Francisco, considerai quanto pode um homem amar a Deus. A conclusão que daqui devem tirar nossas ingratidões fique ao juízo de cada um. Oh! se o temos, que pasmo será o nosso do imenso que devemos a Deus e do mal que lhe correspondemos! Não sei que contas havemos de dar a Deus quando no-las pedir à vista de S. Francisco! Estou para dizer que não nos hão de acusar menos, no dia do Juízo, as chagas de S. Francisco que as chagas de Cristo. Enfim, Cristo era Deus, e Francisco era homem; e, à vista de tanto dever da parte de Deus, e de tanto poder da parte nossa, não sei que há de ser de nós, que tão pouco fazemos! Valha-nos a graça divina, penhor da glória.

SERMÃO DE

Santo Antônio

*Em Roma, na Igreja dos Portugueses,
segunda parte do impresso no volume II, p. 85.
Havia-se de pregar no ano seguinte (1671) e
por enfermidade do autor se não pregou.*

~

"Assim luza a vossa luz diante dos homens:
que eles vejam as vossas boas obras e
glorifiquem a vosso Pai que está nos céus."
(Mt 5,16)

Este sermão é um desabafo do sentimento lusitano de Vieira: está em Roma depois dos anos tempestuosos dos processos inquisitoriais e espera do papa Clemente X a suspensão de todas as ações do Tribunal da Inquisição em Portugal. Agora descobrirei aos portugueses as sombras da sua nação e ouvirão o que não devêramos ser. Santo Antônio foi obrigado a deixar Portugal para ser português. Com a luz alheia vi eu lá luzir alguns; mas com a própria nem Santo Antônio, quanto mais os outros. Ali vão morrer, ali acabam, ali se sepultam e se escondem todas as luzes do firmamento. Escusado é ir buscar o martírio incerto em terras estranhas, se o tendes mais seguro na terra em que nascestes. Foi necessário que Deus o levasse aonde houvesse homens, diante dos quais pudesse luzir. Nem as boas obras podia fazer, dada a esterilidade natural da terra. Se as obras não lhe faltassem, não lhe faltaria a luz, o que lhe faltaria seriam olhos para ver. É próprio da inveja perseguir os presentes e estimar os passados, matar os vivos e celebrar os mortos. Em havendo olhos maus não há obras boas.

§ I

Assim como há dias claros e escuros, assim o será o dia de hoje em comparação do passado. Hoje faz um ano — porque assim o pedia a ocasião e as circunstâncias da solenidade — preguei aos portugueses as luzes da sua nação; agora lhes descobrirei a eles, e a todos, às sombras dessas mesmas luzes, para que se veja, no que disse e no que direi, que não foi lisonja ou afetação o louvor, pois eu mesmo, e aos mesmos, não calo nem dissimulo o que neles se não deve louvar. Inventou a matemática aquela famosa pirâmide, a qual, ferida perpendicularmente do sol, de tal maneira recolhe em si todas as luzes que não deixa lugar à sombra. Mas este milagre da natureza só tem semelhante no maior milagre da graça, Maria sempre imaculada, da qual com tão admirável propriedade como verdade se diz: "A sombra não tem lugar". — Nas outras coisas, porém, por mais ilustres e ilustradas que sejam, nenhuma luz viram jamais os olhos humanos tão pura e tão sincera que não ande junta com sombras.

O dia mais claro e resplandecente que amanheceu ao mundo foi o da Transfiguração de Cristo, porque nele se viu o Monte Tabor alumiado juntamente com dois sóis, um no céu, outro na terra: no céu, com o sol natural, que todos viam; na terra, com o sol do rosto do mesmo Senhor, que só viram os que com ele subiram ao monte: "O seu rosto ficou refulgente como o sol" (Mt 17,2). — E neste dia tão esclarecido e neste monte tão alumiado, poderia também haver sombras? Parece que não, porque a sombra que fizesse um sol a desfaria o outro. Contudo é certo que aqueles mesmos olhos, que pela parte do céu e pela da terra, não só estavam alumiados, senão cercados de sóis, no mesmo dia e na mesma hora se viram cobertos de sombras: "Eis que uma lúcida nuvem os cobriu" (Ibid. 5). — Atravessou-se de repente uma nuvem, que, tomando em si a investidura dos raios de ambos os sóis, se não eclipsou de todos, assombrou uma e outra luz, porque não há neste mundo luz sem sombra. Estas sombras, pois, que sempre seguem e acompanham a luz, serão hoje a segunda parte daquelas mesmas luzes que, não sei se com tanto aplauso, como verdade, inculquei o ano passado aos ouvidos romanos. Então ouviram o que somos; agora ouvirão o que não devêramos ser. E, posto que para persuadir o bem é necessário maior eloquência que para declamar ou declarar o mal, também para este triste assunto me é necessária a graça. *Ave Maria*.

§ II

"Assim luza a vossa luz diante dos homens" (Mt 5,16).

Na primeira parte, e panegírica das duas, em que continuo e divido estes dois sermões, nos mostrou o Evangelho como o nosso santo português foi luz do mundo: "Vós sois a luz do mundo" (Ibid. 14). — Nesta segunda, que, como já insinuei, será mais declamatória que panegírica, nos dirá o mesmo Evangelho o modo com que luziu esta luz: "Assim luza a vossa luz".

Queixava-se o ano passado — se bem vos lembra — a sua e nossa pátria de se ver deixada de um filho, e tal filho como Antônio. Justificava a sua queixa com o exemplo de José, que se mandou levar morto à terra própria; e agora repete e aperta a mesma queixa com outro exemplo mais vivo, mais doméstico e mais seu. Lembra-se Lisboa do seu famoso fundador, Ulisses, tão amante da terra onde nascera, que, sendo natural de Ítaca, o mais áspero e desconhecido lugar de toda a Grécia, antepôs a dureza de seus rochedos às delícias e grandezas mais celebradas do mundo e, depois de o ter visto e rodeado todo, o deixou todo por ela; tanto assim — diz Homero[1] — que, prometendo a deusa Calipso a Ulisses de lhe conceder a imortalidade só com a condição que se deixasse ficar e viver nas terras que lhe ofereceria, pôde tanto com ele o natural amor da sua que não aceitou uma tal promessa, querendo antes — como pondera Cícero, e depois dele o ponderou também S. Crisóstomo — querendo antes morrer na terra própria que ser imortal na estranha. À vista, pois, desta formosa medalha do amor da pátria, lançada para memória e exemplo nos primeiros alicerces de sua fundação, e não se podendo jamais esquecer dela, pois a traz impressa no nome, como se não queixaria Lisboa, e como se não tornará a queixar da sequidão, por não dizer crueldade, com que se vê deixada de um filho gerado, nascido e criado, não só no mais alto lugar, mas no mais interior de si mesma, como filho de seu coração? Só pode dizer contra isto Antônio que deixa a pátria por ir buscar o martírio, e que se mostra menos humano com os de seu próprio sangue, porque o quer derramar todo por Cristo. Mas a esta satisfação responderei depois. O que agora só digo, sobre o que já disse, é que, assim como Santo Antônio foi obrigado a deixar Portugal para ser português, assim foi necessário que se tirasse dentre os portugueses para ser tão grande homem e tão grande santo como foi. Um dos maiores homens que houve no mundo foi Abraão; e a este mandou Deus que saísse da sua pátria e de entre os seus, para ser maior. O maior santo de todos os santos foi o Filho de Deus; e nem isto bastou para que pudesse obrar na sua pátria as maravilhas com que assombrava as alheias, para que nem os naturais se escandalizem, nem os estranhos estranhem a diferença do que hoje direi. Mas vamos ao Evangelho.

§ III

"Assim luza a vossa luz diante dos homens: que eles vejam as vossas boas obras e glorifiquem a vosso Pai que está nos céus" (Mt 5,16). — De tal modo há de luzir a vossa luz diante dos homens, que vejam eles as vossas boas obras, e glorifiquem a Deus. Isto é o que diz Cristo a Santo Antônio. E isto não o podia fazer um português entre portugueses. A primeira coisa que se lhe encarrega nestas palavras, é que há de luzir a sua luz: "Assim luza a vossa luz" — e luzir português entre portugueses e, muito menos, luzir com a sua luz, é coisa muito dificultosa na nossa terra. Com a luz alheia vi eu lá luzir alguns; mas com a própria: "a vossa luz" — nem Santo Antônio, quanto mais os outros. Toda a terra — porque toda é tocada deste vício — tem oposição com a luz. A lua, quem a eclipsa? A terra, porque chegam lá as suas sombras. E o sol, onde não chegam as sombras da terra, quem o escurece e encobre cada hora a nossos olhos? Também a terra. Levanta o sol com seus raios os vapores da terra, e esses mesmos vapores que ele levantou, condensando-se em nuvens, são os que o não deixam luzir. Tomam em si os resplendores do mesmo sol e, dourando-se com eles, ou o escurecem de todo ou no-lo tiram dos olhos. Preze-se ou não se preze o sol de escurecer as estrelas do céu, que lá estão os vapores da terra, que o escurecerão a ele.

Sendo esta a condição natural de toda a terra, como grosseira, enfim, rude e opaca, e nascida debaixo das trevas: "A terra era vã e vazia, e as trevas cobriam a face do abismo" (Gn 1,2) — nenhuma terra há, contudo, entre todas as do mundo, que mais se oponha à luz que a Lusitânia. Outra etimologia lhe dei eu no sermão passado[2]; mas, como há vocábulos que admitem muitas derivações, e alguns que signifiquem por antífrase o contrário do que soam, assim o entendo deste nome, posto que tão luzido. O mundo, dizem os gramáticos que se chama mundo "porque imundo" — e a morte Parca, "porque ninguém perdoa". — E assim como o mundo se chama mundo porque é imundo, e a morte se chama Parca porque a ninguém perdoa, assim a nossa terra se pode chamar Lusitânia porque a ninguém deixa luzir. Não é Santo Isidoro, nem Marco Varro o autor desta funesta etimologia, senão a mesma natureza e o mesmo céu com o curso e ocaso de suas luzes. A terra mais ocidental de todas é a Lusitânia. E por que se chama Ocidente aquela parte do mundo? Porventura por que vivem ali menos, ou morrem mais os homens? Não, senão porque ali vão morrer, ali acabam, ali se sepultam e se escondem todas as luzes do firmamento. Sai no Oriente o sol com o dia coroado de raios, como rei e fonte da luz; sai a lua e as estrelas com a noite, como tochas acesas e cintilantes contra a escuridade das trevas; sobem por sua ordem ao zênite, dão volta ao globo do mundo, resplandecendo sempre e alumiando terras e mares, mas em chegando aos horizontes da Lusitânia, ali se afogam os raios, ali se sepultam os resplendores, ali desaparece e perece toda aquela pompa de luzes.

E se isto sucede aos lumes celestes e imortais, que nos lastimamos, senhores, de ler os mesmos exemplos nas nossas histórias? Que foi um Afonso de Albuquerque no Oriente? Que foi um Duarte Pacheco? Que foi um D. João de Castro? Que foi um Nuno da Cunha[3], e tantos outros heróis famosos, senão uns astros e planetas lucidíssimos, que, assim como alumiaram com estupendo resplandor aquele glorioso século, assim escureceram todos os passados? Cada um era na gravidade do aspecto um Saturno, no valor militar um Marte, na prudência e diligência um Mercúrio, na altiveza e magnanimidade um Júpiter, na fé e na religião, e no zelo de a propagar e estender entre aquelas vastíssimas gentilidades, um sol. Mas depois de voarem nas asas da fama por todo o mundo, estes astros, ou indígites da nossa nação, onde foram parar quando chegaram a ela? Um vereis privado com infâmia do governo; outro preso e morto em um hospital; outro retirado e mudo em um deserto; e o melhor livrado de todos, o que se mandou sepultar nas ondas do Oceano, encomendando aos ventos levassem à sua pátria as últimas vozes com que dela se despedia: "Pátria ingrata, não possuirás os meus ossos!".

Vede agora se tinha razão para dizer, que é natureza ou má condição da nossa Lusitânia não poder consentir que luzam os que nascem nela. E vede também se podia Santo Antônio deixar de deixar a pátria, sendo filho de uma terra onde se não consente o luzir e tendo-lhe mandado Cristo que luzisse: "Assim luza a vossa luz".

Eu não direi que S. João no seu Apocalipse levantou figura aos que nascem em Portugal; mas há muitos dias que naquelas suas visões de Patmos tenho observado uma notável pintura, na qual estão retratadas ao vivo as fortunas ou influências deste fatal nascimento: "Apareceu um grande sinal no céu: uma mulher vestida do sol, que tinha a lua debaixo de seus pés, e uma coroa de doze estrelas sobre a sua cabeça; e, estando prenhada, clamava com dores de parto. E foi visto outro sinal no céu; e eis aqui um grande dragão; e o dragão parou diante da mulher que estava para parir, a fim de tragar ao seu filho depois que ela o tivesse dado à luz" (Ap 12,1.2ss). — Esta é em suma a história da visão na qual diz o evangelista que viu primeiramente uma mulher vestida do sol, coroada de estrelas e com a lua debaixo dos pés, a qual estava de parto, e dava vozes. E que logo apareceu diante desta mulher um grande dragão, o qual, com a boca aberta, estava esperando que saísse à luz o filho para lho tragar e comer tanto que nascesse. Infeliz menino, antes destinado às unhas e dentes do dragão, que nascido! Mas que dragão, que mulher, e que filho é este? O enigma é tão claro que pelas figuras sem letras se pode entender. A mulher vestida de luzes, o mesmo nome diz que é a Lusitânia; as luzes são as que ouvistes o ano passado, e o ter a lua debaixo dos pés é a maior expressão da mesma figura, porque a Lusitânia foi a primeira em toda Espanha que sacudiu o jugo dos sarracenos, e tantas vezes então e depois meteu debaixo dos pés as luas maometanas. O parto, que a fazia bradar, são os filhos ou partos da Lusitânia, não todos, senão aqueles com que ela dá brado no mundo. E o dragão, finalmente, já preparado e armado para tragar esses filhos, é aquele mesmo dragão que Portugal tem por timbre das suas armas, porque é timbre da nossa nação, tanto que sai à luz quem pode luzir, traga-o logo, para que não luza. De maneira que a mulher e o dragão, em tão diferentes figuras, uma humana, outra sem humanidade, ambas vêm a ser a mesma coisa, porque, como mulher, pare os filhos, e, como dragão, os traga depois de nascidos.

Os exploradores que foram descobrir e informar-se da Terra de Promissão, de tal maneira a descreveram, que parece definiram a nossa. Três coisas disseram, todas grandes e notáveis; mas a terceira assombrosa e terrível, e para todos fugirem de tal terra. Disseram que era tão fértil, e de clima tão benigno, que os rios manavam mel e leite: "Fomos à terra a que tu nos enviaste, a qual na verdade mana leite e mel" (Nm 13,28). — Disseram mais, que viram nela homens da geração dos gigantes: "Ali vimos a raça de Enac" (Ibid. 29). — E sobre estas duas prerrogativas tão singulares, a terceira, que acrescentaram, foi que era uma terra que comia e tragava os seus naturais: "A terra que fomos ver devora os seus habitantes" (Ibid. 33). — Julgai se quadra bem toda a definição à nossa terra. É tal na benignidade dos ares, na fertilidade dos campos, na afluência dos rios, que, chamando-se antigamente Letes o que hoje se chama Lima, é opinião de muitos autores que o temperamento e delícias da Lusitânia foram as que deram motivo à fábula dos Campos Elísios. Que na mesma terra se conserve a geração dos gigantes, isto é, de homens maiores que os outros homens, também o não pode negar quem tiver lido as antiguidades do mundo. Basta, por exemplo, serem os Lusitanos os que com o seu rei sículo, filho de Luso, debelaram em Sicília os ciclopes e deixaram eternizada esta vitória no mesmo nome de seus habitadores, os quais desde então se chamaram sículos. Mas que importam estas excelências e outras que se puderam dizer sem lisonja, se o clima ou constelação natural da mesma terra é tão alheia de humanidade que come seus próprios filhos? Que importa que, como mãe, seja tão felizmente fecunda nos partos, que os gere de tão eminente estatura se, como dragão peçonhento, com raiva de os ver tão grandes, os morde, os rói, os abocanha, os atassalha e não descansa até os engolir e devorar de todo: "A terra devora os seus habitantes"?

§ IV

Agora sim, que já posso responder a Santo Antônio e confutar a sua escusa. De maneira, meu santo, que deixais Portugal, e vos embarcais para África, porque dizeis que ides buscar o martírio? Antes, por isso mesmo vós não deveis sair da vossa pátria. Não tendes vós já encerrado no peito aquele grande tesouro de sabedoria e eloquência, com que depois haveis de esclarecer e assombrar o mundo, e agora a vossa modéstia e humildade encobre e dissimula e, quase contra o conselho deste mesmo Evangelho, tem escondido debaixo do meio alqueire: "Nem os que acendem uma luzerna a metem debaixo do alqueire" (Mt 5,15)? — Escusado é logo ir buscar o martírio incerto por mar em terras estranhas, se o tendes mais breve e mais seguro na mesma onde nascestes. Amanheçam em Coimbra os resplandores dessa Teologia, que depois há de ter a primeira cadeira na segunda religião de que tendes tomado o hábito; passai com os ecos dessa fama a Lisboa e começai a levar após vós a corte, com a eloquência mais que humana dessa língua imortal, e eu vos prometo — não tanto que ela falar, senão depois que for falada — que não faltem naturais vossos que vos façam mártir. Não vos asseguro rodas de navalhas, nem bois de metal, porque lá não se martiriza com tanto engenho; mas se vos contentais com martírio mais aparelhado e mais vulgar, de serdes logo um S. Sebastião, não o duvideis. Todos os raios que de si despedir a vossa luz se hão de converter em setas que se empreguem em vós. O vosso nome há de ser o aplauso de todas as vozes e o vosso corpo o alvo de todas as setas. Não vos há de valer serdes filho de S. Francisco, uma vez que mostrardes que sois geração de gigante: "Ali vimos a raça de Enac".

Apareceu Saul no meio do povo de Israel, em ocasião que estava junto em cortes, e diz o texto sagrado que era de tão alta e agigantada estatura que do ombro para cima excedia a todos: "Ele se pôs no meio do povo, e viu-se que era mais alto do que todo o povo do ombro para cima" (1Rs 10,23). — E vós, Saul, sois tão grande na terra onde nascestes, que os maiores, quando muito, vos dão pelo ombro, e com toda a cabeça sobrepujais a todos? Ora, esperai pelos efeitos dessa vossa tão bizarra estatura e vereis a fortuna que com ela vos aguarda. Deu-se a fatal batalha dos campos de Gelboé e, posto que na confusão dos grandes exércitos, quando se combatem, apenas se conhece distinção de homens a homens, como Saul avultava tanto entre a multidão, sobre ele carregou todo o peso da batalha e nele se empregaram todas as setas: "Todo o peso do combate caiu sobre Saul, e foi gravemente ferido pelos frecheiros" (1Rs 31,3). — Os sete montes daquela cidade, em um dos quais nasceu Santo Antônio, todos são montes de Gelboé. Ali está encantada a fatalidade dos que fez a natureza ou a fortuna maiores que os outros. Contra eles se armam as batalhas, contra eles se tiram as setas e sobre eles se descarrega todo o peso da guerra, porque a inveja, como filha primogênita da soberba, pesa para cima, e todos seus tiros se assestam contra o mais alto. Não debalde domina sobre Portugal o sagitário, porque este é o signo em que lá nascem todos os que são apontados com o dedo, para que contra eles se apontem as setas. Escusadamente vai logo provocar as dos arcos turquescos a África quem as tinha tão aparelhadas na pátria e tão certas na sua própria grandeza.

Essa foi, se eu me não engano, a providência daquela inopinada enfermidade com que, apenas tinha posto os pés Santo Antônio nas praias africanas, quando foi outra vez obrigado a se embarcar para os ares pátrios, como se lhe dissera Deus: — Vens buscar o martírio a Berbéria, deixando Portugal e Lisboa? Torna, torna para donde vieste, que também lá há Marrocos e Tituões. Para a terra de seu nascimento mandou Deus tornar a Adão: "Na terra de que foste tomado" (Gn 3,19) — e não porque aquela terra da sua pátria fosse mais sadia, senão para que nela morresse com dobrada dor, em pena de ter comido da árvore da ciência. Não havia outra terra para onde o desterrar, senão para aquela mesma em que nascera? A sua pátria há de ser o seu desterro? O tirá-lo dela foi o maior favor, e o tornar para ela há de ser castigo? Sim, porque, sendo aquela terra tão feliz no primeiro parto, que gerou o primeiro homem do mundo, foi tão maldita no segundo, que não produziu mais que abrolhos e espinhos contra esse mesmo homem que dela nascera: "Ela te produzirá espinhos e abrolhos" (Ibid. 18). — Deixe-se ficar Antônio no campo Damasceno da sua pátria, e, se já a tem deixado, torne para ela, que nela achará, se se souber o que sabe, quanto ia buscar tão longe. Quando Santo Antônio, depois de comer da árvore da sabedoria em tão profundos estudos, se escondeu como Adão, bem sabia que na sua pátria também é delito o muito saber, posto que não seja por desobediência, mas por mais obedecer e servir a Deus. Manifeste, pois, à sua terra o que sabe, deixe luzir — pois assim lho manda Cristo — a sua luz, e experimentará logo que esta mesma terra, que o fez o primeiro homem, em lugar de lhe tecer coroas de louro, se arma de espinhos e abrolhos, com que o martirize: "Ela te produzirá espinhos e abrolhos".

§ V

Mas, como Deus não queria de Antônio o seu martírio, a nova providência de uma furiosa tempestade o derrotou da pátria, para onde tornava, e o levou a tomar porto em Itália. E por que, ou para quê? Porque Deus lhe tinha mandado que luzisse a sua luz diante dos homens: "Assim luza a vossa luz diante dos homens". — E, para a sua luz luzir diante dos homens, era necessário que o mesmo Deus o levasse a terra onde houvesse homens, diante dos quais se pudesse luzir. Oh! terra verdadeiramente bendita, pátria da verdade, asilo da razão, metrópole da justiça, que não debalde te escolheu Deus para colocar em ti o seu eterno sólio! Quase estou para dizer que aquela figura do Apocalipse, que expliquei enigmaticamente, não só é ou foi enigma, senão história ou profecia literal deste sucesso de Santo Antônio. Dissemos que a mulher vestida de luzes era a Lusitânia; dissemos que o dragão, que estava esperando com a boca aberta para tragar o parto que dela nascesse, era o timbre das suas armas, e a desumanidade natural com que trata seus filhos; agora vede como o filho, que então nasceu e escapou dos dentes do dragão, foi Santo Antônio: "E pariu"

— continua o texto — "um filho varão, o qual havia de reger todas as gentes com vara de ferro, e logo foi arrebatado da presença da mãe do dragão, e levado a Deus e ao seu trono" (Ap 12,5).

Primeiro que tudo, não faça dúvida dizer o texto que este filho havia de reger as gentes com vara de ferro, porque é propriedade dos termos ou títulos com que na Escritura se descrevem os que Deus elege e constitui — como elegeu e constituiu a Santo Antônio — para pregadores universais do mundo: "Eu, porém, fui por ele constituído rei sobre Sião, seu monte santo, para promulgar o seu decreto: Tu os governarás com uma vara de ferro, e quebrá-los-ás como um vaso de oleiro" (Sl 2,6.9). — Assim regia e encaminhava Santo Antônio com a lei e preceitos divinos, todas as gentes a que pregava. E assim confundia e quebrantava os rebeldes com vara e eficácia propriamente de ferro, que por isso foi chamado por excelência "Martelo das Heresias". — Este filho, pois, prodigioso parto da Lusitânia, que Deus tinha destinado a tão gloriosos fins, para o livrar assim da mesma Mãe como das unhas do dragão, de que não podia escapar, depois de sair à luz do mundo, diz o texto que "foi arrebatado" com violência — porque o arrebatou do caminho que levava para a pátria a violência da tempestade. E diz mais, que foi "levado a Deus, e ao seu trono" — porque a mesma violência dos ventos o levou a Itália e a Roma, onde Deus tem seu trono na terra.

Já agora, meu santo, pode luzir a vossa luz diante dos homens: "Assim luza a vossa luz diante dos homens" — porque já estais em terra de homens diante dos quais se pode luzir. Tanto vos era necessária a ausência de uns como a presença dos outros. Já os mesmos Sumos Pontífices vos chamam Arca do Testamento; já as vossas vozes são ouvidas como oráculos; já as vossas razões e sentenças são recebidas e veneradas como divinas. E não porque vós hoje sejais outro do que dantes éreis, nem outros os documentos da vossa doutrina, mas porque tanto vai de lugar a lugar e de homens a homens: "Diante dos homens".

Esta felicidade de achar Santo Antônio homens diante dos quais luzisse a sua luz, como o Senhor lhe mandava, foi na minha opinião uma das maiores graças que o mesmo Senhor lhe concedeu porque, sendo muito poucos no mundo os homens que podem luzir, aqueles diante dos quais se possa luzir ainda são muito menos. Todos os dias ouvimos no Evangelho de S. João uma coisa em que eu não acabo de reparar: "Houve" — diz — "naquele tempo, um homem, mandado por Deus, o qual veio para ser testemunha e testemunhar da luz" (Jo 1,6s). — A luz não há mister testemunhas, porque ela por si mesma, e sem mais prova, demonstra o que é. Quanto mais que a luz de que falava o evangelista — como ele mesmo acabava de dizer — era a luz verdadeira e fonte de toda a luz, Cristo, que alumia todos os homens: "Era a luz verdadeira, que alumia a todo o homem que vem a este mundo" (Jo 1,9). — Pois, se todos os homens viam essa mesma luz, por que foi necessário que mandasse Deus um homem como o Batista para que testemunhasse dela? Porque tão raros são como isto no mundo os homens que possam testemunhar da luz. Poder ver a luz, e ser alumiado dela, é de todos os homens: "Que alumia a todo o homem". — Mas fazer verdadeiro conceito dessa mesma luz, e dizer e testemunhar o que ela é: "Para dar testemunho da luz" — para isso apenas se acha no mundo um homem, "e esse mandado por

Deus". — Testemunhar o Batista de Cristo, como discretamente notou S. Gregório Nazianzeno, era alumiar o sol com uma candeia; e sendo isto uma coisa que não só parece supérflua, mas ridícula, teve necessidade o sol desta candeia para que entre os homens houvesse um que testemunhasse da sua luz como merecia: "Para dar testemunho da luz".

E se quisermos examinar a causa deste efeito tão contrário à natureza da mesma luz, acharemos que todo procede, não da luz, senão dos homens. O mesmo S. João o disse: "Veio a luz ao mundo, e os homens" — quem tal havia de imaginar? — "amaram mais as trevas, que a luz" (Jo 3,19). — Quantas vezes se vê isto no mundo e eu o tenho visto? Ver os que luzem, é para rir; e ver os que não luzem, para chorar: "Amaram mais as trevas, que a luz". — As trevas amadas, veneradas e aplaudidas, como se foram luz; e a luz aborrecida, desestimada e perseguida, como se fora trevas. Tal é e tal costume ser o juízo dos homens, ou seja por ignorância, ou por malícia. Mas que remédio terá a luz, para não ser aborrecida de tal gente? Se é aborrecida porque veio do mundo: "Veio a luz ao mundo" — vá-se do mundo e não será aborrecida. Assim o cuidava eu, e assim creio que bastará para com alguns homens, mas não para com todos.

Diz Plínio que os homens do Monte Atlante "todos os dias amaldiçoam o sol duas vezes, uma quando nasce e outra quando se põe"[4]. — O Monte Atlante é aquele tão bem opinado entre os homens, que dele se diz e celebra que sustenta o céu com seus ombros, e que o mesmo céu havia de cair se aquela forte coluna o não sustentara. Pois, se com tanto trabalho e tanto zelo se sustenta neste monte o céu para que não caia, a melhor joia e maior lustre do mesmo céu, que é o sol, como é tão aborrecido e anatematizado no mesmo monte? Dir-me-eis que tudo isto é fábula e mentira, e que a verdadeira razão deste ódio é porque os moradores do Monte Atlante são os etíopes, mais adustos, como mais vizinhos, ou menos defendidos do sol, e por isso aborrecem tanto a luz dos seus raios, porque aos outros homens alumia, e a eles queima. Mas, se isto assim é, como é, aborreçam os do Monte Atlante ao sol quando nasce, e não quando se põe. Se o recebem com maldições quando vem, deem-lhe graças e louvores quando se vai. Mas quando vem e aparece diante destes homens, aborrecido na presença, e quando se vai e os deixa, também aborrecido e perseguido na ausência: "Quando nasce e quando se põe"? — Sim, porque o sol, ainda que se vai, vai para tornar: "A sua saída é desde uma extremidade do céu, e corre até a outra extremidade dele" (Sl 18,7). — Vá-se pois o sol, e desapareça de uma vez para sempre, e logo nem os do Atlante terão quem os queime, nem o sol quem o injurie.

§ VI

Isto é que fez Santo Antônio: não só se foi da sua terra, senão para sempre, e para nunca mais tornar a ela. Nem o santo podia deixar de o fazer assim, suposto o preceito divino, e o fim e o intento dele. O fim e intento do preceito de Cristo era: "Para que veja vossas obras boas": que de tal maneira luzisse diante dos homens, que eles vissem suas obras boas — e nada disto podia ser, se Santo Antônio ficasse na pátria e quisesse luzir nela. E por que razão ou sem-razão? Por tantas quantas são as palavras do mesmo preceito: "Para que veja vossas obras boas". — Ele havia de fazer as obras: "vossas obras"; os homens haviam nas de ver: "Para que veja"; e essas obras, vistas, haviam de ser "boas" — e nenhuma destas coisas podia Santo Antônio conseguir entre os da sua pátria por outras tantas razões. Primeira, porque não havia de poder fazer essas obras; segunda, porque, ainda que as fizesse, não as haviam de ver os homens; terceira, porque, ainda que as fizesse e eles as vissem, não haviam de ser boas: "Para que veja vossas obras boas". — Dai-me agora atenção.

Primeiramente digo que aquelas obras que o Evangelho recomenda a Santo Antônio, ele as não havia de fazer, nem as podia fazer na sua pátria, e não por falta de virtude no santo, senão por defeito ou esterilidade natural da terra em que nasceu. Não é coisa nova na natureza haver terras que são fecundas para as plantas, e estéreis para os frutos. São fecundas para as plantas, porque elas produzem as árvores; e são estéreis para os frutos, porque essas mesmas árvores não podem produzir os frutos enquanto estão nelas. Por esta razão e experiência inventou a agricultura o remédio de transplantar, arrancando ou desterrando as plantas da terra onde nasceram e passando-as a outras, onde frutifiquem. Isto é o que fez ou sucedeu a Santo Antônio, do qual parece que profetizou Davi, quando no texto hebreu, em que falava, disse: "Será como a árvore que foi transplantada, e que dará o seu fruto" (Sl 1,3). — Os milagres e obras prodigiosas com que Santo Antônio admirava e convertia o mundo em Itália e França, eram frutos daquela generosa planta, mas transplantada: "Como a árvore que foi transplantada". — Porque se Deus — que também é agricultor: "Meu Pai é agricultor" (Jo 15,1) — o deixara ficar na terra onde nasceu, nenhuma dessas maravilhas havia de obrar, nenhum desses frutos havia de produzir, não por defeito da planta, senão por vício da terra.

É a nossa terra — porque se não queixe de que lhe digo injúrias — como a pátria de Cristo. Obrava Cristo, Senhor nosso, por toda a parte aquela multidão de milagres, tantos, tão contínuos e tão estupendos, como sabemos; mas tanto que chegava à sua pátria — assim como o maná cessou, tanto que chegou à Terra da Promissão — assim cessava, e se suspendia, e ficava totalmente parada aquela corrente celestial e benéfica de maravilhas, com que socorria, remediava e admirava a todos. S. Marcos chegou a dizer que Cristo na sua pátria não podia fazer milagre algum: "Foi para a sua pátria, e não podia fazer ali milagre algum" (Mc 6,1.5). — Ainda na boca de um evangelista parece duvidosa esta proposição. Cristo, enquanto Deus, não era onipotente por natureza, e enquanto homem, não era também onipotente por comunicação e por graça? Assim o crê e confessa a nossa fé. Pois, como é possível que um homem-Deus, e por um e por outro modo onipotente, não pudesse fazer milagres na sua pátria? Aqui vereis que coisa é a pátria. E se tanta resistência e contradição experimentou a onipotência ordinária, que seria a delegada de Santo Antônio?

Respondeu Cristo a este escândalo com aquele provérbio universal: "Não há profeta sem honra senão na sua pátria" (Mt 13,57; Mc 6,4). — De sorte que toda esta repugnância ou todo este impossível topava na honra. E como é vício natural da pátria não sofrer nem poder ver mais honrado a quem nasceu nela, porque a pátria não podia sofrer a honra de Cristo, não podia Cristo na pátria fazer os milagres. Para os milagres honrarem a Cristo na sua pátria, era necessário que os da mesma pátria cressem que eram verdadeiros milagres. Mas eles, diz o evangelista, eram tão duros, e tão incrédulos, que não criam que um homem seu natural pudesse fazer obras sobrenaturais, e por isso o Senhor as não podia fazer: "Não podia fazer ali milagre algum, e se admirava da incredulidade deles" (Mc 6,5s). — Reparemos muito nesta última cláusula e na conexão dela com a antecedente. Diz o evangelista que não podia Cristo fazer milagres na sua pátria, e que o mesmo Senhor se admirava muito de que a incredulidade dos seus naturais fosse a causa de não poder fazer os milagres: "E se admirava da incredulidade deles". — Pois, por que eles não criam que Cristo pudesse, por isso Cristo não podia? Sim, e o mesmo Mestre divino declarou o segredo deste impossível noutra ocasião.

Pediu-lhe um pai a saúde milagrosa para um filho, dizendo: "Se é que podeis, favorecei-me a mim e a este filho" (Mc 9,21). — E o Senhor respondeu: "Se tu podes crer, tudo é possível a quem crê" (Ibid. 22). — Notai que não disse: Tudo me é possível a mim, porque sou onipotente — senão: Tudo te é possível a ti, se crês que eu posso. E a razão é porque, segundo a disposição condicional da providência divina, para se fazer um milagre são necessárias duas possibilidades: uma ativa, da parte de Deus, que faz o milagre, que é a onipotência; e outra passiva, da parte do homem a quem se faz, que é a credulidade. E como nos naturais de Cristo faltava esta segunda possibilidade, e pela inveja natural, que nasce com os que nascem na mesma pátria, não podiam crer — nem querer — que Cristo nascido entre eles fizesse milagres, por isso o mesmo Senhor não podia na sua terra o que podia em todas: "Não podia ali".

Oh! pátria, tão naturalmente amada como naturalmente incrédula! Que filhos tão grandes e tão ilustres terias, se assim como nascem de ti, não nascera juntamente de ti, e com eles, a inveja que os afoga no mesmo nascimento, e os não deixa luzir nem crescer? Aquele trigo malogrado do Evangelho, que caiu entre espinhos, diz o texto que "os espinhos que juntamente nasceram com ele o afogaram" (Lc 8,7). — Note-se muito o "que juntamente nasceram". — Não há coisa que mais pique nem de que mais se piquem os naturais que da emulação e inveja. Estes são os espinhos que afogam logo, desde seu nascimento, os que nascem na mesma terra, e estes são os que haviam de afogar na nossa a Santo Antônio, para que não obrasse fora dela o que obrou nem obraria se não fugisse dela.

Mas que muito que houvesse de suceder a Santo Antônio com os da sua, o que sucedeu ao mesmo Deus depois que teve pátria? Impugnavam e contradiziam os de Nazaré, pátria de Cristo, a fama das maravilhas do Senhor, e houve um que se atreveu a lhe dizer em presença: "Isto que ouvimos de vossas maravilhas ao longe em Cafarnaum, não o veremos em tua pátria?" (Lc 4,23). — Desses milagres, tantos e tão famosos, que fazeis nas outras partes, não fareis também algum aqui na vossa pátria? — Não, e por isso mesmo. Na terra onde nascem os milagrosos não nascem nem se dão os milagres. O que só não pode estorvar a pátria é que cheguem lá os ecos da fama, e que de boa ou má vontade sejam ouvidos: "Isto que ouvimos de vossas maravilhas". — Assim chegavam e se ouviam de longe em Portugal as maravilhas do seu grande português; e posto que não sei se eram tão cridas e aplaudidas então como mereciam, o que só posso afirmar sem escrúpulo é que não seriam tão bem ouvidas na terra própria como ele era ouvido nas estranhas. Ouviam que quando pregava Antônio cessavam todos os outros exercícios mecânicos, civis e políticos, porque os lavradores deixavam os arados, os mercadores as tendas, os ministros os tribunais, os cortesãos os palácios e os teatros: "Isto que ouvimos de vossas maravilhas"! — Ouviam que se despovoavam as cidades e que, não cabendo a multidão imensa nos templos, era obrigado a pregar nos campos, e que, pregando em uma só língua, sendo de diferentes nações os ouvintes, todos o entendiam como se falara na sua: "Isto que ouvimos de vossas maravilhas"! — Ouviam que, vestido de burel e descalço, ia cercado de guardas e defendido de homens armados, os quais mal podiam resistir ao peso e tumulto das gentes que concorriam a lhe beijar o hábito e roubar algum fio dele, como preciosa relíquia: "Isto que ouvimos de vossas maravilhas"! — Ouviam que, se o não queriam ouvir os hereges obstinados, para confundir sua dureza e rebeldia, ia pregar aos peixes, e que eles, chamados da sua voz, concorriam de todo o mar em cardumes, grandes e pequenos e, postos por sua ordem com as cabeças fora da água, como se tiveram o uso de razão, que faltava aos homens, escutavam atentos o que Santo Antônio lhes dizia e assentiam a tudo: "Isto que ouvimos de vossas maravilhas"! — Ouviam que, armando-se uma horrenda tempestade sobre o povo inumerável que no campo descoberto ouvia ao santo, ele os assegurou que ninguém se inquietasse ou movesse, e, voltado para o céu escuro e medonho, com o aceno somente de uma mão emudeceu os trovões, apagou os relâmpagos e suspendeu as nuvens, as quais não tiveram licença para chover, senão depois de recolhidos todos a suas casas: "Isto que ouvimos de vossas maravilhas"! — Ouviram que, encomendando-se a Antônio, os cegos viam, os surdos ouviam, os mancos andavam, os mudos falavam, os enfermos de todas as enfermidades saravam, e até os mortos, invocado o santo por boca dos vivos, ressuscitavam, sendo muito mais admiráveis ressurreições as de infinitos pecadores que, mortos e sepultados em todo o gênero de vícios, por força da palavra divina, pronunciada pela boca de Antônio, se convertiam à penitência, e restituíam à graça: "Isto que ouvimos de vossas maravilhas"! — Todas estas e outras muitas maravilhas se ouviam em Portugal e Lisboa, onde as levava a fama; mas que o mesmo santo, que tantos e tão prodigiosos milagres obrava nas terras estranhas, "os fizesse também na sua": isso não, porque não podia ser: "Não podia ali nenhum milagre fazer".

Vejo, contudo, que todos estão reclamando contra esta doutrina, e argumentando contra a verdade dela, não menos que demonstrativamente e com experiência. Porque sabemos que Santo Antônio foi a Lisboa para livrar a seu pai, condenado falsamente por um homicídio, e que em presença de todo o povo e ministros da justiça, que o levavam ao suplício, ressuscitou o mesmo morto; e que este declarou a verdade, e depôs juridicamente que não era aquele homem que o matara. Pois, se Santo Antônio fez este estupendo milagre em Lisboa e dentro dos muros dela, e no adro da mesma Sé, junto às casas onde o mesmo santo nasceu, como digo eu, nem posso provar com verdade, que Santo Antônio não havia nem podia fazer milagres na sua pátria? Agradeço-vos muito a instância, que é bem apertada, e também espero que me haveis de agradecer a solução. Respondo e concedo que Santo Antônio fez este milagre, e também outro semelhante em Lisboa; mas o Santo Antônio que fez os milagres em Lisboa, não era o nascido em Lisboa. Ora vede. Quando um santo aparece realmente em alguma terra distante, pode ser por um de dois modos: ou levado lá, como levou o anjo ao profeta Habacuc a Babilônia, ou reproduzindo-o Deus, e ficando onde estava, como Cristo está no céu e juntamente no Sacramento. Deste segundo modo é que fez Santo Antônio os milagres em Lisboa, não levado, senão reproduzido, porque no mesmo tempo ficou e estava em Itália, pregando e inclinado sobre o púlpito, como diz a história. E como o santo que fez os milagres era Santo Antônio reproduzido, não era Santo Antônio nascido em Lisboa. O Santo Antônio nascido em Lisboa, esse ficou cá em Itália; o que obrou lá o milagre era o mesmo Santo Antônio, sim, mas reproduzido e nascido de novo nas mãos da onipotência. De sorte que, para Santo Antônio fazer milagres em Lisboa, foi necessário que Deus lhe desse outro segundo e novo nascimento, e assim segunda vez nascido fizesse o milagre na terra onde não nascera.

Quando chegou aos ouvidos de el-rei Herodes a fama dos grandes milagres que Cristo obrava, entrou o rei em um pensamento notável. Presumiu e disse que aquele homem não era Cristo, senão o Batista ressuscitado, e que por isso fazia tantos milagres: "João Batista ressuscitou de entre os mortos, e por isso obram nele tantos milagres" (Mt 14,2). — Consta do Evangelho que o Batista não fez milagre algum em sua vida: "João não fez milagre algum" (Jo 10,41). — Pois, se o Batista não fez milagres enquanto vivo, donde se colhe que os faria depois ressuscitado? Porque a ressurreição é um segundo nascimento do mesmo homem, que por isso se chama regeneração; e a graça que não teve o maior dos nascidos no primeiro nascimento, era verossímil que a tivesse no segundo. Isto pois que em S. João reproduzido era verossímil, em Santo Antônio foi certo. Não porque o segundo nascimento lhe desse a virtude de fazer milagres, que já a tinha, mas porque lhe tirou o impedimento de ser a terra em que nascera; e como Lisboa não era pátria de Antônio assim reproduzido, por isso pôde fazer milagres em Lisboa, o que de outro modo não podia: "Não podia ali nenhum milagre fazer".

§ VII

Mas, dado que Santo Antônio fizesse milagres na sua pátria, a segunda coisa que prometi, e digo, é que os homens da mesma terra não os haviam de ver. O que Cristo encomenda a Santo Antônio no nosso texto é que a sua luz resplandeça de tal modo diante dos homens, que eles vejam as suas obras ilustres e gloriosas. "Assim luza a vossa luz diante dos homens, que eles vejam as vossas boas obras" (Mt 5,16). — E estas obras ilustres e gloriosas, se o santo as fizesse na sua pátria, como supomos, parece que não podiam os homens deixar de as ver. O não as verem só podia ser ou por falta das obras, ou por falta da luz. Assim o notou Santo Agostinho[5], dando a razão por que não vemos a Deus, estando ele presente em toda a parte. — Para ver é necessário objeto e luz: "o objeto, que é Deus, sempre o temos presente; a luz, com que ele se pode ver, essa é a que nos falta", e por isso o não vemos. Mas no nosso caso nem faltavam o objeto, que são obras: "as vossas boas obras" — nem faltava luz, que era a mesma de quem as obrava: "Assim luza a vossa luz". — Logo, como pode ser que os homens as não vissem? Digo que sim pode ser, e que assim havia de ser, não por falta das obras, nem por falta de luz, senão por falta de olhos.

Nasceu no primeiro dia do mundo a luz, a qual não era outra coisa que um globo daquele luminoso acidente criado na segunda ou terceira região do ar, dentro da qual fazia seu curso, dividindo o dia da noite, e dando desde logo à duração composta de ambos o período natural que hoje observam. É porém coisa muito digna de admirar que, enquanto aquela primeira luz se conservou no lugar onde foi criada, não houve olhos criados que a vissem, porque nem a terra e a água, criados no primeiro dia, nem o firmamento no segundo, nem as plantas e ervas no terceiro, tinham olhos. Luzia a luz, e não havia olhos que a vissem luzir; alumiava ela só o universo, e não havia em todo o universo olhos que se alumiassem com ela nem a vissem alumiar; distinguia as noites e os dias, mas não havia olhos que notassem a igualdade e concerto desta distinção, nem se alegrassem com a presença da mesma luz ou sentissem sua ausência. Não sei se chame a isto desgraça da luz, se natureza do lugar ou região em que nasceu ao mundo. Desenganai-vos, luz, ainda que sejais a primogênita do Criador, e a primeira de todo o criado, que enquanto não sairdes do lugar onde nascestes, não há nem hão de haver olhos que se ponham em vós. Saí, saí desse berço natural em que nascestes, passai a outros lugares estranhos e remontados, e logo tereis olhos que vos vejam, que vos admirem, que vos amem, que vos celebrem, que vivam de vós, morram por vós. Assim foi. Ao quarto dia da criação tirou Deus a luz da região do ar, onde a criara, repartiu-a pelas esferas celestes com forma e nome de sol, de luz e de estrelas; e logo no quinto dia, e no sexto, se desfez o mundo todo em olhos que se alumiassem com a luz e a festejassem: olhos no mar, olhos no ar, olhos na terra; olhos nas aves, olhos nos peixes, olhos nos animais terrestres; e sobretudo, olhos no homem, que não só lograsse os resplendores da luz, mas desse os devidos louvores ao Criador dela. De maneira que esta mesma luz que hoje vemos e com que vemos todas as coisas, enquanto esteve e não saiu do lugar e região em que nascera, nem ela se via, nem se viam com ela as outras obras admiráveis da onipotência, e não por falta das obras, nem por falta da luz, senão por falta de olhos. E isto é o mesmo que eu digo e suponho que havia de suceder a Santo Antônio.

Um dos mais famosos milagres que fez Cristo, Senhor nosso, foi o vulgarmente chamado do diabo mudo, porque foram quatro milagres em um milagre. O miserável homem era mudo e falou; era surdo e ouviu; era cego e cobrou vista; era endemoninhado e ficou livre do demônio. Pode haver maior fecundidade de milagres? As árvores muito fecundas, como diz a nossa língua, dão os frutos em pinha. Mas vede qual era a terra onde nasciam. Começavam a se admirar as turbas à vista de tanto milagre junto: eis que no mesmo ponto chegam-se os escribas e fariseus ao mesmo obrador daqueles milagres e dizem-lhe assim: "Mestre, quiséramos ver um milagre vosso" (Mt 12,38). — Há tal pedir, e em tal ocasião, e naquele mesmo lugar? Não acabavam estes homens de ver um milagre, e quatro milagres? Não. Cristo era o que tinha acabado de os fazer; mas eles não tinham acabado nem ainda começado a os ver. E por quê? Não por falta dos milagres, senão por falta de olhos. "Queremos ver" — disseram, e disseram bem, porque o que lhes faltava não eram milagres que ver, eram olhos com que vissem os milagres. Assim lhe havia de suceder a Santo Antônio: a ele não lhe haviam de faltar os milagres, mas aos milagres haviam de lhe faltar os olhos. Logo, em tal terra e entre tais homens, não podia o santo fazer o que Cristo lhe mandava, que era luzir de maneira que os homens o vissem: "Assim luza a vossa luz diante dos homens: que eles vejam".

E se me perguntardes a razão por que naquela terra há tanta falta de olhos, ou de olhos que vejam a luz, nas mesmas palavras a temos. A luz há de luzir: "Assim luza" — os homens hão de a ver: "Para que vejam" — e olhos que vejam luzir a luz não os pode haver em uma terra onde a mesma luz os faz cegar. Ouçamos ao mesmo Santo Antônio que, como prático do país, conhecia bem as causas deste terrível efeito: São tão incapazes os olhos do invejoso de ver luzir — diz Santo Antônio — que, "se um invejoso fosse ao céu, logo havia de ficar totalmente cego, porque a luz da glória e bem-aventurança do próximo o havia de cegar". Do próximo disse, e não do bem-aventurado, com grande elegância e energia, porque a inveja, sendo dor de olhos, é de olhos que olham ao perto — "do próximo" — e não ao longe. E se isto em sentença de Santo Antônio havia de suceder ao céu, por que lhe não sucederia a ele o mesmo na terra, e mais na sua?

Saiu Davi contra o gigante, aplaudiu-se a vitória como merecia, e diz o texto que desde aquele dia nunca mais Saul pôde ver a Davi: "Daquele dia, pois, e em diante, não via Saul a Davi com bons olhos" (1Rs 18,9). — Vede os contrários efeitos daquela animosa e venturosa pedrada. O tiro foi um, e as feridas duas: ao gigante feriu na testa, e a Saul quebrou-lhe os olhos. Tudo lhe sobejou a Davi para os aplausos; só lhe faltaram os olhos de quem mais o devia estimar e aplaudir. Mas se Saul era tão invejoso, por que invejou uma vitória de Davi, e não quarenta vitórias do gigante? "Desde aquele dia", diz o texto que começou a inveja de Saul, e eu cuidava que havia de começar quarenta dias antes. Quarenta dias contínuos saiu o gigante a desafiar, ele só, os exércitos de Saul; e em todos estes quarenta dias se recolheu para a sua tenda com outros tantos triunfos, não só vencedor das mãos e das armas, senão dos corações e do próprio conhecimento dos israelitas, não se atrevendo nenhum a sair a campo com ele, e confessando com o temor a vantagem, que é a maior vitória de todas. Pois se Saul é invejoso, por que não inveja a Golias, senão a Davi? Porque Golias era filisteu, e Davi israelita. Golias era de outra terra e doutra nação; Davi era da sua pátria e do seu próprio sangue. Por isso não teve coração para o estimar, nem boca para o aplaudir, nem olhos para o ver ou poder ver. Para que se veja se acharia Santo Antônio olhos na sua pátria que com a luz de suas maravilhas — como ele mesmo diz — se não cegassem de inveja e "totalmente as não vissem".

Também contra este discurso vejo que pode haver quem argumente, e também com a mais qualificada prova, que é a da experiência. Todos sabemos quanto Lisboa se honra de ter um filho como Santo Antônio; os teatros e jogos públicos com que o festeja; os aplausos, os panegíricos, os poemas com que celebra estas mesmas maravilhas que obrou nas terras estranhas. Logo, não é de tão má condição a sua pátria que não houvesse de estimar as mesmas obras gloriosas, se fossem feitas nela, nem são tão maus ou tão cegos os seus olhos que as não houvessem de ver. Aceito outra vez e estimo a instância, porque tão longe está de impugnar o meu discurso que antes o confirma mais. Ainda não tendes advertido que a inveja faz grande diferença dos mortos aos vivos e dos presentes aos passados? Os olhos da inveja são como os do sacerdote Heli, dos quais diz o texto sagrado que não podiam ver a luz do Templo, senão depois que se apagava: "Os seus olhos se tinham escurecido e não podia ver, antes que se apagasse a lâmpada do Senhor" (1Rs 3,2). — Enquanto as luzes são vivas, cada reflexo delas é um raio que cega os olhos da inveja; porém, depois que elas se apagaram, e muito mais se se metem largos anos em meio, então abre a inveja, como ave noturna, os olhos; então vê o que não podia ver; então venera e celebra essas mesmas luzes e levanta sobre as estrelas seus resplendores. Por isso disse com grande juízo S. Zeno Veronense[6] que "todo o invejoso é inimigo dos presentes e amigo dos passados". — Os mesmos que agora amam e veneram tanto a Santo Antônio, se viveram em seu tempo o haviam de aborrecer e perseguir; e as mesmas maravilhas que tanto celebram e encarecem, se foram obradas na sua pátria, as haviam de escurecer e aniquilar. Não tenho menos fiador desta, que só parece conjectura, que a verdade do mesmo Cristo. É um lugar da História Evangélica, antes de bem entendido, escuro; mas depois de entendido, singularmente admirável.

Os escribas e fariseus do tempo de Cristo, que eram os mais doutos e religiosos, em nenhuma coisa se esmeravam tanto como em edificar mausoléus aos profetas e ornar e renovar os sepulcros dos santos antigos. À vista, pois, destas fábricas, e do que sobre elas diziam, repreendeu-os o Senhor asperamente e exclamou contra eles desta maneira: "Ai de vós, escribas e fariseus hipócritas, que edificais sepulcros aos profetas, e ornais os monumentos dos justos, e dizeis que, se vós vivereis no tempo de vossos pais, que os perseguiram e mataram, não havíeis de ser cúmplices nas suas mortes, nem ter parte no seu sangue" (Mt 23,29s)! — Até aqui parece que não havia matéria de repreensão, senão de louvor, porque tudo era honrar e venerar os santos, e detestar o sacrilégio e tirania dos que os tinham perseguido e morto. Mas o que mais acrescenta a dificuldade e admiração é o motivo da mesma repreensão que o Senhor prossegue, e a conclusão, que infere daquelas mesmas obras: "E daqui se prova bem" — diz o Senhor — "e vós mesmos testemunhais contra vós, que sois filhos e imitadores daqueles que mataram os profetas, e que, em edificar e ornar os seus sepulcros, acabais de encher as medidas do que vossos pais começaram" (Ibid. 31s). — Não pode haver mais notável consequência nem mais dificultoso modo de inferir! Se o Senhor dissera: Vós matais os profetas e perseguis os justos, como vossos pais os mataram e perseguiram, bem se inferia que, como filhos de seus pais, eram também seus imitadores. Mas, se os pais mataram os profetas, e os filhos lhes edificavam magníficos sepulcros; se os pais derramaram o sangue dos justos, e os filhos os veneravam e honravam; se os mesmos filhos condenavam o que seus pais tinham feito, e protestavam que, se viveram no seu tempo, haviam de fazer o contrário, como afirma a verdade de Cristo que tudo isto era hipocrisia e falsidade, e que as mesmas obras presentes, posto que tão diversas, eram testemunho e prova de que haviam de fazer o mesmo que seus pais fizeram? Se nas sentenças divinas pode haver superlativo, esta verdadeiramente foi diviníssima. Todos aqueles profetas e santos antigos, cujos sepulcros agora veneravam tanto, tinham sido perseguidos e mortos por inveja de seus próprios naturais, como homens enfim maiores e mais eminentes que os outros na sua pátria; e daqui se seguia, como inferiu a suma Verdade, que todo o culto e veneração com que os descendentes daqueles mesmos pais agora os celebravam, não era prova de que eles não houvessem de fazer o mesmo se vivessem no seu tempo; antes provava e testemunhava contra eles, que também os haviam de perseguir e matar, porque é consequência própria e natural da inveja perseguir os presentes e estimar os passados, matar os vivos e celebrar os mortos. Assim que, todas essas festas públicas, todos esses panegíricos e aplausos com que hoje celebra Lisboa e Portugal o seu português, tão longe estão de provar que no tempo em que vivia Santo Antônio houvessem de fazer o mesmo, que antes são testemunhos públicos e autênticos do contrário; e que essas mesmas maravilhas, que hoje tanto celebra e festeja a sua pátria se ele as obrara na mesma pátria, hoje faz quatrocentos anos, quando vivo, nem então haviam de ser maravilhas, nem haviam de luzir como tais, nem haviam de ser vistas, quanto mais celebradas, porque os olhos da inveja são como os de Heli, que, enquanto se não apagam as alâmpadas, não veem as luzes: "Não podia ver a lâmpada do Senhor antes que se apagasse".

§ VIII

Temos visto que as obras ilustres e gloriosas que Santo Antônio obrou nas terras estranhas, não as havia de fazer na sua, e que, ainda que as fizesse nela, não haviam de ser vistas: agora digo e concluo que, ainda que fossem feitas e vistas, por isso mesmo não haviam de ser boas: "Para que vejam as vossas boas obras". — A razão desta lastimosa verdade, em suma, é porque, em havendo olhos maus, não há obras boas. Boa obra era, e canonizada por boa, derramar a Madalena os unguentos preciosos sobre os pés do Salvador: "No que fez me fez uma boa obra" (Mt 26,10). — Mas, como eram maus os olhos de Judas, logo essa mesma obra foi murmurada e reputada por não boa: "Para que foi este desperdício" (Ibid. 8)? — Boa obra era, e também canonizada por boa, a graça que o pai de famílias fez aos últimos que vieram trabalhar à sua vinha; mas também a murmuraram e se escandalizaram dela os companheiros: "Murmuravam contra o pai de famílias" (Mt 20,11). — E por quê? Porque, ainda que a obra era boa, os olhos eram maus: "Acaso o teu olho é mau porque eu sou bom" (Ibid. 15)? Basta que, por que eu sou bom, hão de ser os vossos olhos maus? — Sim, e não é necessário outro porquê. Antes, deste mesmo porquê e desta mesma causa resulta outro efeito ainda pior. Porque eu sou bom, os vossos olhos são maus; e porque os vossos olhos são maus, eu hei de deixar de ser bom. Assim sucedeu ao pai de famílias: porque ele era bom, e a graça que fez era boa, os olhos que a viram foram maus; e porque os olhos que a viram foram maus, a graça, e quem a fez, deixaram de ser bons, e por isso foram murmurados. Notai este terrível e diabólico círculo que a inveja faz com causalidade recíproca entre a potência de ver e o objeto visto. A vista, ou se faz por espécie, que o objeto manda à potência, ou por raios, que a potência manda ao objeto; e estas duas opiniões contrárias dos filósofos conciliou e ajuntou a inveja para fazer guerra ao bem que não pode ver. Pelas espécies que saem do objeto faz que, sendo o objeto bom, os olhos sejam maus; e pelos raios que saem dos olhos faz que, sendo os olhos maus, o objeto não seja bom. De maneira que a bondade do objeto faz a maldade da potência, e a maldade da potência desfaz a bondade do objeto. Porque eu sou bom, os teus olhos são maus, e porque os teus olhos são maus, eu não hei de ser bom. Vede se, metidas entre tal casta de olhos, podiam ser as obras de Santo Antônio boas: "Para que vejam as vossas boas obras".

E se algum curioso, admirado de tais efeitos, me perguntar qual é o segredo desta maldita filosofia, respondo que o segredo é porque os olhos da inveja nunca veem sem dar olhado. Oh! que belo menino! — diz o que dá olhado. — E no mesmo ponto se murchou aquela beleza, e o menino definhou, até que morreu de todo. Se o olhado chegara ao céu, tanto que estes maus olhos se fitassem no sol, logo aquela imensa e formosa luz, que doura e alumia o universo, se havia de eclipsar e escurecer. E isto mesmo que o olhado não pode fazer no sol do céu, sem dúvida o havia de fazer no sol da terra, se a luz e obras gloriosas de Santo Antônio fossem vistas na sua. Mandou-lhe Cristo que a sua luz resplandecesse de tal modo diante dos homens, que eles vissem as suas obras boas: "Assim luza a vossa luz diante dos homens: que eles vejam as vossas boas obras" — e se a luz de suas obras, ou as suas obras de tanta luz com que esclarecia o mundo, fossem feitas e vistas na sua pátria, logo a luz havia de ficar eclipsada, e a bondade das obras escurecida, porque os mesmos olhos que as vissem lhes haviam de dar olhado, e as mesmas obras boas, e tão boas, assim vistas ou olhadas, haviam de deixar de ser boas. Não é consideração ou malícia minha, senão oráculo expresso do Espírito Santo: "O fascínio do mal obscurece o bem" (Sb 4,12). O olhado dos olhos maus escurece todas as obras boas. — E chama-se este olhado o olhado da zombaria: "O fascínio do mal" — porque os invejosos zombam do que haviam de admirar e fazem farsa do que deviam aplaudir. E é traça de desfazer e desmentir o mesmo bem, que reconhecem, rirem-se por fora do que os faz chorar por dentro. Obrigação tinha logo Santo Antônio de buscar outros olhos, mais benignos e menos venenosos porque, se o efeito do olhado é escurecer: "O fascínio obscurece" — como podia a luz de Santo Antônio luzir: "Assim luza a vossa luz"? — E se o que escurece o olhado são as boas obras: "Obscurece o bem" — como podiam as obras de Santo Antônio, vistas por tais olhos, parecer boas: "Para que vejam as vossas boas obras"?

Para que vejamos nas mesmas obras boas e tão gloriosas de Santo Antônio como isto havia e podia ser, é necessário que advirtamos primeiro uma notável habilidade e astúcia que usa a inveja para desluzir e escurecer as boas obras, e para lhes envenenar e destruir a mesma bondade. E qual vos parece que será esta habilidade e astúcia? É que nunca olha para toda a obra boa de claro em claro, assim como é em si mesma, senão que sempre procura tomar por um lado, e por aquela parte ou ponta donde menos claramente se descobre a sua bondade, para ter em que morder e que arguir. Balac, rei dos Moabitas, tendo à vista os arraiais do povo de Deus, de que era capital inimigo, subornou com grandes promessas ao profeta Balaão para que os amaldiçoasse. Subiu-se o profeta a um monte, donde se descobriam todos os arraiais, e viu neles tal ordem, tal concerto, tal grandeza e majestade, que, em lugar de os amaldiçoar, os abençoou, e disse e profetizou deles grandes maravilhas. Que faria o rei ouvindo isto? Queixou-se muito a Balaão de que fizesse tanto pelo contrário o que entre ambos estava concertado; e como ele se escusasse que não pudera falar contra o que vira, nem dizer mal do que lhe parecera mais que bem, o meio que de novo lhe ofereceu e aconselhou o rei foi este: "Vinde comigo a outro lugar donde vejais só parte de Israel, e não o possais ver todo, e daí o amaldiçoareis" (Nm 23,13). — De sorte que entendeu sagazmente o rei que aquilo mesmo que, vendo-se todo e como é, não se pode amaldiçoar, visto só por algum lado, pode ser capaz de maldição. E este é o ditame e a astúcia da inveja. Olha para as coisas grandes de modo que se não vejam todas, senão alguma parte, e essa a menos luzida; e desta sorte não há obra tão boa que por mal vista não possa ser maldita.

Ninguém fez neste mundo tão boas obras, nem tão manifestas, nem tantas como o Filho de Deus: "Eu tenho-vos mostrado muitas obras boas, que fiz em virtude de meu Pai" (Jo 10,32). — Mas vede por que lado as via, e como olhava para elas a inveja, que por elas o pôs na cruz. Se tirava a Mateus do telônio, e Zaqueu das usuras, não dizia que convertia os pecadores, senão que tratava com publicanos. Se dava vista ao cego de seu nascimento, fazendo um pequeno de lodo e pondo-lho nos olhos, e se ao paralítico de trinta e oito anos mandava levantar do leito e tomá-lo às costas, não dizia que fazia milagres senão que quebrantava o sábado. Se nas bodas de Caná persuadia o celibato a João e, convidado pelo Fariseu, defendia a penitência da Madalena, e no banquete do outro príncipe repreendia a soberba dos primeiros lugares e louvava a modéstia e humildade dos últimos, não dizia que das mesas fazia escola de virtudes, senão que andava em convites. Se via o concurso das gentes, umas sobre outras, a tocar as vestiduras sagradas e receber saúde, não dizia que sarava os enfermos, senão que perturbava e inquietava a república. E se deste modo eram vistas as boas obras de Cristo pelos olhos dos seus naturais, como veriam as de Santo Antônio ser boas: "Para que vejam as vossas boas obras"?

Dai-me licença que eu me revista um pouco de humor invejoso, e vede como haviam de ser avaliadas na sua pátria as obras boas, e tão boas, de Santo Antônio. Quando vissem que deixava a sobrepeliz e murça de Santa Cruz e se passava ao hábito de S. Francisco, e que trocava o nome de D. Fernando pelo de Fr. Antônio, não haviam de dizer que buscava maior aspereza e humildade, senão que era um moço vário e inconstante, e que não podia ser bom espírito o que deixava a primeira vocação. Quando ouvissem que, tendo deixado Portugal para ir buscar o martírio a África, se embarcava outra vez da África a Portugal para buscar e recuperar a saúde nos ares pátrios, bem se vê o que diriam: que os martírios vistos de perto são muito mais feios que de longe; que aqueles fervores de ser mártir, com as águas do Mediterrâneo se tinham apagado, e que mal teria coração para dar a vida quem tão amigo era da saúde. A passagem ou arribada a Sicília e Itália claro é que se havia de atribuir à tempestade e acaso, e não a mistério da providência, que o levava onde tanto se queria servir dele. E quando se visse que com tão poucos anos, de hábito e de idade, se punha em campo contra Fr. Elias, que relaxava a pobreza e primitiva regra seráfica, não haviam de dizer que aquilo era zelo da religião, senão "que era desobediente e rebelde ao seu geral"; que era sedicioso e perturbador da Ordem; enfim, que obrava como filho de seu pai, e não como filho de S. Francisco; e, para maior energia e propriedade da sátira, aqui lhe haviam de encaixar o sobrenome de Bulhão, que tinha deixado no mundo. Quando, ouvindo a confissão do outro moço, que tinha pisado a sua mãe, lhe afeiou a enormidade daquele desacato com tal eficácia, que o moço, assombrado, se foi cortar o mesmo pé, não haviam de reparar em que o santo lho restituíra outra vez milagrosamente, mas que era tão indiscreto nas repreensões dos pecadores, que não merecia ter assento no tribunal da benignidade e misericórdia de Cristo, e que devia a religião privá-lo do confessionário. Se se dissesse que homens e mulheres se levantavam de noite para ir tomar lugar no campo onde havia de pregar Santo Antônio, e que a outra mãe, pela mesma causa, deixara só o filhinho, que inocentemente se deitou em uma caldeira de água fervendo, que motivos tão aparentes teria a inveja para dizer que aquelas pregações e aqueles concursos mais eram para destruição das almas e das vidas que para edificação? Que direi do partido em que o santo veio com os hereges, de que a mula esfaimada de três dias, com o pasto natural diante e o pão do céu à vista, decidisse a controvérsia? Qual temeridade — diriam — pode ser maior e mais precipitada que, no mistério mais sagrado da nossa fé, fiar a demonstração da sua verdade da contingência de um sucesso tão dificultoso, o do apetite irracional e da fome irritada de um bruto? Outra vez, tendo fugido um noviço do convento, mandou o santo ao demônio que, com uma espada nua, o esperasse ao passar de uma ponte e o fizesse tornar para donde viera; e não haviam de dizer que até o inferno obedecia a Antônio, senão que era homem de tais artes que tinha trato secreto e familiar com os demônios e, ao menos, que usava de meios tão suspeitosos, que deviam ser delatados ao Santo Ofício. Já, se lhe sucedesse então o que depois experimentou Roma na Igreja antiga de S. Pedro, quando o Pontífice mandou que, em lugar de uma imagem de Santo Antônio, se pusesse a de S. Gregório[7], que diria a piedade e devoção portuguesa? Foi o caso que, subindo o pedreiro para picar a parede, levantou — diz a história — o picão, e, dando o primeiro golpe "no capelo do santo", ele despregou a mão pintada, e, deitando a rodar o pedreiro e o andaime com um fracasso que fez tremer toda a basílica, meteu outra vez a mão na manga e, defendendo desta sorte o seu posto, ninguém se atreveu mais a o tirar dele. E fradezinho menor, que não cede o seu lugar nem a um santo, como S. Gregório Papa, nem por mandado de outro Papa, e que, tanto que lhe tocam e o picam, dá com tudo a rodar, e que à primeira picada não espera pela segunda, porque não sabe levar duas em capelo, pintado português será ele, mas santo, isso não.

E se as boas obras de Santo Antônio assim haviam de ser, ou assim podiam ser interpretadas na sua pátria — como ela costuma interpretar e acusar outras verdadeiramente boas, e tanto mais quanto mais têm de maravilhosas — fez muito bem e andou muito prudente o santo em as vir obrar em terra onde fossem estimadas, como mereciam, e vistas como Deus lhe mandava: "Para que vejam as vossas boas obras". — Naquele seu cântico triunfal introduz o profeta Habacuc a Deus saindo a obrar maravilhas em Babilônia, não por si mesmo, senão por seus ministros e instrumentos, e diz estas notáveis palavras: "Deus virá do meio-dia, e o santo aparecerá do monte de Farã; o seu resplandor será como a luz, e das suas mãos sairão raios de glória" (Hab 3,3s). — Diz, como coisa nova e rara, que será o seu resplandor à medida da sua luz: "O seu resplandor será como a luz" — porque ordinariamente vemos grandes resplandores onde não há luz e grandes luzes sem nenhum resplandor. O provérbio da nossa terra diz: "Nem tudo o que luz é ouro". — Melhor diria se dissesse: "Nem tudo o que é ouro luz". — E como Santo Antônio na sua pátria era ouro, quando menos arriscado a não luzir e luz arriscada a não resplandecer, como se havia de expor a estas contingências, se Cristo lhe mandava que luzisse a sua luz: "Assim luza a vossa luz"? — Diz mais o profeta que esta luz resplandecente levava nas mãos o que os touros trazem na cabeça: "Os resplendores em suas mãos". — E se vos admira a frase e quereis ouvir a interpretação própria desta que parece impropriedade, sabei que a palavra "chifres", referindo-se, como aqui se refere, à luz, quer dizer resplandores. Por isso dos resplandores que lançava de si o rosto de Moisés se diz no texto sagrado: "O seu rosto havia ficado resplandecente" (Ex 34,29). — E estes resplandores nasciam e estavam nas mãos — "nas suas mãos" — porque nas mãos e nas obras se hão de ver, como se viam as de Santo Antônio: "Para que vejam as vossas boas obras". — Finalmente, diz que esta mesma luz, ou este mesmo santo, "saiu do Monte Farã" — com grande mistério, porque o Monte Farã, como declaram e trasladam os Setenta, é o mesmo que "monte das sombras" — e para a luz luzir, e as boas obras resplandecerem, é necessário que saiam e se apartem da terra das sombras, onde elas as podem eclipsar e escurecer. Por isso Santo Antônio saiu da sua, com divina prudência e providência; e porque esteve fora da terra das sombras, por isso a luz das suas obras luziu e resplandeceu, de maneira que os olhos dos homens puderam ver obras de tanta luz: "Assim luza a vossa luz diante dos homens: que eles vejam as vossas boas obras e glorifiquem a vosso Pai que está nos céus" (Mt 5,16).

§ IX

Tal foi, senhores, hoje faz um ano, a luz, e tais são hoje as sombras que nos deram matéria à primeira e segunda parte deste sermão, ou destes dois sermões. O primeiro todo de luz, e o segundo todo de sombras. E tendo eu dado fim, como tenho, a um e outro discurso, que colherei de tão estranho assunto para dizer ao nosso santo português e a todos os portugueses? A vós, meu santo, só digo que vos dou o parabém e os devidos louvores, não por outro motivo, senão pelo mesmo com que se queixava de vós a pátria, invejosa de Itália, e não por outro exemplo, senão pelo mesmo que ela alegava de José, ao qual mais generosamente antes quisestes emendar que seguir. Ele mandou trasladar seu corpo do Egito para a sua pátria, e quem o poderá livrar de ingrato nesta eleição e de injusto nesta preferência? Na pátria foi perseguido, foi preso, foi vendido e, para dizer tudo em uma palavra, foi invejado de seus próprios irmãos. No Egito foi amado, foi estimado, foi adorado e preferido pela mesma majestade a todos os naturais, sendo estrangeiro. E se a pátria, em suma, de livre e senhor o fez escravo, e o Egito de escravo príncipe, devendo José eternizar a memória de tamanhas obrigações quando menos nos mármores do seu sepulcro, que as esqueça, as desconheça e quase as despreze, pelo amor tão mal merecido da terra indigna em que nascera! Não há dúvida que se pode pôr em questão se foi mais ingrato José com o Egito, ou a sua pátria com ele. Não assim o generoso e fiel ânimo de Antônio, e por isso antes de Pádua que de Lisboa. Não teve agravos que perdoar à pátria, porque os antecipou com fugir dela; foi porém tão reconhecido e tão agradecido às honras que recebeu da devoção, da piedade e da nobreza de Itália, posto que terra estranha, que, não tendo outra coisa que lhe deixar — como aquele que tinha deixado tudo — por prenda de seu amor, por memorial de sua gratidão e por fiador perpétuo de seu patrocínio, deixou nela o depósito de seus sagrados despojos, para que também entendam todos os que amam, veneram e servem a Santo Antônio, de qualquer nação ou condição que sejam que servem a tão bom pagador, que não sabe dever o que deve, e que só é natural das suas obrigações, porque não reconhece outra pátria.

SERMÃO DO
Santíssimo Sacramento

Em Santa Engrácia. Ano de 1642.

∾

"Aqui está o pão que desceu do céu."
(Jo 6,59)

Há um ano em Lisboa, Vieira inicia a atividade de pregador. Este sermão está entre os sete publicados nesta coleção dos Sermões, datados de 1642. A Igreja de Santa Engrácia, fundada em 1570, por D. Maria, filha de D. Manuel, fora profanada em 1630. A cerimônia de hoje cumpria o voto estabelecido de desagravo perpétuo. Em defesa da fé católica deste mistério, determino sair hoje a campo contra os erros da heresia e contra a fraqueza do entendimento humano. Prova-se do atrevimento humano, porque a infidelidade dos hereges é argumento da nossa verdade. Prova-se do sofrimento divino, porque a paciência de Cristo é argumento de sua presença. Os hereges negam-no? Logo é verdade. Cristo sofre-o? Logo está presente. A verdade, que é razão de crer, pode ser razão de não crer?

§ I

Este é o pão que desceu do céu, diz Cristo, redentor nosso, por S. João, afirmando a real e verdadeira presença de seu corpo santíssimo debaixo das espécies sacramentais. Assim o entende a Igreja, assim o confirmam as Escrituras, assim o definem os concílios, assim o cremos firmemente os fiéis católicos; mas neste lugar e nestas circunstâncias, na memória do atrevimento sacrílego, na consideração da ousadia herética que hoje gloriosamente detestamos, quase parece que não é este o pão que desceu do céu.

Duas coisas teve este caso, ou duas circunstâncias considero nele: uma da parte de Deus, outra da parte dos homens, as quais ambas, vistas a pouco lume de fé, parece que deixam duvidosa a verdade deste Sacramento. Que pudessem chegar os homens, por suma irreverência, a pôr mão injuriosa naquela Hóstia consagrada, e que creiamos que está ali Deus! Deus, diante cujo acatamento as potestades do céu, as colunas do firmamento tremem! Deus, cuja onipotente majestade os mesmos animais brutos, dobrando os joelhos irracionais, adoram! Deus, cuja infinita grandeza até as criaturas insensíveis, dentro na incapacidade do seu ser, confessam mudas e reconhecem sujeitas! E que aos ministros heréticos de tanta maldade, nem lhes pasmassem os braços sacrílegos, como ao ímpio Jeroboão, quando levantou a mão para o profeta! Nem chovesse sobre eles raios e dilúvios de fogo o céu, como sobre os soldados atrevidos que intentaram prender a Elias! Nem a terra indignada se abrisse em bocas vingativas, e os tragasse vivos, como a Datão e Abiron! Nem caíssem súbita e temerosamente mortos, como Ananias e Zafira aos pés de Pedro!

Nem aparecessem feitos pedaços nesta igreja, como amanheceu o ídolo Dagon à vista da Arca do Testamento! Que tenham tanto atrevimento os homens, e que seja Deus a quem ofendem! Que tenha tanto sofrimento o ofendido, e que seja Deus quem não resiste! Suspendem tanto a admiração e são tão grandes circunstâncias estas, que não só deixam pasmado o juízo que as considera, senão que, vistas com olhos humanos, parece que metem em escrúpulo a mesma fé e querem fique duvidosa a verdade divina deste Sacramento.

Por parte desta verdade, e em defensa da fé católica deste mistério, determino sair hoje a campo, ou seja contra os erros da heresia, ou seja contra a fraqueza do entendimento humano. E para que a vitória da fé fique mais gloriosa vencendo a seus inimigos com suas próprias armas, satisfarei às admirações do entendimento com os mesmos motivos delas e sossegarei os escrúpulos da razão pelos mesmos fundamentos de que se levantam. O mesmo atrevimento dos homens e o mesmo sofrimento de Deus neste caso será a prova — que não quero hoje outra — da verdade do mistério que adoramos. Neste sentido verificarei as palavras do tema, não tomadas absolutamente, senão trazidas em particular e aplicadas às circunstâncias do caso. "Aqui está o pão que desceu do céu". "Este", contra o qual se mostraram tão atrevidos os homens, ofendendo-o com injúrias. "Este", no qual se mostrou tão sofrido Deus, não os castigando com prodígios. "Aqui está o pão que desceu do céu". Este mesmo, e por isto mesmo, é o verdadeiro pão que desceu do céu, Cristo, Deus e Redentor nosso. Esta é a matéria sobre que havemos de falar, e, ainda que na casa em que estamos, de Santa Engrácia, parece que é devida a graça, peçamo-la ao Espírito Santo por intercessão da Mãe da Graça.

Ave Maria.

§ II

"Aqui está o pão que desceu do céu" (Jo 6,59).

Do atrevimento dos homens, e do sofrimento de Deus, que são as duas circunstâncias deste caso, prometi confirmar a fé do Santíssimo Sacramento que adoramos, e as consequências em que me fundo são estas. Prova-se do atrevimento humano, porque a infidelidade dos hereges é argumento da nossa verdade. Prova-se do sofrimento divino, porque a paciência de Cristo é argumento de sua presença. Os hereges negam-no? Logo é verdade. Cristo sofre-o? Logo está presente. Estas duas consequências são as que havemos de provar. Vamos primeiro ao caso.

Consagrou Cristo seu corpo na Ceia, deu o pão consagrado a todos os discípulos, para que o comungassem. E, falando o evangelista de Judas, diz assim: "Tomando um pedaço de pão, ele saiu logo. Já era noite. Assim que ele saiu, Jesus disse: Agora foi glorificado o Filho do homem" (Jo 13,30s). Tanto que Judas recebeu o bocado de pão, levantou-se logo da mesa e saiu do Cenáculo; e no ponto em que saiu, disse Cristo: Agora começam as minhas glórias, agora será manifesta a fé de minha divindade, agora serei conhecido no mundo e reverenciado por Filho de Deus. — Este é o verdadeiro sentido das palavras: "Agora foi glorificado o Filho do homem" — e assim as declaram conformemente todos os sagrados intérpretes. Mas, antes que ponderemos a consequência admirável deste texto, é necessário saber como se houve Judas com o Sacramento, quando a ele chegou. Cristo, Senhor nosso, não comungou aos discípulos aplicando à boca de cada um o Sacramento, como agora fazemos; mas, como eram todos sacerdotes, ou ali os consagrava por tais, deu-lhes o pão sacramentado, para que eles e repartissem entre si; assim o diz o texto de S. Lucas: "Tomai-o, e distribuí-o entre vós" (Lc 22,17). — Chegou-lhe, pois, às mãos de Judas a parte que lhe coube do pão consagrado. E agora, pergunto eu: que fez Judas desta sua parte: comungou-a, ou não a comungou? É opinião de Teofilato, e de muitos doutores daquele tempo, que Judas, ainda que recebeu nas mãos o Sacramento, que o não meteu na boca, nem o comungou. E dizem que a isto aludiu Cristo quando, dando o cálix aos discípulos, acrescentou aquela palavra "todos": "Bebei dele todos", porque não tinham comido todos; os onze sim, Judas não. Suposto, pois, que Judas tomou nas mãos, como os demais, o Sacramento, e o não comungou como os demais, que fez dele? Diga-o Teofilato com suas mesmas palavras: "Judas tomou o pão, mas não o comeu; e o ocultou para mostrar aos judeus que Jesus afirmara que o pão era o seu corpo"[1]. Judas, ainda que tomou nas mãos o pão consagrado que Cristo deu a todos, não o comeu nem o comungou, como os demais, senão levou-o consigo furtado e escondido, para o mostrar aos judeus, e arguir e condenar a seu Mestre, dizendo que aquele pão afirmava ele que era seu corpo. — Este foi o fim e o intento com que Judas saiu do Cenáculo, não com o Santíssimo Sacramento comungado, senão roubado, como no caso presente, não o levando dentro no peito, senão nas mãos: "Logo recebeu um pedaço de pão, saiu em seguida".

Vamos agora à consequência de Cristo, à vista deste sacrilégio e desta impiedade de

Judas. — "Assim que ele saiu, Jesus disse". E, tanto que saiu Judas, disse Jesus: "Agora foi glorificado o Filho do homem". Agora serei conhecido, agora serei honrado, agora serei crido, agora serei glorificado. — Há mais notável consequência? Quando Judas nega a verdade do Santíssimo Sacramento, quando Judas o leva roubado, para com os judeus zombar dele e o afrontar, então diz Cristo que está a opinião na sua fé mais gloriosa, e as glórias de sua divindade mais declaradas: "Agora foi glorificado o Filho do homem"? — Se dissera que então ficavam escurecidas, mais coerente ficava; mas afirmar que mais declaradas? Sim, porque, ainda que os atrevimentos e infidelidades dos hereges se ordenam a escurecer e infamar tais glórias da fé de Cristo, por esse mesmo caminho fica ela mais declarada e mais acreditada. Quanto a autoridade do mistério perde de respeito, tanto a verdade da fé ganha de autoridade. Encontram-se nos hereges, com uma gloriosa implicação, seus intentos e nossa fé, porque o crédito que lhe negam é crédito que lhe dão. Negam-lhe o crédito, porque a não creem; dão-lhe crédito, porque a acreditam: quanto por eles menos crida, tanto para com todos mais acreditada. Ouçamos a Orígenes[2], cujas palavras, se eu acerto a ponderá-las, são valente testemunho desta verdade.

"Depois dos milagres e da Transfiguração, a saída de Judas foi o início da glorificação do Filho do homem". Depois de confirmada a fé de Cristo — diz Orígenes — com o testemunho dos milagres e com o testemunho da Transfiguração, quando Judas saiu do Cenáculo, então a deu o Senhor por verdadeiramente acreditada. — Grande dizer, mas dificultoso em Teologia. Os dois maiores fundamentos da nossa fé são: primeiro, a autoridade divina; segundo, a manifestação dos milagres. Na autoridade divina se funda, como em razão formal de crer; com os milagres se confirma, como com obras sobrenaturais, testemunhas sem suspeita da mesma autoridade. Assim o escreveu S. Paulo aos hebreus, falando da nossa fé: "A qual, tendo começado a ser anunciada pelo Senhor, foi depois confirmada entre nós pelos que a ouviram, confirmando-a ao mesmo tempo Deus com sinais e maravilhas" (Hb 2,3s). — Com estes dois testemunhos tinha Cristo fundado e confirmado a fé de sua divindade, quando Judas saiu da Ceia. Com o testemunho dos milagres, nos últimos três anos da vida, em que obrou tantos, como sabemos. Com o testemunho da autoridade divina, na Transfiguração, em que foi ouvida claramente a voz do Pai, que dizia: "Este é meu Filho amado, em que muito me agradei" (Mt 3,17). — Pois, se a fé da divindade de Cristo estava fundada e demonstrada com os dois maiores argumentos e testemunhos dela: com o testemunho da onipotência, nos milagres, com o testemunho da autoridade divina, na Transfiguração: "Depois dos milagres e da Transfiguração" — como se diz que então acabou de ficar acreditada e declarada, quando Judas saiu do Cenáculo? Quando Judas levou roubado o Santíssimo Sacramento, para ele e os judeus desprezarem como vã e negarem a fé deste mistério? Não se pudera mais encarecer a verdade do que dizemos. É tão forte argumento e tão evidente testemunho de nossa fé a mesma infidelidade dos hereges, e daqueles principalmente que neste sacrossanto mistério o ofendem e negam que, depois de confirmada com o testemunho dos milagres e com o testemunho da autoridade divina: "Depois dos milagres e da Transfiguração" — enquanto lhe faltava o testemunho da infidelidade dos hereges, enquanto lhe faltava o testemunho dos desprezos e zombarias de Judas e dos judeus, achou Cristo que não estava cabalmente acreditada sua fé, e depois disso sim: "Agora foi glorificado o Filho do homem: A saída de Judas, o início da glorificação do Filho do homem".

§ III

Agora entram as particulares demonstrações com que prometi provar a evidência deste mistério. Os hereges negam-no? Logo é verdade. Cristo sofre-os? Logo está presente. Começando pela primeira, parece coisa dificultosa, e ainda impossível, que o erro e infidelidade com que os hereges negam o mistério da fé católica seja argumento certo e consequência infalível da mesma fé. Toda a razão formal e motivo da nossa fé, como já disse, é a autoridade divina. Deus disse-o, logo é verdade. Mas que também seja motivo de crer os mistérios da fé a autoridade ou asseveração contrária? E que se infira por boa consequência: o herege nega-o, logo é verdade? Sim. E a razão em que se funda esta consequência é porque andam os eixos do lume da razão tão encontrados nos entendimentos dos hereges, que creem pelos motivos de negar, e negam pelos motivos de crer. Texto expresso de Cristo, Redentor nosso. Fez Cristo aquela célebre pergunta aos judeus: "Se vos digo verdade, por que me não credes?" (Jo 8,46). — Não responderam à questão os perguntados, mas o Senhor lhes respondeu no mesmo capítulo, por estas palavras: "Eu, se digo a verdade, não credes em mim" (Ibid. 45). Sabeis, incrédulos, por que me não credes? É porque eu vos digo a verdade. — Clara sentença, mas dificultosa. A causa formal objetiva — como falam os filósofos — ou a razão e motivo por que

damos crédito às coisas, é o ser e verdade delas. Assim o ensina Aristóteles, o dita o lume natural e o obra a experiência de cada um. Pois, se a verdade das coisas é a razão e o motivo por que os entendimentos racionais se persuadem a crer, como diz Cristo que os judeus o não criam porque lhes dizia a verdade: "Se vos digo verdade, por que me não credes"? — A verdade, que é razão de crer, pode ser razão de não crer? Nos entendimentos dos hereges, sim. Anda tão perturbado o lume racional nos entendimentos dos hereges, e os ditames do discurso tão encontrados com as consequências da razão, que creem pelos motivos por que haviam de negar, e negam pelos motivos por que haviam de crer; e, como o motivo de crer é a verdade, e o motivo de negar é a mentira, por isso creem a mentira só porque é mentira, e negam a verdade só porque é verdade: "Eu, se digo a verdade, não credes em mim". — Não é sentido imaginado, senão germano e literal do texto; assim o entende, com Santo Agostinho e S. Crisóstomo, aquele grande comentador dos evangelistas, e, na minha opinião, o mais literal e mais sólido de nosso século, o doutíssimo Maldonado[3]: "Não credes em mim" — diz ele — "porque eu não digo a verdade como o diabo que é vosso pai, mas falo a verdade; portanto se falasse a mentira creríeis em mim acostumados que estais a crer nas mentiras do diabo; mas por isso mesmo não me credes por aquilo que mais devíeis crer, isto é, porque vos digo a verdade". — Notem-se muito estas últimas palavras, nas quais se diz claramente que o "motivo pelo qual", e a razão formal de crer, é nos hereges razão de negar: "Por isso mesmo não me credes por aquilo que mais devíeis crer".

Posto que as palavras e oráculos da boca de Cristo são maiores que todo outro testemunho ou exemplo humano, para que nós entendamos melhor e mais claramente o texto referido, o quero confirmar com dois famosos casos, um do Velho, outro do Novo Testamento. Saíram os filhos de Israel do Egito, com tantos e tão portentosos milagres, como sabemos; chegaram aos desertos do Monte Sinai três meses depois; sobe Moisés ao monte, a receber de Deus a lei, e porque se deteve quarenta dias, cansados de esperar, os que agora se não cansam depois de mil e seiscentos anos, pediram a Arão que lhes fizesse um Deus a quem seguissem, pois de seu irmão Moisés não sabiam o que era feito. Deteve-se Arão alguns dias, instaram fortemente, pedem enfim as arrecadas de ouro, suas e de suas mulheres e filhos — segundo o uso da nação naquele tempo — as quais derretidas e fundidas, saiu a imagem de um bezerro, e, posta esta sobre um altar, com pregão público por todos os arraiais, se lhe dedicou solenemente para o dia seguinte, dizendo que aqueles eram os deuses que tinham libertado o povo do cativeiro do Egito: "Estes são, ó Israel, os teus deuses, que te tiraram da terra do Egito" (Ex 32,4). — Até aqui parece isto fábula ou farsa; o que se segue é que verdadeiramente adoraram o bezerro e lhe ofereceram sacrifícios, e com jogos e festas o celebraram. Se o não dissera assim a Escritura sagrada, ninguém pudera crer tal loucura de homens com juízo. Dizei-me: quando saístes libertados da terra do Egito, e quando foi feito este Deus, a quem vós chamais deuses? O bezerro, com quatro pés e duas pontas na testa, foi fundido ontem; do Egito — como consta do mesmo texto — há mais de quatro meses que saístes; pois, como pode este Deus, ou como puderam estes deuses, que ainda não eram, libertar-vos do Egito tantos meses antes? Não eram e puderam libertar? Não eram e puderam fazer tantos milagres? Aquele ouro, de que foram fundidas estas divindades, não o trazíeis pendurado das vossas orelhas todo este tempo? Pois como, antes de ter forma, nem figura, nem vida, nem sentido, nem ser puderam obrar o que credes? Pode haver mais clara e manifesta implicação? Não pode. E se vós tivéreis uso de razão, ao pregoeiro e ao que mandou apregoar esta nova divindade, havíeis de queimar no mesmo fogo em que ela foi fundida. Mas isto mesmo é serdes vós como então começastes a ser, hereges da verdadeira fé. Negastes a verdade, e crestes a mais clara e manifesta mentira, porque é natural instinto do vosso entendimento crer pelos motivos de negar, e negar pelos motivos de crer.

O caso do Testamento Novo ainda em certo modo é mais notável. Mandou o Senado de Jerusalém embaixadores a S. João Batista no deserto, pedindo-lhe que declarasse se era ele o Messias esperado e prometido na lei, porque estavam aparelhados para o adorar e reconhecer. Foi esta embaixada dos ministros da Sinagoga muito acertada no tempo, mas muito errada na pessoa: foi acertada no tempo, porque, cerradas as hebdômadas de Daniel, e traspassado o cetro de Judá aos romanos, segundo a verdade das profecias, era certo que estava o Messias no mundo; e foi errada na pessoa, porque esta embaixada havia de ir dirigida a Cristo, e não ao Batista, como as mesmas profecias, que eram mais vulgares entre os hebreus, o gritavam claramente. A profecia de Jacó dizia que o Messias havia de ser da tribo de Judá: Cristo era da Tribo de Judá, o Batista da Tribo de Levi. A profecia de Miqueias dizia que o Messias havia de nascer em Belém, e o Batista nasceu nas montanhas de Judeia. A profecia de Isaías dizia que o Messias havia de dar pés a mancos, vista a cegos, fala a mudos etc., e Cristo fez infinitos milagres deste gênero, e o Batista nenhum: "João não fez milagre algum" (Jo 10,41). — Pois, se todas as razões ditavam que Cristo era o verdadeiro Messias, e nenhuma estava por parte do Batista, por que se resolvem estes homens a crer e adorar o Batista, e não querem reconhecer, antes negam a Cristo? Por quê? Por isso mesmo. Negavam a Cristo porque tinham motivos de o crer, e criam no Batista porque tinham motivos de o negar. Eram aqueles de quem diz o profeta: "Erraram desde que saíram do ventre de sua mãe, e falaram falsidades" (Sl 57,4) — e quem erra por natureza não acerta por razão. Se os entendimentos destes homens se governaram humana e desapaixonadamente pelos ditames da razão, crendo e negando, creram em Cristo, e não creram no Batista. Mas, como eles eram infiéis, e, como tais, procediam cega e irracionalmente, crendo pelos motivos de negar, e negando pelos motivos de crer, por isso encontraram aqui a resolução com os motivos, e ao Batista, a quem tinham razão de negar, criam, e a Cristo, a quem tinham razão de crer, negavam.

E porque os hereges — fechemos agora o nosso argumento — porque os hereges negam pelos motivos de crer, e creem pelos motivos de negar, bem se segue que é maior crédito de nossa fé ser negada por eles que ser crida. Por isso Cristo, Senhor nosso, mandou calar ao demônio quando lhe chamava Filho de Deus, porque há pessoas que afrontam com os louvores, como com as injúrias acreditam. Tal foi a de Nero, de quem disse Tertuliano[4] que não podia ter maior abono a santidade da nossa fé, que ser perseguida por tão mau homem: Nós nos gloriamos de tal afirmação de nossa condenação, pois quem o conhece sabe que de Nero condenado nenhum grande bem se espera. — São as palavras de Tertuliano merecedoras de virem a tempo que nos pudéramos deter em as ponderar. Assim que os erros da perfídia herética são argumentos da fé católica, os solecismos da sua infidelidade são silogismos da nossa verdade, mas silogismos e argumentos que a Lógica de Aristóteles não alcançou, porque se prova neles o que se nega; antes, o mesmo negar-se é concluir que se deve conceder. Daqui se entenderá a energia com que S. João Evangelista referiu no caso acima a resposta que o Batista deu aos embaixadores de Jerusalém: "Confessou o Batista, e não negou, e confessou que não era ele Cristo" (Jo 1,20). — Pergunto: Não bastava dizer que confessou? Para que acrescenta que "confessou e não negou"? — É sem dúvida pelo que imos dizendo, porque os sacerdotes e levitas, que ofereciam a divindade ao Batista, também confessavam a Cristo, mas com esta diferença: que o Batista confessava confessando, e eles confessavam negando; como se dissera ou insinuara o evangelista: Confessou o Batista a Cristo, e também os que negavam o confessaram, bem que por diferente modo, como com diversa intenção, porque os judeus, quando negavam, confessaram, e o Batista confessou, e não negou: "E confessou e não negou".

Não se escandalize logo a fé por se ver negada por hereges no maior de seus mistérios; antes se glorie na memória e na presença, vendo-se confirmada com dobrados testemunhos: com o dos hereges sacrílegos, que injuriosamente a negaram, e com a dos fiéis católicos, que tão firme, tão devota e tão gloriosamente a confessam. Notou S. Pedro Damião[5] advertidamente que, em abono da divindade de Cristo, não só testemunharam as luzes, mas também as trevas: "Houve o testemunho da luz e houve o testemunho das trevas: Houve o testemunho da luz, porque a claridade da estrela iluminou os Magos; houve o testemunho das trevas, porque na morte de Jesus houve trevas sobre toda a face da terra". Testemunharam pela fé de Cristo em seu nascimento as luzes, em sua morte as trevas: as luzes, guiando com uma estrela aos Magos; as trevas, escurecendo com universal eclipse o mundo; mas, ainda que com tão diferentes efeitos, umas alumiavam, outras escureciam, todas conformemente testemunhavam. — Tão claro testemunho deram as trevas com seus eclipses como as luzes com seus resplandores. O mesmo digo do Santíssimo Sacramento nesta casa e neste caso: "Houve o testemunho da luz e houve o testemunho das trevas". — Aqui teve Cristo o testemunho das luzes, e aqui teve o testemunho das trevas. As trevas da heresia escureceram, as luzes da nobreza ilustraram, que cada uma havia de obrar como quem era; mas tão ilustre testemunho deram as trevas escurecendo como as luzes ilustrando. Grande testemunho é da presença de Cristo que a confesse a maior nobreza da terra; mas não é menor testemunho dessa mesma verdade que a negue a maior cegueira do mundo. As luzes no nascimento arrastaram as púrpuras dos reis, mas as trevas na morte persuadiram os entendimentos dos filósofos; e assim como daquelas trevas naturais coligiu o Areopagita que era Deus o que padecia, assim destas trevas heréticas devemos coligir nós que é Deus o que ofenderam: "Aqui está o pão que desceu do céu".

§ IV

O segundo argumento desta verdade de nossa fé era o sofrimento divino, porque a paciência de Cristo no Sacramento é prova de sua presença. Sofreu Cristo que os hereges pusessem as mãos naquela Hóstia, e não os castigou? Sinal é que está ali presente. Caminhava em uma carroça a Arca do Testamento para a cidade de Davi, e como em um mau passo estivesse a perigo de cair, acudiu o sacerdote Osa para a sustentar; mas, apenas tinha aplicado a mão, quando caiu em terra subitamente, e dali o levaram para a sepultura. Isto se refere no sexto capítulo do segundo livro dos reis; e se da história do Testamento Velho passarmos à do novo, acharemos no capítulo dezoito de São João, que um ministro do pontífice levantou sacrílego a mão para Cristo e, imprimindo-a com fúria no sagrado rosto, ficou vivo e sem castigo. Notável desigualdade! Se porque se atreve a pôr a mão na Arca morre Osa, como fica o ministro infame com vida depois de tão horrendo atrevimento? Todo o respeito que se devia e se dava à Arca do Testamento, não era por ser figura do Verbo encarnado? Pois, se as injúrias feitas ao retrato assim se castigam, como se não castigam também as injúrias feitas à pessoa? Porque cá era a pessoa, lá era o retrato. Na Arca do Testamento estava Deus por presença figurativa, na humanidade de Cristo estava Deus por presença real e verdadeira; e onde tinha mais verdadeira presença, ali havia de dar maiores mostras de paciência. Não pode sofrer acenos a Arca, porque não tinha de Deus mais que a figura; pode sofrer injúrias em seu rosto Cristo, porque tinha de Deus a realidade. Oh! Senhor, que bem mostrais que debaixo desses acidentes de pão está vossa real e verdadeira presença! Os hereges obraram como quem são, vós obrastes como quem vós sois; os homens negaram-vos, vós não vos negastes. Consagraram os hebreus divindade à semelhança bruta de um bezerro; teve impulsos Deus de castigar tão grande atrevimento assolando-os a todos, como mereciam; mas deixou-se vencer a ira divina das orações de Moisés: não os castigou. Pôs os olhos nesta ação S. Paulino[6], como os pudera pôr no caso presente, e, vendo os ofensores da terra sem castigo, e Deus no céu ofendido sem vingança, depois de larga admiração resolveu-se assim: O caso é que "os homens negaram a Deus, mas Deus não se negou a si"; os homens negaram a Deus porque idolatraram; Deus não se negou a si porque os sofreu. Cuidaria alguém que se portou Deus naquela ocasião menos cuidadoso dos foros de sua honra, menos zeloso dos pundonores de sua divindade, mas não foi assim, diz S. Paulino: não levar da espada contra os homens foi defender e acudir por sua honra poderosamente, porque, na paciência com que os sofreu, refutou a falsidade com que o negaram. Vós dizeis que não sou Deus? Pois hei de mostrar que o sou: hei-vos de sofrer. "Os homens negaram a Deus, mas Deus não se negou a si".

E se não, pergunto, e responda-me o entendimento mais escrupuloso: Se quando os sacrílegos chegaram a pôr a mão na Hóstia fizera Cristo algum portentoso milagre, ou derrubando-os por terra, ou enterrando-os vivos, não disséramos que era argumento grande de sua divindade e presença? Sim. Pois tanto mostrou Cristo a verdade do seu ser e de sua presença em se deixar maltratar, como se castigara severa e prodigiosamente os que assim o trataram. Vieram os judeus prender a Cristo, Redentor nosso, ao Horto; perguntou-lhes o Senhor a quem buscavam; e como dissessem que a Jesus Nazareno, respondeu: "Eu sou" (Jo 18,5). — E foi tão poderosa esta palavra,

que no mesmo instante "caíram por terra todos os soldados" (Ibid. 6). — Não desistiram com este desengano os pérfidos ministros — que não sabe escarmentar a infidelidade; vendo-os resolutos, tornou o Senhor a lhes perguntar quem buscavam, e, como respondessem que a Jesus Nazareno, disse o Senhor: "Já vos disse que eu sou" (Jo 18,8) — e, dizendo isto, lhe puseram as mãos e o prenderam: "Portanto a corte e os ministros prenderam Jesus e o ligaram" (Ibid. 12). — O que aqui pondero e o em que muito reparo é que com um "Eu sou" derrubou Cristo a seus inimigos, e com um "Eu sou" lhes deu licença para que pusessem nele as mãos sacrílegas. Se a palavra "Eu sou" foi tão poderosa que derrubou um exército de soldados, por que toma Cristo por meio de se entregar e se deixar prender a mesma palavra "Eu sou"? A razão é porque quis ensinar Cristo àqueles hereges que tanto mostrava ser ele em os sofrer como mostrava ser ele em os derrubar. Não cuideis, hereges, que fica menoscabada a verdade de meu ser na temeridade de vossos atrevimentos, porque eu sou quando vos derrubo, e eu sou quando vos sofro: quando dou convosco por terra: "Eu sou"; quando vos dou licença para que me ponhais as mãos, também "Eu sou" — porque tanto se prova a verdade de meu ser nos milagres de minha onipotência, como nas permissões de minha paciência. "Eu sou", nos milagres de minha onipotência: "caíram por terra todos os soldados"; "Eu sou", nos extremos de minha paciência: "E lhe puseram as mãos".

§ V

Antes, se entre a onipotência e paciência quisermos fazer comparação, mais mostra Cristo que o é na fortaleza de sofrido que na grandeza de todo-poderoso. Estava Cristo pregado na cruz; chegaram os judeus e fizeram-lhe este partido: "Se sois Filho de Deus, descei dessa cruz" (Mt 27,40). Eia, Senhor, venhamos a concerto: se sois Filho de Deus, como dizeis, descei dessa cruz, e creremos que o sois. — Quando isto li, pareceu-me que o Senhor aceitasse logo o partido; mas eu leio que não lhes respondeu palavra e se deixou estar crucificado. Pois, se Cristo não pretendia outra coisa mais que a fé dos homens, e os homens queriam crer, se se descesse da cruz, por que se não desceu? Deixou de descer Cristo da cruz, não por não querer dar motivo de fé aos homens, senão porque lhes quis dar os mais qualificados. O Senhor estava padecendo na cruz, eles queriam que descesse dela, e era menor prova de sua divindade o descer que o padecer. S. Atanásio[7]: "Não descendo, mas permanecendo na cruz, quis ser reconhecido como o Filho de Deus; portanto muito mais a morte do Salvador contribuiu para a fé dos homens do que contribuiria a descida da cruz". — Admiravelmente! Não quis o Senhor descer para que cressem nele; mas para que cressem nele deixou-se padecer, porque muito mais provava ser Filho de Deus padecendo do que descendo. — Descendo mostrava-se sobrenaturalmente poderoso; padecendo mostrava-se sobrenaturalmente sofrido; e mais prova de divindade eram os milagres de sua paciência que os milagres de sua onipotência. Bem se viu porque, depois de mostrar sua onipotência no Horto, derrubando-os, crucificaram-no; e, depois de mostrar sua paciência no Calvário, adoraram-no: "Verdadeiramente este era o Filho de Deus" (Mt 27,54) — disse o capitão dos mesmos soldados.

Mal argumenta logo a infidelidade em duvidar da presença de Cristo no Sacramento pelo ver tão sofrido em suas injúrias, porque antes da sua paciência se prova evidentemente sua presença: "Este é meu corpo" — disse Cristo na instituição do Santíssimo Sacramento, estando com o pão nas mãos; e, sendo uma coisa tão nova e tão dificultosa, com que o provou? Ouvi as palavras seguintes: "Este é o meu corpo, que por vós há de ser entregue" (1Cor 11,24). — Alegou as injúrias futuras que os judeus haviam de fazer em seu corpo, quando afirmava a verdadeira presença com que o deixava encoberto e invisível no Sacramento. Depois de dizer: "Este é o meu corpo" — quando, parece, havia de dar provas de sua presença, deu provas de sua paciência: "Que por vós há de ser entregue" — porque a paciência de Cristo é a mais qualificada prova de sua presença. Deu-me confiança para o dizer assim S. Cirilo, que em semelhantes palavras filosofou da mesma maneira. O que Cristo disse na Ceia, consagrando seu corpo, tinha já dito no capítulo sexto de São João, prometendo de o consagrar: "O pão que hei de dar a comer aos homens é o mesmo corpo que hei de entregar à morte pela salvação do mundo" (Jo 6,52). — Diz agora S. Cirilo[8]: "O pão que eu darei agora para comer é aquela mesma carne que na morte pelo mundo hei de dar. Pelo fato de dizer duas vezes dar, indica que fala de dois modos de dar diversos; assim o modo posterior não é, como alguns pensam, uma explicação, mas antes uma prova". — Grandes palavras estas últimas! Quando Cristo diz que há de deixar seu corpo debaixo das espécies de pão, acrescenta que é o mesmo corpo que havia de entregar nas mãos dos homens: e isto, diz S. Cirilo, não foi explicação de ser o que deixava seu corpo, senão prova de que o era: "Assim o modo posterior não é, como alguns pensam, uma explicação, mas antes uma prova". — A evidência com que padeceu, fez prova da inevidência com que se deixou: encobrem-no os acidentes, descobre-o a paciência; até agora era mistério encoberto, agora é sacramento manifesto, para que entendamos que se não encontra a magnanimidade de sua paciência com a verdade de sua presença, antes, de uma se infere outra. Sofre? Pois está presente: "Aqui está o pão que desceu do céu".

§ VI

Este sois, Senhor, este sois; este é o sumo de vossa grandeza, este é o sumo de vossa majestade, este é o sumo de vosso poder. Pouco conhece a onipotência de vossa divindade quem a não reconhece e adora mais descoberta e manifesta na vossa paciência. Podeis desfazer, podeis destruir, podeis assolar, podeis aniquilar o mundo, em castigo e vingança de vossas ofensas, e, parecendo que este é todo o vosso poder, ainda podeis mais. E quê? Podeis perdoar, podeis não castigar nem vingar essas mesmas ofensas. Assim o crê e canta, sem adulação, vossa mesma Igreja[9]: "Ó Deus, que manifestais o vosso poder sobretudo na misericórdia...". Vós sois — diz — aquela onipotente divindade, que em perdoar, e não castigar, em sofrer, e não vingar, ostenta mais o sumo poder de sua onipotência. — Muito nos pesa de que houvesse entre nós tão pouca fé, que se atrevesse a ofender vossa oculta majestade, debaixo das sombras desses acidentes invisível. Porém, nós, que invisível, e sem a vermos, a cremos tão claramente como se a víramos, em distinguir o castigo da satisfação, imitamos, quanto nos é possível, os primores soberanos de vossa justiça. Assim como castigastes a infidelidade de Adão com a sentença de morte, assim castigou esta o zelo vigilantíssimo de Portugal com a morte mais severa. Mas porque Adão, e um sujeito de barro, não podia satisfazer à infinita majestade de Deus ofendido, assim como mandou Deus seu próprio Filho, para que ele em pessoa satisfizesse por aquela culpa, assim o fez e faz nestes três dias Lisboa, no modo que lhe é possível. Os reis, os príncipes, a primeira e mais ilustre nobreza são as deidades cá da terra: essas tendes, Senhor, prostradas diante desse trono, todas com nome de perpétuos escravos desse sacrossanto Mistério, para que vossa mesma Majestade ofendida se digne de aceitar a sua fé, a sua adoração e o seu profundíssimo conhecimento e obséquio, em satisfação e desagravo desta ofensa.

SERMÃO DA

Primeira Dominga da Quaresma ou das Tentações

Na cidade de S. Luís do Maranhão. Ano de 1653.

>≈<

"Tudo isto te darei, se prostrado me adorares."
(Mt 4,9)

Conhecido como sermão das Tentações, tem como assunto do início da Quaresma a terceira tentação, a maior e a mais própria desta terra. Acusa os moradores do Maranhão de venderem a própria alma: quereis queimá-la? Oh! que feira tão barata! Negro por alma, e mais negra ela que ele! Por poucos dias esse negro será teu escravo, e a tua alma será minha escrava por toda a eternidade. Eis o contrato que o demônio faz convosco, e não só lho aceitais, senão que lhe dais o vosso dinheiro em cima. Todos estais em pecado! Entretanto, Vieira entende que, com pouca perda temporal, se podem segurar as consciências dos moradores. E explica como agir com os índios que servem como escravos; com os que moram nas aldeias como livres; com os que vivem no sertão em liberdade; e quais os bens que decorrem desse modo de agir. Conclui esperançoso: Saiba o mundo que não se enganou Deus quando fez aos portugueses conquistadores e pregadores de seu santo nome.

§ I

Oh! que temeroso dia! Oh! que venturoso dia! Estamos no dia das tentações do demônio, e no dia das vitórias de Cristo. Dia em que o demônio se atreve a tentar em campo aberto ao mesmo Filho de Deus: "Se és Filho de Deus" (Ibid. 6) — oh! que temeroso dia! Se até o mesmo Deus é tentado, que homem haverá que não tema ser vencido? Dia em que Cristo com três palavras venceu e derrubou três vezes ao demônio — oh! que venturoso dia! A um inimigo três vezes vencido, quem não terá esperanças de o vencer? Três foram as tentações com que o demônio hoje acometeu a Cristo: na primeira ofereceu, na segunda aconselhou, na terceira pediu. Na primeira ofereceu: "Que fizesse das pedras pão" (Ibid. 3); na segunda aconselhou: "Que se deitasse daquela torre abaixo" (Ibid. 6) —; na terceira pediu: "Que caído o adorasse" (Ibid. 9). Vede que ofertas, vede que conselhos, vede que petições! Oferece pedras, aconselha precipícios, pede caídas. E com isto ser assim, estas são as ofertas que nós aceitamos, estes os conselhos que seguimos, estas as petições que concedemos. De todas estas tentações do demônio, escolhi só uma para tratar, porque para vencer três tentações é pouco tempo uma hora. E quantas vezes para ser vencido delas basta um instante! A que escolhi das três não foi a primeira nem a segunda, senão a terceira e última, porque ela é a maior, porque ela é a mais universal, ela é a mais poderosa, e ela é a mais própria desta terra em que estamos. Não debalde a reservou o demônio para o último encontro, como a lança de que mais se fiava; mas hoje lha havemos de quebrar nos olhos. De maneira, cristãos, que temos hoje a maior tentação: queira Deus que tenhamos também a maior vitória. Bem sabeis que vitórias, e contra tentações, só as dá a graça divina; peçamo-la ao Espírito Santo por intercessão da Senhora, e peço-vos que a peçais com grande afeto, por que nos há de ser hoje mais necessária que nunca. *Ave Maria*.

§ II

"Tudo isto te darei, se prostrado me adorares" (Mt 4,9).

Que ofereça o demônio mundos e que peça adorações! Oh! quanto temos que temer! Oh! quanto temos que imitar nas tentações do demônio! Ter que temer, e muito que temer nas tentações do demônio, coisa é mui achada e mui sabida; mas ter nas tentações do demônio que imitar? Sim, porque somos tais os homens por uma parte, e é tal a força da verdade por outra, que as mesmas tentações do demônio, que nos servem de ruína, nos podem servir de exemplo. Estai comigo.

Toma o demônio pela mão a Cristo, leva-o a um monte mais alto que essas nuvens, mostra-lhe dali os reinos, as cidades, as cortes de todo o mundo e suas grandezas, e diz-lhe desta maneira: "Tudo isto te darei, se prostrado me adorares" (Mt 4,9). Tudo isto te darei, se dobrando o joelho me adorares. — Há tal proposta? Vem cá, demônio: sabes o que dizes ou o que fazes? É possível que promete o demônio um mundo por uma só adoração? É possível que oferece o demônio um mundo por um só pecado? É possível que não lhe parece muito ao demônio dar um mundo só por uma alma? Não, porque a conhece, e só quem conhece as coisas as sabe avaliar. Nós, os homens, como nos governamos pelos sentidos corporais, e a nossa alma é espiritual, não a conhecemos; e como não a conhecemos, não a estimamos, e por isso a damos tão barata. Porém, o demônio, como é espírito, e a nossa alma também espírito, conhece muito bem o que ela é; e como a conhece, estima-a, e estima-a tanto, que do primeiro lanço oferece por uma alma o mundo todo, porque vale mais uma alma que todo o mundo. Vede se as tentações do demônio, que nos servem de ruína, nos podem servir de exemplo. Aprendamos sequer do demônio a avaliar e a estimar nossas almas. Fique-nos, cristãos, que vale mais uma alma que todo o mundo. E é tão manifesta verdade esta, que até o demônio, inimigo capital das almas, a não pode negar.

Mas, já que o demônio nos dá doutrina, quero-lhe eu dar um quinau. Vem cá, demônio, outra vez. Tu sábio? Tu astuto? Tu tentador? Vai-te daí, que não sabes tentar. Se tu querias que Cristo se ajoelhasse diante de ti e souberas negociar, tu o renderas. Vais-lhe oferecer a Cristo mundos? Oh! que ignorância! Se quando lhe davas um mundo, lhe tiraras uma alma, logo o tinhas de joelhos a teus pés. Assim aconteceu. Quando Judas estava na ceia, já o diabo estava em Judas: "Como já o diabo tinha metido no coração a Judas" (Jo 13,2). — Vendo Cristo que o demônio lhe levava aquela alma, põe-se de joelhos aos pés de Judas, para lhos lavar e para o converter. Tá, Senhor meu, reparai no que fazeis: não vedes que o demônio está assentado no coração de Judas? Não vedes que em Judas está revestido o demônio, e vós mesmo o dissestes: "Um de vós é o diabo" (Jo 6,71)? — Pois, será bem que Cristo esteja ajoelhado aos pés do demônio? Cristo ajoelhado aos pés de Judas assombro é, pasmo é; mas Cristo ajoelhado, Cristo de joelhos diante do diabo? Sim. Quando lhe oferecia o mundo, não o pôde conseguir; tanto que lhe quis levar uma alma, logo o teve a seus pés. Para que acabemos de entender os homens cegos que vale mais a alma de cada um de nós que todo um mundo. As coisas estimam-se e avaliam-se pelo que custam. Que lhe custou a Cristo uma alma e que lhe custou o mundo? O mundo custou-lhe uma palavra: "Ele disse, e foram feitas as coisas" (Sl 148,5) — uma alma custou-lhe a vida, e o sangue todo. Pois, se o mundo custa uma só palavra de Deus, e a alma custa todo o sangue de Deus, julgai se vale mais uma alma que todo o mundo. Assim o julga Cristo, e assim o não pode deixar de confessar o mesmo demônio. E só nós somos tão baixos estimadores de nossas almas, que lhas vendemos pelo preço que vós sabeis.

Espantamo-nos que Judas vendesse a seu Mestre e a sua alma por trinta dinheiros, e quantos há que andam rogando com ela ao demônio por menos de quinze! Os irmãos de José eram onze, e venderam-no por vinte dinheiros; saiu-lhes por menos de dois dinheiros cada um. Oh! se consideráramos bem os nadas por que vendemos a nossa alma! Todas as vezes que um homem ofende a Deus mortalmente, vende a sua alma: "Foi vendido para fazer o mal" (3Rs 21,20) — diz a Escritura falando de Acab. Eu, cristãos, não quero agora nem vos digo que não vendais a vossa alma, porque sei que a haveis de vender; só vos peço que, quando a venderdes, que a vendais a peso. Pesai primeiro o que é uma alma, pesai primeiro o que vale e o que custou, e depois eu vos dou licença que a vendais embora. Mas em que balanças se há de pesar uma alma? Nas balanças do juízo humano não, porque são mui falsas: "São mentirosos os filhos dos homens em balanças" (Sl 61,10).

— Pois, em que balança logo? Cuidaríeis que vos havia de dizer que nas balanças de S. Miguel, o Anjo, onde as almas se pesam? Não quero tanto; digo que as peseis nas balanças do mesmo demônio, e eu me dou por contente. Tomai as balanças do demônio na mão, ponde de uma parte o mundo todo e da outra uma alma, e achareis que pesa mais a vossa alma que todo o mundo. "Tudo isto te darei, se prostrado me adorares" (Mt 4,9). Tudo isto te darei, se me deres a tua alma. — Não lhe tirou com menos bala a Cristo, que com o mundo inteiro. Mas já que vos dou licença para vender, ponhamos este contrato do demônio em prática e vejamos se é bom o partido.

Suponhamos, primeiramente, que o demônio no seu oferecimento falava verdade, e que podia e havia de dar o mundo; suponhamos mais que Cristo não fosse Deus, senão um puro homem, e tão fraco que pudesse e houvesse de cair na tentação. Pergunto: se este homem recebesse o mundo todo, e ficasse senhor dele, e entregasse sua alma ao demônio, ficaria bom mercador? Faria bom negócio? O mesmo Cristo o disse noutra ocasião: "De que aproveita ao homem ganhar o mundo inteiro e no entanto perder a sua alma" (Mt 16,26)? Que lhe aproveita ao homem ser senhor de todo o mundo, se tem a sua alma no cativeiro do demônio? — Oh! que divina consideração! Alexandre Magno e Júlio César foram senhores do mundo, mas as suas almas agora estão ardendo no inferno e arderão por toda a eternidade. Quem me dera agora perguntar a Júlio César e a Alexandre Magno que lhes aproveitou haverem sido senhores do mundo, e se acharam que foi bom contrato dar a alma pelo adquirir. — Alexandre, Júlio, foi bom serdes senhores do mundo todo e estardes agora onde estais? — Já que eles me não podem responder, respondei-me vós. Pergunto: Tomáreis agora algum de vós ser Alexandre Magno? Tomáreis ser Júlio César? Deus nos livre. Como! se foram senhores de todo o mundo? É verdade, mas perderam as suas almas. Oh! cegueira! E para Alexandre, para Júlio César, parece-vos mau dar a alma por todo o mundo, e para vós parece-vos bom dar a alma pelo que não é mundo, nem tem de mundo o nome? Sabeis de que nasce tudo isto? De falta de consideração, de não tomardes o peso à vossa alma. "De que aproveita ao homem?" (Mt 16,26). — Que aproveitaria ao homem lucrar todo o mundo, e perder a sua alma? "Ou que coisa há no mundo, pela qual se possa uma alma trocar?" (Mt 16,26).

Todas as coisas deste mundo têm outra por que se possam trocar. O descanso pela fazenda, a fazenda pela vida, a vida pela honra, a honra pela alma; só a alma não tem por que se trocar. E sendo que não há no mundo coisa tão grande por que se possa trocar a alma, não há coisa no mundo tão pequena e tão vil por que a não troquemos e a não demos. Ouvi uma verdade de Sêneca[1], que, por ser de um gentio, folgo de a repetir muitas vezes: "Não há coisa para conosco mais vil que nós mesmos". — Revolvei a vossa casa, buscai a coisa mais vil de toda ela, e achareis que é vossa própria alma. Provo. Se vos querem comprar a casa, o canavial, o escravo ou o cavalo, não lhe pondes um preço muito levantado e não o vendeis muito bem vendido? Pois se a vossa casa, e tudo o que nela tendes, o não quereis dar senão pelo que vale, a vossa alma, que vale mais que o mundo todo, a vossa alma, que custou tanto como o sangue de Jesus Cristo, por que a haveis de vender tão vil e tão baixamente? Que vos fez, que vos desmereceu a triste alma? Não a trataréis sequer como o vosso escravo e como o vosso cavalo? Se vos perguntam acaso por que não vendeis a vossa fazenda por menos do que vale, dizeis que a não quereis queimar. E quereis queimar a vossa alma? Ainda mal, porque haveis de queimar e porque há de arder eternamente.

Ora, cristãos, não seja assim: aprendamos ao menos do demônio a estimar nossa alma. Vejamos o que o demônio hoje fez por uma alma alheia, para que nós nos corramos e confundamos do pouco que fazemos pelas próprias. Vai-se o demônio ao deserto, está-se nele quarenta dias e quarenta noites como se fora um anacoreta; e em todo este tempo esteve vigiando e espreitando ocasião, e, tanto que a teve, não deixou pedra por mover para a conseguir. Vendo que não lhe sucedia, parte para Jerusalém, e, sendo tão inimigo de Deus, vai-se ao Templo para persuadir a Cristo que se arrojasse do pináculo: "Lança-te daqui abaixo" (Mt 4,6) — estuda livros, alega Escrituras, interpreta salmos: "Porque escrito está: Que mandou aos seus anjos que cuidem de ti, e eles te tomarão nas palmas, para que não suceda tropeçares em pedra com o teu pé" (Ibid.). — Resistido também aqui e vencido segunda vez, o demônio nem por isso desmaia: corre vales, atravessa montes, sobe ao mais alto de todos, e só por ver se podia fazer cair a Cristo, não repara em dar de uma só vez o mundo todo. E que o demônio faça tudo isto por uma alma alheia e que façamos nós tão pouco pela própria! Que se ponha o demônio quarenta dias em um deserto para me tentar, e que eu, nos quarenta dias da quaresma, não tome um quarto de hora de retiro para lhe saber resistir! Que vigie o demônio e espreite todas as ocasiões para me condenar, e que deixe eu passar tantas de minha salvação e ocasiões que, uma vez perdidas, não se podem recuperar! Que vá o demônio ao Templo de Jerusalém, distante tantas léguas, para me despenhar ao pecado, e que, tendo eu a Igreja à porta, não me saiba ir meter em um canto dela, como o publicano, para chorar meus pecados! Que o demônio, para me persuadir, estude e alegue os livros sagrados, e que eu não abra um só espiritual para que Deus fale comigo, já que eu não sei falar com ele! Que o demônio, vencido a primeira e segunda vez, insista, e não desmaie para me render, e que, se comecei acaso alguma obra boa, à primeira dificuldade desista, e não tenha constância nem perseverança em nada! Que o demônio, para me fazer cair, desça vales e suba montes, e que eu não dê um passo para me levantar, tendo dado tantos para me perder! Finalmente, que o demônio, para granjear minha alma, não repare em dar no primeiro lanço o mundo todo, e que eu estime a minha alma tão pouco, que bastem os mais vis interesses do mundo para a entregar ao demônio! Oh! miséria! Oh! cegueira!

A que diferente preço compra hoje o demônio as almas do que oferecia por elas antigamente! Já nesta nossa terra vos digo eu! Nenhuma feira tem o demônio no mundo onde lhe saiam mais baratas: no nosso Evangelho ofereceu todos os reinos do mundo por uma alma; no Maranhão não é necessário ao demônio tanta bolsa para comprar todas; não é necessário oferecer mundos, não é necessário oferecer reinos, não é necessário oferecer cidades, nem vilas, nem aldeias. Basta acenar o diabo com um tujupar de pindoba e dois tapuias, e logo está adorado com ambos os joelhos: "Se prostrado me adorares" (Mt

4,9). — Oh! que feira tão barata! Negro por alma, e mais negra ela que ele! Esse negro será teu escravo esses poucos dias que viver, e a tua alma será minha escrava por toda a eternidade, enquanto Deus for Deus. Este é o contrato que o demônio faz convosco, e não só lho aceitais, senão que lhe dais o vosso dinheiro em cima.

§ III

Senhores meus, somos entrados à força do Evangelho na mais grave e mais útil matéria que tem este Estado. Matéria em que vai, ou a salvação da alma, ou o remédio da vida: vede se é grave e se é útil. É a mais grave, é a mais importante, é a mais intrincada, e, sendo a mais útil, é a menos gostosa. Por esta última razão, de menos gostosa, tinha eu determinado de nunca vos falar nela, e, por isso também, de não subir ao púlpito. Subir ao púlpito para dar desgosto, não é do meu ânimo, e muito menos a pessoas a quem eu desejo todos os gostos e todos os bens. Por outra parte, subir ao púlpito e não dizer a verdade é contra o ofício, contra a obrigação e contra a consciência, principalmente em mim, que tenho dito tantas verdades, e com tanta liberdade e a tão grandes ouvidos. Por esta causa resolvi trocar um serviço de Deus por outro, e ir-me doutrinar os índios por essas aldeias.

Estando nesta resolução até quinta-feira, houve pessoas, a que não pude perder o respeito, que me obrigaram a que quisesse pregar na cidade esta quaresma. Prometi-o uma vez, e arrependi-me muitas, porque me tornei a ver na mesma perplexidade. É verdade que no juízo dos que tivessem juízo sempre a minha boa intenção parece que estava segura. Pergunto-vos: Qual é melhor amigo: aquele que vos avisa do perigo ou aquele que, por vos não dar pena, vos deixa perecer nele? Qual médico é mais cristão: aquele que vos avisa da morte, ou aquele que, por vos não magoar, vos deixa morrer sem sacramentos? Todas estas razões tinha por mim, mas não acabava de me deliberar. Fui à sexta-feira pela manhã dizer Missa por esta tenção, para que Deus me alumiasse e me inspirasse o que fosse mais glória sua, e ao ler da Epístola me disse Deus o que queria que fizesse com as mesmas palavras dela. São de Isaías no capítulo cinquenta e oito.

"Brada, ó pregador, e não cesses; levanta a tua voz como trombeta, desengana o meu povo, anuncia-lhe seus pecados e dize-lhe o estado em que estão" (Is 58,1). — Já o pregão do rei se lançou com tambores; agora, diz Deus, que se lance o seu com trombetas: "Levanta a tua voz como trombeta". — Não vos assombre, senhores, o pregão, que como é pregão de Deus, eu vos prometo que seja mais brando e mais benigno que o do rei. E se não, vede as palavras que se seguem: "Procuram-me cada dia, tomam prazer em saber dos meus caminho; como um povo que pratica a justiça e não abandona o direito do seu Deus" (Ibid. 2). E sabes por que quero que desenganes este meu povo, e por que quero que lhe declares seus pecados? — Porque são uns homens — diz Deus — que me buscam todos os dias e fazem muitas coisas em meu serviço; e, sendo que têm gravíssimos pecados de injustiças, vivem tão desassustados como se estiveram em minha graça: "Como um povo que pratica a justiça". — Pois, Senhor, que desengano é o que hei de dar a esta gente, e que é o que lhe hei de anunciar da parte de Deus?

Vede o que dizem as palavras do mesmo texto: "Acaso não é antes este o jejum que eu escolhi? Rompe as ligaduras da impiedade, deixa ir livres aqueles que estão quebrantados" (Is 58,6). — Sabeis, cristãos, sabeis, nobreza e povo do Maranhão, qual é o jejum que quer Deus de vós esta Quaresma? Que solteis as ataduras da injustiça e que deixeis ir livres os que tendes cativos e oprimidos. Estes são os pecados do Maranhão, estes são os que Deus me manda que vos anuncie: "Anuncia ao meu povo as suas maldades" (Is 58,1). — Cristãos, Deus me manda desenganar-vos, e eu vos desengano da parte de Deus. Todos estais em pecado mortal, todos viveis e morreis em estado de condenação, e todos vos ides direitos ao inferno. Já lá estão muitos, e vós também estareis cedo com eles se não mudardes de vida.

Pois, valha-me Deus! Um povo inteiro em pecados? Um povo inteiro ao inferno? Quem se admira disto não sabe que coisa são cativeiros injustos. Desceram os filhos de Israel ao Egito, e, depois da morte de José, cativou-os el-rei Faraó, e servia-se deles como escravos. Quis Deus dar liberdade a este miserável povo, mandou lá Moisés, e não lhe deu mais escolta que uma vara. Achou Deus que para pôr em liberdade cativos bastava uma vara, ainda que fosse libertá-los de um rei tão tirano como Faraó e de uma gente tão bárbara como a do Egito. Não quis Faraó dar liberdade aos cativos, começam a chover as pragas sobre ele. A terra se convertia em rãs, o ar se convertia em mosquitos, os rios se convertiam em sangue, as nuvens se convertiam em raios e em coriscos, todo o Egito assombrado e perecendo! Sabeis quem traz as pragas às terras? Cativeiros injustos. Quem trouxe ao Maranhão a praga dos holandeses? Quem trouxe a praga das bexigas? Quem trouxe a fome e a esterilidade? Estes cativeiros. Insistiu e apertou mais Moisés para que Faraó largasse o povo, e que respondeu Faraó? Disse uma coisa, e fez outra. O que disse foi: "Não conheço a Deus, não hei de dar liberdade aos cativos" (Ex 5,2). — Ora, isso me parece bem; acabemos já de nos declarar. Sabeis por que não dais liberdade aos escravos mal havidos? Porque não conheceis a Deus. Falta de fé é causa de tudo. Se vós tivéreis verdadeira fé, se vós crêreis verdadeiramente na imortalidade da alma, se vós crêreis que há inferno para toda a eternidade, bem me rio eu que quisésseis ir lá pelo cativeiro de um tapuia. Com que confiança vos parece que disse hoje o diabo: "Se prostrado me adorares" (Mt 4,6)? — Com a confiança de lhe ter oferecido o mundo. Fez o demônio este discurso: Eu a este homem ofereço-lhe tudo; se ele é cobiçoso e avarento, há de aceitar; se aceita, sem dúvida me adora idolatrando, porque a cobiça e avareza são a mesma idolatria. É sentença expressa de S. Paulo: "A avareza, que é serviço de ídolos" (Cl 3,5). — Tal foi a avareza de Faraó em querer reter e não dar liberdade aos filhos de Israel cativos, confessando juntamente que não conhecia a Deus: "Não conheço a Deus, não hei de dar liberdade aos cativos" (Ex 5,2). — Isto é o que disse.

O que fez foi que, fugindo todos os israelitas cativos, sai o mesmo rei Faraó com todo o poder de seu reino para os tornar ao cativeiro; e que aconteceu? Abre-se o Mar Vermelho, para que passassem os cativos a pé enxuto — que sabe Deus fazer milagres para libertar cativos. — Não cuideis que mereceram isto os hebreus por suas virtudes, porque eram piores que esses tapuias: daí a poucos dias adoraram um bezerro, e de todos, que eram seiscentos mil homens, só dois entraram na Terra de Promissão; mas é Deus tão favorecedor de liberdades, que o que desmereciam por maus alcançavam por injustamente cativos. Passados à outra banda do Mar Vermelho, entra Faraó pela mesma estrada, que ainda estava aberta, e o mar, de uma e outra parte, como em muralhas, caem sobre ele e sobre o seu exército as águas e afogaram a todos. O em que aqui reparo é o modo com que conta isto Moisés no seu Cântico: "O mar os cobriu, afundaram-se como chumbo em águas veementes. Estendeste a tua mão direita, a terra os tragou" (Ex 15,10.12): que caiu sobre eles e os afogou o mar, e os comeu e engoliu a terra. — Pois, se os afogou o mar, como os tragou a terra? Tudo foi. Aqueles homens, como nós, tinham corpo e alma: os corpos afogou-os a água, porque ficaram no fundo do mar; as almas tragou-as a terra, porque desceram ao profundo do inferno. Todos ao inferno, sem ficar nenhum, porque onde todos perseguem e todos cativam, todos se condenam. Não está bom o exemplo? Vá agora a razão.

Todo o homem que deve serviço ou liberdade alheia, e, podendo-a restituir, não restitui, é certo que se condena: todos, ou quase todos os homens do Maranhão, devem serviços e liberdades alheias, e, podendo restituir, não restituem; logo, todos ou quase todos se condenam. Dir-me-eis que, ainda que isto fosse assim, que eles não o cuidavam nem o sabiam, e que a sua boa-fé os salvaria. Nego tal: sim, cuidavam, e, sim, sabiam, como também vós o cuidais e o sabeis; e se o não cuidavam, nem o sabiam, deveram cuidá-lo e sabê-lo. A uns condena-os a certeza, a outros a dúvida, a outros a ignorância. Aos que têm certeza, condena-os o não restituírem; aos que têm dúvida, condena-os o não examinarem; aos que têm ignorância, condena-os o não saberem quando tinham obrigação de saber. Ah! se agora se abrirem essas sepulturas e aparecera aqui algum dos que morreram neste infeliz estado, como é certo que ao fogo das suas labaredas havíeis de ler claramente esta verdade! Mas sabeis por que Deus não permite que vos apareça? É pelo que Abraão disse ao rico avarento, quando pedia que mandasse Lázaro a este mundo: "Tem Moisés e os profetas" (Lc 16,29). Não é necessário que vá de cá do inferno quem lhe apareça e lhe diga a verdade: lá têm a Moisés e a lei, lá têm os profetas e doutores. — Meus irmãos, se há quem duvide disto, aí estão as leis, aí estão os letrados, pergunte-lho. Três religiões tendes neste Estado, onde há tantos sujeitos de tantas virtudes e tantas letras; perguntai, examinai, informai-vos. Mas não é necessário ir às religiões: ide à Turquia, ide ao inferno, porque não pode haver turco tão turco na Turquia, nem demônio tão endemoninhado no inferno, que diga que um homem livre pode ser cativo. Há algum de vós, só com o lume natural, que o negue? Pois, em que duvidais?

§ IV

Vejo que me dizeis: Bem estava isso, se nós tivéramos outro remédio e com o mesmo Evangelho nos queremos defender. — Qual foi mais apertada tentação: a primeira ou a terceira? Nós entendemos que a primeira, porque na primeira estava Cristo com fome de quarenta dias, e ofereceu-lhe o demônio pão; na terceira ofereceu-lhe reinos e monarquias, e um homem pode viver sem reinos e sem impérios, mas sem pão para a boca não pode viver: e neste aperto vivemos nós. Este povo, esta república, este Estado, não se pode sustentar sem índios. Quem nos há de ir buscar um pote de água ou um feixe de lenha? Quem nos há de fazer duas covas de mandioca? Hão de ir nossas mulheres? Hão de ir nossos filhos? Primeiramente, não são estes os apertos em que vos hei de pôr, como logo vereis; mas quando a necessidade e a consciência obriguem a tanto, digo que sim e torno a dizer que sim: que vós, que vossas mulheres, que vossos filhos, e que todos nós nos sustentássemos dos nossos braços, porque melhor é sustentar do suor próprio que do sangue alheio. Ah! fazendas do Maranhão, que se esses mantos e essas capas se torceram, haviam de lançar sangue! A Samaritana ia com um cântaro buscar água à fonte, e foi tão santa como sabemos. Jesabel era mulher de el-rei Acab, rainha de Israel, e foi comida de cães e sepultada no inferno, porque tomou a Nabot uma vinha, que não lhe chegou a tomar a liberdade. Pergunto: qual é melhor: levar o cântaro à fonte e ir ao céu, como a Samaritana, ou ser senhora, servida e rainha, e ir ao inferno, como Jesabel? Melhor era que nós Adão, e tinha ofendido a Deus com menos pecados, e devia ao trabalho de suas mãos o bocado de pão que metia na boca. Filho de Deus era Cristo, e ganhava com um instrumento mecânico o com que sustentava a vida, que depois havia de dar por nós. Faz isto por nós o mesmo Deus, e nós desprezar-nos-emos de fazer outro tanto por guardar a sua lei?

Direis que os vossos chamados escravos são os vossos pés e mãos, e também podereis dizer que os amais muito, porque os criastes como filhos e porque vos criam os vossos. Assim é, mas já Cristo respondeu a esta réplica: "Se o teu olho te serve de escândalo, arranca-o; e se a tua mão ou o teu pé te serve de escândalo, corta-o" (Mt 5,29; Mc 9,42.44). — Não quer dizer Cristo que arranquemos os olhos nem que cortemos os pés e as mãos, mas quer dizer que, se nos servir de escândalo aquilo que amarmos como os nossos olhos e aquilo que havemos mister como os pés e as mãos, que o lancemos de nós, ainda que nos doa, como se o cortáramos. Quem há que não ame muito o seu braço e a sua mão? Mas se nela lhe saltaram herpes, permite que lha cortem, por conservar a vida. O mercador, ou passageiro, que vem da Índia, ou do Japão, muito estima as drogas, que tanto lhe custaram lá; mas, se a vida periga, vai tudo ao mar, para que ela se salve. O mesmo digo no nosso caso. Se para segurar a consciência, e para salvar a alma, for necessário perder tudo e ficar como um Jó, perca-se tudo.

Mas, bom ânimo, senhores meus, que não é necessário chegar a tanto nem a muito menos. Estudei o ponto com toda a diligência e com todo o afeto, e, seguindo as opiniões mais largas e mais favoráveis, venho a reduzir as coisas a estado que entendo que, com muito pouca perda temporal, se podem segurar as consciências de todos os moradores deste Estado, e com muitos grandes interesses podem melhorar suas conveniências para o futuro. Dai-me atenção.

Todos os índios deste Estado, ou são os que vos servem como escravos, ou os que moram nas aldeias de el-rei como livres, ou os que vivem no sertão em sua natural e ainda maior liberdade, os quais por esses rios se vão comprar ou resgatar — como dizem — dando o piedoso nome de resgate a uma venda tão forçada e violenta, que talvez se faz com a pistola nos peitos. Quanto àqueles que vos servem, todos nesta terra são herdados, havidos, e possuídos de má-fé, segundo a qual não farão pouco — ainda que o farão facilmente — em vos perdoar todo o serviço passado. Contudo, se depois de lhes ser manifesta esta condição de sua liberdade, por serem criados em vossa casa e com vossos filhos, ao menos os mais domésticos, espontânea e voluntariamente vos quiserem servir e ficar nela, ninguém, enquanto eles tiverem esta vontade, os poderá apartar de vosso serviço. E que se fará de alguns deles, que não quiserem continuar nesta sujeição? Estes serão obrigados a ir viver nas aldeias de el-rei, onde também vos servirão na forma que logo veremos. Ao sertão se poderão fazer todos os anos entradas, em que verdadeiramente se resgatem os que estiverem — como se diz — em cordas, para ser comidos, e se lhes comutará esta crueldade em perpétuo cativeiro. Assim serão também cativos todos os que sem violência forem vendidos como escravos de seus inimigos, tomados em justa guerra, da qual serão juízes o governador de todo o Estado, o ouvidor-geral, o vigário do Maranhão ou Pará, e os prelados das quatro religiões, carmelitas, franciscanos, mercenários, e da Companhia de Jesus. Todos os que deste juízo saírem qualificados por verdadeiramente cativos se repartirão aos moradores pelo mesmo preço por que foram comprados. E os que não constar que a guerra em que foram tomados foi justa, que se fará deles? Todos serão aldeados em novas povoações, ou divididos pelas aldeias que hoje há, donde, repartidos com os demais índios delas pelos moradores, os servirão em seis meses do ano alternadamente de dois em dois, ficando os outros seis meses para tratarem de suas lavouras e famílias. De sorte que nesta forma todos os índios deste Estado servirão aos portugueses, ou como própria e inteiramente cativos, que são os de corda, os de guerra justa e os que livre e voluntariamente quiserem servir, como dissemos dos primeiros; ou como meios cativos, que são todos os das antigas e novas aldeias que, pelo bem e conservação do Estado, me consta que, sendo livres, se sujeitaram a nos servir e ajudar ametade do tempo de sua vida. Só resta saber qual será o preço destes que chamamos meios cativos, ou meios livres, com que se lhes pagará o trabalho do seu serviço. É matéria de que se rirá qualquer outra nação do mundo e só nesta terra se não admira. O dinheiro desta terra é pano de algodão, e o preço ordinário por que servem os índios, e servirão cada mês, são duas varas deste pano, que valem dois tostões! Donde se segue que por menos de sete réis de cobre servirá um índio cada dia! Coisa que é indigna de se dizer, e muito mais indigna de que, por não pagar tão leve preço, haja homens de entendimento e de cristandade que queriam condenar suas almas e ir ao inferno.

§ V

Pode haver coisa mais moderada? Pode haver coisa mais posta em razão que esta? Quem se não contentar e não satisfizer disto, uma de duas: ou não é cristão, ou não tem entendimento. E se não, apertemos o ponto, e pesemos os bens e os males desta proposta.

O mal é um só, que será haverem alguns particulares de perder alguns índios, que eu vos prometo, que sejam mui poucos. Mas aos que nisto repararem, pergunto: Morreram-vos já alguns índios? Fugiram-vos já alguns índios? Muitos. Pois, o que faz a morte, por que o não fará a razão? O que faz o sucesso da fortuna, por que o não fará o escrúpulo da consciência? Se vieram as bexigas, e vo-los levaram todos, que havíeis de fazer? Havíeis de ter paciência. Pois, não é melhor perdê-los por serviço de Deus, que perdê-los por castigo de Deus? Isto não tem resposta.

Vamos aos bens, que são quatro os mais consideráveis. O primeiro, é ficardes com as consciências seguras. Vede que grande bem este. Tirar-se-á este povo do estado de pecado mortal, vivereis como cristãos, confessar-vos-eis como cristãos, morrereis como cristãos, testareis de vossos bens como cristãos; enfim, ireis ao céu, não ireis ao inferno, ao menos certamente, que é triste coisa.

O segundo bem é que tirareis de vossas casas esta maldição. Não há maior maldição numa casa, nem numa família, que servir-se com suor e com sangue injusto. Tudo vai para trás, nenhuma coisa se logra, tudo leva o diabo. O pão que assim se granjeia é como o que hoje ofereceu o diabo a Cristo: pão de pedras, que, quando se não atravessa na garganta, não se pode digerir. Vede-o nestes que tiram muito pão do Maranhão, vede se o digeriu algum ou se lhe logrou algum? Houve quem se lhe atravessou na garganta, que nem confessar se pôde.

O terceiro bem é que por este meio haverá muitos resgates, com que se tirarão muitos índios, que doutra maneira não os haverá. Não dizeis vós que este Estado não se pode sustentar sem índios? Pois se os sertões se fecharem, se os resgates se proibirem totalmente, mortos estes poucos índios que há, que remédio tendes? Importa logo haver resgates, e só por este meio se poderão conceder.

Quarto e último bem: que feita uma proposta nesta forma, será digna de ir às mãos de Sua majestade, e de que Sua Majestade a aprove e a confirme. Quem pede o ilícito e o injusto merece que lhe neguem o lícito e o justo; e quem requer com consciência, com justiça e com razão, merece que lha façam. Vós sabeis a proposta que aqui fazíeis? Era uma proposta que nem os vassalos a podiam fazer em consciência, nem os ministros a podiam consultar em consciência, nem o rei a podia conceder em consciência. E ainda que por impossível el-rei tal permitisse ou dissimulasse, de que nos servia isso, ou que nos importava? Se el-rei permitir que eu jure falso, deixará o juramento de ser pecado? Se el-rei permitir que eu furte, deixará o furto de ser pecado? O mesmo passa nos índios. El-rei poderá mandar que os cativos sejam livres; mas que os livres sejam cativos, não chega lá sua jurisdição. Se tal proposta fosse ao reino, as pedras da rua se haviam de levantar contra os homens do Maranhão. Mas se a proposta for lícita, se for justa, se for cristã, as mesmas pedras se porão de vossa parte, e quererá Deus que não sejam necessárias pedras nem pedreiras. Todos assinaremos, todos informaremos, todos ajudaremos, todos requereremos, todos encomendaremos a Deus, que ele é o autor do bem e não pode deixar de favorecer intentos tanto de seu serviço. E tenho dito.

§ VI

Ora, cristãos, e senhores da minha alma, se nestas verdades e desenganos que acabo de vos dizer, se nesta minha breve proposta consiste todo o vosso bem, e toda a vossa esperança espiritual e temporal; se só por este caminho vos podeis segurar nas consciências; se por este caminho vos podeis salvar e livrar vossas almas do inferno; se o que se perde, ainda temporalmente, é tão pouco, e pode ser que não seja nada; e as conveniências e bens que daí se esperam são tão consideráveis e tão grandes, que homem haverá tão mau cristão, que homem haverá tão mal entendido, que homem haverá tão esquecido de Deus, tão cego, tão desleal, tão inimigo de si mesmo que se não contente de uma coisa tão justa e tão útil, que a não queira, que a não aprove, que a não abrace? Por reverência de Jesus Cristo, cristãos, e por aquele amor com que aquele Senhor hoje permitiu ser tentado para nos ensinar a ser vencedores das tentações, que metamos hoje o demônio debaixo dos pés, e que vençamos animosamente esta cruel tentação, que a tantos nesta terra tem levado ao inferno, e nos vai levando também a nós. Demos esta vitória a Cristo, demos esta glória a Deus, demos este triunfo ao céu, demos este pesar ao inferno, demos este remédio à terra em que vivemos, demos esta honra à nação portuguesa, demos este exemplo à cristandade, demos esta fama ao mundo.

Saiba o mundo, saibam os hereges e os gentios, que não se enganou Deus quando fez aos portugueses conquistadores e pregadores de seu santo nome. Saiba o mundo que ainda há verdade, que ainda há temor de Deus, que ainda há alma, que ainda há consciência, e que não é o interesse tão absoluto e tão universal senhor de tudo como se cuida. Saiba o mundo que ainda há quem por amor de Deus e da sua salvação meta debaixo dos pés interesses. Quanto mais, senhores, que isto não é perder interesses: é multiplicá-los, é acrescentá-los, é semeá-los, é dá-los à usura. Dizei-me, cristãos, se tendes fé: os bens deste mundo, quem é que os dá, quem é que os reparte? Dizeis-me que Deus. Pois pergunto: qual será melhor diligência para mover a Deus a que vos dê muitos bens, servi-lo ou ofendê-lo? Obedecer e guardar a sua lei, ou quebrar todas as leis? Ora, tenhamos fé e tenhamos uso de razão.

Deus, para vos sustentar e para vos fazer ricos, não depende de que tenhais um tapuia mais ou menos. Não vos pode Deus dar maior novidade com dez enxadas que todas as vossas diligências com trinta? Não é melhor ter dois escravos que vos vivam vinte anos, que ter quatro que vos morram ao segundo? Não rendem mais dez caixas de açúcar que cheguem a salvamento a Lisboa que quarenta levadas a Argel ou Zelândia? Pois se Deus é o Senhor das novidades da terra, se Deus é o Senhor dos fôlegos dos escravos, se Deus é o Senhor dos ventos, dos mares, dos corsários e das navegações, se todo o bem ou mal está fechado na mão de Deus, se Deus tem tantos modos e tão fáceis de vos enriquecer ou de vos destruir, que loucura e que cegueira é cuidar que podeis ter bem algum, nem vós, nem vossos filhos, que seja contra o serviço de Deus? Faça-se o serviço de Deus, acuda-se à alma e à consciência, e logo os interesses temporais estarão seguros: "Buscai primeiramente o reino de Deus e a sua justiça, e todas estas coisas se vos acrescentarão" (Mt 6,33). — Mas quando não fora, nem se seguraram por esta via nossos interesses, faça-se o serviço de Deus, acuda-se à consciência, acuda-se à alma e corte-se por onde se cortar, ainda que seja pelo sangue e pela vida.

Dizei-me, cristãos: Se vos víreis em poder de um tirano que vos quisesse tirar a vida pela fé de Cristo, que havíeis de fazer? Dar a vida, e mil vidas. Pois, o mesmo é dar a vida pela fé de Deus, que dar a vida pelo serviço de Deus. Não há mais cruel tirano que a pobreza e a necessidade, e padecer às mãos deste tirano, por não ofender a Deus, também é ser mártir, diz Santo Agostinho. Nada disto há de ser necessário, como já vos tenho dito; mas quem é cristão verdadeiro há de estar com este ânimo e com esta resolução.

Senhor Jesus, este é o ânimo e esta é a resolução com que estão de hoje por diante estes vossos tão fiéis católicos. Ninguém há aqui que queira outro interesse mais que servir-vos; ninguém há que queira outra conveniência mais que amar-vos; ninguém há que tenha outra ambição mais que de estar eternamente obediente e rendido a vossos pés. A vossos pés está a fazenda, a vossos pés estão os interesses, a vossos pés estão os escravos, a vossos pés estão os filhos, a vossos pés está o sangue, a vossos pés está a vida, para que corteis por ela e por eles, para que façais de tudo e de todos o que for mais conforme à vossa santa lei. Não é assim, cristãos? Assim é; assim o digo; assim o digo, e prometo a Deus em nome de todos. Vitória, pois, por parte de Cristo; vitória, vitória contra a maior tentação do demônio. Morra o demônio, morram suas tentações, morra o pecado, morra o inferno, morra a ambição, morra o interesse, e viva só o serviço de Deus, viva a fé, viva a cristandade, viva a consciência, viva a alma, viva a lei de Deus, e o que ela ordenar, viva Deus, e vivamos todos, nesta vida com muita abundância de bens, principalmente os da graça, e na outra, por toda a eternidade, os da glória: "Que a mim e a vós digne-se o Senhor Deus onipotente conceder".

SERMÃO DAS

Chagas de São Francisco

Pregado em Roma, na Arqui-irmandade das mesmas Chagas. Ano de 1672.

∽

"Cumpro na minha carne o que resta padecer a Jesus Cristo."
(Cl 1,24)

Vieira propõe neste volume dois sermões das Chagas de São Francisco, este pregado em Roma e o outro de 1646, em Lisboa. Assunto: a imagem de Cristo pela segunda vez estampada. Por que razão quis Cristo restampar as suas chagas? Para emendar nesta segunda impressão os defeitos da primeira estampa. Três defeitos: a impiedade dos artífices, os instrumentos da crucifixão e a chaga imperfeita do coração. E qual foi o fim por que tornou a estampar Cristo as suas chagas em São Francisco? Renovou Cristo as suas chagas em Francisco, para que o mundo, que tanto se vai esfriando, se acendesse no fogo do seu amor.

§ I

A segunda estampa de Cristo crucificado — que no original Toscano se diz, com propriedade e elegância que não cabe na nossa língua, *Il Crocifisso Ristampato* [*O crucifixo reimpresso*] — porventura com maior e melhor novidade da que prometem as segundas impressões, será hoje a matéria do meu discurso. O discurso será meu; as palavras nem minhas nem vossas. Não minhas, porque de língua estranha; não vossas, porque mal polidas e duramente pronunciadas. Mas esta dissonância tão conhecida, a que me obrigastes, se suprirá com vantagem, e ainda com harmonia, nas mesmas chagas de Francisco que celebramos, se as ouvirdes a elas, e não a mim.

Olhai, senhores, para aquelas chagas. Oh! que silêncio! Oh! que vozes! Oh! que clamores! Aquelas chagas abertas são cinco bocas; aquele sangue ardentemente gelado nelas são cinco línguas, que, ferindo os olhos mais cegos, penetram os ouvidos mais surdos. Ou as vejais como chagas de Cristo impressas em Francisco, ou como chagas de Francisco transformado em Cristo, de todo o modo são bocas, são línguas, são vozes. Das chagas de Cristo disse Ruperto[1]: "As chagas do corpo de Cristo são outras tantas línguas" — e das chagas de um pobre chagado, como Francisco, disse Crisólogo[2]: "Para que as chagas do pobre fossem outras tantas bocas que admoestassem aos ricos". — A estas vozes convido hoje, senhores, não os vossos ouvidos, senão os vossos olhos. Quando Deus dava a Lei a Moisés no monte Sinai, diz o texto sagrado que "o povo todo estava vendo as vozes" (Ex 20,18). Notável dizer! O ver é ação dos olhos, as vozes são objeto dos ouvidos; pois, como se viam as vozes? Estava o monte Sinai ardendo em chamas; estava Moisés transportado em Deus "face a face"; estava o mesmo Deus, feito escultor, imprimindo caracteres nas tábuas da lei, e à vista de uma visão tão estupenda, saíram os sentidos humanos fora de sua esfera, e viam os homens com os ouvidos e ouviam com os olhos: "O povo todo estava vendo as vozes".

Assim é. Passemos do monte Sinai ao monte Alverno, que vai o amor de monte a monte. Arde o monte todo em labaredas seráficas: Francisco, arrebatado e extático de face a face com Cristo; Cristo, escultor e impressor divino, estampando nele as suas chagas; Cristo, fora de si, transformado em Francisco; Francisco, fora de si transformado em Cristo. Saiam logo também fora de si os sentidos, e, transformando-se os ouvidos em olhos, os olhos ouçam, e os ouvidos vejam. Os ouvidos, já que não têm que ouvir nas minhas palavras, vejam; e os olhos, já que têm tanto que ver nas chagas de Francisco, ouçam. Os olhos ouvirão bem, vendo bem; os ouvidos verão bem, ouvindo mal. E que hão de ver e ouvir? O que disse no princípio: a imagem de Cristo segunda vez estampada. Este é o meu assunto.

§ II

Mas por que razão, saibamos, quis Cristo restampar as suas chagas? Porque quis fazer esta segunda escultura e esta segunda impressão delas? A razão está nas palavras que tomei por tema: "Cumpro na minha carne o que resta padecer a Jesus Cristo" (Cl 1,24). — Aquele *ad*, no texto original é *re*: "renovo"[3]. Quando a primeira impressão sai defeituosa, faz-se segunda impressão mais correta, em que se emendam os defeitos da primeira. Isto é o que fez Cristo. Tornou a restampar as suas chagas em Francisco, para emendar nesta segunda impressão os defeitos da primeira estampa. — "Que resta": eis aí os defeitos; "renovo": eis aí a reimpressão; "da paixão de Cristo": eis aí as chagas; "na minha carne": eis aí o corpo de Francisco. — Que este lugar se entenda particularmente das chagas de Cristo, e das chagas de Cristo depois de subir ao céu, comunicadas na terra a um substituto do mesmo Cristo, qual era S. Francisco, assim o dizem S. João Crisóstomo e Teofilato: "Como se, tendo-se ausentado o general do exército, o seu substituto recebesse em seu lugar as chagas"[4].

Mas vejo que me dizem todos: — Defeitos nas chagas de Cristo? Naquelas chagas de infinito preço, de infinito valor, de infinito mérito, de infinita perfeição, pode caber algum defeito? Primeiramente a palavra não é minha, senão de S. Paulo, que falava com muita Teologia e com muita reverência. Isso quer dizer: "As que restam". — E na língua grega, em que S. Paulo escreveu, ainda está mais expressa a mesma palavra. Por onde a Versão Siríaca, em lugar de "que restam", trasladou "defeitos": "Cumpro os defeitos da paixão de Cristo". — Pois, que defeitos foram estes das chagas de Cristo? Claro está que não foram nem podiam ser defeitos do original, mas foram defeitos da impressão. Na primeira impressão das chagas de Cristo no Monte Calvário, se bem se consideram todas suas circunstâncias, achareis que houve três defeitos: um da parte dos impressores, outro da parte dos instrumentos, outro da parte das mesmas chagas impressas. E todos estes defeitos foram corretos e emendados na estampa do monte Alverno, quando segunda vez se restamparam as mesmas chagas no corpo de Francisco: "Cumpro na minha carne o que resta padecer a Jesus Cristo". — Agora vos peço atenção.

§ III

Começando pelo primeiro defeito da parte dos impressores: os impressores das chagas de Cristo no Calvário foram os ministros da Sinagoga, armados de ódio, de ira, de inveja, de injustiça, de crueldade. E por esta circunstância de tanta impiedade e horror, a mesma Paixão de Cristo, que da parte do crucificado era o mais agradável sacrifício, da parte dos crucificadores foi o mais abominável sacrilégio. Este foi o fel do cálix da Paixão: "Deram-lhe a beber vinho misturado com fel" (Mt 27,34). — Da parte do sacrifício era vinho, da parte do sacrilégio era fel, e por isso o Senhor o não quis beber: "Tendo-o provado, não o quis beber" (Ibid.). — E como no cálix da Paixão ia misturado o vinho com o fel; como na impressão das primeiras chagas, pela maldade dos artífices, o sacrifício foi misturado com o sacrilégio, o amor com o ódio, e a inocência com o pecado, este foi o primeiro defeito que Cristo quis emendar na segunda estampa. Por isso mudou os artífices, por isso fez que os impressores desta segunda estampa fossem um serafim transformado em Cristo, e o mesmo Cristo revestido de serafim, para que tudo aqui e de todas as partes fosse amor, e para que nós, que não podemos ver as chagas de Cristo em Cristo, sem horror da impiedade humana, víssemos as chagas de Cristo em Francisco, só com admiração e pasmo do amor divino.

Este digo que foi o pensamento de Cristo, e vede se o provo. Morre e padece Cristo no Calvário, e, não contente com haver morto e padecido uma vez, torna a renovar a mesma paixão e a mesma morte no mistério sacrossanto da Eucaristia. E por quê? O sacrifício da morte de Cristo, uma vez padecido, não bastava para preço da Redenção, para remédio do mundo, para propiciação do Pai, para exemplo e exemplar dos homens? Sim, bastava, e sim, bastou. Antes, essa era a diferença do sacerdócio de Cristo ao sacerdócio de Arão, como notou S. Paulo: "Porque isto o fez uma vez, oferecendo-se a si mesmo" (Hb 7,27). — Arão, como sacerdote somente homem, multiplicava os sacrifícios como se multiplicavam os pecados; porém, Cristo, que era sacerdote homem e juntamente Deus, que era sacerdote e juntamente sacrifício, que era sacrifício oferecido uma vez juntamente por todos os pecados do mundo, bastou que uma só vez morresse e uma só vez se sacrificasse: "Porque isto o fez uma vez, oferecendo-se a si mesmo".

Pois, se bastava, e bastou, para remédio do mundo, que Cristo se sacrificasse e morresse uma só vez, por que renova segunda vez a mesma morte e a mesma Paixão no Sacramento? Disse-o admiravelmente o profeta Isaías: "O Senhor fará neste monte um banquete de manjares substanciosos, de um vinho sem fezes" (Is 25,6). — Instituiu Cristo em forma de convite o sacrifício de seu corpo e sangue, diz o profeta, e tornou a renovar segunda vez no monte Sião a mesma morte e o mesmo sacrifício que tinha oferecido no Monte Calvário, para que aquele sacrifício, que lá esteve misturado com fezes, aqui ficasse puro e defecado: "Um banquete de manjares substanciosos, de um vinho sem fezes". — Ora vede. O sangue derramado no sacrifício da cruz era o mesmo sangue puríssimo consagrado no Sacramento; mas esse sangue na cruz esteve misturado, e como envolto nas fezes do ódio, da maldade e do pecado sacrílego dos ministros que o derramaram. Que fez, pois, Cristo para emendar este defeito? Torna a reiterar, torna a renovar segunda vez o mesmo sacrifício e a mesma morte no Sacramento, sendo o seu amor, e ele por si mesmo, o ministro, para que o sangue que na cruz, por parte dos ministros ímpios, fora misturado com fezes, no Sacramento se tirasse em limpo, e ficasse totalmente puro e defecado: "De um vinho sem fezes".

Desejei um santo padre que o dissesse assim, mas dar-vos-ei um autor que vale por todos os padres, Davi. Viu Davi a Cristo com um cálix na mão, e, com termos dificultosos de entender, diz que este cálix estava cheio de vinho puro e misturado: "O cálice na mão do Senhor de vinho puro e misturas" (Sl 74,9). — Se o vinho do cálix era puro: "Vinho puro" — "como era misturado"? — E se era misturado, como era puro? Tudo era, porque era o cálix da Paixão de Cristo, o qual foi juntamente puro e misturado: puro, pela santidade e inocência do sangue de Cristo; misturado, pelas fezes do pecado e maldade dos que o derramaram. Este cálix de sua Paixão viu Davi que tinha Cristo na mão: e que fez o Senhor com ele. Ouvi e pasmai: "E deitou deste naquele, e certamente suas fezes não se apuraram" (Sl 74,9). — O que até agora era um Cálix já são dois cálices — como advertidamente notou Eutímio — um o cálix da cruz, outro o cálix do Sacramento, que em substância são o mesmo. Tendo, pois, Cristo em uma mão o cálix de sua Paixão, toma na outra mão o cálix em que havia de consagrar o Sacramento: "E deitou deste naquele" — e lançou e passou o cálix da Paixão ao cálix do Sacramento: "E certamente suas fezes não se apuraram": porém, ficaram as fezes de fora, porque ficou de fora o pecado e maldade dos ímpios ministros, para que até aquela parte, que teve na cruz o ódio, a tivesse no Sacramento o amor.

O mesmo estilo guardou Cristo na segunda impressão das suas chagas. Assim como lá reiterou a sua paixão, e a passou ao

Sacramento, assim cá reiterou as suas chagas, e as sacramentou em Francisco; e, assim como no Sacramento foi ele e o seu amor o ministro, assim na impressão das chagas foi ele e o seu amor o artífice, para que aquelas cinco brechas da divindade, que, abertas no corpo do mesmo Cristo, por parte dos executores delas, foram assombradas da fealdade e horror, purificada esta circunstância no corpo de Francisco, ficassem nele, por outras tantas partes, formosas e, vistas a todas as luzes, amáveis. Se vos não dais por satisfeitos com a paridade, vamos às mesmas chagas, e seja Cristo o intérprete do seu pensamento.

Sobe Cristo triunfante ao céu no dia de sua gloriosa Ascensão, viram os anjos os sinais vermelhos de que ia matizado o sagrado corpo, cuidaram ao longe que eram rubis de estranha formosura; mas, divisando de mais perto que eram chagas, perguntaram admirados: "Que chagas são essas no meio das tuas mãos?" (Zc 13,6). — Rei e Senhor nosso, que é o que vemos? Isto é o que fostes buscar ao mundo? Isto é o que trazeis de lá? Que chagas são estas? Eu não me admiro do que se admiraram os anjos; admiro-me do que respondeu Cristo: "São umas chagas" — diz Cristo — "que recebi na casa dos que me amavam" (Zc 13,6). — Na casa dos que me amavam? Todos estais vendo a dúvida. O Monte Calvário, patente e descoberto, era casa? Os homicidas ou deicidas desumanos que crucificaram a Cristo, cheios de ódio, de raiva, de vingança, amavam a quem tiraram a vida? Claro está que não. Pois, como diz Cristo que recebeu as chagas "na casa dos que me amavam": na casa daqueles que o amavam? Tomara ouvir a resposta, mas eu a darei.

Cristo recebeu duas vezes as chagas: uma vez em carne mortal, outra vez depois de ressuscitado. A primeira vez foram recebidas num monte, por mãos dos que tanto o aborreciam; a segunda vez foram recebidas numa casa, por mãos dos seus maiores inimigos. Entrou Cristo a portas fechadas na casa onde estavam os apóstolos, e aí lhe tornou a abrir as chagas a incredulidade devota e amorosa de Tomé: "Mete essa mão, e vê bem estas chagas de minhas mãos e lado" (Jo 20,27). — Esta foi a segunda vez que se rasgaram as chagas de Cristo. Ouvi a S. Pedro Crisólogo[5]: "Aquelas feridas que uma ímpia mão abriu, uma devota mão direita agora reabre; a chaga do lado que a lança do ímpio soldado abriu, a mão obsequiosa procura descobrir". — E como as chagas de Cristo foram segunda vez abertas naquela casa em que estavam os apóstolos que tanto o amavam, por isso Cristo disse com toda a verdade: "São umas chagas que recebi na casa dos que me amavam". — Está verificada a proposição, mas a razão não está dada. Se as chagas foram abertas uma vez no Calvário, e outra vez na casa dos apóstolos, por que responde Cristo com esta segunda abertura das suas chagas, e não com a primeira? Porque, sendo o dia de seus triunfos e de sua maior gala e majestade, quis acudir pela formosura e pelo decoro das suas chagas: quis honrar a obra com o nome do artífice; por isso calou o ódio e publicou o amor.

As chagas recebidas por mão do ódio, ainda que tão divinas, tinham sombras de fealdade e de horror; porém, recebidas por mão do amor, todas, e por todas as partes, eram belas e formosas. Esta foi a razão por que Cristo respondeu: "São umas chagas que recebi na casa dos que me amavam". — E este foi o primeiro motivo por que, transformado em um serafim de amor, tornou a restampar as mesmas chagas em Francisco, suprindo desta forma, na segunda estampa, o erro e o defeito que tinha cometido na primeira o ódio dos impressores: "Cumpro na minha carne o que resta padecer a Jesus Cristo" (Cl 1,24).

§ IV

Da parte dos instrumentos — que é a segunda circunstância, e o segundo defeito — também houve muito que emendar na segunda impressão. Os instrumentos com que a primeira vez se imprimiram em Cristo as suas chagas foram os cravos e a lança. Contra estes dois instrumentos tenho grandes queixas. E bem, lenho mais que duro, e bem, ferros mais que de ferro, assim vos atreveis contra vosso Deus, contra vosso criador? Por que vos não abrandastes? Por que vos não rompestes? Por que vos não desfizestes naquela hora? Nos martírios dos defensores deste mesmo Cristo, quantas vezes se romperam os lenhos nas rodas e nas catastas? Quantas vezes se fizeram de cera as lanças e as espadas? Mas não quero afrontar-vos com injúrias tão remotas. Neste mesmo dia e neste mesmo monte, e em todo o mundo, não tremeu a terra? Não se romperam as pedras? Não se escureceu o sol? Não se rasgou o véu do Templo, confessando todas as criaturas que padecia o Autor delas? Pois, a cruz e os cravos, a quem o caso tocava de mais perto, por que se não abrandam? Por que se não espedaçam? Por que não acompanham na dor e no sentimento a toda a natureza?

Este foi o primeiro defeito dos instrumentos na primeira impressão das chagas de Cristo. Mas vede como o emendou Francisco na segunda estampa. Nos pés e mãos de Francisco não só se viam as chagas abertas, mas no meio de cada uma delas estava um cravo, formado da mesma carne que as traspassava, negro, ou entre negro e azul, da cor de ferro. Mais admiro estes cravos que as mesmas chagas. No crucifixo — Cristo, padeciam as mãos, padeciam os pés, padeciam as chagas; mas os cravos duros e insensíveis não padeciam. Porém, no crucifixo — Francisco, não só os pés e as mãos, não só as chagas em carne viva, mas também os cravos padecem. No Calvário quebraram-se as pedras mostrando dor, mas não tinham dor, porque eram insensíveis; os cravos, mais duros que as pedras, nem tinham dor nem mostravam dor; antes causavam acerbíssimas dores; e porque em Cristo causaram dores, por isso em Francisco são capazes de dor. Cravos vivos, cravos sensitivos, cravos racionais, para que, conhecendo a razão de sentir, padecessem a dor e mais a causa. Oh! Espírito! Oh! amor mais que miraculoso!

Apreendeu o amor de Francisco tão viva, tão forte, tão dolorosamente o tormento e ofensa daqueles cravos, que os transformou, e os informou, e vivificou em si mesmo. Não tem parelha esta maravilha; só em Moisés teve uma semelhança. Estava Moisés com Deus naquele monte, onde também orou e jejuou outros quarenta dias, como Francisco; revelou-lhe Deus o que passava no campo e no exército, e como lá estava o ingratíssimo povo adorando um bezerro, e publicando a vozes que aquele era o Deus que os libertara do Egito. E que sucedeu a Moisés neste caso? Desce Moisés do monte, olham todos para ele, e veem que na testa — fosse a matéria qual fosse — lhe tinham nascido e saído duas pontas: "Ignorava que a sua face tivesse duas pontas" (Ex 34,29). — Pois, duas pontas, e de tão feio nome na cabeça de Moisés nesta ocasião, e não em outra? Sim, porque, como era tão amante de Deus e tão verdadeiro zelador de sua glória, transformou em si mesmo os instrumentos das ofensas de seu Senhor.

Como o povo ofendia brutamente a Deus idolatrando, e o instrumento bruto desta ofensa era um bezerro com duas pontas na testa, foi tal a força da dor, do amor e do zelo de Moisés, que transformou em si, e informou, e vivificou esses mesmos instrumentos na parte mais sensível de si mesmo: "Que sua face tivesse duas pontas". — Ah! zelador da honra de Deus, mais zelante que Moisés! Ah! amador de Deus, mais amante que Moisés, Francisco! Do vosso adorado crucifixo disse o profeta: "Chifres nas suas mãos" (Hb 3,4) — dando este fero nome àqueles duros cravos; mas porque eles foram duros e feros, vós os transformastes em vós, desafrontando a sua dureza no vosso sentimento, e emendando a sua insensibilidade na vossa dor.

Assim supriu Francisco o defeito dos cravos, e assim também o da cruz, que foi o segundo instrumento que concorreu duramente à impressão das primeiras chagas. Notou São Boaventura[6] que os cravos das chagas de Francisco, "não só lhe traspassavam as mãos e os pés, senão que da parte oposta estavam torcidos, dobrados e como que rebatidos". — Grande mistério! Os pregos pregam-se no crucificado, mas não se dobram nem se rebatem senão na cruz: logo, S. Francisco era o crucificado e mais a cruz juntamente. Mas por que era também cruz? Para emendar o defeito da cruz de Cristo. Na cruz de Cristo padecia o crucificado, mas a cruz não padecia. Por isso Francisco se fez a si mesmo cruz, para ser cruz padecente. Agora, reparai na diferença de uma cruz a outra cruz. Na cruz do Calvário padecia Cristo, porque estava em carne mortal, mas a cruz não padecia, porque era insensível; na cruz de Francisco Cristo não padecia, porque estava já imortal e glorioso, mas a cruz padecia, porque era cruz viva, cruz sensitiva, cruz racional: passível, e verdadeiramente padecente. Assim o disse o mesmo Cristo por boca de Davi, gloriando-se não pouco desta nova cruz. Ouvi o passo, em que há muito que ouvir.

"Fui crucificado num barro profundo, já não tenho onde agarrar" (Sl 69,3). — Fala o profeta literalmente de Cristo, como entendem todos os padres e intérpretes, e diz Cristo que se crucificou a si mesmo no barro do profundo: "num barro profundo". — Já a cruz de Cristo não é de madeira, senão de barro. E que cruz de barro, ou que barro feito em cruz foi este? S. Bernardo diz que foi o barro de Adão, aquele barro de quem diz o texto sagrado: "Formou o Senhor ao homem do barro da terra" (Gn 2,7). — As palavras de Bernardo são estas: "Provavelmente nós somos a mesma cruz a que Cristo se recorda ter sido pregado. Pois o homem tem a forma de cruz, que se exprime mais claramente quando as mãos se estendem. Fala Cristo no salmo: Fui crucificado num barro profundo; é claro que nós somos o barro, porque fomos formados do barro"[7]. — De maneira que quando Deus, tomando a natureza humana, uniu a si o nosso barro, então diz S. Bernardo que se crucificou Deus em uma cruz de barro, porque se crucificou no homem. A razão por que não pode subsistir a segunda parte desta interpretação logo a vereis. Que cruz de barro foi logo esta?

Digo que foi S. Francisco porque, sendo barro, como os outros homens, foi o barro do profundo: "Fui crucificado num barro profundo". — Olhai para todo o gênero humano, para toda esta massa do barro de Adão: na superfície, e no alto, estão os soberbos, barro que todo se desfaz em vapores; no meio estão os que não são soberbos nem humildes; no fundo estão os humildes; e no mais profundo deste fundo quem está? Francisco, que foi o mais humilde de todos os humildes. Este barro, pois, do profundo, foi a cruz em que Cristo se crucificou: "Fui crucificado num barro profundo". — O mesmo profeta o declarou, ajuntando a diferença individual de Francisco: "Fui crucificado num barro profundo, já não tenho onde agarrar". — Santo Agostinho[8]: "E não tenho onde me agarrar, isto é, não existe riquezas porque aquele mesmo limo era pobreza". — Substância quer dizer riquezas e bens temporais. Assim se diz do Pródigo: "Dissipou toda a sua riqueza" (Lc 15,13). — E este barro do profundo, em que Cristo se crucificou, era tão pobre, que era a mesma pobreza: "Porque aquele mesmo limo era pobreza". — Vede se era Francisco, e se é esta a sua diferença individual: "Fui crucificado num barro profundo, já não tenho onde agarrar".

Os que querem engrandecer a semelhança destas duas estampas dizem: Despi a Francisco, e vereis a Cristo; vesti a Cristo, e vereis a Francisco. Isto significam aqueles dois braços cruzados, um nu, outro vestido, ambos chagados. Perdoai-me, senhores, não pintais bem, ou trocai os pensamentos. O braço vestido é o de Cristo, o nu é o de Francisco. Por quê? Porque "já não tenho onde agarrar". A pobreza de Cristo, enquanto exemplar nosso, foi mais conveniente; mas a pobreza de Francisco, enquanto pobreza, foi mais nua e mais pobre, porque Cristo, além do domínio alto de todo o universo, é de fé, e assim está definido que, ou em particular ou em comum, teve domínio de algumas coisas. Mas em Francisco "já não tenho onde agarrar", porque nem em particular nem em comum teve domínio de coisa alguma. Os vestidos de que despiram a Cristo na cruz eram de Cristo; a túnica de que está vestido Francisco não é de Francisco. Logo, o braço de Francisco é o braço nu, ou se deve também despir o braço de Cristo. Mas, se ambos nus, ambos chagados, onde acharemos a diferença? Só a fé lha pode achar, e assim o advertiu o mesmo texto.

"Fui crucificado num barro profundo, já não tenho onde agarrar". — Lê o grego: "E não tenho personalidade". — A diferença de um crucificado a outro crucificado é que num há união hipostática, no outro não. A humanidade de Cristo, como dizia S. Bernardo, foi a cruz de barro em que se crucificou a divindade; e o corpo de Francisco foi a cruz, também de barro, em que se tornou a crucificar a humanidade de Cristo. E para quê? Para suprir na segunda cruz os defeitos da primeira. Porque a primeira cruz foi uma cruz dura, uma cruz cruel, uma cruz desumana, uma cruz, que, mostrando dor e sentimento até às pedras, só ela se mostrou insensível; seja logo Francisco uma segunda e nova cruz, cruz sensitiva, cruz humana, cruz amorosa, cruz crucificada, cruz que tome em si as dores, cruz que não cause as penas, mas as padeça; cruz, enfim, que desfaça e emende os defeitos da primeira: "Cumpro na minha carne o que resta padecer a Jesus Cristo".

§ V

O terceiro e último defeito foi das mesmas chagas impressas, porque, ainda que as chagas dos pés e mãos foram perfeitas, a chaga do lado, que era a que mais pertencia ao coração, foi chaga imperfeita, e quase não foi chaga, nem Cristo a estimou tal, porque foi chaga sem dor. Na última hora, e quase nas últimas respirações da vida, disse Cristo: "Tenho sede" (Jo 19,28) — e disse "tenho sede", diz o evangelista, porque "sabia o Senhor que já estavam acabados todos os tormentos da Paixão e cumpridas todas as Escrituras, disse tenho sede" (Ibid.). — Devagar, Senhor meu: Nas Escrituras está profetizado que haveis de padecer o golpe da lança: "Cercou-me com as suas lanças, atravessou-me os rins" (Jó 16,14). — Pois, se ainda falta a chaga do lado e a ferida da lança, por que dizeis que "está tudo acabado"? — Porque a ferida da lança foi ferida que a não havia de sentir Cristo, porque a havia de receber depois de morto; e feridas que se não sentem, ainda que sejam no coração, não são feridas. A chaga do lado era chaga sem dor, e chaga sem dor não é chaga. Por isso S. João, discreta e advertidamente não disse que feriram o lado a Cristo, senão quelho abriram, como agudamente notou Santo Agostinho[9]: "O guarda usou da palavra para não dizer que o lado dele tinha sido ferido". — Não disse que a lança feriu o lado, "senão que o abriu" (Jo 19,34) — porque feridas e chagas que não doem não são chagas, são aberturas: "Abriu".

Sentiu Cristo tanto este defeito ou esta falta de dor na chaga do seu coração que, não pedindo a seu Pai que o dispensasse de algum outro tormento, só do golpe da lança pediu que o livrasse: "Senhor, livrai-me da lança" (Sl 21,21) — que me há de rasgar o peito, mas não me há de causar dor. — E que respondeu o Pai a esta petição? "Ó lança, levanta-te contra o meu pastor, e contra o homem que é o meu companheiro" (Zc 13,7). — Já que, filho meu, repugnais tanto essa lança, porque não haveis de sentir o golpe dela, eu vos prometo que, assim como vos hei de ressuscitar a vós, ressuscitarei também a mesma lança e a meterei no peito de um homem muito unido comigo, e pastor do meu rebanho, para que se supra na sua dor a falta da vossa. Já que vós não padecestes a dor da lançada, Francisco a padecerá. — Assim foi, e para que o vejais com os olhos, ponde-os naquele galhardo mancebo suspenso entre o céu e a terra, pendente dos braços de uma enzinha, expirante, alanceado, morto. Bem entendeis que falo de Absalão, figura de Cristo ressuscitado, como dizem comumente os intérpretes. Figura de Cristo, porque filho de Davi; figura de Cristo, porque o mais formoso dos homens, porque morto contra o preceito de seu pai, e, finalmente, porque Absalão quer dizer o "filho do pai". Nem descompõem o primor da figura os pecados de Absalão, porque Cristo na cruz tinha sobre si todos os pecados do mundo e, particularmente, o da desobediência de Adão.

Só Joab parece que a descompôs totalmente, porque diz o texto sagrado que "pregou três lanças no peito de Absalão" (2Rs 18,14). — Pois, se Absalão era figura de Cristo, e o peito de Cristo foi aberto com só uma lança: "Uma lança abriu o seu lado" — como se veem três lanças no peito de Absalão? A segunda lança bem suspeito eu qual foi, porque vejo ao pé da cruz aquela afligidíssima Mãe, a quem disse Simeão: "Uma espada traspassará a tua mesma alma" (Lc 2,35). — Qual foi logo a terceira lança e qual o peito que traspassou e feriu? Claro está que foi o peito de Francisco, mas com admirável propriedade e diferença. A lança que abriu o peito de Cristo foi uma só, mas as lançadas foram três: uma em Cristo, outra em Maria, outra em Francisco.

A de Cristo feriu o corpo, mas não feriu a alma; a de Maria feriu a alma, mas não feriu o corpo; a de Francisco feriu o corpo, e juntamente a alma. Cristo recebeu o golpe, mas não sentiu a dor; Maria sentiu a dor, mas não recebeu o golpe; Francisco recebeu o golpe, e sentiu a dor.

Mas Francisco meu, segunda estampa de Cristo, não bastará que se conforme a estampa com o original? Se as vossas chagas são sensitivas e racionais, ponhamo-las em razão. As quatro que Cristo padeceu, padecei-as; a quinta, que ele recebeu e não sentiu, tende-a embora no peito, mas não a padeçais. Doei-vos com Cristo vivo e doloroso; mas doer-vos também com Cristo morto, quando já não padece nem pode padecer dor? Sim, porque a primeira dor foi compaixão, a segunda é fineza. Mostraram dor e publicaram sentimento na Paixão e morte de Cristo todas as criaturas insensíveis do céu e todas as da terra, mas com uma diferença, porventura não advertida. O sol escureceu-se em todas as três horas em que Cristo esteve vivo na cruz; tanto que o Senhor expirou, tirou o capuz o sol e tornou se a revestir de luz, e alegrou o mundo como dantes: "Mas desde a hora sexta até a hora nona, se difundiram trevas sobre toda a terra" (Mt 27,45). — A terra não o fez assim: enquanto Cristo esteve vivo na cruz, estiveram suspensas todas as criaturas do mundo inferior; tanto que o Senhor expirou, treme a terra, quebram-se as pedras, abrem-se as sepulturas, rasga-se o véu do Templo: tudo confusão, tudo tristeza, tudo dor, tudo sentimento: "Dando um grande brado, rendeu o espírito. E eis que se rasgou o véu do templo em duas partes, e tremeu a terra, e partiram-se as pedras, e abriram-se as sepulturas" (Ibid. 50ss). — Pergunto agora: E qual foi maior demonstração de amor, a do céu ou a da terra? Em gênero de fineza, não há dúvida que a da terra. O céu obrou como compassivo, a terra como fina. O céu como compassivo, porque se condoeu com quem padecia; a terra como fina, porque se doeu de quem já não padecia nem podia padecer. Como a terra é a pátria das dores, não é muito que em se saber doer vencesse ao céu.

Mas estes extremos que entre o céu e a terra estiveram divididos, ambos se uniram e multiplicaram no coração de Francisco, que pode ensinar amor ao céu e à terra. Não se contentou com o conselho do Apóstolo: "E haja entre vós o mesmo sentimento que houve também em Jesus Cristo" (Fl 2,5). — Sentiu o que Cristo sentiu e o que não sentiu também: padecente com Cristo padecente, e padecente, com Cristo impassível. Nas quatro chagas, padecente com Cristo, porque Cristo as padeceu; na quinta chaga, padecente por Cristo, porque, ainda que Cristo a não padeceu, era chaga de Cristo. Este foi o porquê. Mas para quê? Para que a dor que faltou ao lado de Cristo se suprisse na dor do lado de Francisco: "Cumpro na minha carne o que resta padecer a Jesus Cristo".

§ VI

Tenho acabado o meu discurso, e só quisera que o fim dele fosse o mesmo fim que teve Cristo nesta segunda impressão das suas chagas. Qual foi o fim, em respeito de nós, por que tornou a estampar Cristo as suas chagas em S. Francisco? Só Roma, como intérprete de todos os oráculos divinos, o podia saber dizer, e ela o disse: "Renovou Cristo as suas chagas em Francisco, para que o mundo, que tanto se vai esfriando, se acendesse no fogo do seu amor". Pois, para acender e inflamar o mundo naquele fogo que Cristo veio trazer à terra, não seriam mais eficazes as chagas do mesmo Cristo? Não, porque as chagas de Cristo, ainda que acendem por uma parte, por outra parte esfriam. Ao exemplo de Cristo posso responder que ele era homem e Deus; mas eu sou homem somente. Esta escusa da nossa fraqueza é a que nos esfria. Mas ao exemplo de Francisco, que era homem como eu, não tenho outra resposta, senão arder como ele. São Paulo, que foi o S. Francisco do apostolado: "Eu trago no meu corpo as marcas do Senhor Jesus" (Gl 6,17) — que é o que dizia? Que imitássemos a Cristo e as suas chagas? Não. "Rogo-vos que sejais meus imitadores, como também eu o sou de Cristo" (1Cor 4,16). — Não dizia que imitássemos a Cristo, senão a ele, porque, para imitar a Cristo, podia ter alguma escusa a nossa fraqueza; mas para imitar a Paulo, puro homem como nós, não podemos ter nenhuma escusa. Os raios que, despedidos do corpo do sol, não acendem, passados por uma vidraça ferem fogo. Por isso se entrou Cristo crucificado naquele espelho de Francisco: "Para que tanto se vai esfriando, se acendesse no fogo do seu amor".

E se é necessário que a matéria esteja disposta, em nenhuma parte do mundo há mais aparelhadas disposições que nos corações de Itália. Grande caso é, e tão glorioso como grande, que, imprimindo Cristo duas vezes as suas chagas, ou visível, ou invisivelmente, ambas estas impressões se fizessem em Itália: as chagas invisíveis em Catarina de Sena, as chagas visíveis em Francisco de Assis. Oh! gloriosa nação, escolhida e amada de Cristo para se transformar nela! Esta é aquela única nação, na qual se verificou o que tinha profetizado a Sabedoria da imagem de Cristo transformada: "A imagem da sua bondade. E, sendo uma só, pode tudo; e, permanecendo em si mesma, renova todas as coisas, e, através das gerações, transfunde-se nas almas santas" (Sb 7,26s). — Arda, pois, Itália neste divino fogo, e arda Roma, que, se a cabeça do mundo arder, todo o mundo, por mais frio que esteja, se inflamará. E, com esta última eficácia de suas chagas, suprirá também Francisco o efeito que ainda falta às chagas de Cristo: "Cumpro na minha carne o que resta padecer a Jesus Cristo" (Cl 1,24).

SERMÃO DE
São José

*Dia em que fez anos el-rei D. João o IV,
na Capela Real. Ano de 1642.*

∽

"Estando Maria, mãe de Jesus,
desposada com José."
(Mt 1,18)

Vieira inicia perguntando: qual dia da vida era mais feliz, se o do nascimento, se o da morte. A Igreja chama às mortes dos santos: "nascimentos", mas com São José não se pode dizer o mesmo porque quando morreu não foi à glória, mas ao limbo. Convinha e era necessário que a conceição e parto da mesma Virgem estivesse encoberto: Isaías profetizara que o prometido havia de ter muitos êmulos e inimigos, esta era a razão por que tinha ordenado a divina Providência que estivesse encoberto a todos. São José é o esposo da Virgem e guarda do rei nascido. Não vemos conservar-se vivo o fogo, debaixo das cinzas que o encobrem? Pois, assim conservou e encobriu São José a vida de el-rei, debaixo das cinzas de D. Sebastião defunto. A razão por que o Libertador de Portugal se conhecesse pelo nome de Encoberto foi porque maior milagre era conservá-lo encoberto que fazê-lo libertador. Deve, portanto, o Reino de Portugal tomar solenemente a São José por particular advogado e protetor de sua conservação e aumentos.

§ I

Questão foi mui duvidada entre os antigos qual dia desta vida era mais feliz, se o primeiro, se o último; se o do nascimento, se o da morte. Daqui veio que, seguindo várias gentes várias opiniões, umas se alegravam nos nascimentos, outras os celebravam com lágrimas; umas se entristeciam nas mortes, outras as solenizavam com festas. Chegou finalmente a dúvida ao tribunal de el-rei Salomão, o qual, inclinando-se à parte que parecia menos provável, resolveu que "melhor é o dia da morte que o dia do nascimento" (Ecl 7,2). — Com isto estar resoluto e definido assim na Escritura, hoje parece que temos a mesma questão, ou concordada, ou ressuscitada, porque estamos, por mercê de Deus, em um dia tão glorioso por uma morte, tão feliz por um nascimento, que bem se pode competir dentro em si mesmo, ou a vencer feliz suas glórias, ou a vencer glorioso suas felicidades. Consagrou-se este dia às glórias do céu com a morte do maior santo que nele reina, o divino esposo da Virgem Maria, S. José, e consagrou-se outra vez o mesmo dia às felicidades de Portugal, com o nascimento felicíssimo do mais desejado rei e mais benemérito, el-rei, nosso senhor, Dom João o IV, para que sobre os trinta e oito, que hoje conta, continue por muitos e mui compridos anos as prosperidades que goza. Morre hoje José, e nasce sua majestade. Que ventura tão recíproca! Nem José morrendo podia deixar no mundo melhor substituto, nem Sua Majestade nascendo podia entrar no mundo com melhor planeta.

Estando Cristo, Redentor nosso, na cruz, olhou para S. João, o discípulo amado, e encarregou-lhe que tivesse cuidado de servir e acompanhar a sua Santíssima Mãe. Reparam alguns santos em não dar o Senhor este cargo a outro apóstolo, senão a S. João porque, ainda que em São João concorriam todas as qualidades, em algumas era igualado, e em alguma excedido, e, para Mordomo da Rainha dos anjos, todos o excediam no atributo da ancianidade. Pois, se era mais moço João, e havia outros amados, e mais parentes, por que não escolhe Cristo a outro discípulo, senão a S. João para este ofício? A razão foi porque o ofício de acompanhar e servir à Senhora era ofício de São José enquanto viveu; e para substituir em ausências de José, quem havia de ser, senão João? Não é menos que de S. Cipriano[1] o pensamento: "Para que José não fosse oprimido com tão grande serviço, mas João". — Morrera José, vagara no mundo aquele grande lugar, e para substituir em sua morte, para suceder em sua ausência, ninguém havia no mundo que estivesse a caber, senão quem? João, o amado de Deus. João, o amado de Deus, substitui a José: "Não José, mas João".

E isto quando? No dia de seu nascimento. Parece que não pode ser, porque nem o real nem o nascimento podem competir a S. João aqui. Ora, tudo foi. Quando Cristo deu a S. João o cuidado de servir à Senhora, as palavras que disse foram estas: "Mulher, eis aí teu filho" (Jo 18,26). — "João, eis aí tua Mãe" (Ibid. 27). — Mãe e Filho, de que maneira? Mãe tinha S. João, mas era Maria Salomé; filho era, mas do Zebedeu. Pois se estes eram seus pais, como se chama João filho da Senhora, e a Senhora Mãe de João? É porque João tornou a nascer nesta hora, e nasceu só da Virgem por força das palavras de Cristo. Autores houve, e entre eles expressamente S. Pedro Damião, que disseram que, assim como as palavras "Este é o meu corpo" (Mt 26,26) — ditas uma vez por Cristo, tiveram força para converter o pão em corpo do mesmo Cristo, assim as palavras: "Mulher, eis aí teu filho" tiveram força para fazer a S. João e o converterem de filho do Zebedeu em filho de Maria.

De maneira que S. João teve dois nascimentos: um nascimento natural, com que nasceu filho do Zebedeu; outro nascimento sobrenatural, com que nasceu filho da Mãe de Deus. Pelo primeiro nascimento nasceu nas praias do Tiberíades, pelo segundo nascimento nasceu ao pé da cruz. Pelo primeiro nascimento nasceu de geração humilde, pelo segundo nascimento nasceu da mais ilustre e real prosápia que havia no mundo, filho de uma Senhora, herdeira de um rei morto à mão de seus inimigos: "Jesus Nazareno, Rei dos Judeus". — Assim nasceu S. João segunda vez, e assim foi necessário que nascesse para suceder no lugar de S. José, como sucedeu, porque só se pode substituir dignamente a morte de José, com quê? Com o nascimento real de um João, o amado de Deus: "Discípulo a quem amava: Mulher eis aí teu filho: Não José, mas João".

§ II

Só vejo me podem reparar os curiosos em falar no dia de São José por termos de morte, sendo que mais devia, com um e outro intento, chamar-lhe nascimento, porque assim chama a Igreja às mortes dos santos: "Natalícios dos Santos". — Se eu não fora mais amigo da verdade que da propriedade, assim o fizera, mas as mortes de outros santos podem-se chamar nascimentos; a morte de S. José não. As mortes de outros santos podem-se chamar nascimentos, porque quando morreram à vida temporal nasceram à vida eterna. Não assim São José. Como não estava ainda aberta a porta do céu quando São José morreu, não foi o santo no dia de sua morte à glória, senão ao limbo. Ao limbo São José neste dia? Valha-me Deus, que duvidoso horóscopo! Não sei eu como poderei provar o que entrei dizendo, que não se podia nascer com melhor planeta. Dizem os matemáticos que nascer com os planetas debaixo da terra é prognóstico de infelicidades[2]. Pois, se São José neste dia seu o temos debaixo da terra, o corpo na sepultura, a alma no limbo, que influências podemos esperar deste planeta em tão funesto sítio? Ora, digo que é felicíssimo auspício ter neste nascimento a São José debaixo da terra, porque, ainda que os planetas debaixo da terra tenham perigosas influências, tiram-se por exceção os planetas que são Josés: os planetas que são Josés, para influírem felizmente, hão de estar debaixo da terra.

Estava o patriarca José em Egito; morreu, e diz o texto sagrado que depois de sua morte cresceram muito os israelitas em número e poder: "Depois da sua morte, os filhos de Israel cresceram e se multiplicaram como os renovos das árvores, e mui possantes encheram a terra" (Ex 1,6s). — Que os filhos de Israel crescessem pelos merecimentos de José não me admira; antes assim havia de ser, que isso quer dizer José, aumento e crescimento: "Crescendo José". — O que me admira é que crescessem os israelitas depois dele morto: "Morto este". — Se José quer dizer crescimento, e os filhos de Israel cresceram por sua influência, por que não cresceram em sua vida, senão depois de sua morte? A razão é porque, para se lograrem as influências de José, há de estar debaixo da terra. Delicadamente o tirou Hugo Cardeal do mesmo texto. Diz o texto que: "Cresceram os filhos de Israel assim como crescem as plantas". — Bem dito, diz Hugo[3]: "Muitos cresceram, morto um só grão". Cresceram os filhos de Israel como as plantas porque, assim como as plantas, para nascerem e crescerem, é necessário que a virtude de que nascem se enterre primeiro debaixo da terra, assim, para que a virtude de José influísse aumentos nos filhos de Israel, foi necessário que ele morresse e se enterrasse primeiro: "Morto este, cresceram". — Os outros planetas hão de estar em cima, mas os Josés debaixo da terra.

Grande advertência de Filo. Pode-se duvidar a razão por que José se mostrou tão benigno, e fez tantos favores e mercês a seus irmãos, de quem recebera tantos agravos. Digo que se pode duvidar, porque bem mostraram os primeiros dois irmãos, Caim e Abel, que não basta a razão de irmandade para abrandar corações. E se um irmão respeitado mata, um irmão ofendido, que fará? Pois se José estava tão ofendido de seus irmãos, como se mostrou tão benigno e liberal com eles? A razão, disse Filo[4], que foi por umas palavras que disseram a José os irmãos. Quando lhe deram conta de si, disseram que eram doze: os dez que ali estavam, um que ficara com o pai e outro que morrera, que era o mesmo José. As palavras foram estas: "Nós somos doze irmãos: o mais pequeno está com nosso pai, o outro já não está em cima" (Gn 42,13). — O menor de todos, Benjamim, ficou com o pai; o outro, que era José: "já não está em cima"; está debaixo da terra. — Já está debaixo da terra José? Por isso se mostrou tão benigno e liberal com os irmãos, diz Filo: "José ouvindo que falavam de si: o outro não está em cima, que pode sentir em seu ânimo?". — Ouvindo dizer José que já não estava em cima, senão que estava debaixo da terra, que outra coisa pôde fazer senão amar, favorecer, influir beneficamente liberalidades? Os outros planetas, para influírem benignamente hão de estar em cima; mas José, quando não está em cima, senão debaixo da terra, como hoje — assim tem o hebreu: "Hoje já não está em cima" — no dia em que não está em cima senão debaixo da terra, então influi vida, mercês, felicidades e aumentos.

§ III

Temos visto o nascimento real de João, o amado, e o sítio do planeta em que nasce, debaixo da terra, no mesmo ou semelhante dia; e, porque os dias, como diz Davi, também se falam e se entendem uns com os outros: "Um dia diz uma palavra a outro dia" (Sl 18,3) — com razão perguntará o dia do nascimento de Sua Majestade ao dia em que nasce, de São José, que influências pode ou deve esperar de tão divino planeta. A resposta não é como a dos matemáticos, duvidosa e incerta, mas tão certa e sem dúvida como tudo o que dizem os evangelistas. Vamos ao nosso Evangelho, que é de São Mateus, no capítulo primeiro, e ouçamos com admirável propriedade o que diz, como se falara deste dia e do nosso caso: "Estava" — diz — "a Mãe de Jesus, Maria, desposada com José" (Mt 1,18). — Onde se deve advertir que a palavra desposada não significa promessa recíproca de bodas futuras, senão verdadeiro e atual matrimônio, por contrato, e palavras de presente, como consta do mesmo texto: "Não temas receber a Maria tua mulher" (Mt 1,20) — mas a cortesia do evangelista não disse casada, senão desposada, como termo mais decente e decoroso. O que suposto, era a Senhora já Mãe de Jesus, porque tinha concebido ao Verbo Eterno, mas antes de mãe, primeiro desposada. E por quê? Como era e havia de ser sempre Virgem, tanto importava ser primeiro desposada como depois: por que razão logo ordenou a providência divina que não concebesse ao Filho de Deus senão depois de desposada: "Estando Maria desposada com José"? — A razão principal é porque convinha e era necessário que a conceição e parto da mesma Virgem estivesse encoberto: "Para que fosse encoberto o parto da Virgem". — Assim o dizem São Jerônimo, São Basílio, São João Damasceno, Santo Ambrósio, São Bernardo, e é comum dos santos padres. Constava da Sagrada Escritura, pelo oráculo e testemunho do profeta Isaías, que o Messias e rei prometido para redentor do mundo havia de nascer de uma Virgem: "Eis que uma virgem conceberá, e parirá um filho" (Is 7,14). — E porque este rei, não só na terra, senão no mesmo inferno, havia de ter muitos êmulos e inimigos, esta era a importância e necessidade por que convinha e tinha ordenado a divina Providência que estivesse encoberto a todos, como com efeito se encobriu no desposório ou matrimônio da Virgem Santíssima com São José, parecendo que não tinha mais mistério a conceição e nascimento daquele Filho, que o comum e ordinário dos outros homens.

Que semelhança tem agora, ou que propriedade em São José, a providência de Deus neste mistério com o nascimento de Sua Majestade, que Deus guarde, no dia do mesmo santo? Disse-o Ruperto com umas palavras que, se lhe pedíramos as fizesse de encomenda, não vieram mais nascida ao intento: "Para que fosse esposo, e guarda da Santa Maria Virgem e do rei nascido dela". Desposa-se José com Maria, e nomeadamente com Maria Mãe de Jesus, porque o fim destes desposórios foi ser José esposo da Virgem e guarda do rei nascido: "Guarda do rei nascido dela". — Oh! grande excelência! Oh! grande glória! Oh! dignidade superior a todos os santos a de José! Que os foros da mesma onipotência nasçam debaixo de seu amparo, e que, não tendo Cristo anjo da guarda, porque é Deus, tenha por custódio um homem, que é São José: "Guarda do rei nascido dela"? — Grande glória de José, e grande graça também do nosso rei e reino! Que o amasse Deus e cuidasse do seu remédio com tão especial providência, que o patrocínio que deu em seu nascimento ao rei que havia de restaurar o mundo, esse mesmo patrocínio desse em seu nascimento ao rei que havia de restaurar a Portugal! Um e outro nasceu debaixo da mesma proteção, um e outro nasceu debaixo da tutela e amparo de São José: "José, guarda do rei nascido dela".

Sendo, pois, estes dois reis nascidos ambos reis, ambos redentores e ambos encobertos, o primeiro, como diz a profecia de Isaías: "Tu verdadeiramente és um Deus escondido, o Deus de Israel, o Salvador" (Is 45,15) — o segundo, prometido pela profecia e tradição de Santo Isidoro a Espanha, não com outro nome ou antonomásia, senão a do Encoberto, vejamos quão particularmente encobriu a um e outro o que a um e outro deu Deus por guarda o cuidado e vigilância de São José. A Cristo encobriu-o como esposo de Maria, nove meses e treze dias, desde sua conceição até depois de seu nascimento, em que o descobriu a estrela no Oriente aos Magos, e os Magos, em seguimento dela, a toda Judeia. E como o encobriu? "O Espírito Santo descerá sobre ti, e a virtude do Altíssimo te cobrirá com a sua sombra" (Lc 1,35). — A Virgem, Senhora nossa, tinha dois esposos, um divino, outro humano. O esposo divino era o Espírito Santo; o humano, São José. Do primeiro esposo era obra o filho concebido, como disse o anjo à mesma Virgem: "O Espírito Santo descerá sobre ti" — acrescentando: "E a virtude do Altíssimo te cobrirá com a sua sombra": que a virtude do Altíssimo lhe faria sombra. — E que sombra foi esta? Ou quem foi esta sombra? Foi sem dúvida o segundo esposo, a cuja sombra esteve a Virgem depois de desposada, e, com a sombra e nome de pai, encobriu o que verdadeiramente não era seu filho. Assim ficou o rei e Redentor, que havia de ser do mundo encoberto desde sua encarnação nove meses até seu nascimento e treze dias, até que a estrela, e os Magos, e Deus por eles, o descobriu ao mundo: "Onde está o rei dos judeus, que é nascido?" (Mt 2,2).

Mas, se São José guardou encoberto a Cristo nove meses e treze dias, que comparação tem este tempo, que não chega a um ano, com mais de trinta e seis anos inteiros em que teve encoberto ao rei encoberto de Portugal, desde o dia do seu nascimento até o felicíssimo de sua restituição? Vejo que me respondem que São José não só encobriu a Cristo naquele primeiro ano não acabado, mas em outros, cujo número certo se não sabe. Sabendo pelo anjo que Herodes, entre os inocentes de Belém, queria tirar a vida a Cristo, fugiu da Judeia para o Egito, e, depois da morte do mesmo Herodes, sabendo, também por aviso do céu, que reinava em Judeia Arquelau, seu filho, retirou-se para Galileia. De sorte que, para encobrir o primeiro rei nascido, tomou por meio tirá-lo diante dos olhos dos dois reis seus inimigos e escondê-lo em terras estranhas. Porém, para encobrir o segundo rei, não só no seu nascimento, nem na sua infância, puerícia ou adolescência, senão na idade de varão perfeito em tantos anos, a traça com que o encobriu a outros dois reis, que não menos lhe podiam tirar a vida e a coroa, qual seria? Verdadeiramente milagrosa e digna da onipotência divina. Dentro na mesma Espanha, dentro no mesmo Portugal, e diante dos olhos dos mesmos reis, escondeu e encobriu de maneira ao encoberto que, vendo-o, o não viam nem viram. É certo que assim foi, mas duvidoso, como podia ser.

No dia da Ressurreição, ajuntou-se Cristo aos dois discípulos que iam para Emaús, os quais em todo aquele caminho o viam e ouviam, sem o conhecerem. Porventura transfigurou-se Cristo, ou mudou as feições do rosto? Por nenhum modo. Pois se eram seus discípulos, costumados a vê-lo todos os dias, e agora o estavam vendo, e no seu rosto não havia mudança, como o não conheciam? Responde o evangelista: "Os olhos deles estavam como fechados, para o não conhecerem" (Lc 24,16). — A palavra "estavam fechados" melhor se pode entender do que declarar na nossa língua: "estavam fechados", estavam detidos; "estavam fechados", estavam presos: "estavam fechados", estavam suspensos; "estavam fechados", estavam em si e fora de si, como extáticos, os olhos que o viam, e não conheciam — fazendo este milagre nos discípulos a onipotência de Cristo, e nos reis, que tanto podiam temer e acautelar-se do que hoje é nosso, a mão invisível de São José. Desde o princípio, em que se fizeram senhores de Portugal aqueles reis estranhos, D. Filipe IV de Espanha (Valladolid, 8 de abril de 1605 — Madrid, 17 de setembro de 1665), o Grande, foi Rei de Espanha, entre 1621 e a sua morte, e Rei de Portugal, como D. Filipe III, tinha diante dos olhos a senhora D. Catarina, Filipe III ao Duque D. Teodósio, Filipe IV a Sua Majestade[5], que, finalmente, lhe tirou da cabeça a coroa, e vendo-os, não conheciam o que neles deviam recear e temer, cegando-os São José com a mesma luz de seus olhos, encobrindo o seu e o nosso Encoberto com o descobrir.

Assim desempenhou o grande santo a obrigação que tinha de encobrir e provar o nome de encoberto no novo rei nascido no seu dia; mas ainda lhe falta, ou nos falta, uma maior consideração e vigilância deste seu empenho. O ódio, a emulação, a cautela, o receio de perder o ganhado em Portugal, que tinham os reis estranhos, a grandeza do poder, e a doçura do possuir, podia lisonjear e adormecer todo este cuidado; mas da nossa parte, e em nós, os portugueses, além da dor do perdido, estava com os olhos abertos ao remédio o amor, o desejo e a necessidade. O amor, ainda que é cego para ver, é lince para adivinhar; o desejo é um afeto sempre ardente e inquieto, que não sabe sossegar um momento; sobretudo, a necessidade da redenção, da liberdade, e de rei natural, era a que mais apertava os cordéis a este tormento, e tinha com a soga na garganta todos estes afetos. E como podia ser que, sendo eles tão vigilantes, e tendo sempre o direito da coroa, e a pessoa do rei a quem pertencia diante dos olhos, de tal sorte a encobrisse S. José, que a ninguém viesse ao pensamento ser ele o que o havia de recuperar? Mas em encobrir o nosso Encoberto neste grande perigo de o declararem as evidências ou conjecturas de alguns destes afetos, mostrou o santo quão alta e delicadamente observou as obrigações do ofício de o guardar: "Guarda do rei nascido dela" — equivocando milagrosamente um rei com outro rei, e encobrindo um vivo com outro morto. Perdeu-se, ou morreu, na batalha de África el-rei D. Sebastião, e puderam tanto as saudades de um rei, que se tinha perdido a si e a nós, que, sem se divertirem aonde deviam, deram em esperar dele, e por sua vida e vinda, a nossa redenção, e este foi o altíssimo conselho com que São José, debaixo das cinzas do rei passado e morto, conservou e teve encoberto o rei futuro e vivo. Não vemos conservar-se vivo o fogo, debaixo das cinzas que o encobrem? Pois, assim conservou e encobriu São José a vida de el-rei, que Deus guarde, debaixo das cinzas de el-rei D. Sebastião defunto. É o que diz expressamente Isaías no capítulo 61. Promete Deus ali de alegrar os tristes, de consolar os desconsolados, de libertar os cativos, e conclui que pelas cinzas lhe dará a coroa: "Para curar os contritos de coração, e pregar remissão aos cativos; para consolar a todos os que choram, e dar-lhes coroa por cinza" (Is 61,1ss). — Assim estava Portugal triste, assim estava desconsolado, assim estava cativo, e assim lhe prometia São José a coroa perdida, debaixo das cinzas do rei morto reputado por vivo, e assim conservava vivo e encoberto aquele que verdadeiramente havia de restituir aos tristes, desconsolados e cativos a coroa perdida. De maneira que, encoberta a verdade debaixo do engano, a esperança debaixo da desesperação, a vida debaixo da morte, e a coroa debaixo das cinzas, aos príncipes estranhos, que tudo isto tinham por riso, não lhes dava cuidado o remédio; e os vassalos, amigos e naturais, que o tinham, pouco menos, quase por fé, com milagrosa providência, enganada a sua dor e o seu amor, o seu desejo e a sua necessidade, se consolavam e animavam da falsa e equivocada esperança, até que a verdade, debaixo dela encoberta, ao tempo destinado pelo céu, lhe trouxe a felicidade que hoje logramos.

§ IV

Certo que ponderar cabalmente esta felicidade será causa de não faltar nunca Portugal ao eterno agradecimento a São José. Que uma vida — não sejamos ingratos, por não saber o que devemos a Deus — que uma vida, em que estavam fundadas as consequências que hoje se logram, apesar da emulação de dois reis, debaixo de sua mesma jurisdição se conservasse! Que nasça a décima sexta geração de Portugal tão esperada, e que, sendo décima sexta por três vias, nem o amor dos naturais, nem os ciúmes dos estranhos em trinta e sete anos o descobrisse! Vivo, apesar de tantas advertências políticas; encoberto, apesar de tantas evidências manifestas! Grandes milagres da providência divina, e este segundo, a meu ver, ainda maior. E, se não, pergunto: Qual foi a razão por que ordenou Deus que o Libertador que havia de ser de Portugal se conhecesse tantos anos antes no mundo, não pelo nome de Libertador, senão pelo nome de Encoberto? A razão foi porque maior milagre da Providência era conservá-lo encoberto que fazê-lo libertador. Fazê-lo libertador, foi deliberarem-se os homens a uma coisa muito útil; conservá-lo encoberto, foi cegarem-se os homens a uma coisa muito manifesta; e maior milagre é encobrir evidências ao entendimento, que persuadir conveniências à vontade. O que todos ponderam, o que todos admiram, o de que todos fazem maior caso, é que se unissem e concordassem as vontades de todo um reino, para fazer o que fizeram.

Muito foi, mas, bem considerado, não foi muito, porque, que muito que as vontades dos homens se persuadissem a uma coisa tão útil e tão honrosa, como ter reino, ter rei, ter liberdade, viver sem cativeiro e sem opressão? Porém, que o autor felicíssimo de todo este bem nascesse e vivesse entre nós tão retratado pelos oráculos divinos, e ainda nomeado pelo próprio nome, e o tivesse Deus encoberto, sem que o amor nem a emulação, que são os dois afetos mais linces, o descobrissem! Que o vissem os olhos, e que guardasse segredo o entendimento! Que suspirassem os desejos, e que não bastassem as maiores advertências! Dissimulado a evidências e encoberto a olhos vistos! Este é o maior milagre, esta a maior maravilha, mas agora exercitada, e muitos séculos antes já ensaiada: por quem? Pelo autor da mesma proteção, São José.

Conta o texto sagrado, no Quarto Livro dos Reis, capítulo onze, que em uma ocasião quiseram tirar a vida tiranicamente os herdeiros do sangue real de Israel ao menino Joás; porém, que Josabá o livrou do perigo, e o criou escondidamente: "Escondeu-o, para que o não matasse" (4Rs 11,2) — até que, passados alguns anos, os nobres do povo se uniram, e todos com as armas nas mãos entraram no paço real, e, impedindo as guardas em um sábado, aclamaram por rei a Joás, e o meteram de posse do reino que lhe pertencia, lançando do paço a Atália, uma senhora que então governava. Desta maneira refere o texto este caso, e bem se vê que é tão próprio do que sucedeu em Portugal que, se ao nome de Joás se mudara o "s" em "m", se pudera trasladar este capítulo, e escrever-se em nossas crônicas. Bem está: mas quem fez isto? A quem se deve esta façanha? Quem há de levar a glória desta maravilha? Quem? São José. Diz Isidoro Isolano[6] que Josabá, a cuja indústria deve sua vida e restituição Joás, foi figura de São José, esposo da virgem: "José de fato foi prefigurado em Jozabá que alimentou o menino Joás escondido e o constituiu depois rei de Israel". — Hei de construir as palavras ao pé da letra, para maior glória de São José e maior evidência do nosso caso. — "Verdadeiramente São José foi figurado e representado em Jozabá"; "Que guardou ao infante Joás vivo e encoberto"; "e, finalmente, o fez rei de Israel", metendo-o de posse do reino que lhe tocava. — E não é isto mesmo o que fez São José com o rei e reino de Portugal? Nem o caso pode ser mais próprio, nem eu quero dizer mais nesta matéria.

Estas são as obrigações em que São José tem empenhado a Vossa Majestade, senhor, e as consequências delas são que, assim como São José não só foi salvador do Salvador, senão também do mundo, assim não foi só salvador do nosso libertador, senão também do reino libertado. Espero em Deus que o hei de provar literalmente. — "A bênção daquele que apareceu na sarça desça sobre José" (Dt 33,16). — Esta bênção foi lançada ao patriarca José, e diz o Pelusiota, e outros, que se cumpriu em São José, Esposo da Virgem. E qual foi a bênção daquele que apareceu na sarça a Moisés? Ele mesmo o disse: "Vi a aflição de meu povo, debaixo do poder de um rei estranho, e desci do céu a libertá-lo" (Ex 3,7s). — Pois, se a bênção do que apareceu a Moisés na sarça é ser libertador do povo oprimido do poder de um rei estranho, e esta bênção se cumpriu em São José, Esposo da Virgem, digam-me agora os historiadores quando se cumpriu esta bênção, senão na Restauração de Portugal. Viu o santo as aflições deste povo verdadeiramente seu, e desceu do céu a libertá-lo, guardando com particular providência a vida do nosso felicíssimo libertador, como fez à de Cristo, segundo a proteção que tomou em um e outro nascimento: "Guarda do rei nascido dela" — que foi o fim com que se desposou com a Virgem: "Estando Maria, mãe de Jesus, desposada com José".

§ V

Tenho acabado o sermão: de todo ele quisera tirar somente uma coisa, queira o Senhor seja tão bem recebida nos ânimos de todos, como é a todos necessária e importantíssima. O que concluo de todo este discurso é que deve o Reino de Portugal tomar solenemente a São José por particular advogado e protetor de sua conservação e aumentos. A razão que tenho para isto é a mais eficaz que pode ser: querer Deus que seja assim, nem nós devemos querer outra coisa. Sonhou el-rei Faraó que haviam de vir a seu reino aqueles catorze anos de vária fortuna, e dizendo-lhe que importava prevenir-se de algum varão de grande prudência que superintendesse à conservação e remédio do reino: "Contentou o conselho ao rei" (Gn 41,37) — e, voltando-se para José, disse: "Porventura, José, posso eu achar algum que seja mais sábio, mais prudente" (Ibid. 39), e em cujas mãos e conselho esteja mais segura minha monarquia? — O cetro e a coroa ponho debaixo do vosso patrocínio; mandai, ordenai, despendei, não como vassalo, mas como pai. O mesmo digo no nosso caso.

Isidoro de Isolanis, já acima alegado, autor que há muitos anos que escreveu, admirando-se muito de que em seu tempo não fosse celebrado na Igreja o glorioso São José, conclui assim: "O Senhor suscitará

São José para a honra de seu nome como particular padroeiro do seu império na Igreja militante". Esteja embora esquecido por agora São José, e não seja sua memória tão celebrada como merece, que Deus levantará este grande santo a seu tempo, para que seja particular padroeiro do seu império na Igreja militante: "Particular padroeiro do seu império na Igreja militante". — Duas coisas havemos de saber para entendimento destas palavras: uma, quando se começou a celebrar São José; outra, qual é no mundo o império de Cristo. O tempo em que se começou a celebrar São José foi pontualmente depois da perda de el-rei D. Sebastião, de triste memória, e antes da felicíssima restituição à coroa de el-rei D. João, nosso Senhor, para que, posto entre a ruína do reino e o remédio, compadecido da ruína, a remediasse. E o império de Cristo, qual é? O mesmo Senhor foi servido de no-lo explicar, quando disse a nosso fundador, o senhor rei Dom Afonso Henrique: "Quero em vós e em vossa descendência estabelecer o meu império". — Pois, se Deus levanta no mundo a São José, quando quer levantar a Sua Majestade por rei, se o império de Cristo na Igreja militante somos nós, e São José, há de ser particular padroeiro deste império, que resta, senão que efetivamente se conclua de nossa parte que é o constituir e reconhecer com pública solenidade a São José por protetor particular do Reino de Portugal, e sua conservação, dizendo a este José o que os egípcios disseram ao outro: "A nossa conservação esta na tua mão: atenda-nos ao menos nosso senhor, e alegres serviremos ao rei" (Gn 47,25)?

SERMÃO DE
Santo Antônio

Panegírico e Apologético, contra o nome que vulgarmente em Roma, na Igreja dos Portugueses, se lhe dá de Santo Antonino.

∼

"Aquele que fizer e ensinar,
esse terá nome de Magno."
(Mt 5,19)

Vieira, que hoje havia de fazer panegíricos, é obrigado a desfazer agravos. E que agravos? Os agravos do nome de Santo Antônio em Roma. Tão fora esteve Roma de dar a Antônio o nome de Magno, ou Máximo, que lhe dá o de Mínimo. O desagravo por comparação. A candeia é tal que dá luz ao sol, e o sol é tal sol que recebe a luz da candeia; mas, comparada luz a luz, obras a obras, as de Cristo, à vista de Antônio, parecem de candeia e as de Antônio, parecem de sol. O facere [fazer] de Cristo e o fecerit [fizer] de Antônio. Os milagres de um e do outro. O docere [ensinar] de Cristo. E o docuerit [fizer] de Antônio. Os diferentes modos de ensinar. Em homens e em brutos; e no mesmo demônio. Exemplos da escritura e da vida de Antônio. Este é aquele santo entre todos os santos, que, chamando-se Antônio, o vulgo de Roma, acrescentando-lhe uma letra ao nome, Antonino, de tão grande o fez pequeno.

§ I

Desgraça é minha e nossa, e não sei se diga do mesmo santo que celebramos, que, quando havíamos de levantar troféus, seja necessário tomar as armas e defender dentro em Roma a quem tanto merecia triunfar nela. Eu, que hoje havia de fazer panegíricos, sou obrigado a desfazer agravos. E que agravos? Os agravos do nome de Santo Antônio em Roma. Em Roma, cabeça e adoração do mundo, em Roma, mãe universal de todos os peregrinos, os agravos daquele peregrino português, que a pés descalços a visitou com tanta devoção, a edificou com tantos exemplos, a ilustrou com sua doutrina, e a admirou e fez admirável com o prodígio estupendo de seus milagres! Celebra hoje Portugal a Santo Antônio de Lisboa; Itália a Santo Antônio de Pádua, e já este não era pequeno agravo, mas é força dissimular os menos grandes para acudir aos maiores. Não determino disputar com Pádua de tão longe; com Roma é o meu pleito, de Roma é a minha queixa, e não menos bem fundada que no mesmo texto do Evangelho que propus.

"Aquele que fizer e ensinar" — diz Cristo — "esse terá o nome de Magno" (Mt 5,19). — Não pode ser a lei mais clara. Agora, diga-me Roma, o nome de Antônio Magno, a quem o deu. Não o deu ao Antônio de Portugal, senão ao Antônio do Egito[1]. Ele é o que se nomeia e venera com a antonomásia de "Magno Antônio". Pois, se o Evangelho tão conhecidamente promete o nome de Magno aos merecimentos do nosso Antônio, por que lho nega aquela cidade que contém em si a regra do mesmo Evangelho? Por que lho nega, e o dá a outro? Dir-me-á porventura Roma que o outro Antônio foi muitos anos primeiro, e que quando o nosso veio ao mundo, já o nome estava dado. Mas lembra-me a este propósito o que já disse Tertuliano à mesma Roma: — Não fostes vós, meu santo, o que tardastes, senão ela a que se apressou. — Argui Tertuliano aos primeiros que canonizaram os deuses gentílicos, e diz que ficaram sem altares e sem nome os que melhor o mereciam, não porque a antiguidade os quisesse excluir, senão "porque se apressou". — Fez deus da guerra a Marte? "Se apressou", porque, se não se apressara tanto, fora deus da guerra Cipião. Fez deus das musas a Apolo? "Se apressou", porque, se esperara mais, fora deus das musas Homero. Fez deus da medicina a Esculápio? "Se apressou" porque, se aguardara mais tempo, fora deus da Medicina Hipócrates. Fez deus das ciências a Mercúrio? "Se apressou", porque, se não se adiantara tanto, fora deus das ciências Aristóteles. Eu não nego, antes venero e adoro as excelências do grande Antônio africano; só tenho para mim que, se o mundo e a cabeça do mundo se não antecipara, pode ser a grandeza daquele nome não a consagrara ao da África, senão ao da Europa; ao português, e não ao egípcio.

Mas, porque o meu intento não é tirar o direito adquirido senão defender o tirado, já que o nome de Magno se deu àquele Antônio, por que se não havia de dar também ao nosso: "Esse terá nome de Magno"? — Se entre os capitães houve um nome de Magno para Alexandre, e outro para Pompeu; se entre os pontífices houve um nome de Magno para Leão, e outro para Gregório; se, onde não havia nem podia haver comparação, houve um nome de Magno para Cristo: "Este será Magno" (Lc 1,32) — e outro para o Batista: "Será Magno diante do Senhor" (Ibid. 15) — por que se não daria o nome de Magno ao nosso Antônio, assim como se tinha dado ao outro? Vejo que me pode responder Roma que os nomes se fizeram para distinção das pessoas e que, havendo dois Antônios, ambos Magnos, não se distinguiam. Venho nisso; mas distinguirá Roma aos Antônios, como distinguiu aos Fábios e aos Valérios. Já que ao primeiro Antônio tinha chamado Magno, ao segundo chamara-lhe Máximo. E vede se o merecia. A dois heróis — como notou Plutarco — deu Roma o nome de Máximos: a Fábio, porque restituiu as perdas do Império; a Valério, porque reconciliou o povo com o Senado. Pois, se Roma dá o nome de Máximo a Fábio, por restituidor das perdas, por que o não daria a Antônio, que tem por graça e por ofício restituir todas as coisas perdidas? Tanto o tem por ofício e por obrigação, que na nossa terra o prendemos como devedor, para que as restitua. E se Roma deu o nome de Máximo a Valério, por reconciliador da plebe com o Senado, por que o não daria a Antônio, que não só reconciliou com Deus tanta infinidade de almas que andavam fora de sua graça, mas reconciliou com a mesma Igreja romana tantos hereges, tantas seitas, tantos heresiarcas, que por isso lhe chamaram "Eterno Martelo das Heresias"?

Mas tão longe esteve Roma — este é o mais duro ponto do meu e do nosso sentimento — tão fora esteve Roma de dar a Antônio o nome de Magno, ou Máximo, que lhe dá o de Mínimo. Por me não atrever a pronunciar tão grande agravo, o dissimulei até agora. Como chama Roma ao nosso Antônio? Santo Antonino. Antonino a Antônio? A Antônio de Lisboa, a Antônio, o português, Antonino? Esta admiração, por lhe não chamar desde logo abuso, será hoje a matéria do meu discurso, de tal maneira apologético que não deixe de ser panegírico. Lembrada a Virgem, Senhora nossa, da apologia com que Santo Antônio defendeu a pureza de sua Imaculada Conceição, quando ainda tanta necessidade tinha de ser defendida, se dignará assistir poderosamente à que havemos de fazer do mesmo santo; e seja esta vez agradecimento a graça.

Ave Maria.

§ II

"Aquele que fizer e ensinar, esse terá nome de Magno" (Mt 5,19).

Chamar a Santo Antônio Antonino são dois agravos em um agravo: o primeiro, da comparação; o segundo, da preferência. Não só é agravo de Antônio o preferir-se-lhe outro, senão também o comparar-se-lhe. Mas, já que o agravo é por comparação, será também por comparação o desagravo. Não me tenhais por temerário, porque hei de fazer uma comparação incomparável. Quereis saber quão grande santo foi este, a que chamais Antonino? Olhai para aquele altar. Foi tão grande Santo Antônio, que Cristo diante dele parece pequeno. Falo da grandeza das obras, e tenho licença do mesmo Cristo para o dizer assim. — "Algum dos que crerem em mim" — diz Cristo — "não só fará as obras que eu faço, senão ainda maiores" (Jo 14,12). — Não maiores de pessoa a pessoa, não maiores de virtude a virtude, não maiores de merecimento a merecimento, que isso não pode ser, mas de obras a obras sim. E, sendo as obras de Antônio, ainda comparadas com as de Cristo, "maiores" — não é muito que, posto Cristo à vista de Antônio, parece Antônio o Grande: "Esse terá nome de Magno". — Não o Grande, comparado Antônio com Antônio — como vós o comparais —, mas o Grande, comparado Antônio com Cristo, como ele quer que o comparemos.

Seja a primeira prova desta incomparável comparação a do mesmo Evangelho. Duas comparações faz Cristo neste Evangelho, ambas de luz, mas muito diversas: uma o sol, outra a candeia. — O sol: "Vós sois a luz do mundo" (Mt 5,14); — a candeia: "Nem os que acendem uma luzerna a metem debaixo do alqueire, mas põem-na sobre o candeeiro" (Ibid. 15). — E estas luzes tão diversas, este sol e esta candeia, quem são, e a quem significam? Eu cuidava que o sol, por ser fonte da luz, era Cristo, e que a candeia, por ser luz participada, era Antônio. Mas não é assim. A candeia é Cristo, o sol é Antônio. Que a candeia seja Cristo, disse-o Santo Hilário, e também Santo Tomás[2]: "A candeia de Cristo põe-se sobre um candelabro, isto é, no lenho elevado pela paixão". — Que o sol seja Antônio, não só o dizem os mesmos santos, e todos, senão o mesmo Cristo: "Vós sois a luz do mundo". O sol aqui não sou eu, "sois vós". — Pois, Antônio o sol, e Cristo a candeia? Sim. É verdade que a candeia em si é tal candeia que dá luz ao sol, e o sol em si é tal sol que recebe a luz da candeia; mas, comparada luz a luz, efeitos a efeitos e obras a obras, as de Cristo, à vista de seu servo Antônio, parecem de candeia; as de Antônio, à vista de Cristo, seu Senhor, parecem de sol. E por que não cuideis que exagero, lede-o no texto, e vede-o na experiência. A esfera da candeia diz o texto que é uma casa: "A fim de que ela ilumine a todos os que estão na casa" (Mt 5,15); a esfera do sol diz o mesmo texto que é o mundo todo: "Vós sois a luz do mundo" (Ibid. 14). — E tal foi a esfera de Cristo, tal foi a esfera de Antônio. A missão que o Eterno Pai sinalou a Cristo, como Messias prometido aos patriarcas, foi a casa de Israel: "Eu não fui enviado senão às ovelhas que pereceram da casa de Israel" (Mt 15,24). — Eis aí a esfera da candeia, uma casa: "A fim de que ela ilumine a todos os que estão na casa". — A missão que Cristo sinalou a Antônio, como sucessor dos apóstolos, foi o mundo todo: "Ide por todo o mundo, pregai a toda a criatura" (Mc 16,15). — Eis aí a esfera do sol, o mundo todo: "Vós sois a luz do mundo" — e como, na comparação de missão a missão e de esfera a esfera, a de Cristo é uma casa, e a de Antônio o mundo todo, não é muito, na comparação de luz a luz e de obras a obras, que Cristo, sendo a fonte da luz, pareça candeia, e Antônio, sendo luz participada, pareça sol: Cristo, sendo o imenso, pareça pequeno; e Antônio, sendo criatura limitada, pareça grande: "Esse terá nome de Magno".

§ III

Mas, para que procedamos com distinção na prova desta gloriosa grandeza, dividamos os discursos nas mesmas partes em que o Evangelho divide os fundamentos dela. A dois títulos refere o nosso texto a grandeza do nome de Santo Antônio: fazer e ensinar: "Aquele que fizer e ensinar, esse terá nome de Magno". — Aos mesmos títulos, e com as mesmas palavras, reduziram os evangelistas as maravilhas de Cristo: "Jesus começou a fazer e a ensinar" (At 1,1): o "fazer" entende-se dos milagres, o "ensinar" da pregação. Ora, comparemos o "fazer" de Cristo com "o que fez" Antônio, o "ensinar" de Cristo com "o que ensinou" Antônio, e veremos quanto, por um e outro título, merece o nome de grande: "Aquele que fizer e ensinar, esse terá nome de Magno".

Começando pelo "fazer", quando Cristo vivia neste mundo, corriam a ele, como a fonte da saúde, todos os enfermos, tocavam ao Senhor e ficavam sãos. Morreu Antônio tal dia como hoje e, com o mesmo prodígio, todos os enfermos que tocavam o sagrado corpo imediatamente cobravam saúde. — Grande maravilha que obrasse o corpo de Antônio morto o que obrava o corpo de Cristo vivo. Em Cristo dava vida a fonte da vida, em Antônio dava vida o despojo da morte. Em Cristo dava vida todo Cristo, em Antônio dava vida ametade de Antônio, e a menor ametade, o corpo. Eliseu tinha dobrado o espírito de Elias, e em que se viu? — pergunta e responde Santo Agostinho. — Em que Eliseu morto foi tão milagroso como Elias vivo. — Elias ressuscitou um morto estando vivo: Eliseu ressuscitou um morto depois de morto. Eis ali o Elias e o Eliseu. — Menino, por que estais despido? — Porque deu a sua capa a Antônio, e com ela o seu espírito dobrado; por isso era tão milagroso Antônio morto como Cristo vivo. Mas ainda nesta maravilha havia outra maravilha maior. Como o concurso e o tropel dos enfermos, para tocar o corpo do santo, era infinito, uns chegavam, outros não podiam chegar, mas estes, que não podiam chegar, diz Súrio, bastava que desejassem tocar o santo para ficarem sãos. De maneira que, para receber a saúde de Cristo era necessário tocar a Cristo; para receber a saúde de Antônio bastava desejar a saúde. Cristo dava saúde pelo tacto, Antônio pelo desejo. Cristo pelo tacto, para fazer mais que Moisés; Antônio pelo desejo, não para fazer, mas fazendo mais que Cristo: "Fará outras ainda maiores" (Jo 14,12). — Levantou Moisés a serpente de metal no deserto, e todos os feridos que olhavam para ela saravam logo. Pergunto: E saravam também os cegos? Não, porque, como a saúde dependia da vista, quem não tinha olhos não tinha remédio. Por isso Cristo não pôs a saúde na vista, nem em outro sentido particular, senão no tacto, que é sentido comum. Se Cristo pusera a saúde no ver, não sararam os cegos; se a pusera no ouvir, não sararam os surdos; se a pusera no falar, não sararam os mudos; e como queria o Senhor que sarassem todos, pôs a saúde no tacto, que é sentido universal e de todos: "Todo o povo procurava tocá-lo, pois saía dele uma virtude que os curava a todos" (Lc 6,19). — Mas, com ser tão universal a saúde milagrosa de Cristo, ainda a de Santo Antônio era mais universal. A saúde de Cristo era mais universal que a de Moisés quanto vai do tacto à vista; a saúde de Antônio era mais universal que a de Cristo quanto vai do desejo ao tacto. Para sarar pelo tacto, era necessária presença e movimento; para sarar pelo desejo, nem era necessária presença nem movimento: bastava a vontade; pelo tacto não podia sarar o tolhido nem o ausente; pelo desejo o tolhido e o ausente todos podiam sarar, e todos saravam. E isto é o que fez Antônio: "Quem fizer".

Mas deixemos a comparação de desejo a tacto, vá de desejo a desejo. Desejou Zaqueu ver a Cristo: "Procurava ver a Jesus" (Lc 19,3) — mas, como a gente fosse muita, e Zaqueu era pequeno do corpo, não o podia ver: "E não o podia conseguir, por causa da muita gente, porque era pequeno de estatura" (Ibid.). — Oh! que boa ocasião para Cristo fazer um milagre por um desejo! Que não conceda Cristo milagres ao desejo de Herodes, era desejo de curiosidade; que não conceda milagres ao dos escribas e fariseus, era desejo de malícia; mas ao desejo de Zaqueu, que era desejo de devoção! Eia, Senhor, veja-vos Zaqueu milagrosamente; não se diga que sois como os grandes da terra, que se não deixam ver dos pequenos; ou a estatura de Zaqueu suba, ou desçam as espécies do vosso rosto, e veja-vos quem tanto deseja ver-vos. — Contudo, não fez esse milagre Cristo; mas, se Zaqueu desejava ver a Santo Antônio, ainda que tivera um monte diante, eu estou certo que o havia de ver. Desejou uma senhora ir ouvir a Santo Antônio, que pregava no campo, mas não devia de ser senhora, porque não tinha liberdade: devia de ser alguma pobre mulher, não lhe deu licença seu marido. E que sucedeu? Sem sair de sua casa, estando tão longe, ouviu o sermão tão distintamente como se estivera ao pé do púlpito. Fez Antônio por quem o desejava ouvir o que Cristo não fez por quem o desejava ver. Cristo ao devoto não lhe supriu a estatura; Antônio à devota supriu-lhe as distâncias. As espécies do rosto de Cristo, para satisfazer a um desejo, não se dobraram três dedos; as espécies da voz de Antônio, para satisfazerem a um desejo, estenderam-se duas milhas. E não só a mulher ouviu ao santo, senão também o marido. Cristo não quis dar um milagre por um desejo: Antônio por um desejo fez dois milagres.

Mas dir-me-eis que também Cristo alguma vez quis fazer um milagre por um desejo. Por isso na piscina perguntou ao paralítico se desejava a saúde: "Queres ficar são?" (Jo 5,6). — Assim é; mas vede a diferença, ou as diferenças. Cristo fez milagres por desejos, mas por desejos declarados; Antônio por desejos ocultos. Cristo ao menos queria ouvir os desejos; Antônio despachava os desejos sem os ouvir. Cristo punha o cumpra-se aos desejos, mas com os memoriais na língua; Santo Antônio sem saírem do coração. Mais ainda: o paralítico alcançou o remédio por um desejo, mas por um desejo de trinta e oito anos: os enfermos de Santo Antônio por um instante de desejo. O desejo do paralítico, quando Cristo nasceu já havia seis anos que era desejo: os enfermos de Santo Antônio vieram depois de Antônio morto, e no ponto em que tiveram desejo tiveram saúde. Cristo acudiu a um desejo, mas quando já o desejo pudera ser desesperação: Antônio acudia aos desejos antes de chegarem a ser esperança; e quem não espera que os desejos sejam grandes, não pode deixar de ser grande: "Esse terá nome de Magno".

§ IV

Um milagre fez Cristo, que foi qualificado pelo maior milagre do mundo: "Desde que há mundo nunca se ouviu" (Jo 9,32) — mas neste mesmo milagre deixou Cristo matéria a Santo Antônio para fazer outro milagre maior: "Fará coisas maiores". Era um cego de seu nascimento; fez Cristo um pouco de lodo com os dedos, pôs-lho no lugar dos olhos, mandou-o lavar à fonte de Siloé, e cobrou vista. Todos aqui reparam em Cristo dar vista com lodo: eu reparo em Cristo o mandar lavar. Já que Cristo fez que o lodo desse vista, por que não fez que o lodo não enlodasse? Porque Deus, quando faz milagres por elementos naturais, ainda que eleva as naturezas, não as muda nem as violenta. A água do batismo elevada santifica, mas nem por isso deixa de molhar. Assim foi o lodo: deu vista, mas enlodou, porque essa é a natureza do lodo. Ouvi um grande milagre de Santo Antônio, e muito maior, sendo português. Os portugueses enlodam sem lodo: Santo Antônio, sendo português, fez que o lodo não enlodasse. Ia uma senhora — esta o era — ia ouvir a Santo Antônio muito perto dele: era inverno; caiu no lodo. Que tais ficariam as galas! Disse-lhe o santo que se levantasse, e estavam os vestidos tão limpos e asseados como quando saíram da guarda-roupa. Nunca se viu tão limpo milagre.

Nem por sua própria Esposa o fez Cristo. Era a Esposa tão polida que, chamada a grandes instâncias de Cristo, lhe respondeu: "Lavei os meus pés, porque os sujarei?" (Ct 5,3). — E sendo tão ardentes os extremos com que o divino Amante suspirava sua presença, deixou passar todo o inverno, e então lhe disse: "Já agora, esposa minha, podeis sair de casa, porque já passou o inverno" (Ct 2,10s). — Linda paciência para tão grande amor! Não era mais fácil fazer Cristo que, ainda que os lodos afogassem os campos, passasse a Esposa por cima deles sem lhe ofenderem um fio de roupa? Nem com tanto amor fez Cristo tal milagre. Que o lodo não enlode, nunca a onipotência de Cristo o fez, nem enquanto homem, nem enquanto Deus. Abriu-se o Mar Vermelho para que passassem os filhos de Israel, e diz o texto que mandou Deus um "vento abrasador" (Ex 10,13) — para que secasse o lodo. Abriu-se o mar para que passassem a pé; e secou-se o lodo, para que passassem a pé enxuto. Pois, se a onipotência estava tão liberal de milagres, e a ocasião era tão apertada, que já os inimigos lhes vinham batendo nas costas, e Deus queria que não só passassem a pé, mas a pé enxuto, por que não fez que passassem pelo lodo sem se enlodarem? Pelo lodo sem se enlodarem? Isso não. Professores da limpeza, e da limpeza votada, guardar do lodo: ninguém presuma que pode entrar no lodo sem se enlodar. Mas este milagre que não fez Cristo, nem com tanto amor, nem com tanta necessidade, nem enquanto homem, nem enquanto Deus, foi um acaso de Santo Antônio: "Quem fizer".

§ V

Mas tiremo-nos do lodo, ponhamo-nos em Lisboa. Matou-se ali um homem; acusaram o pai de Santo Antônio sem culpa, e o pior é que lha provaram. Condenado à morte — que naquele bom tempo na nossa terra quem matava morria, e não prevalecia a misericórdia contra a justiça, ainda que fosse procurador das cadeias um título — saiu do Limoeiro, e quando chegava já perto de sua casa, aparece no adro da Sé Santo Antônio. Embargos nunca ninguém os pôs tão de receber. — Neste adro, disse o santo, está sepultado o morto; diga ele mesmo se o matou este homem. — Levanta-se da sepultura o morto, testemunha que não era aquele o matador. Insta a justiça que descubra quem era, mas não o consentiu Santo Antônio. Morreu outra vez o defunto, ressuscitou o vivo; ficou livre o inocente, e desapareceu o autor do milagre. O caso da ressurreição de Lázaro todos o sabem. Comparemos uma com outra, e veremos que, onde Cristo fez um milagre, fez Santo Antônio seis milagres e maravilhas sem conto.

Cristo teve novas da enfermidade de Lázaro por um escrito de Marta e Maria: Antônio teve notícia da morte de seu pai por revelação do céu: primeiro milagre. Cristo tardou quatro dias; Antônio não tardou e, sendo português, não tardar segundo milagre. Cristo, do Jordão onde estava, a Betânia, pôs quarenta e oito horas; Antônio de Itália a Portugal foi em uma noite; terceiro milagre. Cristo mandou levantar a campa; Antônio não mandou cavar a terra; quarto milagre. Cristo pediu fé a Marta, como sempre pedia; Antônio pediu fé; quinto milagre. Cristo com uma ressurreição deu uma vida; Antônio com uma ressurreição deu três vidas: uma ao morto que ressuscitou; outra ao inocente, que não morreu; outra ao culpado, que não quis descobrir. Este foi o sexto milagre, e pudera ser o sétimo desaparecer logo o milagroso:

obrar a maravilha e não querer aplauso. Por que o não perca quem o não quis, ponderemos mais o caso. Cristo disse a Marta: "Eu sou ressurreição e vida" (Jo 11,25). Cristo foi ressurreição e vida: — Antônio foi vida e ressurreição. Cristo deixou morrer a Lázaro para ressuscitar a Lázaro; Antônio não deixou morrer a seu pai para o ressuscitar depois; ressuscitou o morto para que não morresse o vivo. Cristo deu uma vida para remediar uma morte; Antônio deu uma vida para conservar outra vida.

Houve-se Santo Antônio com seu pai na vida corporal como Cristo com sua Mãe na vida espiritual: não lha deu por remédio, deu-lha por preservação. Quase estava para dizer deste venturoso pai nesta circunstância que foi mais venturoso em ter por filho a Antônio que Adão em ter por filho a Cristo. Adão foi sentenciado à morte: "Morrerás de morte" (Gn 2,17) — deu-lhe a vida seu filho Cristo; mas quando lha deu? Depois de executada a sentença. Não assim Santo Antônio: meteu-se entre a sentença e a execução, e deu a vida a quem lha tinha dado, podendo dizer, com palavras de Cristo, o que o mesmo Cristo não pôde dizer: "Eu vivo pelo Pai, e ele também viverá por mim" (Jo 6,58).

§ VI

Isto é o que Santo Antônio, em comparação das obras e milagres de Cristo fazia: "Quem fizer"; agora, seguindo a mesma comparação, passemos do fazer ao "ensinar" — Pregava o santo na Igreja de um lugar não muito povoado, quando passava por ali acaso uma tropa de vinte e dois ladrões bandoleiros, cuja crueldade por costume se exercitava em matar, e cuja cobiça por vida e profissão em roubar quanto encontrava. Souberam que estava ali pregando Santo Antônio e, movidos da sua fama, entraram por curiosidade a ouvir o que dizia. Ao princípio se deixaram levar e enlevar da graça do pregador; e depois, penetrados pouco a pouco da força e eficácia de suas razões, se renderam de tal sorte a elas, que todos, sem se falarem, se converteram e, confessando seus pecados ao mesmo santo, e recebendo com promessa da emenda a competente absolvição, assim como tinham entrado a ouvir pecadores, saíram da pregação penitentes. E que direi eu à vista deste caso tão raro em outro menor no número, mas, por todas as suas circunstâncias, mais notável na pessoa?

Um ano e três meses havia que Cristo, Senhor nosso, começara a pregar a Judas, quando disse: "Não é assim que eu vos escolhi em número de doze, e contudo um de vós é o diabo?" (Jo 6,71). — E em todo este tempo não deixou ocasião de lhe bater ao coração, arguindo o mau e traidor pensamento com que já traçava a sua venda, porque já o Senhor se tinha passado de Judeia para Galileia, sabendo que os judeus tratavam de lhe tirar a vida: "Porque os judeus o queriam matar" (Jo 7,1). — Finalmente, chegado o dia em que a morte de Cristo e a traição e venda de Judas se havia de efetuar, sete vezes — como já tenho notado noutra ocasião — o admoestou e lhe pregou claramente o Senhor que desistisse de tão ímpia e cruel maldade. E, sem se deixar render de tão repetidas pregações, como ladrão saiu do Cenáculo, como ladrão concertou a venda, como ladrão recebeu o preço, como ladrão entregou a seu Mestre, e como ladrão rebentou, e morreu impenitente. E que, não bastando em mais de um ano tantos dias e tantas pregações de Cristo para converter um ladrão tão alumiado antes na fé do verdadeiro Deus, e não podendo ignorar que o era o mesmo Cristo, Santo Antônio em um só dia, e com uma só pregação ou parte dela, convertesse vinte e dois ladrões quase sem notícia de Deus, costumados a viver de roubos e homicídios!

Duas coisas dificultam aos homens de semelhante vida a conversão e emenda dela: o pejo de confessar o pecado, e a obrigação de restituir o alheio. Judas já tinha confessado o seu pecado: "Pequei, entregando o sangue inocente" (Mt 27,4) — mas o alheio ainda o não tinha restituído porque, ainda que tornou a lançar no Templo os trinta dinheiros: "Tornou a levar as trinta moedas de prata" (Ibid. 3) — estes dinheiros foram o preço da venda, mas não a restituição do vendido. O que Judas vendeu e entregou foi a liberdade de Cristo, e esta não a restituiu; antes, porque viu que o levavam atado e preso, sem se livrar das mãos dos judeus, como outras vezes tinha feito, desesperado, se enforcou. O mesmo sucede a outros ladrões, que nem eles se enforcam a si nem a justiça a eles. Facilmente confessam o pecado, porque roubar o alheio já não é ação tão vil e afrontosa, depois que a nobreza e dignidade dos que a usam a tem feito quase honra. Mas tendo tantas artes e ardis para tomar o alheio na vida, encomendam a restituição a seus herdeiros, e nenhum tem valor para a fazer por si mesmo na morte.

Dois ladrões teve Cristo na morte, que nem tinham necessidade de confessar a culpa, nem obrigação de restituir. Estes foram aqueles dois em meio dos quais o Senhor foi crucificado. Não tinham necessidade de confessar a culpa, porque o pregão e o suplício a manifestava; nem obrigação de restituir o alheio, porque, pregados a um pau, nus e despidos, a mesma desnudez e impossibilidade os desobrigava da restituição. E contudo, desejando Cristo converter a ambos, e oferecendo por eles todo o seu sangue, só converteu a um. Caso horrendo, estupendo, tremendo e digno, se não houvera outra causa, de na terra se quebrarem as pedras e no céu se escurecer o sol. É possível que um homem condenado à morte, e tal morte, sem honra, sem remédio, sem esperança, nem de vida, mais que duas horas, em um monte coberto de caveiras, pregado em uma cruz, com tantas mortes, e a sua e de seu companheiro à vista, se não queira converter! O maior dia que houve no mundo foi aquele em que o filho de Deus atualmente estava remindo o gênero humano, desde Adão até o último homem, e que este, estando tão junto a Cristo, e Cristo prometendo o paraíso ao companheiro, e o companheiro, com o seu exemplo e palavras pregando-lhe a fé e a salvação, e sobretudo que, correndo do corpo do Salvador quatro fontes de misericórdia em seu sangue, por obstinação da própria vontade se não queria aproveitar dele! Mas era ladrão e é tal, tão cruel, tão ímpio e tão desumano o exercício de um homem a outro, de sua própria natureza, despojar de seus trabalhos e suores, tirando-lhe talvez a vida, que não há dureza de mármore tão dura, nem de diamante tão impenetrável, ainda ao mesmo sangue de Cristo, como a de um tal coração. Se Cristo convertera estes dois ladrões, ainda a conversão de Santo Antônio ficava superior em vinte; se convertera também a Judas, em dezenove; mas quando Cristo, no maior dia e na maior ação de sua vida, de três ladrões não converte mais que um, que de vinte e dois não fique um só por converter, mas que todos os vinte e dois se convertam a uma pregação de Antônio! Bem se deixa ver quanto maiores foram suas obras que as do mesmo Cristo, assim como no fazer, no "ensinar".

§ VII

Mais. Pregava Cristo a verdade aos judeus, mas eles, como filhos do pai da mentira, não só a não queriam crer, mas de nenhum modo ouvir. Supunha-os o Senhor criaturas racionais, que eram ou deviam ser, e como tais os quis persuadir com razões e dois eficazes argumentos. Primeiro: "Quem é de Deus, ouve a palavra de Deus; vós não a quereis ouvir, logo não sois de Deus" (Jo 8,47). — E se não sois de Deus, de quem sois? — Segundo argumento: Se não sois de Deus, logo sois do demônio, e do demônio, não servos e seguidores somente, senão filhos: "Vós sois filhos do diabo" (Jo 8,44). — Responderam: Nós somos filhos de Abraão — e, replicando Cristo: Se sois filhos de Abraão, fazei obras dignas de tal pai — então saíram com a sua e terceira consequência: "Tomaram pedras para apedrejar o Senhor" (Ibid. 59), o qual, escondendo-se dentro em si mesmo e fazendo-se invisível, saiu do Templo. Pudera-os cegar, mas teve por melhor fazer-se invisível, para que com os olhos abertos vissem como em espelhos, nas pedras que tinham na mão, a dureza da sua rebeldia.

O mesmo sucedeu a Santo Antônio com os hereges, cuja vaidade e soberba não só fazia pouco caso da sua doutrina, mas se retirava e fugia de a ouvir. E que faria Antônio neste caso? Far-se-ia também invisível? Não o sofria seu zelo. Vai-se diante dos mesmos hereges à ribeira do mar, chama em voz alta aos peixes: — Peixes, vinde ouvir a palavra de Deus, já que os homens lhe negam os ouvidos. — A esta voz — coisa maravilhosa! — começou a ferver todo o mar, e os peixes em cardumes, cada qual segundo a sua espécie, a nadar direitamente aonde os chamava a voz. Os mais pequenos se puseram ordenadamente junto à praia, os outros mais afastados um pouco, e os maiores, que demandavam maior fundo, no último lugar; e todos com as cabeças fora da água aguardavam atentos o para que aquela voz os chamara. Sossegado o mar e quieto todo o auditório, começou Santo Antônio a lhes pregar aqueles benefícios divinos, que, sem os entenderem, tinham recebido da mão de seu Criador. — Vós fostes — dizia — as primeiras criaturas sensitivas que Deus produziu; os vossos olhos, os primeiros que descobriram e viram a luz do mundo; o vosso elemento, o segundo, mais vasto que toda a terra, diáfano, transparente e penetrável; muitos de vossos corpos, os maiores de todos os viventes, vestidos uns de escamas prateadas e douradas, outros de peles de diferentes cores, ásperas ou lisas. Enfim, parentes em primeiro grau do sublime coro das aves, nascidas na mesma pátria das águas, onde muitas, desprezando as alturas do ar, vivem juntamente convosco, pelo que todos deveis infinitas e contínuas graças ao Criador. — Tudo isto viam e ouviam os hereges, pasmados e atônitos do silêncio e atenção com que os peixes mostravam por seu modo assentir a tudo o que o santo pregava, desfazendo-se pouco a pouco e abrandando-se as pedras que tinham não nas mãos, como os judeus, mas nos corações obstinados.

Um, chamado Bonivilho, o mais sábio e ardente disputador de sua seita, era o que mais admirava o que estava vendo, e quase não cria. Notava que Antônio, para os ensinar a crer, os não mandava, como Salomão, à escola das formigas ou das abelhas, animais ou bichinhos que na pequena esfera de seu corpo, e na grande astúcia de seu engenho, imitam as mais bem ordenadas repúblicas, mas os ensinava com o exemplo dos peixes, cujo confuso governo é totalmente despótico e tirânico: comendo os grandes aos pequenos, os maiores aos grandes, e os mesmos maiores sendo comidos de outros de tão portentosa grandeza, que os podem engolir e devorar de um bocado. Era mais que admirável, nesta condição de comunidade, a ordem, quietação e sossego com que não só atendiam ao que o santo pregava, mas, depois de receberem sua bênção, sem se lembrarem da fome ou costume, se apartavam em paz, e se retirava cada espécie no seu cardume ao lugar donde ali tinham vindo. Assim, dentro da Arca de Noé, olhava o lobo para o cordeiro, e o falcão para a pomba, com tal temperança do instinto e apetite natural, como esquecidos do que eram ou tinham sido antes.

Penetrado, pois, Bonivilho, como mestre dos demais, desta consideração, e comunicando-a aos companheiros, todos ou quase todos cederam da sua dureza, convertendo-se, e pedindo perdão ao santo. Cristo, Senhor nosso, de pescadores de peixes, fez pescadores de homens; mas Santo Antônio fez pescadores dos homens, não os pescadores, senão os peixes. E aquele foi o dia em que o mar fez o mais formoso lanço na terra, do que a terra o tinha feito nunca com as redes no mar. Sendo admirável a diferença com que, no mesmo caso de não serem ouvidos dos homens, se houveram no modo de ensinar o supremo Mestre e o grande discípulo. Cristo escondeu-se em si mesmo: Antônio não se escondeu. Cristo fêz-se invisível; Antônio fez que vissem todos, e ouvissem, como era ouvido. Cristo saiu-se do Templo; Antônio não se saiu da campanha ou da estacada. Cristo desenganou-se de não reduzir com razões a homens racionais; Antônio resolveu-se a convencer racionais com animais brutos e sem razão. Cristo deixou de gastar e multiplicar palavras com os que as não queriam ouvir; e Antônio persuadiu aos mesmos com aqueles animais que entre todos são mudos, e com o seu silêncio. Enfim, os judeus ficaram deixados com as pedras na mão, e os hereges com a dureza dos corações convertida de pedras em homens. Assim o tinha Deus prometido por Ezequiel aos reduzidos de Babilônia: "Tirarei deles o coração de pedra, e dar-lhes-ei um coração de carne" (Ez 11,19).

§ VIII

Tendo mostrado Santo Antônio a maioria do seu "ensinar" primeiro em homens e depois em brutos, só lhe resta em quem fazer clara a mesma demonstração. Em quem? Não em outrem, senão no mesmo demônio.

Assombrado o demônio, e raivoso das maravilhas com que Santo Antônio, entre católicos e hereges, despovoava o inferno, determinou — quem tal imaginara! — desarmá-lo. Tinha o santo reduzido a lição da Sagrada Escritura a um livro de lugares comuns e matérias particulares, do qual se valia, principalmente quando havia de pregar sem novo estudo e de repente. Este livro lhe desapareceu da cela, e houve mister Santo Antônio outro Santo Antônio, que, perdido, lho deparasse. Porque estas graças de Deus, que os teólogos chamam *gratis datas* [*dadas gratuitamente*], ou é fidalguia dos que as recebem, ou limitação com que Deus as concede, que nunca as possam exercitar consigo, senão com outros. Assim vemos em São Roque, que, tendo a graça de curar todos os apestados, ele morreu de peste; e em São Pedro, que, dando saúde fora de sua casa a todos, não a deu dentro dela a sua sogra, que gravemente estava enferma de febres. E pudéramos alegar aqui ao mesmo Cristo, que, fazendo tantos milagres em toda a parte, só na sua pátria diz o evangelista expressamente que não podia: "Não podia fazer ali milagre algum" (Mc 6,5). — E que foi feito daquele livro de Santo Antônio? Ainda o demônio com maior astúcia lho tinha, não tirado, mas persuadido a outrem que ocultamente o furtasse. Foi-se ter com um noviço, que devia ser pouco humilde e de altos ou altíssimos pensamentos, e disse-lhe interiormente: — Não vês a grande fama de Fr. Antônio, que leva todo o mundo pós si com suas pregações? Pois eu te ensinarei meio com que faças tua toda a sua fama, armando-te a ti e tirando-lhe as suas armas a ele; na sua cela tem um livro, de que tira quanto prega; entra lá ocultamente, tira-o e esconde-o onde ninguém te veja nem o saiba; e logo, saindo-te da religião, pois és noviço, com o teu talento, de que tanto presumes, e com o seu pecúlio, serás outro Santo Antônio.

Pareceu bem ao noviço o conselho, como inventado e dado por quem lhe conhecia o humor. Deixa o hábito, sai-se com o livro roubado, e, como pela falta que fez no noviciado fosse conhecida e averiguada a sua fugida, então revelou Deus ao santo todo o engano do demônio, e o extraordinário modo de tentação com que o tinha tirado do estado religioso para o mundo e posto no caminho certo do inferno. O intento de desarmar a Santo Antônio com o furto do livro foi recebido com riso de todos os que o souberam, como se Santo Antônio fosse pregador de cartapácio, e, como Arca do Testamento que era, não tivesse dentro em si mesmo as tábuas de ambas as leis, isto é, de todas as Escrituras, assim da lei escrita como da graça. O que sentiu o santo, estranhamente compadecido como pai e pastor, foi a perda daquela ovelha. E como nos parece que procuraria reduzi-la ao rebanho? Porventura iria ele a buscá-lo, como o seu zelo tão facilmente acudia aos mais estranhos? Não. Mandaria ao menos algum religioso, dos mais antigos e espirituais, que com verdadeiros conselhos o reduzisse outra vez? Também não. Finalmente, encomendaria esta empresa a um par de leigos robustos, e de boas mãos, que, quando não quisesse por vontade, o trouxessem por força? Nem isto fez o santo, porque em caso tão extraordinário quis que fosse também novo e inaudito o remédio. Quer reduzir e restituir à religião o noviço, mas não por meio de outrem, senão do mesmo demônio que o tinha enganado.

Cristo, na última tentação, disse ao demônio: "Torna atrás"[3] — e assim o fez Santo Antônio com notável propriedade: — Já que tu, demônio, foste o que maquinaste desde o seu princípio toda esta tramoia, "Torna agora atrás", e pois tu a começaste e fizeste, tu és o que a hás de desfazer. — Já se vê qual seria o desgosto e raiva do demônio, considerando não só desfeita a sua máquina, mas a afronta de ser pelo mesmo autor dela. Não pôde porém deixar de obedecer a Santo Antônio, pelo poder que tinha sobre todo o inferno. Vai, como sinaladamente lhe era mandado, espera o noviço em uma ponte, donde ou se havia de lançar ao rio ou tornar atrás, e assim preso, e ambos envergonhados, se vieram lançar aos pés de Santo Antônio. Oh! maravilha nunca vista, e com razão estimada na mesma Escritura por impossível!

Toda a conversão de uma alma a Deus, depois de o ter deixado, é sobre toda a natureza; mas nenhuma mais dificultosa que a do religioso. Não lhe dá outro nome a Escritura Sagrada que de impossível: "É impossível que os que foram uma vez iluminados, e depois disto caíram, é impossível que tornem a ser renovados pela penitência" (Hb 6,4.6). — E que este impossível, não só confirmado, mas atado e reatado com tão particulares circunstâncias, se desfizesse por meio do mesmo demônio, e tornasse ele a trazer e meter na religião o que por tão extraordinários meios tinha tirado dela! E que isto não obrasse Santo Antônio por si mesmo, ou por outro religioso, senão por meio de um demônio! Só na escola de Santo Antônio se pode achar tal modo de "ensinar".

§ IX

E se não, vejamos o que fez Cristo, cujo domínio, império e desprezo em tratar os demônios, tão frequentes em seu tempo na Judeia e Galileia, foi verdadeiramente admirável; mas nenhuma ação sua tão soberana que possa fazer paralelo a esta de Santo Antônio. A ação mais devota, e ao parecer mais santa do demônio, foi a daquele que deu em ser pregador de Cristo, e publicar que era Deus. E que fez então o Senhor? Porventura converteu por meio desta pregação do demônio a todo o mundo, que ele lhe tinha oferecido no deserto: "Tudo isto te darei" (Mt 4,9)? — ou, quando menos, a um homem? Nem por pensamento. O que fez foi não só mandar-lhe que se calasse, mas emudeceu totalmente: "Cala-te" (Mc 1,25). — Não assim Santo Antônio. O que Cristo não fez por meio de um demônio, pregador da sua divindade, fez Santo Antônio por outro demônio depravador da sua religião: não o privou do instrumento da língua, antes acrescentou-o de uma espada nua, com que ameaçasse o noviço fugitivo. Como se dissera: — Tu me quiseste desarmar para tentar o religioso, pois eu te armarei, para que tu mesmo desfaças o que tinhas feito. Se, depois de lançado Adão do paraíso, pusera Deus por guarda dele a mesma serpente que o tentara, fora grande propriedade e energia do castigo; mas não fiou Deus do demônio tal gênero de obediência. É verdade que também deu a espada, mas a quem? A um querubim: "Um querubim com uma espada de fogo" (Gn 3,24) — porque a ação da espada não está na espada, senão na mão de quem a meneia. Mas não foi assim a de Santo Antônio. Mete a sua espada na mão do demônio, seguro de que não obraria a espada o que quisesse a mão, senão a mão, posto que muito a seu pesar, o que quisesse a espada. Assim foi, e não em menor ou menos dificultoso caso que em um já qualificado por impossível.

Enfim, que não converteu Cristo por meio do demônio a pecador algum, nem gentio, nem cristão, e muito menos religioso. É grande o número de religiosos, não só noviços, que cada dia deixam o hábito, senão também dos professos que, depois de o serem, apóstatas e fugitivos, renunciam e abominam o que votaram e prometeram a Deus. E quando alguns se emendam e tornam verdadeiramente à religião, quem os converte? Converte-os o mesmo Cristo com os impulsos de sua graça; converte-os com os indultos de seu Vigário, o Sumo Pontífice; converte-os enfim com meios vários e extraordinários de sua onipotência. Porém, que um religioso pervertido se converta à religião por meio do demônio, e do mesmo demônio que o perverteu e incitou a sair dela, esta maravilha só Santo Antônio a fez neste caso, acabando de mostrar, primeiro nos homens, depois nos brutos, e ultimamente no mesmo demônio, a grandeza e maioria de suas obras, não só consideradas em si, mas comparadas com o mesmo Cristo, assim como já vimos "no fazer" — e agora acabamos de ver "no ensinar".

§ X

Este é aquele santo, ou aquele famoso herói entre todos os santos, que, chamando-se Antônio, o vulgo de Roma, acrescentando-lhe uma letra ao nome, e chamando-lhe Antonino, de tão grande o fez pequeno. Tire-se-lhe esta letra, tão injustamente acrescentada, e ficará reduzido — que é o que eu só pretendo — à sua natural ou sobrenatural grandeza. Assim tirou Deus a Sarai aquele último "i", com que a fez muito maior do que era, e assim, tirado a Antonino o último "n", ficará restituído ao que é, e sempre foi. Ele se fez menor por amor de Cristo, e Cristo lhe pagou esta grande resolução com se fazer em sua presença menor que ele. Como se dissera com o Batista: "Convém que ele cresça, e que eu diminua" (Jo 3,30). — E, quando Cristo se diminui e faz menor que Antônio, injustiça manifesta é, por não dizer sacrilégio, que haja quem o diminua ou reduza a um nome diminutivo, para lhe tirar, não digo já a maioria, senão a igualdade de grande. Será justo que nós lha tiremos, quando o Evangelho lha dá: "Esse terá nome de Magno"?

Só fala com o vulgo romano a humildade pouco presumida da minha apologia; mas, se ela tivera atrevimento para se apresentar aos pés de Sua Santidade, tenho por certo que pacificamente sairia melhor despachada. O papa Nicolau IV tinha colocado a estátua de Santo Antônio na mesma ordem e série em que na Basílica de São João de Latrão se veem as dos apóstolos[4]; e, parecendo-lhe a Bonifácio VIII que aquele lugar tão alto não competia a um santo de tão pouca antiguidade, como era em seu tempo a de Santo Antônio, ordenou que fosse tirada dele e posta ali a de São Gregório Magno. Eis aqui como o sobrenome de Magno já então se impugnava a Santo Antônio. Mas vejamos como ele o defendeu. Levantaram os oficiais os andaimes por ordem de um pontífice, para porem naquele lugar outro, e ao primeiro golpe do picão, que tocou no capelo a Santo Antônio, levantou a mão a estátua com tal impulso, que os pedreiros e os andaimes, com ruído que assombrou toda Roma, vieram abaixo, tendo-se por grande milagre do mesmo santo que todos os que tinham subido àquela obra se levantassem vivos e sem lesão, ficando ele porém no seu lugar, sem ser substituído por outro, posto que sumo e tão grande pontífice, como bem declara o título e sobrenome de Magno. E são já três pontífices, um que lho deu, outro que lho quis tirar, e o terceiro, que o não substituiu.

Em nossos dias se acrescentou a este número o quarto, que foi Urbano VIII. Houve também em Roma quem tivesse por demasiada a devoção da Escala Santa, por onde todas as segundas-feiras, desde a aurora até o meio-dia, estão subindo de joelhos, desde o pé do Capitólio até o alto da *Ara Caeli*, em contínua devoção, homens e mulheres, a venerar a imagem de Santo Antônio. Mas que responderia a discreta urbanidade daquele grande pontífice? Respondeu Urbano que ele não queria pleitos com Santo Antônio, de que em São João de Latrão tinha já o aviso. Vede se tenho eu razão de que a minha apologia saísse com o merecido despacho, se chegasse a se pôr aos pés de Sua Santidade.

Tornando ao vulgo — se vulgo se pode chamar o romano, com que só falo — para que lhe não pudesse dizer hoje Tertuliano que se apressou em dar o nome de Magno a Santo Antônio do Egito — em quem eu também o reconheço e venero — saiba que nesta tão justa restituição imitará não menos que ao mesmo Deus, o qual, depois de começar a se povoar o limbo dos padres em Abel, esperou dois mil e trezentos anos para lhe dar o nome de seio de Abraão, a que, entre todos os patriarcas, era tão devido, como a Santo Antônio, pelo que fez e ensinou, o de Magno: "Esse terá nome de Magno" (Mt 5,19).

LAUS DEO [*Deus seja louvado*].

NOTAS

SERMÃO DA CONCEIÇÃO DA VIRGEM SENHORA NOSSA [p. 19-29]
1. São João Crisóstomo (347-407), MG 57 em *Homiliae in Genesim*, 1,41; MG 54, XLII-XLVII.
2. São João Damasceno (675-749), MG 96 em *Homilia sobre a Natividade de Maria*, 2.
3. Frei Luis de León [o Legionense] (1527-1591), monge da ordem de Santo Agostinho. Autor de *Cantar de los Cantares* — tradução do Cântico dos Cânticos [referência do autor].
4. Santo Agostinho (354-430), ML 32, em *Confessionum Libri tredecim*, Liber X, cap. 27, 38.
5. São Gregório Nazianzeno (329-389), MG 37-38 em *Carmina* [Comentário ao *Cantica Canticorum* 6,3].
6. Dionísio Areopagita (séc. V-séc. VI), MG 3 em *Epistola ad sanctum Paulum*.
7. Santo Ambrósio (339-397), ML 14-17, em *De Virginibus*, lib. I, cap. 4, n. 15; *De Virginitate*, cap. 3, n. 13. Lucas 10,38-42.
8. Plutarco (45-120). Cf. *Vidas paralelas* [referência do autor].
9. Bernardino de Bustes [Petrus Bernardinus] (1475-1502), franciscano, autor do Ofício da Imaculada Conceição [referência do autor].
10. Rabano Mauro (c. 784-856), abade de Fulda. Pelo seu trabalho de educador e escritor, recebeu o epíteto de *Praeceptor Germaniae*. ML 107 em *Commentariorum In Genesim Libri Quatuor* [referência do autor]. Cf. São Beda, o Venerável (673-735), ML 91 em *Hexaëmeron, sibe Libri Quatuor in Principium Genesis*.
11. Apud *Septuaginta* [Em *Os Setenta*]. A tradução da língua hebraica para o grego (*koiné*) ficou conhecida como *Septuaginta* (ou *Versão dos Setenta*). Setenta e dois rabinos trabalharam nela e teriam completado a tradução em setenta e dois dias [referência do autor].
12. Ruperto Tuitiense (1075-1129), ML 168 em *In Cantica Canticorum — De Incarnatione Domini Commentariorum*.
13. Fórmula com a qual se terminavam os sermões: "Quam mihi et vobis praestare dignetur Dominus Deus Omnipotens" [A qual o Senhor Deus Onipotente se digne conceder a mim e a vós].

SERMÃO DE SÃO ROQUE [p. 31-46]
1. Dois primeiros Afonsos de Portugal e Bragança: Dom Afonso I (1128-1185) — sua esposa, D. Mafalda. Dom Afonso [primeiro duque de Bragança] (1469-1521), casado com D. Isabel de Castela, com D. Maria de Castela e com D. Leonor de Espanha.
2. D. Sebastião (1557-1578) e D. Henrique (1512-1580).
3. São João Crisóstomo (347-407), MG 57 em *Homiliae in Matthaeum*, hom. I-XLIV; MG 58, hom. XLV-XLVIII. Cf. Santo Tomás de Aquino (1225-1274), em *Catena Aurea*, 3408, Matthaeus 4,18-22.
4. São João Crisóstomo (347-407), MG 57/58, em *Sobre Ana*, Sermo II, 2.
5. São Basílio de Selêucia († 468), arcebispo. MG 85. Cf. *Sermones de V. Testamento* [referência do autor].
6. Infante Fernando (1373-1385) e Infante Carlos, ambos de Castela. Infante D. Duarte e Infante D. Afonso, futuro D. Afonso VI (1644-1683), ambos de Portugal.

7. Santo Agostinho (354-430), ML 32-45 [referência do autor].
8. Santo Tomás de Aquino (1225-1274), em *Ofício de Matinas*, leitura 1 da Festa de *Corpus Christi*, Opus LXVII.

SERMÃO DA EXALTAÇÃO DA SANTA CRUZ [p. 47-58]
1. Pedro Blesense (séc. XIII), nascido em Blois (França) e falecido em Londres [referência do autor].
2. São Beda, o Venerável (673-735), ML 91 em *Cantica Canticorum Allegorica Expositio*.

SERMÃO NA DEGOLAÇÃO DE SÃO JOÃO BATISTA [p. 59-73]
1. Santo Ambrósio (339-397), bispo de Milão, ML 15, em *In Psalmum David CXVIII Expositio*.
2. Sêneca (4 a.C.-65 d.C.), em *Troades*, Hécuba, v. 7.
3. São João Crisóstomo (347-407), MG 47-64 em *De paenitentia et in lectionem de Davide et de uxore Uriae*.
4. Teodoreto de Ciro (393-460/66), MG 83 em *Commentarium in Librum II Regum*, cap. XII, vers. 10 [em J.-P. MIGNE, *Cursuum Completorum in Singulos Scientiae Ecclesiasticae Ramos*, Tomus Decimus, In Secundum et Tertium Regum Libros Commentaria, Parisiis, 1839].
5. Teodoreto de Ciro (393-460/66), MG 80-84 em *Quaestiones in libros Regnorum et Paralipomenon*.
6. Tertuliano (160-230), ML 1 em *De Cultu Foeminarum*, Liber Primus, cap. I, 1305 [Vieira refere *De Habitu Muliebrum*, cap. I, Liber II].
7. São Gregório Magno (540-604), ML 75: Pars I, I-XVI; ML 76: Pars II, XVII-XXXV em *Moralium Libri Sive Expositio in Librum Beati Iob* [Vieira refere Liber 3, cap. 6].
8. Santo Ambrósio (339-397), bispo de Milão, ML 14-17. Cf. Santo Agostinho (354-430), ML 34 em *De Genesi contra Manichaeos Libri duodecim*, XI.

SERMÃO DE SANTO ANTÔNIO [p. 75-88]
1. São João Crisóstomo (347-407), MG 57/58 em *Ad populum Antiochenum*, Sermo 2. Cf. *In Eliam prophetam*.
2. Gregório IX (1148-1241), papa. Em *Bula de Canonização* de 13 de maio de 1232.
3. Santo Tomás de Aquino (1225-1274), em Opus LXVII, *Officium de Festo Corporis Christi, ad mandatum Urbani Papae IV dictum festum instituendis* [1264], Hymnus *Tantum ergo Sacramentum*.
4. *Ubi* [lugar] *Definitivo*: Dizem os teólogos que Cristo se sacramentou com o *Ubi Definitivo*, que é o modo com o qual põe a coisa indivisivelmente no lugar, toda em todo, e toda em qualquer parte; de maneira que em qualquer parte do lugar está o peito, está a cabeça, estão as mãos e está o corpo inteiro. Opõe-se a *Ubi Circunscriptivo*, que é o modo com o qual põe a coisa repartidamente no lugar, parte em parte, e parte em todo, de forma que onde estão as mãos não está a cabeça. *Ubi Circunscriptivo* é próprio dos corpos e o *Ubi Definitivo* é próprio dos Espíritos. Em *Vocabulario portuguez e latino*, de Rafael BLUTEAU, Collegio das Artes da Companhia de Jesus (Coimbra).
5. Tertuliano (160-230), ML 1-2 [referência do autor].
6. São Jerônimo (347-420), ML 26 em *Commentariorum in Evangelium Matthaei ad Eusebium Libri quatuor*.
7. Santo Ambrósio (339-397), bispo de Milão, ML 15 em *Expositio Evangelii Secundum Lucam Libris X Comprehensa*.
8. Cf. nota 3. Hymnus *Adoro te Devote*.

SERMÃO DA QUARTA DOMINGA DA QUARESMA [p. 89-96]
1. Santo Eusébio Emisseno (300-358), bispo de Emessa (Homs), na Síria [referência do autor].
2. O Abulense [Alfonso de Madrigal — "El Tostado"] (1410-1455), arcebispo de Ávila [referência do autor: Quaestio 16].

3. Francisco Vatablo († 1547), professor e intérprete de Aristóteles [referência do autor].
4. Cardeal Caetano, Thomas de Vio (1469-1534). Em *In Evangelia Joannis* (Veneza, 1530).
5. São João Crisóstomo (347-407), MG 59 em *Commentarius in Sanctum Ioannem Apostolorum et Evangelistam*. Santo Agostinho (354-430), ML 35 em *In Ioanis Evangelium Tractatus CXXIV*. Santo Hilário (c. 315-367), ML 9 em *In Evangelium Matthaei Commentarius*.
6. São João Crisóstomo (347-407), MG 59 em *Commentarius in Sanctum Ioannem Apostolorum et Evangelistam*.
7. São Bernardo de Claraval (1091-1153), ML 184 em *Sermones in Cantica Canticorum*, I-XVII, 0836C.
8. Santo Agostinho (354-430), ML 35 em *In Ioannis Evangelium*, 24, 1 [*Corpus Christianorum*, series latina 36].
9. Fórmula com a qual se terminavam os sermões: *Quam mihi et vobis praestare dignetur Dominus Deus omnipotens*.

SERMÃO DA RESSURREIÇÃO DE CRISTO [p. 97-107]

1. São Francisco de Borja (1510-1572), Duque de Gandia. Cf. Adro Xavier, *El Duque de Gandía, El Noble Santo del Primer Imperio — Apuntes históricos*, Editora Espasa-Calpe, S. A., Madrid, 1950.
2. Fórmula com a qual se terminavam os sermões: *Quam mihi et vobis praestare dignetur Dominus Deus omnipotens*.

SERMÃO GRATULATÓRIO E PANEGÍRICO [p. 109-125]

1. Primeiro verso do hino de ação de graças *Te Deum Laudamos*, atribuído a Santo Ambrósio e a Santo Agostinho. Vários compositores musicaram o texto.
2. Dom João IV (1604-1656) e Dona Luísa de Gusmão (1613-1666), que veio a ser a primeira rainha de Portugal da quarta dinastia de Bragança.
3. São Pedro Crisólogo (406-450), bispo de Ravena. ML 52 em *Sermones*, Sermo CXXI. Cf. Juan Maldonado (1534-1583), em *Comentário a Lucas*: Hodie mecum eris in Paradiso [referência do autor].
4. São Gregório I Magno (540-604), papa. ML 76 em *Quadraginta Homiliarum in Evangelia Libri duo*, Homilia 10 in Matthaeum [referência do autor].
5. Cf. Santo Ambrósio (339-397), ML 14 em *De Noe Et Arca Liber Unus*, cap. 33 [referência do autor].
6. Príncipe Dom Pedro (1646-1706), filho último de el-rei D. João IV (1604-1656) [referência do autor].
7. Faria, em *Epistolas*, parte I, cap. I; Brito et al. [referência do autor].
8. Príncipe Dom Pedro, filho quinto [referência do autor].
9. Constat ex toto libro Genesis. Abr. Theod. et al. Eusébio de Cesareia (263-337). Estudou em Antioquia e Alexandria. Vieira o cita com frequência. Em *De benedictione Patriarcharum*, cerca de 40 homilias foram traduzidas ao latim, et al. [referência do autor].
10. São Beda, o Venerável (673-735), ML 92 em *In Matthaei Evangelium Expositio*, Liber Primus, cap. II, col. 0013A. Ruperto Abade de Deutz (1075-1129), ML 167 em *In Matthaeum*, Liber 2. Santo Tomás de Aquino (1225-1274), em *Catena aurea in Matthaeum*, cap. 1-2.
11. A referência de Vieira é a frase "Que me darás a mim? Que dom pode ser esse a um homem a quem negas descendência?", de *Bened. Terd. hic.* [referência do autor].
12. O Abulense [Alfonso de Madrigal — "El Tostado"] (1410-1455), arcebispo de Ávila. Comentou em quinze volumes os livros do Antigo e do Novo Testamento [referência do autor: Quaestio 11].
13. São Jerônimo (347-420), ML 26 em *Commentariorum in Epistolam Beati Pauli Ad Ephesios Libri Tres*.
14. Salom. Bengus, em *De Numeris*, n. 45 [referência do autor].
15. Virgílio (70 a.C.-19 a.C.), em *Éclogas*, livro IV, vers. 61. Odorico Mendes, *Bucólicas*, Campinas, Editora Unicamp, 2008, p. 90, traduz: "O teu riso excite e pague-lhe as dez luas / De enojo e pesadume". [NB: Dez luas: os dez meses que por esse calendário durava uma gestação normal.]
16. Em nota, Vieira apresenta a tradição dos Santos Padres sobre o tema da Sabedoria Essencial em Deus e da Precedência da Sabedoria Essencial sobre a Sabedoria Nocional.

17. São Lourenço Justiniano († 1455), primeiro patriarca de Veneza, e outros Santos Padres chamam Maria a primogênita do Pai [referência do autor].
18. São João Crisóstomo (347-407), MG 57 em *Commentarius in Sanctum Matthaeum Evangelistam*, Homilia VII. Santo Agostinho (354-430), ML 39 em *Sermones Suppositi. Classis II. De Tempore*, Sermo VII de Epiphania [referência do autor].
19. Novena que fez a rainha, visitando nove igrejas de Nossa Senhora.
20. São Máximo de Turim († 423), ML 57 em *Homiliae in Matthaeum*, Homilia 3 [referência do autor].

SERMÃO DA QUARTA DOMINGA DA QUARESMA [p. 127-139]

1. São Pedro Crisólogo (406-450), ML 52 em *Sermones*, Sermo XXV.
2. Tito Lívio (64-59 a.C.-19 d.C.). Vieira dá a seguinte referência: Lib. 23, citado por Fabr. Dom. 8 post Pent. O texto se encontra em *Rerum Moscoviticarum Commentarii*, Sigismundo Libero Barone in Herberstain, Neuperg & Guetenhag, autore, Editionis 1556, p. 1-26.
3. Fórmula com a qual se terminavam os sermões: *Quam mihi et vobis praestare dignetur Dominus Deus omnipotens.*

SERMÃO DAS CHAGAS DE SÃO FRANCISCO [p. 141-152]

1. Syrus e Arabicus são citados como tradutores e comentaristas das Escrituras por Cornélio A Lápide (1567-1637). Arabicus é referido um como Antioqueno e outro como Alexandrino [referência do autor].
2. São João Crisóstomo (347-407), MG 49 em *Homiliae Duae De Cruce et Latrone*.
3. Santo Agostinho (354-430), ML 39 em *Sermones Ad Populum. Classis IIII. De Diversis*, Sermo 377: In Ascensione Domini. Cf. ML 36: *Enarrationes in Psalmos*, Psalmus XXIII, v. 8-10.
4. Clemente de Alexandria († 215), teólogo e professor da Escola de Alexandria. MG 8-9. Cf. *Paedagogus* ou *Stromata*.
5. São Pascásio Radaberto (792-863), teólogo beneditino. ML 120, cf. *Expositio in Evangelium Matthaei*.
6. São Pedro Crisólogo (406-450), bispo de Ravena. ML 52 em *Sermones* [referência do autor].
7. São Bernardo de Claraval (1091-1153), ML 184, em Auctor Incertus, *Vitis Mystica Seu Tractatus De Passione Domini Super Ego sum vitis vera*, cap. III, col. 0641C. Cf. ML 183: *Sermones De Tempore. In Feria IV Hebdomadae Sanctae*, Sermo De Passione Domini.
8. Arnoldo Carnotense [Arnaldo, Arnoldo ou Ernaldo de Bonneval] († 1156), beneditino. Abade de Saint-Florentin-de-Bonneval, em *De septem verbis Domini in Cruce*.
9. Áquila de Sinope [latim: Aquila Ponticus] (séc. II). Ele é mais conhecido pela tradução literal que fez da Bíblia hebraica para o grego. Alguns consideram esta tradução mais acurada que a Septuaginta. Símaco, o ebionita (fim do segundo século), foi o autor de uma das versões gregas do Velho Testamento. Seu texto foi incluído na Héxapla e na Tétrapla de Orígenes (c. 185-253), obra que comparou lado a lado várias versões do Velho Testamento com a Septuaginta. Teodosião ou Teodócio († c. 200 d.C.) foi um estudioso judeu da cultura helênica. Possivelmente trabalhando em Éfeso, traduziu a bíblia hebraica para o grego.
10. São Jerônimo [nascido Eusébio Sofrônio (Sofrônio) Jerônimo] (347-420), ML 25 em *Commentariorum in S. Zachariam Prophetam Ad S. Exsuperium Tolosanum Episcopum Libri Duo*, Liber Primus, cap. III, vers. 10, LXX.

SERMÃO DE SANTO ANTÔNIO [p. 153-174]

Nesta edição, o leitor poderá encontrar o sermão a que se refere Vieira no volume II, da página 85 a 96.

1. Homero (séc. VII a.C.), em *Odisseia*; nas Assembleias dos deuses. Na primeira parte: Cantos I a IV; na segunda parte: Cantos VI a VIII.
2. Ver Sermões II, São Paulo, Edições Loyola, 2009, p. 87.

3. Afonso de Albuquerque (1453-1515), fidalgo, foi o segundo governador da Índia Portuguesa. Duarte Pacheco (1460-1533), reconhecido geógrafo e cosmógrafo. D. João de Castro (1500-1548), cartógrafo e administrador colonial português e 4º vice-rei da Índia. Nuno da Cunha (1487-1539), filho de Tristão da Cunha, foi governador da Índia.
4. Plínio, o Jovem (61-114), em *Historia Naturalis*, Liber V, cap. VIII.
5. Santo Agostinho (354-430), ML 35 em *In Ioannis Evangelium Tractatus CXXIV*, Tractatus XIII, 11.
6. São Zeno de Verona († 375), apreciado como orador sacro. ML 11 [referência do autor].
7. Lucas Uvandingo, cronista geral da Ordem Seráfica, em *Annales* [referência do autor].

SERMÃO DO SANTÍSSIMO SACRAMENTO [p. 175-185]
1. Teofilato († 1118), MG 123 em *Argumentum in Evangelium secundum Lucam*.
2. Orígenes (c. 185-253), diretor da escola catequética de Alexandria. Deixou uma obra imensa: 2.000 títulos. Foi o primeiro a fazer exegese científica sobre todos os livros da Escritura. MG 14 em *Commentaria in Evangelium Ioannis*.
3. Juan Maldonado (1534-1583). Suas obras mais citadas são os *Comentários aos Evangelhos*. Aqui: *In Joannem*.
4. Tertuliano (160-230), ML 1 em *Apologeticus Adversos Gentes Pro Christianis*.
5. São Pedro Damião (1007-1072), doutor da Igreja. Monge camaldulense de Fontana Avelana, na Úmbria, destacou-se pela reforma da pobreza nos mosteiros e pela crítica aos desmandos da sociedade e da Igreja. Convocado pelo papa Estêvão IX (1057-1058), como viajante da paz, percorreu a Itália, a França e a Alemanha. Nomeado cardeal, colaborou com Gregório VII na reforma do clero. ML 144.
6. São Paulino de Nola (353-431), ML 61, ou de Aquileia († 802), ML 99.
7. Santo Atanásio (295-373), bispo de Alexandria. Combateu o arianismo. Foi exilado várias vezes. Escreveu a vida de Santo Antão (Santo Antonio, Abade). MG 25 em *Tractatus de Passione et Cruce ou Sermo De Passione*.
8. São Cirilo de Alexandria (380-444), MG 73-74 em *Expositio sive Commentarius in Ioannis Evangelium*.
9. Missal Romano, coleta do 26º domingo. Cf. *Catecismo da Igreja Católica*, § 277, 5ª edição, 1993, p. 75.

SERMÃO DA PRIMEIRA DOMINGA DA QUARESMA OU DAS TENTAÇÕES [p. 187-199]
1. Sêneca (4 a.C.-65 d.C.), em *Epistolae morales ad Lucilium*, Liber V, XLII.

SERMÃO DAS CHAGAS DE SÃO FRANCISCO [p. 201-211]
1. Ruperto Tuitiense (1075-1129), monge beneditino, exegeta e comentarista dos livros santos. ML 169 em *Commentaria in Evangelium Sancti Ioannis*.
2. São Pedro Crisólogo (406-450), bispo de Ravena. ML 52 em *Sermones*.
3. A frase latina no original: *Adimpleo* [cumpro] *ea quae desunt passionum Christi in carne mea*. Vieira diz que o sentido próprio de *Adimpleo* seria *Reimpleo* [renovo] etc.
4. São João Crisóstomo (347-407), MG 57/58 e Teofilato († 1118), MG 123 em Cornélio A Lápide (1567-1637), *Commentaria in omnes divi Pauli Epistolas*, Commentaria in Epistolam Ad Colossenses, cap. I, p. 481.
5. São Pedro Crisólogo (406-450), bispo de Ravena. ML 52 em *Sermones*.
6. São Boaventura (1221-1274), em *Legenda Minor Sancti Francisci VI* — De stigmatibus sacris, Lectio III, 2.
7. São Bernardo de Claraval (1091-1153), ML 184 em *Sermones De Tempore. In Vigilia Nativitatis Domini*, Sermo 4 [referência do autor].

8. Santo Agostinho (354-430), ML 35 em *Enarrationes in Psalmos* [*001-79*], Psalmum 68, 1,4.
9. Santo Agostinho (354-430), ML 55 em *In Epistolam Ioannis ad Parthos Tractatus*, Tractatus 120, 2.

SERMÃO DE SÃO JOSÉ [p. 213-222]

1. São Cipriano (200-258), bispo de Cartago. Na perseguição de Valeriano, em 257, é preso e condenado [referência do autor].
2. Manoel Bocarro Francês (1588-1662), médico e matemático português, em *Anacephaleoses da Monarchia Luzitana* [referência do autor].
3. Hugo de São Caro [Saint-Cher] († 1263), cardeal dominicano, em *Opera Omnia in Universum Vetus et Novum Testamentum*.
4. Filo [Filon] de Alexandria (20 a.C.-50 d.C.), em *De Vita Mosis*, De Opificio Mundi. Filósofo judeu, que procura conciliar o conteúdo bíblico à tradição filosófica ocidental.
5. Filipe II de Espanha (1527-1598) foi rei de Espanha, a partir de 1556, e rei de Portugal, como D. Filipe I, a partir de 1580. D. Catarina, Infanta de Portugal (1540-1614). D. Filipe III de Espanha (1578-1621) foi rei de Espanha e rei de Portugal, como Filipe II. Teodósio II de Bragança (1568-1630) foi o 7º Duque de Bragança. D. Filipe IV de Espanha (1605-1665), o Grande, foi rei de Espanha e rei de Portugal, como Filipe III. Sua Majestade: D. João IV (1604-1656).
6. Isidoro Isolano (Isidoro de Isolanis) († 1528), teólogo dominicano. Publicou um livro intitulado *Summa de donis Sancti Joseph*.

SERMÃO DE SANTO ANTÔNIO [p. 223-237]

1. Antonio do Egito é Santo Antão (251-356), considerado fundador do monaquismo cristão. Santo Atanásio de Alexandria (295-373) relatou sua vida em *Vita Antonii*.
2. Santo Tomás de Aquino (1225-1274), em *Catena aurea in quatuor Evangelia*, Expositio in Matthaeum a capite V ad caput IX, Lectio XI.
3. Segundo os códices gregos e latinos, conforme Juan Maldonado (1534-1583), no cap. IV do *Evangelho de São Mateus*, verso 10 [referência do autor].
4. Na *Crônica da vida de São Francisco de Assis*, escrita por Damiano Cornejo (séc. XIII-XIV), bispo de Orense [referência do autor].

DÉCIMA PARTE

Em Lisboa,
Na Oficina de Miguel Deslandes

*Impressor de Sua Majestade.
À custa de Antônio Leite Pereira.*

Ano de 1699.

∾

Com todas as licenças necessárias.

CENSURAS

Censura do Ilustríssimo e Reverendíssimo Senhor Dom Diogo Justiniano, Arcebispo de Cranganor, do Conselho de Sua Majestade etc.

*S*enhor.

    Manda-me Vossa Majestade ver o **Duodécimo Tomo [Décima Parte]** dos Sermões do Padre Antônio Vieira, digníssimo Pregador de V. Majestade, glorioso timbre da Nação Portuguesa, mestre universal de todos os declamadores evangélicos, venturoso aluno da sempre esclarecida Companhia de JESUS, e que, entrepondo o meu juízo, diga o meu parecer sobre a estampa deste livro, que, sendo na promessa do autor o último dos seus Sermões, ainda não é o póstumo. Todas as composições deste grande homem parecem últimas, porque depois de qualquer delas não se pode esperar outra maior, nem ainda igual. A sua eloquência, porém, vence de tal maneira a nossa admiração, que o vimos prorromper em doze partos iguais e tão perfeitos, que cada um deles, por consumado, pareceu o último; e se a mão que escreveu estes discursos tivera atividade para, depois das cinzas, mover a pena, veríamos que, sendo na perfeição cada um dos seus tomos último, não poderia haver jamais último algum em os seus tomos, porque foi inexaurível a fecunda veia do seu gênio. Tudo o que dela correu, se pela perfeição foi último, o não ter último foi a sua maior perfeição.

    Dos Sermões do Padre Antônio Vieira só descubro em Jó alguma analogia, se bem que não é proporcionada a semelhança, porque no Padre Vieira foi a semelhança tão singular, que só nele se deve buscar o semelhante. Jó foi tão grande pregador que, confessando-lhe dentro na sua província a superioridade todos os seus contemporâneos, lhe reconheciam singularidade no talento para o ministério do púlpito, querendo que só a ele em todo o lugar se lhe levantasse a cadeira, como a mestre: "Preparavam-me uma cadeira na praça pública — como a mestre a doutor" (Jó 29,7) — disse Pineda. Este grande pregador, querendo deixar os seus sermões para exemplo da posteridade, desejou muito estampá-los no chumbo ou nas pedras: "Quem me dera que as minhas razões fossem escritas" (Jó 19,23). — "Deseja que seus sermões sejam escritos em livro, para doutrina da posteridade" — escreveu Hugo. O Padre Antônio Vieira deixou aos seus sermões mais gloriosa estampa, pois no juízo dos homens tem a posteridade o papel mais perdurável para a leitura dos seus escritos. E teve maior fortuna nos Sermões que Jó, porque Jó teve muitos meses no ano a quem não corresponderam os seus discursos, porque se não igualaram ao número dos meses do ano os seus sermões: "Eu tive meses vazios" (Jó 7,3). — A estampa, porém, deste **Duodécimo Tomo [Décima Parte]**, forma dos escritos do Padre Vieira um ano inteiro, porque a cada mês do ano corresponde um tomo, e se nós, pelas matérias dos tomos, houvéssemos de contar os meses do ano, seria necessário acrescentar ao ano os meses, porque nos seus escritos há matéria para muito mais tomos.

Este insigne homem, verdadeiramente, Senhor, foi um monstro daqueles de quem diz o sagrado texto que eram da geração dos gigantes: "Vimos certos monstros da raça dos gigantes" (Nm 13,34) — pois em tudo foi um monstro o Padre Antônio Vieira. Nas especulações gigante, sem ter a profissão das cadeiras. Nas Teologias expositivas gigante, como se para ele só fossem as Escrituras. No zelo da honra de Deus gigante, como se à sua conta só estivesse a reforma do mundo. No amor do próximo gigante, como se as missões fossem só para o seu talento. Nas políticas gigante, como se as razões de estado foram somente a ocupação dos seus estudos. Na honra da pátria gigante, desejando de reino mudá-la em império. Na emulação de muitos gigante, mas tão singular que, ainda vencidos, os opostos ficavam gloriosos, porque eram de tão desmarcado monstro vencidos. Nos infortúnios do mar e da terra gigante, porque superior a toda a desgraça, e maior que toda a fortuna. No conhecimento do mundo gigante, porque meteu debaixo dos pés as suas promessas. Finalmente, gigante nos passos, pois correu quase toda a Europa, atravessou grande parte da América, pisou na África não pequena parte, e para que à Ásia não tivesse a desgraça de lhe faltar a presença de tão grande homem, se lá não chegou a sua voz, lá se lhe ouviu o seu eco porque, para em tudo ser gigante, a cuja presença rendesse o mundo as venerações devidas ao seu talento, se converteu nos seus escritos, para que ao mesmo tempo que no sepulcro está emudecida a sua voz, atroe em todas as quatro partes do mundo o seu brado. E em matérias tão diferentes, ser o talento igual para tudo, esta foi uma das monstruosidades do juízo do Padre Antônio Vieira.

Príncipe houve que na urna das suas cinzas pôs os seus escritos, e mandou levantar um mausoléu tão grande, que de todo o seu domínio se pudesse ver o seu túmulo de todos aqueles a quem chegou a notícia dos seus discursos. Mais faz V. Majestade ao Padre Antônio Vieira, porque depois da sua morte, por benefício da estampa, lhe faz V. Majestade as honras com tão real magnificência, que em todas as quatro partes do mundo se pode ver a pirâmide da sua memória; e se a sorte invejosa no-lo quis roubar ao nosso hemisfério, escondendo nos desertos da América este tesouro, V. Majestade o desenterra, para lhe mandar fabricar a sepultura em todo o mundo, porque só toda a terra é adequado túmulo para homem tão raro.

O português, no parecer do Padre Vieira, é homem de todo o mundo [No Sermão do Te Deum]: todo o mundo lhe deu o ser, porque todo o mundo é o seu berço, toda a terra a sua pátria; e, se tudo se resolve no seu princípio, não será novidade que em todo o mundo se veja a resolução do Padre Antônio Vieira, quando todo o mundo, para a estimação, deu o ser a este português ilustre.

Mais se conhece o português, dizia o Padre Vieira, pelo lugar aonde morre que pelo lugar aonde nasce [No Sermão de Santo Antônio, pregado em Roma]: e para que o Padre Vieira fosse conhecido como singular entre todos os portugueses, era justo que pelos seus escritos vivesse em todo o mundo, para assim morrer em toda a terra.

Depois de morto, levantaram em Roma para as exéquias de Túlio duas urnas: uma para as lágrimas dos que tinham ouvido as suas vozes e lido os seus escritos, outra para as cinzas em que se resolveu tanta eloquência. Para o Padre Antônio Vieira duas urnas é pouco túmulo, porque lhe contaremos as piras pelos corações aonde viverá a sua saudade. A vida eterna que mereciam as suas prendas se eternizará na nossa dor, para viver perpetuamente nas saudades dos nossos suspiros.

Nos seus doze tomos nos deixou doze fontes para as nossas lágrimas por uma tal perda, mas em cada uma destas fontes multiplicou Deus, como no deserto de Helim, as palmas: "Doze fontes e setenta palmeiras" (Ex 15,27) — porque em cada um dos tomos se veem multiplicados os triunfos do Padre Vieira. E se não foi novidade haver setenta palmas em doze fontes, menor admiração será em doze tomos, fontes perenes da eloquência, levantarem-se ao Padre Antônio Vieira setenta triunfos. E se cada tomo contém quinze sermões, multiplicando pelos sermões as palmas, serão quinze os triunfos do Padre Vieira em cada tomo. Cada uma das fontes do deserto, na opinião de Hugo, eram os sermões dos pregadores. — No Padre Vieira as fontes da sua erudição não foram doze sermões, mas doze tomos, porque, se nos outros pregadores não passou de doze o número dos seus sermões mais célebres, no Padre Antônio Vieira foram doze os tomos dos seus sermões.

Absalão, para a sua memória, ainda vivo, levantou um arco triunfal para perpetuar depois da morte a sua lembrança, e nele gravou a sua mão para eternizar o seu nome: "Este será um monumento do meu nome. E deu o seu nome a esta coluna que se chama a Mão de Absalão" (2Rs 18,18). — O Padre Antônio Vieira para a sua mão levantou doze pirâmides, porque em doze tomos erigiu a lembrança do seu nome, aonde nos deixou os admiráveis partos da sua pena. A sua mão será sempre o seu título, porque viverá eternamente na sua pena a memória do seu nome. E se para a mão de tão grande príncipe, em Absalão bastou um triunfo, para a pena de Antônio Vieira foram necessários doze tomos, para lerem as idades futuras os voos do seu juízo nos triunfos do seu nome.

Doze pedras mandou Josué levantar em o Jordão, e se estas doze pedras, no parecer de Hugo, eram a memória de doze pregadores — quem não vê nos doze tomos do Padre Vieira clamar um só pregador mais que os doze de Josué nas doze pedras do Jordão? Porque nestas a estabilidade proporcionava a voz a distância; no Padre Antônio Vieira se lhe ouve em todo o espaço a voz, porque em todo o mundo, pela volubilidade dos tomos, lhe responde o eco.

As doze pedras do racional, que também na sentença de Hugo são as vozes dos pregadores, mais propriamente são os doze tomos deste pregador insigne, não só porque todas foram preciosas, mas porque no peito do Sumo Sacerdote tiveram toda a estimação, pois no juízo do Vaticano foi o Padre Antônio Vieira aquele orador evangélico em quem a verdade da doutrina católica fez irrepreensível a sua ciência.

Aquelas doze estrelas que coroavam a mulher do Apocalipse, no comento de Hugo, significam as vozes dos ministros do Evangelho, mas com maior propriedade simbolizam os doze tomos deste admirável homem, porque de semelhante argumento não tem a Igreja Católica de outros doze tomos mais rica coroa.

Antigamente, diz o sagrado texto que era o sermão precioso (1Rs 3,1) — porque era raro, diz Laureto. — O Padre Antônio Vieira com o seu engenho pôde tirar ao sermão o ser raro, pois nos deixou doze tomos, mas não pôde fazer, com todo o seu engenho, que não fosse precioso o sermão, porque em tão grande número soube unir o precioso e mais o raro.

O número de doze, em quem se compreende toda a obra deste orador admirável, diz Laureto, é número supérfluo, porque é superabundante. — O Padre Antônio Vieira com os seus sermões soube fazer o número doze escasso, porque para o nosso desejo é ainda diminuto o número de doze tomos.

O redundante do número de doze, diz o mesmo autor que para todos é afortunado: "Aquela feliz redundância" — mas, se falar do número de doze em ordem aos tomos do Padre Antônio Vieira, é para nós desgraçado este número, porque para a nossa lição desejáramos mais livros, e só então se daria por satisfeita a nossa curiosidade, quando para cada instante tivéssemos para o nosso ensino um tomo.

Aonde chegou a voz de doze apóstolos, repartida em doze bocas, chegou a voz deste apóstolo, dividida em doze Tomos. Esta voz e aquela voz correram o mesmo espaço, porque uma e outra se ouviu em todo o mundo, mas aquela foi voz de doze em doze, e esta foi voz de doze em um. Uma voz em cada um dos doze não pregou em todo o mundo, nem a voz de um só se ouviu em toda a terra. Do Padre Antônio Vieira ouviu-se em todo o mundo a mesma voz, porque foi a mesma em cada um tomo, e pregou com a mesma em cada um livro. Nos apóstolos ouvia cada um a sua voz, mas só ouviam esta aqueles a quem eles pregavam; deste apóstolo todos ouviram a mesma voz e a mesma língua, tanto os que ouviam, como os que não ouviam: os que ouviam, porque na sua língua articulava; os que não ouviam, porque no seu idioma o leram.

Aos doze apóstolos custou-lhes a vida a sua pregação, e a este apóstolo não custou menor preço a sua pregação que a sua vida. Morreu com este último tomo nas mãos o Padre Antônio Vieira; mas se este perfeito religioso na vida foi um sermão vivo, ou pelo heroico exemplo das suas virtudes, ou pela singular resolução do seu desengano, como o não havia de colher a morte entre mãos com os seus sermões? Se cada um morre como vive, o Padre Vieira, para morrer como viveu, devia morrer como morreu.

Justamente este seu último tomo devia ser o seu Benjamim, porque foi o seu último parto. Mas, se para o Padre Antônio Vieira este tomo foi o seu ditoso filho: "Benjamin, isto é, filho da mão direita" (Gn 35,18) — porque o tresladou do desterro para a pátria, para nós foi e sempre será filho infeliz, porque o levou da vida para a morte.

O duodécimo filho de Jacó foi para a mãe o filho da sua dor, porque a deixou morta: "Filho da dor"; para o pai, contudo, foi o seu filho ditoso, porque o deixou vivo: "Filho da mão direita". — O Benjamim do Padre Antônio Vieira foi este tomo, porque foi o seu duodécimo filho; mas, ainda que foi filho da sua dor, porque a sua geração lhe custou a vida, foi também filho da sua bênção: "Filho da mão direita" — porque nele satisfez a palavra dos seus doze tomos. E é coisa que pode causar grande novidade que, prometendo o Padre Antônio Vieira em anos tão avançados uma obra que, segundo a sua direção, ao menos pedia doze anos, assim medisse a sua vida pela sua obra, que acabou a obra e mais a vida. Cícero, na morte de César, dizia que tivera este imperador uma notável desgraça, e fora que, vivendo para a idade muito, para o seu préstimo vivera pouco. — Para tudo viveu muito o Padre Antônio Vieira, porque, se para a vida contou noventa anos, para o préstimo não foi menor a sua idade, antes mediu a sua idade pelo seu préstimo, porque desde a puerícia viveu para servir a nossa admiração.

Comumente os homens grandes, para as suas empresas lhes falta nos últimos anos o que perderam nos primeiros, e aquelas fábricas que delineia a alteza do seu espírito ficam informes, porque lhes faltam as forças primeiro que se acabem as empresas. O Padre Antônio Vieira, como não só foi grande, mas também único, as suas empresas foram iguais às suas forças, porque prometeu doze livros e acabou doze tomos. Não foi daqueles de quem dizia Cristo que, principiando a abrir os fundamentos para a torre, não puderam acabar o edifício: "Este homem principiou o edifício, e não pôde acabá-lo" (Lc 14,30) — porque principiou e acabou a sua fábrica pondo com este **Duodécimo Tomo** [**Décima Parte**] a coroa à sua obra.

Venturoso filho, que em anos tão crescidos ainda achou forças no pai para que pudesse gerar obra tão estupenda! Abendiçoado filho, que, sendo filho da velhice, tem o vigor da mocidade! E se o duodécimo filho de Jacó aliviou em o pai a saudade da mãe, nós com a mãe, a quem ficou entregue este duodécimo filho, aliviaremos as saudades do pai, pois em ventre tão fecundo, ainda do pai morto poderemos esperar geração em a mãe viva; e aquelas grandes obras que o autor no prólogo da sua Primeira Parte nos diz que se acham forjadas em os seus escritos como na tenda de Vulcano, mas ainda imperfeitas, porque já as forças as não podem bater para as aperfeiçoar, veremos nós que, depois da morte do Padre Antônio Vieira, têm elas com toda a perfeição o seu nascimento, porque, ainda que a mãe é mais velha que o filho, contudo tem mais forças que o filho a mãe. Nem se pode esperar menos da ditosa mãe do Padre Antônio Vieira, sendo esta a Companhia de Jesus, porque só aqui pode ter o Padre Vieira companhia.

Em duas sepulturas enterrou Abraão a Sara em o campo de Hebron (Gn 23,19) — porque nesses dois sepulcros, diz Hugo, enterrou o contemplativo da alma do morto, e a vida ativa do corpo do vivo — e na sepultura de Hebron, que quer dizer companhia — costuma ter companhia o morto, cuja alma contempla com a vida ativa do vivo, para que a atividade do vivo publique as contemplações da alma do morto.

Na companhia o vivo faz sociedade ao morto, e o morto tem companhia no vivo, porque no vivo fica ressuscitado o morto. E, se o morto na companhia é ressuscitado no vivo, teremos, em tantos vivos da Companhia, ressuscitado o Padre Antônio Vieira depois de morto. Já não é para admirar aquele grande segredo que todos ignoravam no tempo do Senhor Rei Dom João o IV, digníssimo pai de V. Majestade, vendo todos as incansáveis diligências com que o Padre Antônio Vieira renunciou às maiores dignidades, só por se conservar e viver na Companhia, porque sabia que, se fora desta grande e generosa mãe havia de ser ressuscitado no último dia, como todos os homens, antes deste dia era bem que este grande homem ressuscitasse, e, para ser ressuscitado antes da ressurreição comum, só em Hebron imediata à sua morte podia ter logo a ressurreição.

Esta ressurreição que depois da morte esperamos ver no Padre Antônio Vieira antes do dia do juízo, por meio das suas obras, não só firma na Companhia de Jesus o seu complemento, mas também no singular cuidado com que V. Majestade e a Rainha, nossa Senhora, se aplicaram para a conservação dos escritos de um vassalo que neste século nenhum príncipe o teve maior, e só Deus sabe quando V. Majestade o terá igual. Aplicou V. Majestade, e a Rainha, nossa Senhora, a consideração à fragilidade caduca de uma vida, a quem a inveja da sorte quis acabar com vários infortúnios, se bem todos pequenos para um ânimo tão grande, e por isso todos foram pequeno despojo para o seu triunfo; e, para que no pó de tão heroicas cinzas não tivessem parte os metais de tão soberana estátua, procuraram Vossas Majestades preventivamente o reparo para a conservação do trabalho dos seus estudos.

Os reis da Pérsia, para se não perderem as obras heroicas dos seus vassalos, costumavam antigamente mandá-las lançar nos arquivos públicos; aqui se conservaram, mas não se comunicavam aqui a todos, porque toda a posteridade não podia ler o livro do seu depósito. Vossa Majestade, e a Rainha, nossa Senhora, com mais superior impulso, mandam vir da América os escritos do Padre Antônio Vieira, e, para os conservarem em arquivo comum para todos, em todo o mundo hão de lançar as suas notícias, para que todos os homens possam ler as obras de pena tão rara, e saberão que, se Portugal das suas minas desenterra preciosas pedras, também tem depósitos, onde conserva sujeitos, em quem, quando lhe é necessário, desenterra tesouros.

Tesouro foi o Padre Antônio Vieira, e tesouro de toda a riqueza, porque nele não depositou Deus coisa que não fosse preciosa, e tão preciosa que, sendo os seus Sermões tão únicos, ele os julgava como de nenhum valor, em comparação do preço que se devia ao demais que conservava no tesouro do seu engenho. Falando o Padre Antônio Vieira das preciosas pedras dos seus escritos, em uma carta familiar escrita com toda a confiança, dizia que não sabia qual furor o arrebatara nos primeiros anos para abrir alicerces a grandes palácios, os quais vieram a acabar nas pobres choupanas dos seus doze tomos [Carta escrita ao Dr. Sebastião de Matos e Sousa, da Congregação do Oratório]. Se estes são pobres tugúrios da sua eloquência, quais serão os edifícios da sua ideia, em cuja suntuosidade tivesse o Padre Antônio Vieira Capitólio condigno do seu juízo? Se tanta singularidade no dizer, e tão única no amplificar, era no conceito do Padre Antônio Vieira indigno teatro para o seu nome, qual será o carro capaz para o seu triunfo?

Os primeiros partos dos autores costumam ser o frontespício do seu talento; mas como o Padre Antônio Vieira foi autor único em todos os seus escritos, bastam as suas choupanas para dar a conhecer os seus palácios, porque, para a suspensão de todos, bastam os abortivos partos do seu engenho. Para o conhecimento dos pigmeus não basta ainda todo o corpo, mas para os gigantes basta um dedo; e como o Padre Antônio Vieira foi gigante desmarcado em todo o gênero de escritura, basta o seu dedo para o conhecimento da sua eloquência.

Estas razões, Senhor, me obrigam a dizer a V. Majestade que esta obra merece a real atenção de V. Majestade, que é o que basta para explicar a sua grandeza, e que V. Majestade não só se sirva de conceder a licença que justamente se pede, mas de mandar aos religiosos da Companhia que, assim como nos comunicaram as notícias das choupanas, assim nos deem o incomparável gosto de podermos admirar as ideias dos palácios de um arquiteto que não teve igual; e, se de muitos deles se não achar mais que o fundamento, alicerces do Padre Antônio Vieira por si só bastam, como se foram máquinas grandes. Se na sua *Clavis Prophetarum* falta alguma guarda para poder abrir em algum capítulo dos profetas, do Padre Antônio Vieira não há chave que não seja mestra para poder abrir a fechadura de toda a dificuldade; e se ao último tomo desta célebre obra, segundo me disseram, faltam só duas disputas, melhor é que duas disputas nos faltem do que, pela falta de duas disputas, ficarmos perdendo a dois tomos, que forçosamente devem ficar sem a última mão, porque só a lima do Padre *Antônio Vieira* pode aperfeiçoar condignamente a guarda da sua chave.

Posso afirmar a Vossa Majestade, pela notícia que deu em Roma quem teve a fortuna de ver esta grande obra, e, pelas conferências que tive na mesma corte sobre a matéria do seu argumento, que, enquanto não aparecerem estes dois livros, ainda está o mundo por saber quem é o Padre Antônio Vieira, e qual foi a singularíssima compreensão com que Deus dotou a sua agilidade, porque tudo o que se tem visto das suas obras é um corpo sem alma a respeito desta grande empresa, e, depois que se comunicar à notícia pública, verão todos tal diferença dos outros escritos a este comento que, ou Antônio Vieira no comento é outro, ou as demais obras não são parto do seu juízo. E se o mundo pasmou no que já viu, sendo tudo isto, sem comparação alguma, menor que uma só regra da *Clavis Prophetarum*, vêm a ser estes livros, sem controvérsia alguma, superiores a todo o gênero de escritura.

Seus naufrágios tem tido esta obra primeiro que tenha aparecido na luz da estampa. Um no furto, que já se lhe intentou fazer, e sem dúvida se efetuará, se V. Majestade, com sua real atenção, não fizera restituir ao Padre Baltazar Duarte, como a procurador do Padre Antônio Vieira, o tesouro que nos roubavam de Portugal; outro naufrágio foi o juízo que muitos fizeram desta empresa, sem saberem nem o que ela é, nem o que ela contém. E para V. Majestade evitar segundo furto e impor perpétuo silêncio a quem fala sem saber o que diz, deve mandar logo publicar esta obra, ordenando que, enquanto se estampa este tomo, se prepare a impressão para estes dois livros e para tudo o mais que do Padre Antônio Vieira escreveu a pena ou ditou o juízo. E porque não sei se V. Majestade se servirá de me continuar a mercê de me mandar ver as demais obras, assim como foi servido que eu revisse o **Undécimo** [**Nona Parte**] e o **Duodécimo Tomos** [**Décima Parte**], supondo ser esta a última vez que, por escrito, fale nas obras do Padre Antônio Vieira, peço a V. Majestade que, por sua real grandeza, me permita o ter deixado correr a pena para dizer em tanto papel tão pouco; porque assim ao menos, se não digo o que devo, profiro o que posso. E, concluindo com o meu juízo, acabo dizendo que de tão grande homem, não há letra que se possa perder nem sílaba que se não possa estampar. Este é o meu parecer: Vossa Majestade mandará o que for servido. Lisboa, 5 de setembro de 1698.

Dom Arcebispo de Cranganor

LICENÇAS

DA RELIGIÃO

Eu, Alexandre de Gusmão, da Companhia de JESUS, Provincial da Província do Brasil, por comissão especial que tenho do N. M. R. P. Tirso Gonçalves, Prepósito Geral, dou licença para que se possa imprimir este livro, da **Duodécima Parte** [Décima Parte] dos Sermões do Padre Antônio Vieira, da mesma Companhia, Pregador de Sua Majestade, o qual foi revisto, examinado e aprovado por religiosos doutos dela, por nós deputados para isso. E, em testemunho da verdade, dei esta, subscrita com meu sinal e selada com o selo de meu ofício. Bahia, aos 20 de junho de 1697.

ALEXANDRE DE GUSMÃO

DO SANTO OFÍCIO

Vistas as informações, pode-se imprimir a **Parte Duodécima** [Décima Parte] dos Sermões do Padre Antônio Vieira da Companhia de JESUS, e, depois de impressa, tornará para se conferir e dar licença que corra, e sem ela não correrá. Lisboa, 8 de agosto de 1698.

ESTÊVÃO DE BRITO FOYOS. SEBASTIÃO DINIS VELHO. JOÃO CARNEIRO DE MORAIS. JOÃO MUNIS DA SILVA. FR. GONÇALO DO CRATO

DO ORDINÁRIO

Vistas as informações, pode-se imprimir a **Duodécima Parte** [Décima Parte] dos Sermões do Padre Antônio Vieira da Companhia de JESUS, e, depois de impressa, tornará para se lhe dar licença para correr, e sem esta não correrá. Lisboa, 14 de agosto de 1698.

FR. PEDRO, BISPO DE BONA

DO PAÇO

Que se possa imprimir, vistas as licenças do Santo Ofício e Ordinário, e, depois de impresso, tornará à mesa para se conferir e taxar, e sem isso não correrá. Lisboa, 12 de setembro de 1698.

Marchão. Ribeiro. Oliveira

Está conforme com seu original. Lisboa, S. Elói, 7 de dezembro de 1699.

Francisco de S. Maria

Visto estar conforme com seu original, pode correr. Lisboa, 11 de dezembro de 1699.

Diniz. Carneiro. Muniz. Fr. Gonçalo

Pode correr.

Fr. P., Bispo de Bona

Taxam este livro em doze tostões. Lisboa, 14 de dezembro de 1699.

Duque P. Roxas. Marchão. Pereira. Oliveira. Costa

CRONOLOGIA DE VIEIRA

EM PORTUGAL

PRIMEIROS ANOS

1608   6 de fevereiro: Nasce em Lisboa. Primogênito de Cristóvão Vieira Ravasco e de Maria de Azevedo. Foram seus irmãos Bernardo Vieira Ravasco, Inácia Vieira Ravasco, Catarina Ravasco de Azevedo, Leonarda de Azevedo Ravasco e Maria de Azevedo.

1609   (1 ano) O pai emigra para Salvador da Bahia para exercer o cargo de escrivão no Tribunal da Relação. Vieira fica com a mãe e com ela aprende a ler e escrever.

1615-1616   (7/8 anos) Vieira parte com a mãe para o Brasil.

NO BRASIL

1616   20 de janeiro: Chega à Bahia.

1623   (15 anos) Ingresso na Companhia de Jesus, em Salvador, em cujo Colégio estudava. Faz o Noviciado na Aldeia do Espírito Santo [Vila Abrantes].

1624   (16 anos) Em maio, a esquadra holandesa de Jacob Willekens ataca e ocupa Salvador.

1626   (18 anos) Magistério nos Colégios de Olinda e de Salvador: Ensina Retórica. Redige o relatório anual, a *Charta Annua*, dos Jesuítas para o Superior Geral.

1629   (21 anos) Estuda Filosofia e Teologia na Bahia.

1633   (25 anos) Primeiros sermões pregados em Salvador, dois anos antes da ordenação sacerdotal.

1634   (26 anos) 10 de dezembro: Ordenação Sacerdotal.

1635   (27 anos) Ensina Teologia.

1638   (30 anos) Os holandeses cercam a Bahia.

1640   (32 anos) 1º de dezembro: Restauração da independência de Portugal.

1641   (33 anos) 27 de fevereiro: Partida para Lisboa. Juntamente com Padre Simão de Vasconcelos, é escolhido para acompanhar D. Fernando de Mascarenhas, filho do então Vice-rei D. Jorge de Mascarenhas, com o propósito de prestar obediência a D. João IV.

EM PORTUGAL

1641   (33 anos) A viagem termina em Peniche em 25 de abril, devido ao mau tempo. Vieira encontra-se com o rei D. João IV e a rainha D. Luísa de Gusmão em 30 de abril.

1641-1642 (34 anos) 1º de janeiro: Prega o primeiro sermão na Capela Real, o *Sermão dos Bons Anos*. Inicia a atividade de pregador, apoiando a nova dinastia de Bragança.

1643 (35 anos) Apresenta ao rei a Proposta sobre o "miserável estado do reino e a necessidade que tinha de admitir os judeus mercadores".

1644 (36 anos) É nomeado Pregador Régio, título de que se orgulha até a morte. Prega o *Sermão de São Roque* em que propõe a criação de duas Companhias de Comércio, uma para o comércio da Índia, outra para o do Brasil.

1646 (38 anos) 21 de janeiro: Faz os votos solenes na Igreja de São Roque. Inicia as missões diplomáticas por Paris, para tratar do casamento do D. Teodósio, e por Haia a fim de tentar a paz com os holandeses. Missões sem sucesso.

1647 (39 anos) Nova missão diplomática à França e à Holanda. Missão de sucesso relativo.

1648 (40 anos) Outubro: Retorna a Lisboa. Vieira redige um Papel a favor da entrega de Pernambuco aos holandeses, que o rei chamou de Papel Forte.

1649 (41 anos) É criada a Companhia Geral do Comércio do Brasil, com o monopólio do comércio de bacalhau, azeite, vinho e trigo. Primeiras denúncias no Santo Ofício. Começa a redigir a *História do Futuro*.

1650 (42 anos) Missão diplomática à Itália (Roma) para assuntos do Estado: Propor o casamento de D. Teodósio com D. Maria Teresa de Áustria, filha do rei espanhol, e incentivar os revoltosos napolitanos contra o rei de Espanha. Ainda dessa vez a missão falha. Vieira é obrigado a partir para Lisboa.

1652 (44 anos) Parte no final do ano para o Maranhão, como superior dos jesuítas do Maranhão e do Pará, passando o Natal em Cabo Verde.

NO BRASIL

1653 (45 anos) Chega ao Maranhão em 16 de janeiro. Nesse período, visita as missões no Tocantins, no Amazonas e na ilha de Marajó. Primeiro grande sermão contra a escravatura, o *Sermão da Primeira Dominga da Quaresma ou das Tentações*. Dadas as condições do trabalho missionário e as reações dos governantes e da população, Vieira resolve ir a Portugal para obter do rei medidas que assegurassem melhor atividade missionária dos jesuítas. Neste ano ocorre o falecimento de D. Teodósio.

EM PORTUGAL

1654 (46 anos) Vieira viaja a Lisboa para alcançar novos instrumentos sobre o Estatuto dos Índios nas missões do Maranhão. Antes de partir, em 13 de junho, prega o *Sermão de Santo Antônio (aos peixes)*. O navio é desarvorado perto dos Açores e atacado por piratas holandeses. Da Ilha Graciosa passa para a Ilha Terceira e para a de São Miguel, daí embarca para Lisboa, aonde chega em princípios de novembro.

1655 (47 anos) A situação política em Lisboa não lhe era favorável; o rei estava gravemente doente e Vieira insiste na realização futura do Quinto Império. Durante a Quaresma, pronuncia uma série de Sermões fortemente críticos na Capela Real da Corte. Apesar das dificuldades, em 9 de abril consegue uma provisão régia com plenos poderes para a organização dos aldeamentos de Índios. Regressa para o Maranhão.

NO BRASIL

1656 (48 anos) Novas denúncias no Santo Ofício. Em 6 de novembro, com a morte de D. João IV, perde o maior dos seus apoios. Vive então anos de intensa atividade missionária. Percorre o rio Tapajós, a Ilha de Marajó e a Serra de Ibiapaba.
1658 (50 anos) É nomeado "Visitador".
1659 (51 anos) Carta de Vieira ao Padre André Fernandes, bispo titular do Japão, intitulada "Esperanças de Portugal", em que volta a expor a visão do Quinto Império do Mundo. A carta, de escrita de Camutá, teve ampla circulação.
1660 (52 anos) O Santo Ofício intima André Fernandes a entregar o escrito de Vieira e o seu processo assume aspectos novos e mais graves.
1661 (53 anos) A revolta do Maranhão e do Pará contra os jesuítas leva-os à prisão e à expulsão para Portugal. Vieira sofre de paludismo.

EM PORTUGAL

1662 (54 anos) Até 1668, serão 6 anos ocupados com os processos da Inquisição. Na plenitude dos anos se cala o pregador. Deste período constam publicados apenas 5 sermões: o *Sermão da Epifania*, na Capela Real perante a rainha regente e o rei; o *Sermão do Santíssimo Sacramento*, em Santa Engrácia; o *Sermão da Terceira Dominga da Epifania*, na Sé de Lisboa; o *Sermão da Sexta-Feira da Quaresma*, na Capela Real; e o *Sermão de Santa Catarina*, na Universidade de Coimbra. — A rainha D. Luísa de Gusmão é afastada da Corte em favor de D. Afonso VI, sendo seu ministro o Conde de Castelo Melhor. Vieira é confinado pelo ministro do rei a residir no Porto. O Tribunal do Santo Ofício (Inquisição) instaura-lhe um processo por delito de heresia. Em 21 de junho é intimado a depor no Tribunal da Inquisição e redige "Resposta aos 25 capítulos" de acusação contra ele e os jesuítas do Maranhão e do Grão-Pará.
1663 (55 anos) Vieira é desterrado para Coimbra a pedido da Inquisição, com proibição de ir para o Brasil.
1664 (56 anos) Vieira é condenado à prisão pela Inquisição.
1665 (57 anos) Vieira, até então confinado em prisão domiciliar no colégio de Coimbra, é encarcerado nos cárceres da Inquisição por ordem do Tribunal do Santo Ofício, até o fim do processo.

1666 (58 anos) Entrega a sua "Defesa" ao Santo Ofício.
1667 (59 anos) 23 de dezembro: Vieira é sentenciado pelo Tribunal a residência confinada em casas dos jesuítas em Coimbra e depois em Lisboa, com interdição de pregar. — Golpe de estado destitui D. Afonso VI a favor de D. Pedro, seu irmão. Vieira é transferido para o Porto.
1668 (60 anos) Vieira é libertado em junho, mediante decreto do Santo Ofício que lhe concede o perdão das penas; é transferido para o noviciado de Lisboa e assume o seu posto de Confessor do regente, assim como o direito de pregar, mas com limitações em relação às matérias de que fora acusado. O ambiente político se mantém instável.

NA ITÁLIA

1669 (61 anos) Parte para Roma, onde ficará até 1675, em busca da libertação em relação às limitações que lhe tinham sido impostas, frequentando a cúria romana e a academia da corte da rainha Cristina da Suécia. O papa Clemente IX reconhece a monarquia portuguesa.
1673 (65 anos) Prega Sermão para a rainha Cristina da Suécia (*Quinta Terça-Feira da Quaresma*), que o solicita como seu pregador.
1674 (66 anos) Vieira obtém do papa Clemente X a suspensão de todas as ações do Tribunal da Inquisição em Portugal; D. Pedro II exige o seu regresso a Portugal.

EM PORTUGAL

1675 (67 anos) Em maio regressa a Lisboa, absolvido das penas passadas e isento para sempre da jurisdição da Inquisição portuguesa.
1679 (71 anos) Publicação do primeiro volume da edição portuguesa dos seus *Sermões* ("editio princeps"), dedicado a D. Pedro II.

NO BRASIL

1681 (73 anos) Sem contar mais com o apoio político na corte, decide partir para o Brasil. Em janeiro embarca definitivamente para Salvador da Bahia, passando a residir na Quinta do Tanque, propriedade da Companhia de Jesus nas proximidades da cidade. Devido às insistentes pressões de D. Pedro II e dos bispos portugueses, o papa restabelece o tribunal do Santo Ofício. Recomeçam em Portugal as execuções (Autos da Fé); os estudantes de Coimbra queimam em efígie o Padre Antônio Vieira, festejando o retorno da Inquisição!
1682 (74 anos) "Carta ao Marquês de Gouveia" comenta a queima da sua efígie em Coimbra. É criada a Companhia do Comércio do Maranhão, sugerida por Vieira. É publicado em Lisboa o segundo volume dos seus *Sermões*.

1683 (75 anos) Morre D. Afonso VI e D. Pedro II é declarado rei. Os estudantes da Universidade do México prestam homenagem ao Padre Antônio Vieira; sai em Lisboa o terceiro volume dos *Sermões*.
1685 Sai o quarto volume dos *Sermões*.
1686 Por ter sido poupado à epidemia de febre amarela que grassava na Bahia, redige os dois volumes de Maria Rosa Mística. Nesse ano, sai o primeiro dos dois volumes (quinto volume dos *Sermões*).
1688 (80 anos) Vieira é nomeado Visitador Geral de toda a província jesuítica do Brasil, apesar de já não poder viajar; exerceu o cargo durante três anos. Sai o segundo volume de Maria Rosa Mística (sexto volume dos *Sermões*). Muitos desses sermões apenas foram escritos, e não pronunciados.
1689 (81 anos) Sai o sétimo volume dos *Sermões*. Morre a rainha Cristina. Escreve ao Conde de Ericeira, seu amigo, sobre as missões diplomáticas praticadas por ele a pedido de D. João IV.
1690 (82 anos) Sai o oitavo volume dos *Sermões*. Com os direitos de autor dos seus Sermões ("editio princeps"), financia a missão do Padre João de Barros junto dos Índios Cariris na Bahia.
1692 (84 anos) Sai o nono volume dos *Sermões*.
1694 (86 anos) Publica os *Sermões de São Francisco Xavier* (Xavier Dormindo e Xavier Acordado) (décimo volume dos *Sermões*). Os textos nunca foram proferidos. Escreve o "Voto sobre as dúvidas dos moradores de São Paulo".
1696 (88 anos) Celebra o nascimento da infanta D. Teresa Francisca com um sermão, cumprindo uma vez mais o seu papel de pregador régio que manteve até a morte. Sai o décimo primeiro volume dos Sermões.

FALECIMENTO

1697 (89 anos) Preparou para publicação o volume XII dos *Sermões*. Ditou a sua última carta em 12 de julho. Padre Antônio Vieira morre em Salvador da Bahia, em 18 de julho, e foi sepultado na igreja do Colégio. Em Lisboa o Conde de Ericeira, Francisco Xavier de Meneses (1673-1743), patrocina as exéquias na Igreja de São Roque.
1699 Publicado em Lisboa o último (XII) volume dos *Sermões* ("editio princeps") preparados pelo Padre Antônio Vieira.

VOLUMES PÓSTUMOS

Segundo o padre Augusto Magne, SJ, os *Sermões* do volume XIII são relíquias oratórias e tratados vários do grande pregador.
O volume XIII é constituído por uma trilogia, publicada ainda em vida de Vieira (1690): XIII.1 A oração fúnebre da Rainha D. Maria Francisca de Saboia, mulher de D. Afonso VI; XIII.2 Uma oração de ação de graças pelo nascimento do príncipe D. João, filho de D. Pedro e da Rainha D. Maria Sofia de Neuburgo; e XIII.3 Um escrito con-

solatório apresentado à Rainha, em que Vieira transfere para o segundo príncipe D. João, o futuro D. João V, os prognósticos que lhe inspirara o nascimento do primeiro. [Padre Augusto Magne, SJ, Volume XIII, p. VII-VIII.]

1710 Sai o volume XIV, oferecido à sua Majestade pelo padre Manuel Fernandes, SJ, confessor do príncipe regente, com os seguintes sermões: XIV.1 Nos Anos da Sereníssima Rainha; XIV.2 Sermão de São Roque (1642, em Lisboa); XIV.3 As cinco pedras da funda de Davi em cinco discursos morais (1676, em Roma); XIV.4 Sermão de São Sebastião (1634, na Bahia); XIV.5 As lágrimas de Heráclito (1674, em Roma); XIV.6 Voz de Deus ao mundo, a Portugal e à Bahia (1695, na Bahia); XIV.7 Carta para o Rei (1660, em São Luís do Maranhão); e XIV.8 Sermão de Dia de Reis (1641, na Bahia).

1736 Sai o volume XV, oferecido ao rei D. João V, pelo padre André de Barros. Contém "Vozes Saudosas" da Eloquência, do Espírito, do Zelo e Eminente Sabedoria do Padre Antônio Vieira, SJ, pregador de Sua Majestade. XV.1 Voz Histórica; XV.2 Voz Política; XV.3 Voz Desenganada; XV.4 Voz Doutrinal; XV.5 Voz Agradecida; XV.6 Voz Generosa; XV.7 Voz Parenética ou Exortatória; XV.8 Voz Métrica; XV.9 Voz Zelosa; XV.10 Voz Elevadíssima; XV.11 Eco da Voz Elevadíssima; e XV.12 Suspiros Encomiásticos.

1736 Publicação da primeira biografia de Vieira, Vozes Saudosas, pelo Padre André de Barros.

1748 Sai o volume XVI, oferecido ao rei D. João V, pelo padre André de Barros. Contém "Sermões vários e Tratados ainda não impressos" do padre Antônio Vieira e "Vozes Saudosas" Tomo II. XVI.1 Sermão de Dia dos Reis (Voz gratulatória, 1641, na Bahia); XVI.2 Sermão do Nascimento do Menino Deus (Voz retórica, na Bahia); XVI.3 Sermão de Santo Estevão (Voz filosófica, na Bahia); XVI.4 Sermão da Agonia do Senhor no Horto (Voz enternecida); XVI.5 Prática Espiritual da Crucificação do Senhor (Voz compadecida, em São Luís do Maranhão); XVI.6 Comento ou homilia sobre o Evangelho da segunda-feira da primeira semana da Quaresma (Voz ascética); XVI.7 Sermão das Exéquias do Infante de Portugal D. Duarte (Voz Primeira obsequiosa, 1649); XVI.8 Sermão das Exéquias do Príncipe D. Teodósio (Voz Segunda obsequiosa, em São Luís do Maranhão); XVI.9 Sermão das Exéquias do Rei D. João IV (Voz Terceira obsequiosa); XVI.10 Sermão das Exéquias do Conde de Unhão D. Fernão Telles de Menezes (Voz Quarta obsequiosa,1651); e XVI.11 Via Sacra (Voz Apologética).

1854-1858 Edição das *Obras Completas*, em 27 volumes; Lisboa: J. M. C. Seabra & T. Q. Antunes.

1957 Publicação da *Defesa perante o Tribunal do Santo Ofício*, com Introdução e notas de Hernâni Cidade; Salvador da Bahia: Progresso Editora, em 2 volumes. Contém o Livro Anteprimeiro e os fragmentos dos livros primeiro e segundo que tinham sido publicados por João Lúcio de Azevedo em 1918.

N. B.: A nossa edição compõe-se apenas dos doze volumes revistos e preparados pessoalmente pelo padre Antônio Vieira. Esse critério não pretende julgar os textos dos volumes póstumos como textos de segunda categoria; pelo contrário, são também considerados pela crítica textos igualmente clássicos.

ÍNDICE GERAL DOS DOZE VOLUMES

VOLUME I
(Primeira Parte)

Apresentação	7
Leitor	11
Sermão da Sexagésima	13
Sermão de Quarta-Feira de Cinza	33
Sermão do SSmo. Sacramento	47
Sermão do Nascimento da Virgem Maria	67
Sermão da Terceira Quarta-Feira da Quaresma	83
Sermão de S. Inácio	99
Sermão da Terceira Dominga da Quaresma	119
Sermão do SSmo. Sacramento	145
Sermão da Quinta Quarta-Feira da Quaresma	157
Sermão de Nossa Senhora de Penha de França	177
Sermão no Sábado Quarto da Quaresma	193
Sermão das Lágrimas de S. Pedro	213
Sermão do Mandato	227
Sermão da Bula da S. Cruzada	241
Sermão de Quarta-Feira de Cinza	259
Notas	279
Lista	287
Aprovação do Muito Reverendo Padre Mestre	291
Licenças	293
Privilégio real	295

VOLUME II
(Segunda Parte)

Apresentação	7
Sermão da Rainha Santa Isabel	9

Sermão da Glória de Maria, Mãe de Deus 25
Sermão da Primeira Dominga da Quaresma 41
Sermão da Terceira Quarta-Feira da Quaresma 61
Sermão de Santo Antônio 85
Sermão de S. Roque 97
Sermão de S. Pedro Nolasco 119
Sermão da Sexta Sexta-Feira de Quaresma 137
Sermão da Quinta Dominga da Quaresma 153
Sermão de Nossa Senhora da Graça 171
Sermão de S. Antônio (aos peixes) 191
Sermão para o Dia de S. Bartolomeu em Roma 211
Sermão do Mandato 225
Sermão ao Enterro dos Ossos dos Enforcados 243
Sermão da Primeira Dominga do Advento 257
Notas 281

VOLUME III
(Terceira Parte)

Apresentação 7
Sermão do Santíssimo Sacramento 9
Sermão de N. S. do Carmo 23
Sermão da Terceira Quarta-Feira da Quaresma 45
Sermão de Santo Agostinho 63
Sermão da Primeira Dominga do Advento 89
Sermão da Quarta Dominga da Quaresma 105
Sermão de Santo Antônio 125
Sermão de Santa Catarina 145
Sermão de Dia de Ramos 167
Sermão do Bom Ladrão ou da Audácia 183
Sermão do Mandato 203
Sermão do Espírito Santo 223
Sermão da Dominga XIX depois do Pentecoste 243
Sermão pelo Bom Sucesso das Armas de Portugal
        contra as de Holanda 263
Sermão de Santa Teresa e do Santíssimo Sacramento 279
Notas 301

Censuras 307
Licenças 310

VOLUME IV
(Quarta Parte)

Apresentação 7
Sermão do Quarto Sábado da Quaresma 9
Sermão de Nossa Senhora do Ó 33
Sermão da Primeira Sexta-Feira da Quaresma 51
Sermão das Cadeias de S. Pedro em Roma 67
Sermão de Todos os Santos 83
Sermão da Segunda Dominga da Quaresma 107
Sermão da Primeira Sexta-Feira da Quaresma 125
Sermão de Santa Teresa 147
Sermão da Quinta Dominga da Quaresma 171
Sermão do Mandato 187
Sermão Segundo do Mandato 209
Sermão da Primeira Oitava da Páscoa 231
Sermão nas Exéquias de D. Maria de Ataíde 251
Sermão de S. Roque 265
Sermão da Epifania 283
Notas 315
Privilégio real 321
Censuras 322
Licenças 325

VOLUME V
(Série *Maria, Rosa Mística* — Primeira Parte)

Apresentação 7
Sermão I 9
Sermão II 29
Sermão III 57
Sermão IV 81
Sermão V 95

Sermão VI 115
Sermão VII 139
Sermão VIII 157
Sermão IX 173
Sermão X 191
Sermão XI 207
Sermão XII 231
Sermão XIII 255
Sermão XIV 271
Sermão de Nossa Senhora do Rosário 291
Notas 309
Privilégio real 321
Censuras 322
Licenças 325

VOLUME VI
(Série *Maria, Rosa Mística* — Segunda Parte)

Apresentação 7
Sermão XVI 11
Sermão XVII 33
Sermão XVIII 51
Sermão XIX 73
Sermão XX 97
Sermão XXI 117
Sermão XXII 135
Sermão XXIII 153
Sermão XXIV 171
Sermão XXV 195
Sermão XXVI 215
Sermão XXVII 235
Sermão XXVIII 257
Sermão XXIX 273
Sermão XXX 289
Notas 307
Censuras 319
Licenças 323

VOLUME VII
(Quinta Parte)

Apresentação	7
Sermão da Primeira Dominga do Advento	9
Sermão da Segunda Dominga do Advento	37
Sermão da Terceira Dominga do Advento	53
Sermão da Quarta Dominga do Advento	71
Sermão da Conceição Imaculada da Virgem Maria S. N.	89
Sermão da Dominga Décima Sexta Post Pentecosten	105
Sermão do Santíssimo Sacramento	125
Sermão de S. Gonçalo	151
Sermão da Dominga Vigésima Segunda Post Pentecosten	175
Sermão de Nossa Senhora da Graça	193
Sermão de S. João Evangelista	213
Sermão da Segunda Dominga da Quaresma	227
Sermão de Santa Bárbara	247
Sermão do Sábado antes da Dominga de Ramos	267
Sermão de S. João Batista	281
Notas	300
Censuras	307
Licenças	310

VOLUME VIII
(Sexta Parte)

Apresentação	7
Sermão do Santíssimo Nome de Maria	9
Sermão da Quarta-Feira de Cinza	35
Sermão de Santo Antônio	51
Sermão da Terceira Dominga do Advento	69
Sermão das Obras de Misericórdia	87
Sermão da Primeira Oitava da Páscoa	103
Sermão da Segunda Oitava da Páscoa	119

Sermão de Nossa Senhora da Conceição 137
Sermão da Terceira Dominga da Epifania 151
Sermão da Santa Cruz 169
Sermão de Santa Iria 183
Sermão da Visitação de Nossa Senhora 199
Sermão da Segunda-Feira depois da Segunda
    Dominga da Quaresma 215
Sermão da Ressurreição de Cristo S. N. 243
Exortação em Véspera do Espírito Santo 267
Exortação em Véspera da Visitação de Nossa Senhora 279
Notas 289
Censuras 301
Licenças 303

VOLUME IX
(Sétima Parte)

Apresentação 7
Sermão da Ascensão de Cristo Senhor Nosso 9
Sermão da Dominga Vigésima Segunda
    Post Pentecosten 35
Sermão do Santíssimo Sacramento 55
Sermão da Quinta Terça-Feira da Quaresma 75
Sermão do Nascimento da Mãe de Deus 83
Sermão da Publicação do Jubileu 99
Sermão de São Pedro 117
Sermão da Segunda Quarta-Feira da Quaresma 137
Sermão na Madrugada da Ressurreição 155
Sermão da Primeira Dominga da Quaresma 165
Sermão do Mandato 179
Sermão da Quarta Dominga depois da Páscoa 201
Sermão da Visitação de Nossa Senhora a Santa Isabel 225
Sermão pelo Bom Sucesso de Nossas Armas 245
Sermão do Esposo da Mãe de Deus, São José 263
Notas 279
Censuras 289
Licenças 293

VOLUME X
(Oitava Parte)

Notícia Prévia 9
Apresentação do Padre Baltasar Duarte 11

Xavier Dormindo

Proposta 19
Prefação aos Três Sonhos 23
Sonho Primeiro — Primeira Oração Panegírica 27
Sonho Segundo — Segunda Oração Panegírica 45
Sonho Terceiro — Terceira Oração Panegírica 67
Conclusão aos Sonhos de Xavier Dormindo 91

Xavier Acordado

Prefação aos Desvelos de Xavier Acordado 95
Sermão Primeiro — Anjo 99
Sermão Segundo — Nada 115
Sermão Terceiro — Confiança 129
Sermão Quarto — Pretendentes 143
Sermão Quinto — Jogo 155
Sermão Sexto — Assegurador 167
Sermão Sétimo — Doidices 177
Sermão Oitavo — Finezas 191
Sermão Nono — Braço 207
Sermão Décimo — Da Sua Canonização 227
Sermão Undécimo — Do Seu Dia 245
Sermão Duodécimo — Da Sua Proteção 265
Notas 281
Censuras 291
Licenças 293

VOLUME XI
(Nona Parte)

Apresentação 7
Sermão de Santa Catarina, Virgem e Mártir 11

Sermão do Gloriosíssimo Patriarca S. José 33
Sermão da Primeira Sexta-Feira da Quaresma 49
Sermão de Santo Antônio 69
Sermão das Quarenta Horas 85
Sermão do Evangelista S. Lucas 103
Sermão do Beato Estanislau Kostka 125
Sermão do Demônio Mudo 141
Sermão Doméstico 161
Sermão de Santo Antônio 173
Sermão dos Bons Anos 201
Sermão da Quinta Dominga da Quaresma 219
Sermão das Dores da Sacratíssima Virgem Maria 239
Sermão de Ação de Graças 245
Sermão Gratulatório a S. Francisco Xavier 261
Sermão do Felicíssimo Nascimento da Sereníssima
    Infanta Teresa Francisca Josefa 275
Notas 287
Censuras 301
Licenças 305

VOLUME XII
(Décima Parte)

Carta do Padre Reitor do Colégio da Bahia 9
Apresentação 17
Sermão da Conceição da Virgem Senhora Nossa 19
Sermão de São Roque 31
Sermão da Exaltação da Santa Cruz 47
Sermão na Degolação de São João Batista 59
Sermão de Santo Antônio 75
Sermão da Quarta Dominga da Quaresma 89
Sermão da Ressurreição de Cristo 97
Sermão Gratulatório e Panegírico 109
Sermão da Quarta Dominga da Quaresma 127
Sermão das Chagas de São Francisco 141
Sermão de Santo Antônio 153
Sermão do Santíssimo Sacramento 175

Sermão da Primeira Dominga da Quaresma
    ou das Tentações 187
Sermão das Chagas de São Francisco 201
Sermão de São José... 213
Sermão de Santo Antônio 223
Notas 239
Censura 247
Licenças 255
Cronologia de Vieira... 257
Índice geral dos doze volumes 263

Este livro foi composto nas famílias tipográficas
Liberty e *Minion*
e impresso em papel *Bíblia* 40g/m²

Edições Loyola
editoração impressão acabamento
rua 1822 nº 341
04216-000 são paulo sp
T 55 11 3385 8500
F 55 11 2063 4275
www.loyola.com.br